重庆抗战时期爱国民主人士演讲选集

周巧生 ○ 编

图书在版编目(CIP)数据

重庆抗战时期爱国民主人士演讲选集/周巧生编.—重庆：重庆出版社，2023.11
ISBN 978-7-229-16289-4

Ⅰ.①重… Ⅱ.①周… Ⅲ.①抗日战争－史料－汇编－重庆－1931-1945 Ⅳ.①K265.06

中国国家版本馆CIP数据核字(2023)第208549号

重庆抗战时期爱国民主人士演讲选集
CHONGQING KANGZHAN SHIQI AIGUO MINZHU RENSHI YANJIANG　XUANJI

周巧生　编

总策划：郭　宜　郑文武
责任编辑：彭　景
责任校对：朱彦谚
装帧设计：王芳甜　李南江

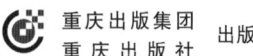
重庆出版集团　出版
重庆出版社

重庆市南岸区南滨路162号1幢　邮编：400061　http://www.cqph.com
重庆出版社艺术设计有限公司制版
重庆天旭印务有限责任公司印刷
重庆出版集团图书发行有限公司发行
E-MAIL:fxchu@cqph.com　邮购电话：023-61520646
全国新华书店经销

开本：787mm×1092mm　1/16　印张：28　字数：470千
2023年11月第1版　2023年11月第1次印刷
ISBN 978-7-229-16289-4
定价：112.00元

如有印装质量问题，请向本集团图书发行有限公司调换：023-61520678

版权所有　侵权必究

《巴渝文库》编纂委员会

（以姓氏笔画为序）

主　　　任　张　鸣
副　主　任　郑向东
成　　　员　任　竞　刘　旗　刘文海　米加德　李　鹏　吴玉荣
　　　　　　　张发钧　陈兴芜　陈昌明　饶帮华　祝轻舟　龚建海
　　　　　　　程武彦　詹成志　潘　勇

《巴渝文库》专家委员会

（以姓氏笔画为序）

学术牵头人　蓝锡麟　黎小龙
成　　　员　马　强　王志昆　王增悃　白九江　刘兴亮　刘明华
　　　　　　　刘重来　李禹阶　李彭元　杨恩芳　杨清明　吴玉荣
　　　　　　　何　兵　邹后曦　张　文　张　瑾　张凤琦　张守广
　　　　　　　张荣祥　周　勇　周安平　周晓风　胡道修　段　渝
　　　　　　　唐润明　曹文富　龚义龙　常云平　韩云波　程地宇
　　　　　　　傅德岷　舒大刚　曾代伟　温相勇　蓝　勇　熊　笃
　　　　　　　熊宪光　滕新才　潘　洵　薛新力

《巴渝文库》办公室

（以姓氏笔画为序）

王志昆　艾智科　刘向东　杜芝明　李远毅　别必亮　张　进
张　瑜　张永洋　张荣祥　陈晓阳　周安平　郎吉才　袁佳红
黄　璜　曹　璐　温相勇

总序

蓝锡麟

两百多万字的《巴渝文献总目》即将出版发行。它标志着经过六年多的精准设计、切实论证和辛勤推进,业已明确写入《重庆市国民经济和社会发展第十三个五年规划》的《巴渝文库》编纂出版工程,取得了第一个硕重的成果。它也预示着,依托这部前所未有的大书已摸清和呈现的巴渝文献的厚实家底,对于巴渝文化的挖掘、阐释、传承和弘扬,都有可能进入一个崭新的阶段。

《巴渝文库》是一套以发掘梳理、编纂出版巴渝文献为主轴,对巴渝历史、巴渝人文、巴渝风物等进行广泛汇通、深入探究和当代解读,以供今人和后人充分了解巴渝文化、准确认知巴渝文化,有利于存史、传箴、资治、扬德、励志、育才的大型丛书。整套丛书都将遵循整理、研究、求实、适用的编纂方针,运用系统、发展、开放、创新的文化理念,力求能如宋人张载所倡导的"为天地立心,为生民立命,为往圣继绝学,为万世开太平"那样,对厘清巴渝文化文脉,光大巴渝文化精华,作出当代文化视野所能达致的应有贡献。

这其间有三个关键词,亦即"巴渝""文化"和"巴渝文化"。

"巴渝"称谓由来甚早。西汉司马相如的《上林赋》中,即有"巴渝宋蔡,淮南于遮"的表述,桓宽的《盐铁论·刺权篇》也有"鸣鼓巴渝,交作于堂下"的说法。西晋郭璞曾为《上林赋》作注,指认"巴西阆中有渝

水，僚人居其上，皆刚勇好舞，汉高祖募取以平三秦，后使乐府习之，因名巴渝舞也"。从前后《汉书》至新旧《唐书》，以及《三巴记》《华阳国志》等典籍中，都能见到"巴渝乐""巴渝舞"的记载。据之不难判定，"巴渝"是一个地域历史概念，它泛指的是先秦巴国、秦汉巴郡辖境所及，中有渝水贯注的广大区域。当今重庆市，即为其间一个至关重要的组成部分，并且堪称主体部分。

关于"文化"的界说，古今中外逾百种，我们只取在当今中国学界比较通用的一种。马克思在《1844年经济学哲学手稿》里指出："动物只生产自己本身，而人则再生产整个自然界。"因此，"自然的人化"，亦即人类超越本能的、有意识地作用于自然界和社会的一切创造性活动及其物质、精神产品，就是广义的文化。在广义涵蕴上，文化与文明大体上相当。广义文化的技术体系和价值体系建构两极，两极又经由语言和社会结构组成文化统一体。其中的价值体系，即与特定族群的生产方式和生活方式相适应，构成以语言为符号传播的价值观念和行为准则，通常被称为观念形态，就是狭义的文化。文字作为语言的主要记载符号，累代相积地记录、传播和保存人类文明的各种成果，则形成文献。文献直属于狭义文化，具有知识性特征，但同时又是广义文化的价值结晶。《巴渝文库》的"文"即专指文献，整部丛书都将遵循以上认知从文献伸及文化。

将"巴渝"和"文化"两个概念和合为一，标举出"巴渝文化"特指概念，乃是20世纪中后期发生的事。肇其端，《说文月刊》1941年10月在上海，1942年8月在重庆，先后发表了卫聚贤的《巴蜀文化》一文，并以"巴蜀文化专号"名义合计发表了25篇文章，破天荒地揭橥了巴蜀文化的基本内涵。从20世纪50年代到90年代，以成渝两地的学者群作为主体，也吸引了全国学界一些人的关注和参与，对巴蜀文化的创新探究逐步深化、丰富和拓展，并由"巴蜀文化"总体维度向"巴蜀文明""巴渝文化"两个向度切分、提升和演进。在此基础上，以1989年11月重庆博物馆编辑、重庆出版社出版第一辑《巴渝文化》首树旗帜，经1993年秋在渝召开"首届全国巴渝文化学术研讨会"激扬波澜，到1999年第四辑《巴渝文化》结集面世，确证了"巴渝文化"这一地域历史文化概念的提出和形成距今已达三十多年，并已获得全国学界的广泛认同。黎小龙所撰《"巴蜀文化""巴渝文化"概念及其基本内涵的形成与嬗变》一文，对其沿革、流变及因果考镜翔实，梳理通达，足可供而今而后一切关注巴渝文化的人溯源知流，辨伪识真。

从中不难看出，巴蜀文化与巴渝文化不是并列关系，而是种属关系，彼此间有同有异，可合可分。用系统论的观点考察种属，自古及今，巴蜀文化都是与荆楚文化、吴越文化同一层级的长江流域一大地域历史文化，巴渝文化则是巴蜀文化的一个重要分支。自先秦迄于两汉，巴渝文化几近巴文化的同义语，与蜀文化共融而成巴蜀文化。魏晋南北朝以降，跟巴渝相对应的行政区划迭有变更，仅言巴渝渐次不能遍及巴，但是，在巴渝文化的核心区、主体圈和辐射面以内，巴文化与蜀文化的兼容性和互补性，或者一言以蔽之曰同质性，仍然不可移易地存在，任何时势下都毋庸置疑。而与之同时，大自然的伟力所造就的巴渝山水地质地貌，又以不以任何人的个人意志为转移的超然势能，对于生息其间的历代住民的生产方式和生活方式施予重大影响，从而决定了巴人与蜀人的观念取向和行为取向不尽一致，各有特色。再加上巴渝地区周边四向，东之楚、南之黔、北之秦以及更广远的中原地区的文化都会与之相互交流、渗透和浸润，巴渝文化之于巴蜀文化具有某些异质性，更加不可避免。既有同质性，又有异质性，就构成了巴渝文化的特质性。以此为根基，在尊重巴蜀文化对巴渝文化的统摄地位的前提下，将巴渝文化切分出来重新观照，合情合理，势在必然。

周边四向其他文化与巴渝文化交相作用，影响之大首推蜀文化自不待言，但对楚文化也不容忽视。《华阳国志·巴志》有言："江州以东，滨江山险，其人半楚，姿态敦厚。垫江以西，土地平敞，精敏轻疾。上下殊俗，情性不同。"正是这种交互性的生动写照。就地缘结构和族群渊源而言，理当毫不含糊地说，巴渝文化地域恰是巴蜀文化圈与荆楚文化圈的边缘交叉地

域。既边缘，又交叉，正负两端效应都有。正面的效应，主要体现在有利于生成巴渝文化的开放、包容、多元、多样上。而负面的效应，则集中反映在距离两大文化圈的核心地区比较远，无论在广义层面，还是在狭义层面，巴渝文化的演进发展都难免于相对滞后。负面效应贯穿先秦以至魏晋南北朝时期，直至唐宋才有根本的改观。

地域历史的客观进程即是巴渝文化的理论基石。当第四辑《巴渝文化》出版面世时，全国学界已对巴渝文化概念及其基本内涵取得不少积极的研究成果，认为巴渝文化是指以今重庆为中心，辐射川东、鄂西、湘西这一广大地区内，从夏商直至明清时期的物质文化和精神文化的总和，已然成为趋近共识的地域历史文化界说。《巴渝文库》自设计伊始，便认同这一界说，并将其贯彻编纂全过程。但在时空界线上略有调整，编纂出版的主要内容从有文物佐证和文字记载的上古时期开始，直至1949年9月30日为止，举凡曾对今重庆市以及周边相关的历代巴渝地区的历史进程产生过影响，具备文献价值，能够体现巴渝文化的基本内涵的各种信息记录，尤其是得到自古及今广泛认同的代表性著述，都在尽可能搜集、录入和整理、推介之列，当今学人对于巴渝历史、巴渝人文、巴渝风物等的研究性著述也将与之相辅相成。一定意义上，它也可以叫《重庆文库》，然而不忘文化初始，不忘文化由来，还是《巴渝文库》体现顺理成章。

须当明确指出，《巴渝文库》瞩目的历代文献，并非一概出自巴渝本籍人士的手笔。因为一切文化得以生成和发展，注定都是在其滋生的热土上曾经生息过的所有人，有所发现、有所创造的共生结果，决不应该分本籍或外籍。对巴渝文化而言，珍重和恪守这一理念尤关紧要。唐宋时期和民国年间，无疑是巴渝文化最辉煌的两大时段，非巴渝籍人士在这两大时段确曾有的发现和创造，明显超过了巴渝本籍人士，排斥他们便会自损巴渝文化。所以我们对于文献的收取原则，是不分彼此，一视同仁，尊重历史，敬畏前贤。只不过，有惩于诸多发掘限制，时下文本还做不到应收尽收，只能做到尽可能收。拾遗补阙之功，容当俟诸后昆。

还需要强调一点，那就是作为观念形态狭义的文化，在其生成和发展的过程中，必然会受到一定时空的自然条件和社会条件，尤其是后者中的经济、政治等广义文化要素的多层多样性的制约和支配。无论是共时态还是历时态，都因之而决定，不同的地域文化会存在不平衡性和可变动性。但文化并不是经济和政治的单相式仆从，它也有自身的构成品质和运行规律。一方面，文化的发展与经济、政治的发展并不一定同步，通常呈现出相对滞后性和相对稳定性，而在特定的社会异动中又有可能凸显超前。另一方面，不管处于哪种状态下，文化都对经济、政治等具有能动性的反作用，特别是反映优秀传统或先进理念的价值观念和行为准则，对整个社会多维度的、广场域的渗透影响十分巨大。除此而外，任何文化强势区域的产生和延续，都决然离不开文化贤良和学术精英的引领开拓。这一切，在巴渝文化的演进流程中都有长足的映现，而巴渝文献正是巴渝文化行进路线图的历史风貌长卷。

从这一长卷可以清晰地指认，巴渝文献为形，巴渝文化为神，从先秦迄于民国三千多年以来，历代先人所创造的巴渝地域历史文化，的确是源远流长，根深叶茂，绚丽多姿，历久弥新。尽管文献并不能够代替文物、风俗之类对于文化具有的载记功能和传扬作用，但它作为最重要的传承形态，如今荟萃于一体，分明已经展示出了巴渝文化的四个行进阶段。

第一个阶段，起自先秦，结于魏晋南北朝。这一阶段长达千余年，前大半段恰为上古巴国、两汉巴郡的存在时期，因而正是巴渝文化的初始时期；后小半段则为三国蜀汉以降，多族群的十几个纷争政权先后交替分治时期，因而从文化看只是初始时期的迟缓延伸。巴国虽曾强盛过，却如《华阳国志·巴志》所记，在鲁哀公十八年（前477年）以后，"楚主夏盟，秦擅西土，巴国分远，故于盟会希"，沦落为一个无足道的僻远弱国。政治上的边缘化，加之经济上的山林渔猎文明、山地农耕文明相交错，生产力低下，严重地桎梏了文化的根苗茁壮生长。其间最大的亮点，在于巴、楚共建而成的巫、神、辞、谣相融合的三峡文化，泽被后世，长久不衰。两汉四百年大致延其续，在史志、诗文等层面上时见踪影，但表现得相当零散，远不及以成

都为中心的蜀文化在辞赋、史传等领域都蔚为大观。魏晋南北朝三百多年，社会大动荡，生产大倒退，文化生态极为恶劣，反倒陷入了裹足不前之状。较之西向蜀文化和东向楚文化，这一阶段的巴渝文化，明显地处于后发展态势。

第二个阶段，涵盖了隋唐、五代、两宋，近七百年。其中的前三百余年国家统一，带动了巴渝地区经济社会恢复良性发展，后三百多年虽然重现政治上的分合争斗，但文化驱动空前自觉，合起来给巴渝文化注入了生机。特别是科举、仕宦、贬谪、游历诸多因素，促成了包括李白、"三苏"在内，尤其是杜甫、白居易、刘禹锡、黄庭坚、陆游、范成大等文学巨擘寓迹巴渝，直接催生出两大辉煌。一是形成了以"夔州诗"为品牌的诗歌胜境，流誉峡江，彪炳汗青，进入了唐宋两代中华诗歌顶级殿堂。二是发掘出了巴渝本土始于齐梁的民歌"竹枝词"，创造性转化为文人"竹枝词"，由唐宋至于明清，不仅传播到全中国的众多民族，而且传播到全球五大洲。与之相仿佛，宋代理学大师周敦颐、程颐先后流寓巴渝，也将经学、理学以及兴学施教之风传播到巴渝，迄及明清仍见光扬。在这两大场域内，中华诗歌界和哲学界，渐次有了巴渝本土文人如李远、冯时行、度正、阳枋等的身影和行迹。尽管只是局部范围的异军突起，卓尔不群，但这种文化突破，却比1189年重庆升府得名，进而将原先只有行政、军事功能的本城建成一座兼具行政、军事、经济、文化、交通等多功能的城市要早得多。尽有理由说，这个阶段显示着巴渝文化振起突升。

第三个阶段，贯通元明清，六百多年。在这一时期，中华民族国家的族群结构和版图结构最终底定，四川省内成渝之间的统属格局趋于稳固，经济社会发展进入了新的里程，巴渝文化也因之而拓宽领域沉稳地成长。特别是明清两代大量移民进入巴渝地区，晚清重庆开埠，带来新技术和新思想，对促进经济和文化繁荣起了大作用。本地区文化名人前驱后继，文学如邹智、张佳胤、傅作楫、周煌、李惺、李士棻、钟云舫，史学如张森楷，经学如来知德，佛学如破山海明，书画如龚晴皋，成就和影响都超越了一时一地，邹容宣传民主主义革命思想更是领异于时代。外籍的文化名人，诸如杨慎、曹学佺、王士禛、王尔鉴、李调元、张问陶、赵熙等，亦有多向的不俗建树。尽管除邹容一响绝尘之外，缺少了足以与唐宋高标相比并的全国一流性高峰，但认定这一阶段巴渝文化构筑起了有如地理学上所谓中山水准的文化高地，还是并不过分的。

第四个阶段，从1912年民国成立开始，到1949年9月30日国共易帜为止，不足四十年。虽然极短暂，社会历史的风云激荡却是亘古无二，重庆在抗日战争时期成为全中国的战时首都更是空前绝后。由辛亥革命到五四运动，重庆的思想、政治精英已经站在全川前列，家国情怀、革命意识已经在巴渝地区强势愤张。至抗战首都期间，数不胜数的全国一流的文化贤良和学术精英会聚到了当时重庆和周边地区，势所必至地全方位、大纵深推动文化迅猛突进，从而将重庆打造成了那个时期全中国最大最高的文化高地，其间还耸出不少全国性的文化高峰。其先其中其后，巴渝本籍的文化先进也竞相奋起，各展风骚，如卢作孚、任鸿隽、刘雪庵就在他们所致力的文化领域高扬过旗帜，潘大逵、杨庶堪、吴芳吉、张锡畴、何其芳、李寿民等也声逾夔门，成就不凡。毫无疑问，这是巴渝文化凸显鼎盛、最为辉煌的一个阶段，前无古人，后世也难以企及。包括大量文献在内，它所留下的极其丰厚的思想、价值和精神遗产，永远都是巴渝文化最珍贵的富集宝藏。

由文献反观文化，概略勾勒出巴渝文化的四个生成、流变、发展阶段，指定会有助于今之巴渝住民和后之巴渝住民如实了解巴渝文化，切实增进对于本土文化的自知之明、自信之气和自强之力，从而做到不忘本来，吸收外来，面向未来，更加自觉地传承和弘扬巴渝文化，不懈地推动巴渝文化在新的语境中创造性转化，创新性发展。对于非巴渝籍人士，同样也有认识意义。《巴渝文献总目》没有按照这四个阶段划段分卷，而是依从学界通例分成"古代卷"和"民国卷"，与如此分段并不抵牾。四分着眼于细密，两分着眼于大观，各有所长，相得益彰。

《巴渝文献总目》作为《巴渝文库》起始发凡的第一部大书，基本的编

纂目的在于摸清文献家底，这一目的已然达到。但它展现的主要是数量。反观文化，数量承载的多半还是文化总体的支撑基座的长度和宽度，而并不是足以代表那种文化的品格和力量的厚度和高度。文化的品格和力量蕴含在创造性发现、创新性发展，浸透着质量，亦即思想、价值和精神的精华当中，任何文化形态均无所例外。因此，几乎与编纂《巴渝文献总目》同时起步，我们业已着手披沙拣金，精心遴选优秀文献，分门别类，钩玄提要，以编撰出第二部大书，亦即《巴渝文献要目提要》。明年或后年，当《巴渝文献要目提要》也编成出版以后，两部大书合为双璧，就将对传承和弘扬巴渝文化，持续地生发出别的文化样式所不可替代的指南工具书作用。即便只编辑出版这样两部大书，《巴渝文库》工程便建立了历代前人未建之功，足可以便利当代，嘉惠后人，恒久存传。

《巴渝文库》的期成目标，远非仅编辑出版上述两部大书而已。按既定设计，今后十年内外，还将以"文献""新探"两大编的架构形式，分三步走，继续推进，争取总体量达到300种左右。"文献"编拟称《历代巴渝文献集成》，旨在对著作类和单篇类中优秀的，或者有某种代表性的文献进行抉取、整理、注疏、翻印、选编或辑存，使之更适合古为今用，预计180种左右。"新探"编拟称《历代巴渝文化研究》，旨在延请本土学人和外地学人，在文献基础上，对巴渝历史、巴渝人文、巴渝风物等作出创造性研究和创新性诠释，逐步地产生出著述成果120种左右。与其相对应，第一步为基础性工作，即在配套完成两部大书的同时，至迟于2017年四季度前，确定"文献"编的所有子项目和项目承担人。第二步再用三至五年时间，集中精力推进"文献"编的分项编辑出版，力争基本完成，并至迟于2020年四季度前，确定"新探"编的所有子项目和项目承担人。第三步另用五年或者略多一点时间，完成"新探"编，力争2027年前后能竟全功。全过程都要坚持责任至上、质量第一原则，确保慎始慎终，以达致善始善终。能否如愿以偿，有待多方协力。

总而言之，编辑出版《巴渝文库》是一项重大文化建设工程，需要所有参与者自始至终切实做到有抱负，有担当，攻坚克难，精益求精，前赴后继地为之不懈努力，不竟全功，决不止息。它也体现着党委意向和政府行为，对把重庆建设成为长江上游的文化高地具有不容低估的深远意义，因而也需要党委和政府高屋建瓴，贯穿全程地给予更多关切和支持。它还具备了公益指向，因而尽可能地争取社会各界关注和支持，同样不可或缺。事关立心铸魂，必须不辱使命，前无愧怍于先人，后无愧怍于来者。初心长在，同怀勉之！

2016年12月16日于淡水轩

凡例

《巴渝文库》是一套以发掘梳理、编纂出版巴渝文献为主轴，对巴渝历史、巴渝人文、巴渝风物等进行广泛汇通、深入探究和当代解读，以供今人和后人充分了解巴渝文化、准确认知巴渝文化，有利于存史、传箴、资治、扬德、励志、育才的大型丛书。整套丛书都将遵循整理、研究、求实、适用的编纂方针，运用系统、发展、开放、创新的文化理念，力求能如宋人张载所倡导的"为天地立心，为生民立命，为往圣继绝学，为万世开太平"那样，对厘清巴渝文化文脉，光大巴渝文化精华，作出当代文化视野所能达致的应有贡献。

一、收录原则

1.内容范围

①凡是与巴渝历史文化直接相关的著作文献，无论时代、地域，原则上都全面收录；

②其他著作之中若有完整章（节）内容涉及巴渝的，原则上也收入本《文库》；全国性地理总志中的巴渝文献，收入本《文库》；

③巴渝籍人士（包括在巴渝出生的外籍人士）的著作，收入本《文库》；

④寓居巴渝的人士所撰写的其他代表性著作，按情况酌定收录，力求做到博观约取、去芜存菁。

2.地域范围

古代，以秦汉时期的巴郡、晋《华阳国志》所载"三巴"为限；民国，原则上以重庆直辖（1997年）后的行政区划为基础，参酌民国时期的行政建制适当张弛。

3.时间范围

古代，原则上沿用中国传统断代，即上溯有文字记载、有文物佐证的先秦时期，下迄1911年12月31日；民国，收录范围为1912年1月1日至1949年9月30日。

4.代表性与重点性

《巴渝文库》以"代表性论著"为主，即能反映巴渝地区历史发展脉络、对巴渝地区历史进程产生过影响、能够体现地域文化基本内涵、得到古今广泛认同且具有文献价值的代表性论著。

《巴渝文库》突出了巴渝地区历史进程中的"重点"，即重大历史节点、重大历史阶段、重大历史事件、重要历史人物。就古代、民国两个阶段而言，结合巴渝地区历史进程和历史文献实际，突出了民国特别是抗战时期重庆的历史地位。

二、收录规模

为了全面、系统展示巴渝文化，《巴渝文库》初步收录了哲学宗教、政治法律、军事、经济、文化科学教育、语言文学艺术、历史与地理、地球科学、医药卫生、交通运输、市政与乡村建设、名人名家文集、方志碑刻报刊等方面论著约300余种。

其中，古代与民国的数量大致相同。根据重要性、内容丰富程度与相关性等，"一种"可能是单独一个项目，也可能是同"类"的几个或多个项目，尤以民国体现最为明显。

三、整理原则

《巴渝文库》体现"以人系文"、"以事系文"的整理原则，以整理、辑录、点校为主，原则上不影印出版，部分具有重要价值、十分珍贵、古今广泛认同、流传少的论著，酌情影印出版。

每一个项目有一个"前言"。"前言",包括文献著者生平事迹、文献主要内容与价值,陈述版本源流,说明底本、主校本、参校本的情况等。文献内容重行编次的,有说明编排原则及有关情况介绍。

绪论

抗战时期是我国演讲的蓬勃发展期，演讲成为战时中国人民抒发爱国情怀、鼓舞抗战意志、坚定抗战信心、阐明救国道理和途径的重要武器。重庆作为抗日民族统一战线前哨阵地、中国战时首都、中共中央南方局所在地和世界反法西斯同盟国远东指挥中心，为战时演讲提供了"大舞台"。

爱国民主人士是重庆抗战演讲大军中的一支劲旅，他们之中既有各抗日党派的领袖，也有社会名流、文化精英、工商界代表人士；既有民族、宗教界领袖，也有地方实力派、海外侨领。在重庆，以宋庆龄、冯玉祥为代表的国民党左派人士，以沈钧儒、梁漱溟为代表的民主党派领袖，以郭沫若、老舍等为代表的文化界人士，以卢作孚、胡厥文等为代表的工商实业界人士，以喜饶嘉措、太虚等为代表的宗教界人士，以陈嘉庚为代表的海外华侨等都在重庆发表过演讲，留下了诸多演讲名篇。

一、重庆抗战时期爱国民主人士演讲的主旨

第一，传递"抗战必胜"的信心。1938年中国抗战进入相持阶段，汪精卫在叛变投敌前后鼓吹"中国必败论"，影响极其恶劣。在这场国力对比悬殊的战争中，中国能够取胜的重要武器之一就是"宁为玉碎、不为瓦全、抗战到底"的民族精神。爱国民主人士通过演讲向广大人民群众传递了抗战必胜、公理必定战胜强权的坚定信念，鼓舞不畏强暴、血战到底的斗争意志，讴歌在抗战中毁家纾难、众志成城的中国军民，为中国赢得抗战胜利构筑了精神上的"铜墙

铁壁"。

第二，推动国统区民主运动发展。抗战时期，国民党顽固派不顾团结抗战大局，接连发动"反共高潮"，在攻击中国共产党的同时，对呼吁一致对外、要求民主进步的爱国民主人士进行打压、迫害。为了实现"在抗战中争得民主，以民主巩固抗战"目的，以重庆为中心的抗战大后方掀起两次争取民主的宪政运动。爱国民主人士通过举办座谈会、开设讲坛、演讲等方式对"抗战与民主"问题发表真知灼见，推动国统区宪政民主运动不断发展。尤其对国民党"一党训政"体制进行的深刻批判，动摇了国民党统治的合法性根基，不啻于又一次"思想启蒙"。

第三，提供"合作建国"对策。抗日战争时期，国民党政府提出了"抗战建国"的口号，中国共产党也一再强调不仅要联合各方面力量共同抗日，而且要"合作建国"。在中国共产党号召下，爱国民主人士就"战时怎样建设国家，建设什么样的国家"问题发表了大量的演讲，他们深刻分析了战时中国经济建设、工业建设、文化教育等方面存在的问题，提出了发展重工业、建设交通网、兴修水利、普及社会教育、振兴广大农村、保护和传承中华优秀传统文化、向苏联学习等建议，这些建议中的大部分具有很强的针对性和实操性，集中体现了爱国民主人士对国家、民族的责任和担当。

第四，树立大国外交意识。作为开辟了世界反法西斯战争的东方主战场的国家，中国以持久抗战和巨大牺牲为世界反法西斯战争取得全面胜利提供有力支持，与美英苏并列为世界反法西斯四大国。尽管如此，抗战时期以"农业为主"的中国在经济、工业、军事上仍是弱国，"以平等地位重返世界舞台的中心"成为战时中国对外交往的核心诉求。爱国民主人士力图解决中国国际地位的迅速提高和国力疲弱之间的矛盾，通过演讲多次强调注重集体安全、加强对外民间交流合作，警惕新约成立后的事实不平等、努力提升国力等真知灼见，对推动形成对外交往新格局、助力战时外交获得胜利，以期真正实现"联合世界平等待我之民族，共同奋斗"多有裨益。

二、重庆抗战时期爱国民主人士演讲的特点

第一，以家国情怀为底色。爱国民主人士在中国共产党带领和号召下，聚拢在抗日民族统一战线旗帜周围，为抗战奔走呼号、竭尽全力。爱国民主人士虽有阶级、阶层甚至阵营差异，但都把以国为家、以身报国作为根本的价值指引。救国会领袖沈钧儒一生爱国为民，奔走国是，抗战期间他通过广播面向民众郑重地指出"我们的抗战，是民族国家生死存亡的问题，也是我们自己的身家性命的生死存亡问题"[1]。以实业服务社会的卢作孚以战时交通运输的重要性为话题，大声疾呼"国难当前，我人应以国家社会应做之事，作为我人之要求"[2]；民族工商界杰出代表胡厥文痛陈后方机器工业所遇到的种种困难，发出"吾国欲争雄于世界，必须发展工业"[3]的呐喊。爱国民主人士是时代精英、社会栋梁，他们演讲和行动中透露出的深切的爱国为民的热情，使他们成为大众心目中自觉承担国家和民族使命最可敬可爱的人，其精神力量穿越时空仍能给后人以巨大的激励。

第二，以深邃思想为基石。爱国民主人士多为知识分子，具备极高的理论素养和专业水平，他们的演讲往往具有极强的思想性，给人以巨大的启发。国民党爱国民主人士邵力子抗战初期面对强权抬头、公理不彰的艰难情形仍坚信"公理终必战胜强权"。他在演讲中阐明"战争虽然以实力为基础，但是实力却以真理为基础"的朴素道理，指出"违背了真理的力量是站不住的，不合乎真理的力量，一定是用不合理的手段来造成，也一定要使用于不合理的事体上，而结果必自促灭亡"。因此，他断言日本的侵华战争一定会"非弄到它本身奔溃不可"的科学结论[4]。著名的经济学家马寅初指出抗战建国当特别重视"物力之

---

[1] 沈钧儒：《怎样增加中国的抗战力量》，《广播周报》1939年第163期，第12—13页。
[2] 卢作孚：《精神之改造》，《抗战与交通》1939年第22期，第393—394页。
[3] 胡厥文：《后方机器业当前的困难》，《西南实业通讯》1942年第6卷第6期，第30—31页。
[4] 邵力子：《公理终必战胜强权》，《反侵略》1939年第1卷第10期，第146—149页。

培养"与"民生之改进",中国推进工业化建设将不仅为中国培养"财力"亦将为国际市场释放巨大的消费潜力,而中国工业化的先决条件在于国民党结束训政、实施宪政、还政于民,成为一个真正的民主国家①。平民教育家陶行知认为民主有"新民主"与"旧民主"、"庸俗的民主"与"创造的民主"之分,所谓的"庸俗的民主"是形式主义,平均主义,只是在形式上做到如投票等等,"创造的民主"是动员全体的创造力,使每个人的创造力得到均等的机会,充分的发挥;而民主运用到教育方面则表现为教育属于老百姓自己的、教育由老百姓自己办,教育也应为老百姓的需要而办②。这些言论的思想性、超前性、预见性不仅在指导如何抗战、怎样抗战、廓清民众错误认识中发挥过重要作用,对于解决当代中国经济社会发展中所遇到和发生的各种问题同样具有巨大启迪效用。

  第三,以精妙言语为支撑。语言是一种伟大的力量,它能说服人、激励人去进行实际的行动。演讲是语言的艺术,更强调发挥语言的力量去感染、影响听众,促进实践。纵观历史,古今中外名家演讲辞莫不精妙、富有鼓动性和实践指向性,爱国民主人士演讲辞同样如此。如1944年在国统区日益高涨的宪政运动中,黄炎培应邀在北碚复旦大学发表演讲。他直言国民党挂着"民国"的招牌而一直没有实现真正民主,并以"男女配偶也要'求'的"来做比喻,告诉广大青年民主是"求"来的。他说实现民主政治必须人民自己去求,"要想成功得快,一定要'求得热烈'","要想成功得彻底,一定要'求'得拼命"③,黄炎培用诙谐幽默的言辞将复杂、抽象的政治问题简单、形象化,指明了中国民主实现的切实路径,无形中培养了一支推进中国民主政治的生力军。再如郭沫若在邹韬奋的追悼会上发表了振聋发聩的演说,他赞誉邹韬历是"以笔为枪的坚定战士",是"一支不折不扣的名副其实的钢笔"。他指出"枪杆只能消灭法西斯的武力",而笔杆能消灭"法西斯的生命力"④,论证了笔杆与枪杆在反法西斯战争中同样具有不可或缺性。郭沫若的演讲不仅是对邹韬奋一生

---

  ①马寅初:《中国工业化与民主是不可分割的》,《民主与科学》1945年第1卷第1期,第3—9页。
  ②陶行知:《实施民主教育的提纲》,《战时教育》1940年第9卷第2期,第8—11页。
  ③黄炎培:《求民主的到来》,《大地(上饶)》1946年第1卷第2期,第29—33页。
  ④郭沫若:《一支真正的钢笔》,《新华日报》1944年10月2日第2版。

的最好的总结与概括，也让听众感受到以邹韬奋为代表的、奋力在文化抗战一线上的文化战士爱国、忘我、无私的精神，更能指引文化界人士鼓足斗志、努力创造抗战文艺作品，从精神上对日本帝国主义侵略进行"大反攻"。

三、重庆抗战时期爱国民主人士演讲的当代启示

第一，坚持中国共产党的领导，是建设历史伟业的关键。作为思想觉悟早、文化水平高、社会地位高的群体，爱国民主人士始终关心国家的前途命运、始终为维护和促进国家、民族和人民的利益奋斗，从科学救国、实业救国、教育救国、文化救国、学术救国等不同路径探索救国救民之道。抗战时期，爱国民主人士通过演讲唤醒整个国家团结御敌、一致抗日，起到了重大的宣传和教育作用，吹响了抗战胜利和整个国家进步的号角。虽然爱国民主人士提出的各项"抗战建国"对策具有时代合理性，但在不触动帝国主义、封建主义和官僚资本主义根本利益前提下的任何社会改革举措，都难以付诸实践，最终不免沦为"空中楼阁"。

中国共产党高举抗日民族统一战线旗帜，指明了新民主主义革命道路，从政治经济、文化教育、国防外交、社会建设等方面提出了一揽子方案，与国民党提出的"一党专制"方案形成了鲜明对比。正是基于对国共两党、中外文明、新旧道路的对比，爱国民主人士看清了国民党反动独裁的真面目、认识到西方民主应用于中国社会的局限性，转而坚定选择中国共产党，在中国共产党领导下紧紧依靠人民走新民主主义革命道路。在人生轨迹发生了翻天覆地的变化的同时，他们理想中的中国终于变为了现实，历史用事实一再证明坚持中国共产党的领导是中国革命、建设和改革等一切事业不断取得胜利的关键。

第二，弘扬爱国奋斗精神，是建功立业的重要思想支撑。治史是对话过去展望未来。法国史学家吕西安·费弗尔说过："在动荡不定的当今世界，唯有历

史能使我们面对生活而不感到胆战心惊。"①回首抗战时期，爱国民主人士以国为家，将自己满腔的爱国热忱熔铸于坚持抗战的实际行动中，演讲是他们强国之志、爱国之情、报国之行的有机统一，深深镌刻在中国抗战光辉历史中，是今天传承和弘扬爱国奋斗精神的重要载体。

习近平总书记指出："今天，我们比历史上任何时期都更接近中华民族伟大复兴的目标，比历史上任何时期都更有信心、有能力实现这个目标。"②然而站在过去和未来交会点上的中国，既拥有前所未有的机遇，也面临国内空前繁重任务的挑战，遭遇着全球深度嬗变的前所未有的大变局，我们更应该回过头去读一读这些演讲辞，去感受前人流淌于字里行间的百折不挠、坚忍不拔的必胜信念，从先辈们深邃的思想中，汲取前进伟力；学习先辈"虽惊涛骇浪而岿然不动"的定力和毅力，赓续抗战精神，不害怕不彷徨，在危机中育新机、于变局中开新局，为中华民族伟大复兴贡献全部力量。

第三，坚持以史为鉴，不断加强多党合作。重庆作为中国的战时首，第二次国共合作的前沿阵地，不仅是中国共产党统一战线政策的实践地，也是民主党派的主要发祥地和"政治协商"的诞生地。众多的爱国民主人士生活在重庆、奋战在重庆，他们与中共中央南方局通力合作，为抗战与民主摇旗呐喊、建言献策，留下了诸多有故事、有情怀、有温度的统战佳话，是重庆传承多党合作优良传统，讲好重庆统战故事的宝贵资源。

爱国民主人士多以"言论"为重要武器，但长期以来，在史料的收集上更偏重于以文章为代表的"论"，对以演讲为代表的"言"的重视度稍显不足。实际在二战时，美国人就将"舌头"、原子弹和金钱并称为三大战略武器。从这个角度来看，演讲的作用甚至比原子弹的威力还要大。只有知所从来，才能思索将往。系统整理爱国民主人士演讲辞是我们客观、全面、立体讲好重庆统战故事的有力举措，是我们了解爱国民主人士对抗战作出巨大贡献的重要载体，更

---

①金一南：《苦难辉煌》，作家出版社2015年版第3页。
②习近平：《在庆祝中国共产党成立九十五周年大会上的讲话》，中共中央党史和文献研究院编：《十八大以来重要文献选编（下）》，中央文献出版社2018年版第356页。

是我们在新时代弘扬重庆统战文化、坚持好发展好完善好中国新型政党制度的基础性工作，必将影响深远。

周巧生

2023 年 11 月 15 日

编辑说明

1. 所有文稿中，日期的使用尊重原文。

2. 文稿中，凡遇残缺、脱落、污损的字，可确认者，则以（✕）标明之，无法确认者，则以□代之；段内部分内容删节者，以＜……＞标明之；整段删节者，以＜略＞标明之。

3. 文稿中，有的字词，和现在用法不一致，或为错字、别字，一些统计数据各分项之和与总数并不相符，为保持文稿原貌，在不影响理解的情况下，未作改动，以便体现原稿的文献价值。

4. 本书一些历史音译，如"德义日""史太林格勒"，一律遵照当时的翻译，不作改动。

5. 文稿中的繁体字、异体字，统一更改为规范汉字。

6. 凡需要向读者解释和说明的地方，采用脚注方式。

目录

CONTENTS

总序◎1

凡例◎1

绪论◎1

编辑说明◎1

一、战时宣传动员

胜利终必归我　张伯苓◎3

国际反侵略运动的意义及其发展　邵力子◎7

公理终必战胜强权　邵力子◎13

和平须建立于正义的基础上　郭沫若◎16

在抗战新阶段中我们紧急的任务　冯玉祥◎19

怎样增加抗战力量　沈钧儒◎24

许多小胜集成总的大胜　冯玉祥◎28

精神之改造　卢作孚◎33

人人不断的努力　定得最后的胜利　冯玉祥◎36

佛教与反侵略　太虚大师◎43

青年会目前的艰巨责任　张伯苓◎47

目前时局与公债劝募问题　黄炎培◎50

自动参加出钱劳军运动　李公朴◎54

出钱劳军与布施　太虚大师◎58

1

从日寇南进说到劝募公债　郭沫若◎60
大学生与战时公债　黄炎培◎65
此次世界大战给予吾人的教训　黄炎培◎70
青年与国难　杨玉清◎76
从现状下提供三个问题　黄炎培◎86
孙中山与中国争取民族平等与自由　宋庆龄◎92

二、战时政治军事

论苏联底外交政策　沈志远◎97
积极训练中的中国新军　冯玉祥◎103
汪精卫与国民参政会　张伯苓◎106
最近国际形势与中国抗战　张志让◎109
战时苏联之外交与内政　邵力子◎113
新约成立后的兴奋和警惕　张治中◎125
求民主的到来　黄炎培◎129
妇女与民主　史良◎135
中国民主同盟主席张表方在招待外籍记者席上的谈话　张澜◎138
对抗战胜利结束发表的谈话　张澜◎143
奉行国父遗教——向苏联看齐！　郭沫若◎146
中国之过去与未来　张东荪◎150
对于政治协商会议应有的认识　章伯钧◎155

三、战时经济发展

中国底"战时经济"与"战后经济"　马寅初◎163
抗战建国过程中的经济建设　沈志远◎168
准备节约生产以挽救当前危机　卢作孚◎178
苏联农业的发展与中国　吴觉农◎182

发国难财者应征临时财产税　马寅初◎194

政策决算的利弊　潘序伦◎198

两个时代的战时财政　朱俊◎203

黑猪鬃产制运销现状及其当前之困难与将来之展望　古耕虞◎208

后方机器业当前的困难　胡厥文◎210

平定物价之治本治标方策　褚辅成◎213

限价后之几个问题　章乃器◎216

苏联的贸易　章友江◎219

国际交往与中国建设　卢作孚◎230

中国工业化与民主是不可分割的　马寅初◎239

苏联工业现状及其成功之关键　郭沫若◎249

中小工业与西南实业建设　黄墨涵◎253

四、战时文化教育

中西文化的差异：应发挥我们人生向上伦理情谊两种特殊精神　梁漱溟◎259

从沟通汉藏文化说到融合汉藏民族　喜饶嘉措◎263

战时文化工作　郭沫若◎269

育才学校创办旨趣　陶行知◎274

一段错误的经历　卢作孚◎278

建设中的社会教育　陈礼江◎285

悲剧的精神　曹禺◎290

国民对于科学研究之自信　吴有训◎298

中国战时的文学与艺术　郭沫若◎302

从团结抗战中发见伟大的中华民族遗传性　黄炎培◎308

中华民族文化之优点　顾颉刚◎312

文化与工业　胡庶华◎316

新旧问题　邵力子◎322

一支真正的钢笔　郭沫若◎327
实施民主教育的提纲　陶行知◎330

五、战时社会建设

我总是希望大家继续为国家为公司努力　卢作孚◎339
科学的管理法　穆藕初◎344
南洋华侨状况　陈嘉庚◎353
华侨投资祖国问题　陈嘉庚◎357
人人应明了交通设施之实况　卢作孚◎360
中国农民与民族健康　潘光旦◎364
战时国际劳工概况　朱学范◎369
战时中国海外海员问题　朱学范◎374
战时妇女问题　李德全◎382
战时学生与战后世界　张伯苓◎387
苏联斯泰哈诺夫运动　邵力子◎390
大禹与黄河　郑肇经◎398
战后十年公路建设政策　赵祖康◎406
重庆两江大桥　茅以升◎412

后记　◎415

一、战时宣传动员

胜利终必归我
1937年9月16日在重庆民生公司讲演

张伯苓[①]

前年来四川，记得曾抽暇与诸位见过一次面。从那次以后我觉得四川很是富庶，真当得起民族复兴的根据地。只可惜很多宝藏尚未开发，所以去年派人到这面来成立了一所南渝中学[②]。一来站在发展教育的立场，感觉有此需要；再则万一北方有事，可以收容一部分南开学生。因为当时看看自己的国势，再看看日本的计划，都觉得中日终有大决斗的一天，现在果然不幸而言中。南渝校已收容了一部分南开学生，还收容了一批教习。这里所可引为遗憾的，报上载了一则中央通讯社稿子，略谓"南渝校正在计划扩充地址，以备收容南开学生，将来接得通知后，即可转学"等语。所以现在由南开转学来的学生并不多，想是等待通知的缘故。其实，那个稿子并不是南渝校发出去的。至于南开大学部学生，已同清华、北京等大学学生，由政府在长沙及西安两地设立了两所临时大学安置。

此次到重庆来，看见南渝校学生与教职员活跃情形，给了我很大的安慰。

[①] 张伯苓（1876—1951）（原名寿春，字伯苓），天津人，著名爱国人士。中国现代职业教育家，南开系列学校创办者，一生致力于教育救国，创立了南开教育体系。

[②] 南渝中学，1936年创建于重庆。1938年，张伯苓校长在校董会的建议下，将南渝中学更名为私立重庆南开中学。1953年，学校由私立改为公办，更名为重庆三中。1984年重庆三中恢复南开校名，并由邓颖超同志题写了校牌。

那里的教师与学生，完全是打成一片的。譬如早操，无论教员学生，都去参加。学生的一言一动，都在教师的指导中，把训练看得比学科更紧要。这样做起来，进步很快。这因为过去有几十年的办学经验，作起来可以省很多的力。诸位有子女，可以送到那面去帮忙教育。

再谈谈南开校被炸情形，因为诸君亦是很关心南开的。这件事情，本来在意料之中，一有机会他决定要加毁坏的。该校建筑及教育设备等费，共约值二百余万元。这倒没有什么难过。在这全面抗战的时候，真是一件小事。南开校虽然被炸，但南开校的精神是永远存在的。例如上海中学，他是江苏省立学校，从前不知是办理的人不甚负责，还是旁人肯说闲话，总觉成绩不大好。自从南开校学生曾公朴掌该校后，因为他肯负责任，拿公立的学校当成私立的办，现在已经办得很有名，旁人不但不对我说闲话，还肯帮助他出钱了。只要南开校出来的学生都这样，只要各地办学校的人都这样，一个南开校被炸，简直算不得甚么。就是十个、百个南开被炸，也算不得甚么。中国的人数是很多的，可是向来没有计划，没有组织，于是一切皆归失败。今后只要全国人做事都有计划，都有胆识，对于一个南开之被炸，我是一点也不难过的。因为国家有，一切都有了。如果国家都没有了，岂止抗日最力的南开校没有，就是甚么也没有了。自从南开被炸后，每天都要收到许多慰问的信函和电报，还有问及计划怎样去恢复的。这种关心，我是非常感激，但在全面抗战的现在，暂时决不计划怎么去恢复它。现在，谈谈国家情形。敌人此次下了决心要征服我们，我们为了生存，只有尽力抵抗。我们都晓得，敌人要比我国强盛，因为它预备了多年……现在与我们打了这样久，亦不过尔尔。足见我们还能够同他打。我到各地探听国人心理，亦说胜利终必归我。这真奇怪得很！原来决定战争之胜败，除军事之外，还有很多复杂问题，例如经济、政治、外交之类。现在就从这三方面略加分析：

1.经济。日本根本是穷的，如意、德等国一样。因为它穷，幅员又小，于是便向外拿出抢的手段。它平日财政很空虚，因为许多钱都被少壮派军人用尽方法去增涨军备预算，以便供给它的战争消耗，于是造成财政上不平衡状态。我前曾到日本去参观过，那般真正建国的人，其坚苦精神，真是伟大，真令人佩服。而这般少壮派军人，不但不能继承遗志，简直可说是那般建国的人的罪人。此次向我侵略，除了飞机大炮的数量上比我稍多外，其士气很坏。虽然哄着那些兵，说有飞机大炮保护，不会打死，但是掩不过眼前被打死的事实。并且是征兵制，没有钱就征不出来，其经济力量之薄弱，时间短还不觉得，久了就要显出来。反观我国是农业国家，关了门可以自给自足。虽然海口交通不便，但少来点外国货，我们乐得少流出去一点金钱，毫无关系。再则我们的士气很壮。一则因为有历年仇恨在心，再则我们的兵是招募来的，他的职业就是兵，可以一心杀敌，毫无牵挂。

2.政治。日本虽在向我大举侵略，但其国内思想极不一致，都是些少壮军人制造种种消息欺骗他们。如像说"应该快点下手，再不打就不得了"或者"等待中国强起来，就没有日本的份了"之类。因为它的兵都是被欺骗来的，又有妻室的系念，所以很怕死；而我们的兵士则十分的勇往直前。我们都知道，越勇敢死得越少。前天听见此间行营顾主任说，平均我们一个多一点换它一个人，照原来四个换它一个的预计还差得远。战事如果像这样延长下去，它国内一定要起变化。再看我们自己，过去都是内战，以致对消自己力量。现在不同了，南京各种重要会议，都一致拥护中央，都一致团结，拥护蒋委员长领导救国，这是中国向来所没有的。这个意义很深。这便是最好的教育。我们不怕天天打败仗，只要能够长期支持住。有人疑心说，恐怕蒋先生将要代表全国与它和平签字了吧，这是绝对没有的事，还要干！还要干！干久了，它国内就要起变化。

3.外交。自从抗战发动以来，各国并未干涉，这是一种好现象。德国顾问仍然帮助我打日本，他说它太坏了。苏联看见我们还能抗战，所以与我们拉手，订立互不侵犯条约。如果我没有力量，它是决不肯与我拉手的。因为拉起手来，岂不把它一起拉倒了！还有，孔院长[①]在欧洲借款活动，也甚如意，这还是因为我们有抗战的力量和事实表现的原故。如果没有势力，谈借钱决不行。你看那些穷人，不是出三分或四分的利息都借不到钱吗？

许多人说抗战必归我胜利，分析起来大约有上面这些因素。兼之我们的陆

[①]孔祥熙时任国民政府行政院院长。

军很勇敢，空军尤其不弱。如像死守南口、宝山。虽一天死一千多人，但仍然前仆后继，毫不气馁。这真是民族复兴的一种表现！相信此次战争过后，国民一定要得一个大进步，把从前自私自利的脑筋都变正过来。

<略>

（文献选自《新世界》，1937年第11卷第5期，第3—5页）

国际反侵略运动的意义及其发展
1939年1月27日在重庆中央广播电台[1]作播音演讲

邵力子[2]

诸位同胞：

兄弟今天能有机会和诸君谈谈"国际反侵略运动的意义和发展"，非常荣幸，非常愉快！在兄弟讲话这个时候，许多英勇将士正在前线浴血抗战，无数后方民众各自出钱出力，共赴国难，还有不幸留在沦陷区域的同胞，受尽敌人残杀与侮辱。兄弟谨代表国际反侵略运动大会中国分会，对于同胞们这种为民族生存而牺牲，为世界和平而奋斗的伟大精神，表示最崇高的敬意和最恳切的同情。

国际反侵略运动的意义

关于国际反侵略运动的问题，年来在报章杂志及各种集会上已经有不少人讨论过，本来用不着再来介绍。为什么现在还要提出这个问题和大家来谈呢？自己觉得有几点特别的理由：

第一，很多同胞对于这次国联行政院，关于援助中国的决议，仍没有多大

---

[1] 1937年11月，位于南京的国民政府中央广播电台内迁，1938年3月在重庆恢复播音。
[2] 邵力子（1882—1967），字仲辉，号力子。浙江绍兴人，著名民主人士，社会活动家。曾任国民党中宣部长，1949年国民政府拒绝签订和平协定后，脱离国民党政府。解放后任全国人大常委、全国政协常委，民革中央常委，中央社会主义学院副院长等职。

的进步，不免感觉失望。因之，兄弟想对大家说明：正因为国联目前对于维护世界和平，没有完成它的使命，才有国际反侵略运动的产生；有了这个运动，而且他的发展又非常迅速，国联的前途也就有希望了。

第二，大家都知道国际反侵略运动总会①，定于二十八、二十九两日，在伦敦举行代表大会。在这集会的前夕，兄弟很想把国际反侵略运动年来进展的经过及其与我们抗战的关系稍为说明，使我们同胞对于这种伟大的负有历史使命的国际的民众运动有比较深切的认识。

第三，现在抗战已进入一个新的阶段，在这个阶段中我们固然要自力更生，但也要争取国际上更广大的同情和援助来促成我们最后的胜利。因之，兄弟很想在这个时候和大家研究怎样扩大国际上对我们的同情？怎样充分运用这种力量？

本来爱好和平，是我们中华民族固有的优美特性。同时，世界各国也有不少人士在历史上，对于世界和平曾经尽了极大的努力，尤其经过世界大战的惨痛教训以后，各国贤明的政治家都极力设法避免战争，以建立世界永久的和平。国际联盟所以能在威尔逊总统倡导下成立，也就是这个原故。可惜各国仍有若干短视的政治家，不能把他们的国策建立在永久和平的观念上，而斤斤于目前的利害，因之国联在过去不独不能先事消弭帝国主义者侵略弱小的野心，并且因日本帝国主义对中国发动了"九一八"的侵略战争，而使得国联本身的威信也一天一天地低落，世界和平与集体安全也因此失去了保障。于是一般热心和平、反对侵略的人士就苦心焦虑，集中全力，想以有组织的国际的民众集体力量来支持这个和平机构。因此，国际反侵略运动在一九三六年比京②会议的时候，就奠定了稳固的基础。可知人们所以必须加强这个运动的最大动机，也就是有鉴于日本帝国主义的侵略中国威胁到整个世界和平。也可以说，中日战争发动了国际反侵略运动。

---

①国际反侵略运动大会是1936年9月在比利时布鲁塞尔成立的一个国际反战反法西斯组织。其宗旨是：反对战争维护和平、恢复国联机构的活力。1938年1月23日，国际反侵略运动大会中国分会在汉口成立。（由马相伯、邹韬奋等人发起。武汉沦陷后迁往重庆。）

②比利时布鲁塞尔。

反侵略运动的基础　该会活动的四原则

因为这种运动的基础是建筑于民众的力量上，所以国际反侵略运动总会不是一种军事的组织、政治的组织，而是国际间各阶层民众以反对侵略战争、保障世界和平为目标的一种国际民众组织。参加这种组织的个人或团体，不受政治立场的任何限制，不受宗教教义的任何束缚，也不受社会地位的任何阻隔，只要是努力于反侵略运动的人们，都可以参加这个组织。

另一方面，我们要知道这种组织虽然是成立于侵略者的凶焰日加高涨，而国联的权威日加低落的时候，但它并不是厌弃国联而与国联对立的，它的活动是基于比京大会所决定的四大原则：

第一，确实认定条约义务的尊严；

第二，运用国际的协定来减缩和限制军备，以及取缔军火制造和贩卖的谋利；

第三，利用集体安全和互助的组织增强国联的力量，以避免和阻止战争；

第四，就国联组织内建立有效的机构，以调整足以引起战争的国际事态。

从这四个原则看来，我们就明白国际反侵略运动，正是如刚才所说的，是世界爱好和平的人士，想以民众集体的力量来维护国联的一种组织，也可以说是世界各国爱好和平、主持正义的人士的一个大团结，并且可以说是世界各国爱好和平、主持正义的人士与帝国主义者斗争的一种民众大集团。

组织强大　援华积极

因为国际反侵略运动总会所揭示的四大原则值得拥护，以及薛西尔和谷特[①]两会长负责领导，自比京会议到现在，虽还不到三年，但国际反侵略运动已经有长足的进展。从组织方面说，以日内瓦为中心的总会，其势力已逐渐扩张到世界四十三国，成立了四十三个强有力的分会。参加这种运动的团体，有工会、政党、合作社、宗教团体、妇女团体、参战军人团体、文化团体以及其

[①] 即罗伯特·塞西尔和考特，1937年罗伯特·塞西尔因此获得诺贝尔和平奖。

他组织等等，共计有七百多个，所代表的人数在四万万以上。此外，有力量的国际团体和它合作的也有四十多个。所以反侵略运动总会，现在已成为国际上最有力量的民众团体了。

再从工作方面说，总会和各国分会都能依照所定四大原则去努力工作，对于我国英勇抗战不断地给予精神上和物质上的援助，对于意阿问题、德奥问题、西班牙问题，乃至捷克问题等等，都站在国际民族的立场，尽了很大的努力。

现在我们把总会年来对于援华运动最值得注意的几点来说：

第一，抵制日货运动。大家都知道，去年二月间总会在伦敦召集的援华制日大会，其主要工作就是发动全世界的抵制日货运动。因为由于总会的积极倡导和各国分会的热烈进行，这种运动收到很大的效果，根据敌人公布输出贸易统计，暴日在一九三八年上半年输出额比上年同期减缩了百分之二十一。暴日对外贸易锐减的原因，虽然不尽属于排货运动，但根据"三菱经济研究所"发表的报告，他们也承认排货运动确是其中最重要的原因。我们最近知道英美等国的朝野人士，也都承认排货运动是对付暴日向外侵略的良好武器，更可见这种运动的意义重大了。

第二，反对轰炸不设防城市运动。自去年六月，广州曾市长经由总会发出向世界各国市长呼吁制止暴日的滥施轰炸的电文以后，因总会的努力，全世界已经有四百多个市长对我表示热烈的同情。去年七月间，在巴黎召开的国际反对轰炸不设防城市运动大会，更通过了具体议决案，如组织调查团来我国访问被炸城市，在华设置"国际和平医院"等等，这些都是国际友人对我的友好表示，值得我们全国民众所深切感谢的。

第三，其他援华工作最明显的如派遣英、法、美名记者如包立德、色斯、毛那诸位先生代表总会来华访问。他们在华期间及回国以后，时常发出同情我国抗战的文章，在国际舆论上发生了很好的影响。薛西尔与谷特两会长屡次对我最高统帅致敬与慰问，极力提倡援华工作，最近在日内瓦发表了极有力量的宣言，这也是值得我们全国民众所感谢的。

以上所说总会的援华工作，似乎虽限于精神工作，但是我们的抗战本是以公理对强权、以正义克暴力的一种斗争，我们若能够使得国际人士都能重公理，守正义，那么我们最后胜利更无疑问了。

现在再来说国际反侵略运动会中国分会。中国分会是国际反侵略运动的一环，其使命固然也在努力实现大会的大原则，不过，我国是一个被侵略的国家，目前又在执行着神圣的反侵略任务，因之，中国分会在对外对内两方面都有着特殊的使命。在对外方面说，我们应当使全世界人士都明了我们的抗战不仅是为中华民族求生存，且为了保存人类文化和保卫世界的和平，并且要他们明了"救中国救世界"的道理。这样，才能使他们明白这次中国神圣抗战之意义，才能增进他们的同情心，进而给予我们以有效的援助。消极方面在我们还要使得全世界人士知道我们全民族这种坚苦卓绝的抗战决心，同时从政治、经济等方面说明我们对于抗战必胜的把握，这样，才能使他们不致受日寇的反宣传所蒙蔽，也才能使敌人在国际上陷于完全孤立的地位，而促其早日崩溃。

对内方面，我们的特殊任务是一方面要与国内各团体密切合作，以加强救亡工作，并且设法使它们和国际反侵略运动各团体发生密切的联系；另一方面，我们还要使全国民众对于国际形势都有明确的认识，都知道国际人士对我们如何同情和援助，以增强他们抗战必胜的信念，热心来参加反侵略运动。

中国分会在过去一年中，因为得到党政军各界领袖的恳切领导和各界人士、各社团的热心援助，总算完成了一些实际工作。我们曾经随时把握着国内外的种种机会，利用集会、讲演、广播种种方式，并且使用函电、出版、漫画、标语种种工具，极力发动有利于抗战的国民外交。另一方面，我们已经和国内有关系各团体密切合作，在中央宣传部、中央社会部军委会、政治部各机关的指导之下来做各种救亡工作，以加强反侵略的力量。

克服缺点　努力迈进

但是，在一年来的工作经验中，我们感觉到在组织和工作方面我们都有很多缺陷，须待补救。在组织方面我们的个人会员与团体会员都还不能普及到社会的各阶层，同时，已经成立或正在筹备成立的支会、区会，虽然先后已有广州、桂林、贵阳、昆明、宜宾等处，但还未能完成全国的反侵略网。在工作方面，更深深觉到我们的工作仍未能普遍到各地乡村，使一般民众都充满反侵略

的意识、都参加反侵略运动。在抗战到了目前的严重阶段,我们感到这些缺陷都有从速补救的必要,换句话说,我们必须扩大组织和加紧工作。因之,我们的希望是:第一,全国各界领袖能继续辅导我们使我们能实施一种更有效的工作计划来增强分会的力量,获取国际上更广大的同情和援助。第二,全国热心的反侵略运动的个人或团体,踊跃加入分会做强有力的分子,切实参加分会的各项工作。第三,本分会的会员个个都能站在各自的岗位上,负担一种比较有效的反侵略工作。

最后,兄弟谨以至诚向各位同胞致反侵略的敬礼!预祝抗战最后胜利,同时并代表中国分会,预祝伦敦代表大会工作成功,出席代表诸君健康。

(文献选自《新华日报》,1939年1月28日第2版)

公理终必战胜强权
1939年1月28日在重庆各界纪念"一·二八"暨响应国际反侵略运动大会上演讲

邵力子

今天兄弟参加纪念"一·二八"暨响应国际反侵略运动大会，觉得很荣幸和愉快。兄弟虽然是代表中央党部来说话，但对于各位同志热烈参加这次大会，却很愿意代表国际反侵略运动中国分会，向各位同志表示深切的谢意。国际反侵略运动中国分会，很愿意在"普遍"和"切实"这两个原则下推进会务。今后需要各位同志协助指导的地方很多。各位同志今天对于国际反侵略运动，能够很热烈的开会响应，相信各位同志今后定能本着这种精神继续努力，参加反侵略工作，这是兄弟觉得最欣慰和庆幸的。

关于今天大会开会的意义，刚才主席已讲得很清楚。对于国际反侵略的意义及其发展，兄弟昨天晚上也曾作过一次广播，今天报上也有很详细的记载，所以对于这两点都无须再说。兄弟现在只想把个人对于抗战最后胜利和国际反侵略运动的关系上的一点感想，说出来请大家指教。

要抗战得到最后胜利，要国际反侵略运动得到最大的成功，必须把握住两个条件，一个是培养实力，一个是拥护真理。实力是做一件事的基本条件，抗战和反侵略尤其需要实力，如果没有实力，就不能抗战，不能得到最后胜利，也不能制裁侵略者。我们想到"一·二八"的抗战，作战的兵士多么勇敢，民

众助战又多么热烈，可说这是我们历史上最光荣伟大的一页；但结果我们仍不免于失败。这是什么原因？就是我们的力量不够。一方面是当时我们准备的力量不够，一方面是不能把全国各方面的力量都集中起来；同时因为国际上对于我们的抗战认识不清，不能够步骤一致地积极地援助我们抑制暴日，这是"一·二八"抗战给予我们的宝贵教训。我们这次抗战，是要持久的，其任务异常艰巨，所以一面我们非把国内各方面的力量都集中起来，凝结成最坚固巨大的力量，同时再培养新生的力量，决不能够最后制胜我们的敌人，完成抗战的使命。另一方面，我们要使得世界上主持公理正义的国家，爱好和平的民众，都认识世界上侵略国家的气焰是日加厉害，残酷的世界大战随时都有爆发的可能。如果他们要挽救世界的危机，防止即将来临的悲惨的恶运，就要赶快把和平的力量结合起来，制止世界上侵略者的疯狂行为，而且只有把所有的力量永久集中起来，才能对付一切国际强盗。

　　但诸位要晓得，实力必须以真理做基础。违背了真理的力量是站不住的，不合乎真理的力量，一定是用不合理的手段来造成，也一定要使用于不合理的事体上，而结果必自促灭亡。例如日寇疯狂进攻我国，就是在牺牲他的一般民众的利益之下进行的。它的结果势必陷于很深的泥淖中，非弄到它本身奔溃不可。我们的抗战是为民族生存而战，是为维持世界和平而战，因此我们的出发点是合于真理的。我们抗战期间的一切设施，也应该根据真理来进行，才能够完成我们抗战建国的神圣使命。可是，过去有一部分政论家，太看重了实力，而忽视了真理，他们看到近年来国际上法西斯国家向外侵略的来势日凶，民主国家步步退让，以为国际上只有利害，并无是非。因此，他们认为和平的力量不可靠，我们不能信赖它。实际上这种过分迷信实力轻视真理的意识是很危险的。其结果必致陷于悲观失望，对于抗战抱着失败主义，投降主义，甚至于甘做汉奸。我们要知道，目前国际上侵略国家的气焰高涨，民主国家的吞声忍气，只是一时的现象。侵略国家好比是国际上的强盗，强盗是常常合伙打劫的，他们的团结也好像特别坚牢。民主国家好比是善良人家，只求能保全身家性命，宁愿稍为忍让，尤其是强盗在抢劫远邻的时候，不肯轻易挺身出来和强盗对敌。但是善良人家的忍让是有限度的，如果看透了强盗的行为要危害到自己和大家的身家性命，便一定要联合起来，对付强盗，那强盗终究不能横行到底的。国际上不少眼光远大的政治家，他们都主张公理正义。各国民众也都是爱好和平的，他们更能主持公理正义。试看参加反侵略运动的人全世界有四万万以上，也就可以证明：真正的利害，常和是非一致。头脑清醒的人决不会不明白，国际上决不容强盗的国家长久跋扈下去，侵略的元凶终将被自己的民众清算。我们绝不能以国际上一时的反常状态——强权抬头，公理潜伏，便有所畏怯，甚至主张投入侵略者的怀抱。国际上那种似乎是强横压倒公理的现象，只能用来警惕自己，努力自力更生，决不能因此就不顾是非，放弃公理，和侵略国家沆瀣一气。要知道在抗战的现阶段中，即使有人要做中国的佛朗哥也不可能，不管目前佛朗哥是否已获得了胜利，根本上我国和西班牙情形完全不相同。我国内部因抗战而愈统一团结，决不会产生佛朗哥。即使有人贸然以中国佛朗哥自命，那么不管他是怎样的一个人，必然为全体民众所不容，被日寇收买的所谓皇协军首领李福和，妄称为东方的佛朗哥，结果被部下所杀，如果再有人想做东方的佛朗哥，也必然会变成李福和第二。

最后，我们还要深切地认识，……我们的抗战能够得到全世界爱好和平主张正义的政府和人民的同情和援助，就是因为我们是站在公理正义的一面，我们所以有抗战必胜的信念；也因为我们是合于公理正义，而公理终能够战胜强权。我们纪念"一·二八"和响应国际反侵略运动，也就是要发扬这种精神和意识，兄弟愿追随各位同志，努力于反侵略运动，并希望各位同志指教。

（文献选自《反侵略》1939年第1卷第10期，第146—149页）

和平须建立于正义的基础上
1939年1月28日在重庆各界纪念"一·二八"七周年暨响应国际反侵略运动大会演讲

郭沫若[①]

今天纪念"一·二八",同时响应国际反侵略运动大会在伦敦开会,我们一面应该对"一·二八"死难将士同胞表示哀悼,一面应该对世界反侵略人士对我们这种同情和援助的行动,表示深切的谢意!

我们中华民族是爱好和平的民族,是富有反侵略精神的民族,尤其是能够创造文化的民族。因为能够创造文化,所以我们民族知道创造的艰苦,同时也知道文化的珍贵。四千年的历史告诉我们,我们祖先艰苦地创造了很有特征的、优秀的文化给我们享受,同时我们又慷慨地让其他民族来共同享受。我们当前的敌人——日本帝国主义者,也就是受了我们文化的恩惠的一个。我们自有历史以来,只有武力来保护我们的文化,却从未用武力来侵略或征服别的民族。我们民族在平时能为创造文化而努力,在战时能为保卫文化,保卫世界的正义和平而牺牲,这是我们四千年来一贯的民族精神。"一·二八"可说就是这种精

[①] 郭沫若(1892—1978),四川乐山人,中国现代著名的诗人、剧作家、历史学家、考古学家、古文字学家,无党派人士。抗战时期,为文化抗战发挥了重要作用。1949年后,任华北高等教育委员会委员、全国文学艺术家联合会主席、中央人民政府委员、政务院副总理兼文化教育工作委员会主任、中国科学院院长兼哲学社会科学部主任、中共中央委员、全国人大常委会副委员长、全国政协副主席等职。

神的表现。而这种反侵略的精神,为保卫文化、保卫真理而战的精神……自"七七"抗战以来,可说已发挥到了最高峰!

敌人经过我们英勇抗战的结果,十九个月当中,牺牲了七十多万的兵士,消耗了一百万万的军费,结果却弄到前线的兵士普遍的厌战,国内的民众普遍的反战。据我们所得的报告,自前年战事开始到去年十二月结束,敌人(国)内反战的人被敌军部逮捕的有一万三千人以上,日帝国主义者已经弄到走投无路。她最初是希图用"以华制华"的手段来不战而屈服我们,达不到目的,又希图"速战速决",速战速决的企图失败,又转而企图"速和速结",以解救她自己的困难和危险,但是"速和速结"已成为画饼,他的陆军军部发言人只得喊出百年战争的口号了。但是,我们的答复是,坚决抗战到底,直到日帝国主义者崩溃的一天。

由于我们民族精神的发扬,由于我们反侵略精神的发扬,世界上富有反侵略精神的人士,爱好和平的人士,受了我们的感召,因而发出正义的呼声,所以与其说我们响应世界反侵略人士,毋宁说世界反侵略人士响应我们的反侵略行动!

我们都知道,"九国公约"①在"九一八"事件发生的时候,就已经变成废纸了,但是经过我们的淞沪抗战,经过我们这十九个月来的英勇抗战,"九国公约"的尊严已经恢复起来了。最近英、美、法几个民主国家对于日帝国主义者,都一致主张维持"九国公约"的尊严。所以可以说,由于我们民族精神的发扬,把九国公约的生命恢复了。

国际联盟,这个世界和平的机构,自从"九一八"以后,也是给日帝国主义者和其他侵略国家宣告破产了的。可是由于我们反侵略行动的伟烈,和我们的对他们的不断拥护,而使得他的尊严重新发挥起来。例如我们今天响应的国际反侵略运动大会,也就是为了拥护国联的尊严,恢复世界和平的秩序而产

---

① 1922年2月6日,美、英、比、法、意、日、荷、葡和中国北洋军阀政府在华盛顿会议上签订"九国公约",全称《九国关于中国事件应适用各原则及政策之条约》,实际上是要求中国实行"门户开放"政策。1937年"八·一三"淞沪战争开始后,国民政府向国联提出申诉,要求国联调停日本侵略中国。国联把责任推给了《九国公约》签字国。1937年11月3日,在国联的倡议下,《九国公约》签字国召开会议,讨论中、日两国间的问题。

生的。

国际反侵略运动大会成立不到三年,现在已有四十三个国家成立了强有力的分会,有四十多个国际性团体和他密切联系,可说是世界上最有力量的国际民众组织。他对于被侵略的国家,都会予以极大的援助,特别是我国。例如他曾发动各国的码头工友、轮船工友,拒绝替日本输运货物;也曾发动反对轰炸不设防城市的运动,曾捐助了不少的医药品和各种必需品给我国,更还经常地替我国做种种国际宣传工作……这些都是正义的、伟大的行动,值得我们万分的感谢!

但是,我们知道,世界上虽然反侵略的人士一天天团结起来,反侵略的精神一天天地行动化,而在另一方面,我们还看到许多和反侵略的精神相违背的事实。例如英国妥协的现实外交,美国孤立派的跋扈……这些事实的存在,都足以阻障世界和平的恢复,增长侵略者的气焰。所以我们诚恳地希望正在伦敦举行的国际反侵略运动代表大会,积极地加紧种种反侵略的工作。我们希望各国的反侵略分会各自极力去开导他的政府,把他的妥协思想、妥协精神矫正过来,使他知道对于强盗的妥协不是真正的和平。真正的和平是建立于正义的基础之上,是根据人类的正义互相克制占有的欲望,互相发挥创造的精神得来的,同时,我们希望各国反侵略分会各自去开导他国内的妥协分子,使他们放弃妥协的思想,起来为正义和平而奋斗。这是我们今天所热切希望于国际反侵略运动大会的。

中国人民是反侵略阵线的急先锋,我们这一年半来已经用口头,用文字,用血肉切切实实地做着最伟大的反侵略工作。在第二期抗战的这个阶段,尤其是纪念"一·二八"的今天,我们当前的任务是要继续地站在反侵略的急先锋的地位,领导世界上反侵略的工作。我们要加紧我们国内的团结,来促进世界上爱好和平国家爱好和平分子的团结,我们以加紧抗战工作来促进世界反侵略精神的行动化。这样的做法,我们的敌人——已经走投无路的日帝国主义者的崩溃之期就在眼前,我们民族的生存和复兴就有了保障,世界的和平,世界的新秩序也由此得以重新建立起来。

(文献选自《反侵略》,1939年第1卷第10期,第146—149页)

在抗战新阶段中我们紧急的任务
1939年2月5日在重庆中央广播电台演讲

冯玉祥[①]

各位同胞、各位听众：

在抗战到了新阶段的时候，今天来和各位谈一谈我们目前紧急的任务。

抗战以来，十九个月当中，我们国家的进步，实在抵得平时十年八年的成绩。在最高统帅坚决领导全国为民族求解放而抗战的时候，有些人还在那里喊"打不得，打不得，打了三个月就要亡国的"。又有些人说，"我们的枪炮飞机不如日本，千万不能和日本打仗"，今天再没有人敢这样说了。十九个月的事实摆在这里，清清楚楚。我们就拉出一个七八岁的小兄弟小姊妹，问他，他也知道"最后胜利，一定是我们的"。

军事的进步，在一切进步之上。最初，我们只知道保卫几个中心的都市，只能被动地应战；但是现在，在"全面抗战争取主动"的战略之下，我们处处制住敌人，而不为敌人所制。至于前方战士的奋勇，他们可歌可泣的牺牲精神，那就更用不着说了。其他，在政治上，经济上，文化上，各方面的进步，也都是抗战以前所想像不到的。

[①] 冯玉祥（1882—1948），字焕章，原籍安徽巢县（今安徽省巢湖市居巢区），国民党著名爱国将领。抗战时期任国民政府军事委员会副委员长、第三、第六战区司令长官，1948年1月民革成立后当选为常务委员和政治委员会主席。同年7月回国参加新政协会议筹备工作，9月1日因轮船失火遇难。

和我们相反，十九个月来，敌人是陷在泥坑里，越陷越深，已经陷到脖颈，自己想拔也拔不出来了。敌人本来以为我们不敢和他打，"七七"以后，又只想以百分之三十的兵力对付我们，以百分之七十的兵力准备对英美苏联。可是到今天，日本已经用了全国兵力百分之八十五，伤亡了七十几万人，相当全国兵力百分之三十五以上。今后，日本兵的伤亡，一定还要大。在上海战争当中，我们死伤三个人，他们只死伤一个；在敌人进攻武汉的时候，我们死伤两个，他们死伤一个。最近我们死伤一个，他们也要死伤一个。在敌人后方，我们死伤一个，他们要死伤五个。在第二战区，我们死伤一个，他们要死伤十四个半，有的时候，我们可以打死或俘虏他们好几百，而我们一点也没有损失。这样，敌人没有办法，只好派老兵，小兵，甚至于女兵来参战。在日本一般的作战部队里面，现在老弱妇孺的兵要占一半，女兵要占十分之一。他们都不肯打仗，被我们包围的时候，就举枪投降。有的拿着我们散发的通行证，偷偷地投降过来。敌人于是想利用伪军，可是中国人谁肯打中国人，都纷纷反正，尤其是我们的军队武装，去"欢迎"他们的时候，十回有十回他们都背着日本枪，骑着日本马，反正过来，参加抗日的战争。

敌人在军事上没有法子速战速决，吃得太多，不能消化，于是就想用政治的阴谋，"速和速结"。可是近卫的毒药瓶，被我们的最高统帅打得粉碎，替近卫当应声虫的人，不仅被全国同胞所唾弃，而且被全世界人士所耻笑。结果是近卫下台，换了一个更疯狂凶蛮的平沼当首相。可是在日本人民的心目里，他并不比近卫好一点，就是日本议员河野也说，平沼内阁是日本从有历史以来最坏的一个。反战的怒潮，一天一天地高涨起来。去年一年，农民起来反战的斗争有六千件，工人罢工的有六七百次，一次有三万五千人同时罢工的，因为反战，新近被捕的就有一万三千多人。在这种情形之下，日本人怎么办呢？

譬如张家庄同李家庄的人打仗，张家庄的人被李家庄的人杀了很多，财产抢了很多，土地占了很多，李家庄一看张家庄越打越勇，亲戚朋友都来送钱送粮食送刀送枪来助战，而自己却闹得内部不可收拾。于是想法子和张家庄讲和好，只要你们归我们完全管了，我是喜好和平的。他又说，他们愿意和平了。李家庄的阴谋很明显，谁能相信它是和平呢？张家庄如果有这样和平的人，他一定是汉奸，一定是敌人的工具。

　　从前有一个笑话，一个人搬家已经搬了一个星期了，才记起他的女人没有搬过去。"九一八"以来，是谁夺了我们的东北四省？是谁扰乱了我们的华北？是谁蹂躏了我们的长江下游？是谁强占了我们的广州？是谁践踏了我们的土地？是谁劫掠了我们的财产？是谁扒毁了我们祖宗的坟墓？是谁杀死我们的同胞？是谁奸淫了我们的姐妹？今天如果有人忘了这些，向敌人求和，不是比那个搬家的人更可耻可笑么？

　　大家都知道，日本是无缘无故的要亡我们的国家，要灭我们的种族，他口是心非，他昧尽天良，他来找我们打仗。

　　日本军阀造谣，他们说战争可以使日本繁荣，结果是带给了日本饥饿，一百万工人失了业，四百五十万劳动者和眷属没有饭吃。日本国民平均每年收入一百四十元，可是战费和公债的总数目，每人每年就应该担负三百二十六元，日本军阀使得人民子子孙孙也还不清这笔冤枉账。甲午战争的时候，日本只花了军费两万万元，日俄战争也只花了十八万万，可是这一次十九个月来的战争，日本已经用了九十万万了。今年日本的财政支出，要增加到一百万万，公债已经增加到二百万万，私人的存款都要强迫收来买国家的公债。可是作为侵略战费的公债，没有人肯买，前年发的公债到现在只销了三分之一。日本银行已经发行百万元的钞票。日本的军阀官僚只顾得侵略，顾不得防范天灾。日本去年闹大水灾，把全国的土地淹了一半，没有淹的地方，因为七八十万的农民送到中国来作侵略战争。肥料公司改成了制造枪炮的场所，生产的粮食，只有平时的一半。所以除了他们的天皇、军阀、贵族、大资本家闭着眼睛享"福"，高喊"皇军胜利"以外，穷困、饥饿、骚乱，笼罩着全日本。他有什么和平？他现在就是力量不足，要设坏法子分化我们，要我们中国人自己同自己闹意见，他好得到更大的利益。

　　日本的困难一天一天的增加，可是日本军阀会不会放弃继续进攻的野心呢？不会的。日本军阀正在梦想用继续进攻来减少他们国内的困难。在军事上，他们正在准备冒险深入，正在想封锁和切断我们西南西北对国外的交通，而且正在分兵进攻我们的游击区域和游击部队，同时平沼内阁也决不放弃他的政治阴

谋，他妄想披着法西斯的外衣控制住少壮派军人来结束中日战争，所以他一方面想扩大傀儡政治组织，从腐朽的棺材里找出一些枯骨来当他们的傀儡。大家知道，他们找的这些枯骨，没有一块在社会上不是很落伍的，没有一个不是民众所唾骂，弄这种李完用①出来，能成什么事呢？

同胞们，在这种情形之下，敌人没有什么办法了，最后的胜利一定是我们的。可是我们也不能看轻敌人继续进攻的野心。十九个月的努力，已经替最后胜利奠下基础，可是如果我们今天懈怠下来，敌人的野心可以实现，我们打下的基础要等于前功尽弃。肥沃的地土，一定能长粮食，可是我们必须播种，灌溉、施肥、除草，努力地经营，细心地培养。今天我们已经播种了抗战的种子，长出青葱的苗芽，可是我们千万不能懈怠，让这有希望的苗芽干枯了。我们要努力灌溉，施肥，除草，这些道理都容易明白，要紧的是要我们实行。统帅告诉我们说"行动重于理论"。最近中国国民党五中全会开会，号召全国人民"加紧团结，抗战到底，争取胜利"。同胞们就应该拿积极的抗战行动来回答全会的号召，蒋委员长说"革命的政府必为民族利益而奋斗，亦是为人民利益而存在……政府人民意志精神与力量，较密合的一致行动，是战争取胜，开宗明义的第一个大原则。"我们就要服从统帅的命令，在政府领导之下，积极地从事抗战工作。党里的同志们，政府的官吏们，要本着统帅的意志，积极领导着同胞们去作各种抗战所需要的事情。现在正是敌人举棋不定，准备进攻的时候，我们要抓紧这个时机，加紧努力，使敌人不得不退而入于敌退我进的阶段。

我们怎样努力呢？

第一，现在那些公开降敌，妥协求和的人已经受了制裁，可是还有一些人不明了"长期抗战"的道理，还有侥幸取胜的幻想。我们要努力宣传说服的工作，把"自力更生是我们的座右铭"的一句话告诉他们，要他们知道，想得一分成功，就要出一份代价，投机取巧，得不来胜利。即使暂时得到表面的胜利，结果终于会吃亏的。要每一个同胞知道，要流自己的血汗，把自己的这一份勤苦奋斗，加到全民族的勤苦奋斗里面，我们自然可以得到真正的胜利。

---

①李完用，朝鲜王朝后期大臣，朝鲜日据时期的贵族，是出卖朝鲜民族利益的卖国贼。

第二，我们要在"全面抗战争取主动"的战略之下，真实努力。就是同志们，官吏们，要真正地去动员全国民众，奉行"政治重于军事，民众重于军队"的几句话，去接近民众，对他们宣传，组织他们，训练他们去参加各种抗战工作。同胞们也要自动地起来，真正作到"全面抗战"，人人个个都要本着"宣传重于作战"的意思，宣传兵役，优待出征军人家属，做有力出力、有钱出钱帮助军队的事。

其次，敌人想迅速经营他暂时占领的区域，我们就要加强游击区的活动。我们东北华北东南一百万以上的军队和游击队，使得敌人过去在占领区域除仇恨以外，一无所得。同志们，青年们，英勇的同胞们，到敌人后方去。敌人要夺取我们的棉花，我们就多种粮食，少种棉花；敌人想用伪币来骗我们的货物，我们就拒绝使用伪券，不卖东西给日本人和汉奸；敌人要攻击我们的根据地和游击队，我们就要参加游击队、自卫队，帮助游击队更机动、更勇敢给敌人更大的打击。

第三，就是人人个个真正实行三民主义，来打倒敌人的黩武主义。官吏们当然要以身作则最先实行把"机关当作学校"不断地学习，不断地求进步。要实行三民主义，就要本着人民的需要，为着打倒日本、为着人民的利益去努力。要真正"作老百姓的儿子，作老百姓的仆人"。老百姓是我们父母，老百姓是我们主人，更要帮助穷苦的农民和手工业者，限制高利贷和高地租，同胞们也要本着这些原则去作，一定能够把日本鬼子赶出去。

最后，就是人人个个真正实行新生活，想想前线忍饥耐寒为国流血的弟兄们，想想在敌人后方和离开家乡流离失所的同胞们，他们抛弃了一切，过的是什么生活，我们还能不艰苦地努力，还忍心过奢侈淫逸的生活么？至于那些贪污的官吏，更是民族国家的罪人，政府一定严加惩办，人民也要抓着真凭实据，向政府报告举发。还要以"勤俭补缺乏"，作到没有一个废人，没有一件废物，没有一分废时，没有一处废地，把一切的力量都用在抗战上面来，我们自然可以得到最后的胜利。

（文献选自《冯副委员长抗战言论集》，生活书店1940年版，第61—67页）

怎样增加抗战力量
1939年3月6日在重庆中央广播电台演讲

沈钧儒[①]

各位同胞、各位先生：

我想，现在每一个中国人是没有不关心到当前的战争的。今天我们的抗战，是民族国家生死存亡的问题，也是我们自己身家性命的生死存亡问题。蒋委员长历次宣告国人，现在中国人只有一条路走了，就是抗战。持久抗战，一直取得最后的胜利。蒋委员长又说：我们要抗战到底。不错，一定有人要提出来问题，抗战到底，底是什么地方呢？打到什么地方，才算到底了呢？我们的答复是，必须要到收复一切失地，完全赶走敌人，中国民族真正达到了自由独立的一天，也就是真正的取得最后胜利的一天。

中国能不能取得最后的胜利呢？中国抗战一定能胜利吗？

这答复，是不能空口说白话的，这要有真凭实据。我要告诉大家，我们一定能够取得最后胜利，有的是真凭实据。第一，我们是义战，自卫战，是顺天应人。不仅中国人一条心，就是全世界和平国家也都同情我们。其次，我们的地大物博，资源丰富。再其次，人多、兵多，……在前线还有许多忠勇效命的

[①] 沈钧儒（1875—1963），字秉甫，号衡山，浙江嘉兴人。救国会"七君子"之一，中国民主同盟的创始人之一。新中国成立后历任最高人民法院院长、全国政协副主席、全国人大常委会副委员长和民盟中央主席等职，被誉为"民主人士左派的旗帜""爱国知识分子的光辉榜样"。

将领和部队。还有一点，是全世界和平国家和人民都帮助我们。这一切，我们都胜过敌人，决定我们有胜利的把握。

不过，请大家要注意，这一切好的条件，还只告诉我们有胜利的可能，对前途不必悲观，但单靠这些条件还不能打倒日本帝国主义。我们要全国人更团结，更努力，随时随刻增加我们抗战的力量，那才能一天天改变战争的形势，扩大自己的力量，最后打败敌人。

大家不是每天都关心战争吗？单止关心还不够，自己要动员自己家里的人，自己周围的人。大家都参加抗战前后方的工作，才能使前方的力量一天天加强，后方的准备一天天加多。目前后方工作，做得是还不够的。

在后方的同胞，应该怎样来参加抗战呢？后方的工作很多，各人可以根据自己的环境做自己可以做的事。但是目前大家都应注意的工作是些什么工作呢？

简单的说：后方的人，在后方应该注意的是：

一、帮助政府推行兵役

打仗不能没有消耗，有消耗，自然有补充。本来中国人多，大家又晓得这次战争是为自己争生存。为什么实施兵役法还有问题呢？这是因为中国地大，社会一向没有组织，抗战的宣传还没有做得真普遍。因此，有好多人还不免害怕，误会逃避，不能自告奋勇的来当兵。再加上过去还有少数办理兵役的人不得法，更造成了有些地方人民的反感。今日政府对于兵役，已有很好的办法了。但要马上改善，也不是一件容易的事，这就要大家来帮助政府，推行兵役。这里工作很多，譬如下乡宣传，劝自己的亲戚朋友，送自己的子弟先入伍，帮助政府纠正地方上办兵役的人对老百姓不妥的许多地方。慰劳出征壮丁，救济出征壮丁的家属。这里的工作真是不胜缕举，这还不过是随便想到几个例子。

二、踊跃参加后方的生产

工人、农民、技术人员，要大家更热心些为国家多多生产，农民多生产粮食，妇女们多织一尺布，工人们多造一颗子弹，多造一件机器，一种火药，都等于多打死一个敌人。我们要晓得，我们如果没有粮食，没有子弹，没有一切

用具和日常生活必需品，我们纵然人多、兵多，也是不能长久打下去的。这就得要人民踊跃出力，同时也要一切地主，厂主，都更体恤农民，工人，随时改善大家的生活，实行生产上的劳资合作。谁不以诚心对人，谁就是破坏生产，不是一个爱国者。大家努力罢！努力实现国民党五中全会中所号召的一切经济建设罢！

三、我们还要大家注意后方的治安

抗战以来，还常听说各地发生匪患，说来这真是痛心的事。后方的治安不好，不仅影响到后方的生产、人民的生活、兵役的实施，而且影响到前方的作战，这是一刻都不能忽视的事啊！虽然维持治安有军警的力量，但人民不能不帮助军警。这不是说要我们大家，去帮助军警剿匪、捉贼，而是用各种方法防患未然。我们晓得，做匪的人也是中国人，他们不过迫于衣食，才铤而走险的。我们不是就没有法子和他们讲清白，说服他们大家都做好人。各地方也应想些法子，使这些人能够活下去，能够把那当匪的勇气，用在打敌人身上。此外，就是人民本身要有组织，每一个地方上的人，假使多有组织，团结成了一个力量，土匪也自然不能存在的。这是最根本的消灭土匪，维持治安的好办法。

四、我们还要帮助政府肃奸

过去我们常听见说，到处发现汉奸，现在说不定我们后方还有。不是当在敌机空袭时，常发现有人在放信号吗？还有一种汉奸，专一探听我们的军政消息，制造谣言，挑拨我国内的团结，真是非常可怕的毒种；但是这也不能单靠军警之力，我们大家都要把眼睛望着，耳朵张着，去留心那些形迹可疑的人，这也就要人民有组织，才能防得过密，否则很容易让他们漏网的。

后方的工作自然不只这四项，我们还应该随时供给前方一切物质的需要，如冬季的棉衣，鞋袜。不久以前，蒋委员长特别号召大家为前方将士募寒衣，应该踊跃响应。在去年的夏秋之间，前方的疟疾痢疾等病痛非常之多，药品也非常缺少。现在春天已经到来了，春来，病也渐渐加多，我们应当马上来扩大募集药品的运动，救济前方将士，在敌后方的将士和人民，以及因战争而流亡的同胞。此外，我们还要为前方以及战区募集书报。可能的话，应多多组织各种工作队、救护队、慰劳队到前方和敌人后方去，为我们民族服役。

各位同胞，各位先生！目前是我们最光荣的时代，有钱的踊跃出钱，无钱的更多出力！全国人都拿出力量来！我们一定能打倒日本帝国主义！我们一定能取得最后胜利！

（文献选自《广播周报》1939年第163期，第12—13页）

许多小胜集成总的大胜
1939年5月26日在重庆中央广播电台演讲

冯玉祥

当我今天和各位讲演的时候，正是前线各处特别是鄂北豫西我军大胜利的时候，所以我们今天谈话，没有工夫谈那些和抗战没有多大关系的问题。我们要谈怎样得到胜利，怎样得到更多的权利，争取最后把日本强盗完全驱逐出国境的事情。

自本月初以来敌人调集了四五个师团的兵力犯我鄂北，二十多天来的战斗，敌伤亡两三万人，打的敌人退去了四五百里，我不仅克服了新野、唐河、枣阳、随县，而且渡汉水反攻的结果，收复了岳口和皂市，鄂东还收复了礼山。在这个期间，我军在各战场上不断出击。鄂南湘北我们攻克了粤汉路旁的金牛镇，一度冲入蒲圻县城，破坏了蒲圻的铁桥。江西方面，攻克高安以后，占领武南四周的高地，包围南昌。本月七日，曾冲入南昌市内的金盘路，打死不少敌人。广东的东西北各战线，我军都占优势。广州外围，花县、新街、增城相继克服。本月六日，我军一部曾冲入广州，敌人正在由台湾派遣军队增援。长江下游，本月五日晚，我军曾冲入安庆城内，将敌人飞机场仓库完全焚毁，又攻克宜兴、溧水，切断京杭国道，直接威胁南京。华北方面，我军袭入开封，济南，晋南敌寇集中了七万人企图南犯，我军曾分攻浮出、翼城、新绛、闻喜、夏县、安邑等据点，敌寇死亡的在七千人以上。所有这些胜利，说明了我们军队在各战场上都非常活跃，可以包围冲进，并且一度攻入了几个省份的中心城市，使日寇建立或巩固汉奸组织的阴谋难以实现，并且鼓励了我们全国的士气，使全国同胞都兴奋鼓舞起来。

自然，这些胜利还只是让我们向最后的胜利接近了一步，还不是最后的胜利。因为最高统帅指示的，我们要长期抗战"争取主动"。"长期抗战"就是要我们不可求幸胜，只有切实努力，多多进步，我们一天天地强起来，才能达到最后的胜利；"争取主动"是要我们多杀伤敌人，少受敌人的杀伤，多打击敌人，少受敌人的打击，要使敌人一天天地削弱下去，才能达到敌人最后的崩溃。这就是说我们不能忽略战场上每天的胜利，那怕是极小的胜利。因为集许多小胜，就是一次大胜，许多次大胜，就使得敌人最后崩溃，同时我们要看重我们自己各部门每天的进步，那怕是极小的进步，各部门许多小进步，就是一次大进步，许多次大进步，就得到最后的胜利。

可是有许多人是看不起小的胜利的，他们认为敌人的兵力太强了，打死他几十个人，几百个，几千个人是无济于事的。这种思想发展下去，是对抗战很不利的。汪精卫这个汉奸，就是最看不起小的胜利的一个人。他在武汉的时候，听见前线失利的消息，就得意地说："中国兵怎么打日本呢？当然要打败的。"一听见我们打了胜仗的消息，就生气地说："打死千八百的日本人，也算得什么胜利？"今天是五月廿六日，六年以前的今天，我在察省领导着军民抵抗日寇对张日的进攻，因为军兵的努力，先后收复康保、宝昌、沽源、多伦。许多朋友打电报鼓励全军，可是汪精卫却发表谈话："这样也算收复失地，真是太轻藐天下事。"于是把毙敌千余人的胜利便轻轻地抹杀了。像汪精卫这样的汉奸，他就是不承认"减损敌人一分力量，就使我们向最后胜利更接近一步的。"

集小胜为大胜，我现在用具体的数字来证明这一点。远的我不说，就拿最近两个半月的情形来讲：

在三月上半月，我们在南北各战场，一共作战二百七十次，毙敌官兵一万一千三百零一名，俘敌官兵一百廿六名，获马一百五十六匹，步枪五百四十二支，机枪廿一挺，炮七门，击毁及俘获装甲车五十三辆。此外还击毁敌舰八艘，毁铁路卅三公里，击落敌机三架（被空军及防空部队打落的还不算）。在三月下

半月，共计作战四百三十四次，毙敌官兵二万四千四百九十八名，俘敌官兵七百十一名，获马七百五十七匹，步枪三千四百二十支，机枪二十六挺，炮五门，打毁装甲车一百零五辆，打沉敌轮七艘，破坏铁道六十三公里，公路三十二公里，打落敌机三架。

四月上半月，作战三百二十三次，毙敌官兵二万二千一百九十九名，俘敌官兵五百五十六名，获马三百九十九匹，步枪五百五十支，机枪四十二挺，炮四门，打毁装甲车七十五辆，打沉敌舰八艘，破坏铁路三十四公里、公路二十八公里，打落敌机一架，并毁敌弹药库给养库各一所。

四月下半月，作战五百零四次，毙敌官兵三万一千六百六十五名，俘敌官兵五百九十名，获马三百七十五匹，步枪一千四百五十六支，机枪五十六挺，炮二十一门，弹药五万七千六百九十一发，打毁敌装甲车九十六辆，打沉敌舰三艘，破坏铁路五十六公里，公路七十六公里，打毁敌机一架。

五月上半月，作战四百十六次，毙敌官兵三万零四百七十五名，俘敌官兵一百零五名，获马四百七十五匹，步枪八百六十一支，机枪五十五挺，炮六门，弹药二万八千零三十五发，打毁装甲车一百零一辆，打沉敌舰三艘，破坏铁道二十一公里，公路七十八公里，打落敌机十八架。

总看在两个半月之内，就拿不完全的统计，已经毙敌官兵十二万零一百三十八名，俘敌官兵二千一百名，获马二千一百六十一匹，步枪六千八百三十支，机枪二百挺，炮四十三门，打毁及俘获装甲车四百三十辆，打沉敌舰二十九艘，破坏铁道二百零七公里，公路二百一十四公里，打落敌机二十六架，这不能不说是大胜利。但这个大胜利的成绩，是一千九百四十七次艰苦英勇作战的结果。就每一次作战说，成绩也许是不足惊人的，但全国各地广泛地对敌人的打击，长期和敌人的斗争，便可以看出敌人的力量，是在怎样地减弱下去，也就可以看出把小的胜利积累起来，会发生多么伟大的效果。

国民精神总动员纲领里面说：要"军事第一，胜利第一"。这是说全国的同胞，无论男女老幼，无论什么职业都要整个人的力量，以求有利于前线的胜利，有的人以为自己的职业和抗战的关系太远了，努力也对于抗战没有什么好处，这是完全不对的。要想前线得到更多的胜利，是需要全国同胞，从各方面去努力的,当然首先要靠前线的将士和在受训当中的壮丁。可是各院部会的各级公务员们,负责交通运输的同胞们,在伤兵医院里服务的姊妹们,在工厂田野里劳作的工农们等等,大家的工作都是和军事胜利有极密切关系的。希望这些在前方后方或者在游击区域里的男女同胞们看重自己的责任,一分也不懈怠地努力下去,更多一分的努力,就可以使最后胜利更早一天到来。

蒋委员长在"二期作战要旨"中指出:"民众重于士兵"。所以组织民众训练民众的县区保甲长和热忱的青年工作者们,大家的责任更是重大。抗战将近两年来,英勇的同胞们已经在抗战中作出了许多可歌可泣的故事来,现在就是要集中全国同胞的意志,集中全国同胞的力量,让同胞们在三民主义的旗帜之下,更英勇地、更普遍地、更有组织地为抗战而努力!

总理很早就说过:"一个统一的中国,尽可以抵抗日本的压迫。"最高统帅也随时训示我们要加紧精诚团结,唯有汉奸汪精卫是不愿意我们这样作的。他在到河内之前,曾经适应日本军阀的要求,作了种种破坏统一团结的阴谋举动,他的阴谋是当然失败了。云南龙主席①给汪氏的信,算是回答汪氏阴谋的一颗大炸弹。这证明了什么呢?这证明了我们全国内部是紧密团结着的。但同时,对于这一件事,全国每一位同胞都得负有责任,应该都忠诚地拥护政府、拥护领袖、拥护统一,巩固团结。

抗战将近两年来,大多数的同胞,已经把自己的身心力量都给抗战。可是还免不了有少数的人作的还不够,这是精神总动员纲领特别注意肃清这些毛病的原因,也就是我们还要要求进步的根据。希望这些少数同胞都振奋起精神来纠正以往的错误,站在自己的岗位上,负起自己的责任来。要认清每一位同胞的进步,就是抗战增加了一分力量,每一个部分的成功,就组成了抗战总的成功。

敌人"速战速决"的幻梦早已经打破,"速和速结"的阴谋又已经失败,现在是想利用我们游击区域人力、物力、财力来支持他的侵略战争。当然敌人这种新的狠毒计划,并不会实现。因为游击区的同胞,谁也不受敌人的欺骗去供

---

① 此指龙云。

敌驱使，谁也不肯生产东西供敌使用。譬如河北省许多农民组织起来不种棉花，谁都是相信法币，拒用伪钞和日钞。可是另一方面也让我们知道，为配合前线军事上的胜利，民众组织上、生产运动上、金融政策上，以及其他各方面上，都需要有更进一步的努力。这样才能更快地打碎敌人的阴谋，更快地取得总的最后的胜利。

总之，在快到全面抗战两周年纪念日的时候，我希望在前线和敌人后方苦斗着的同志们，更英勇地去多杀伤敌人，争取更多的大大小小的胜利，积累成一个更伟大地胜利。同时希望全国各地的军民，都站在自己的岗位上，改正自己的缺点，求自己的进步，让我们在各方面都有新的进步，新的成功。

（文献选自华爱国主编《冯副委员长抗战言论集》，生活书店，1940年，第77—82页）

精神之改造
1939年7月1日精神总动员国民月会
对交通部同人演讲

卢作孚

今天所讲者,为《国民精神总动员纲领》第五章,关于精神之改造。兹拟对于该章一项至五项,加以阐发。

(一)醉生梦死之生活必须改正。所谓醉生梦死之生活者,即指赌博饮酒种种不合理不正当之生活。此种生活,足使我人之兴趣集中,于是忘怀一切,甚至将一己之生命亦沉溺其中。余意醉生梦死之态度,非必须予以消灭,但必须改变其对象。如我人将从事于不正当生活之精神移之于我人之工作,我人之事业,以至于我人之国家社会种种问题上,则醉生梦死,忘怀一切,将一己之生命沉溺其间之态度,正为其兴趣集中、精神集中,达于最高度之表现。本人以为今日我人之兴趣,即在吾人之工作,工作之外,别无兴趣可言。故每人必须将集中于不正当生活之精神与态度,移转其方向,而求能醉生梦死于一己之工

---

① 精神总动员会是国民党推行"国民精神总动员"运动的组织,1939年成立。随后公布《国民精神总动员纲领》、《精神总动员实施办法》中规定国民以行业公会、机关、学校为单位每月集会一次,即精神总动员国民月会。

② 卢作孚(1893—1952),重庆合川人,著名爱国实业家、社会活动家,民生公司创始人,被毛主席誉为"不能忘记的四个实业家"之一,抗战时期,亲自组织指挥了"宜昌大撤退",挽救了中国抗战时期爱国工业命脉。

作，一己之事业，与国家社会种种问题之间。

（二）奋发蓬勃之朝气必须养成。奋发蓬勃之朝气，如何养成，一言以蔽之曰："做"而已。不"做"决不会养成朝气。如"做"而未达于成功，稍遇挫折，即便放弃，亦不能养成奋发蓬勃之朝气。平常我人常见两种精神：（一）根本不做；（二）做虽做，但一遇困难，或遇有困难之可能时，便放弃不干。此两种精神，决不能培养奋发之朝气。此种朝气，必须有百折不回，不成功不止精神，方能培养成功。今日有许多新的发明，皆为成功之结果。然其在成功之前，不知已经几许失败。如当时一遇失败，即不再试验，今日决不能有发明。然当时之发明者不因失败而灰心，继续努力，及其成功，其发明之兴趣，更发蓬勃矣。又如我人走路，遇不能通行之处，更需研究如何得走通之法。如绝对无法通行时，即应立即变更方向继续进行。有这种继续不断之兴趣，强烈之要求及百折不回之努力，才能使奋发蓬勃之朝气培养成功。

（三）苟且偷生之习性必须革除。我人平常确有苟且偷生之习惯。中国所传美德有"安分守己"，"安土重迁"，"安居乐业"等等。无论何种地土，移居其间，便安居而不思迁移。视迁移为畏途，举室迁移，更无论矣。但在近代生活中，旅行实占重要地位。吾人"逃难"则至感痛苦，若视来至多山之西南为旅行，而不视为逃难，则此行实不啻为一件赏心乐事。但我人平日多习于苟安，则一切问题不至最后不想办法。须知近代世界，处处须事前准备。种种表面之行动，均为事前计划准备之结果。欧洲大战时，德国于七天之内即动员完毕。所以能如此者，因有事前之准备。但苟且偷生者，决不作事前之准备。须知要苟安，则时时可发生事变，永远不得安。不苟安者，时作缜密之计划，有事前之准备，反得长治久安。本人曾遇一船中管机器者，彼谓"平常胆子小，有事胆子大"。在平常开机器之前，处处细心检查，决不苟安，且胆子极小；一旦有事，则绝对要能应付困难，胆子要大。各人之生活亦应如此。平时处处细心，决不过一天算一天，能如是然后始能使个人以至国家社会有办法。但平日习于苟安偷生者，处处待最后始想办法，甚至最后尚不想办法，彼等宁作顺民苟安之人，甚至即作汉奸亦无不可。此种习性，必需根本革除。且此项与第二项实互为表里。有奋发蓬勃之朝气者决不苟且偷生，而习于苟且偷生者亦决不能奋发蓬勃。我人只须向前的做，百折不回的做，不顾困难，不避危险，有此种精神则不苟安偷生矣。

（四）自私自利之企图必须打破。在今天以前，中国坏人固不论，即所谓好人者，亦大有不妥处。我人所称之好人，往往即指不做坏事者之谓。不做坏事，亦即为己因。彼所求者，为一己成好人而已。不爱利而爱名，名即自身之名，中国不能要此种人。吾人做好人，必须使周围都好。只有兼善，没有独善。本人对自私自利有新的解释，以为狭义之自私自利，仅为求一己衣食住行欲望之满足。由此解释，则破衣足以御寒，粗食足以果腹。但今日之衣服必求华丽、食物必求珍馐者，盖因流俗所好，故争趋随之。由是相衍成风，而自私自利之欲望乃无满足之境。所以我人必须变更此种倾向，改为欣赏他人良好之行动及其对于国家社会之功绩，而对于自己的生活应尽量简省。

（五）纷歧错杂之思想必须纠正。抗战以来，整个国民之思想，已趋于一致。不过尚有少数人，尤其为年轻之人，好标奇立异，喜欢新奇思想。实则今日之中国人，其问题不在选择某种思想，而在能否思想一点耳。我人能思想，则不必选择思想，必能对中国之问题，作清楚之分析，故我人时时刻刻应有思想。善思想者，处处能见其思想之痕迹。然中国人做事，以公事论，往往成篇大文，而内容极不清楚。以做事论，亦少能将事之周围安排周密者，此为太少用思想之故。所以今后每人应练习其思想，使遇问题即能分析清楚，而求其适应之方法。

以上五点，应从我人生活根本加以纠正。国难当前，我人应以国家社会应做之事，作为我人之要求。交通部负有解决中国交通问题之责任，何者为我人之要求？整个国家之交通运输，通信之便利，为我人之要求及我人之责任。如将此种责任心提出，则刚才所谓苟安偷生等习惯自然消灭，而良好之精神，亦即于焉培养完成。

（文献选自《抗战与交通》，1939年第22期，第393—394页）

人人不断的努力　定得最后的胜利
1939年10月13日在重庆中央广播电台演讲

冯玉祥

全国同胞：

恭贺大家我们得到了湘北的大胜利①，首先向前方辛苦奋斗的将士们民众们特致敬意！其次在上一次的广播里，我曾经和大家说，大家要知道，艰难危险，不是避免得了的，而只有努力去冲破敌寇外患，更不是投降可以止息的，而只有奋斗去克服，这是我们中华民族不畏强暴的固有精神。我们抗战前途是一天天的接近光明，同时我们的责任也格外加重，我们更要坚忍，更要戒惧，更要努力，更要切实反省，看我们每一个人在抗战上所尽的努力，是不是合乎要求，是不是达到进度。这是几句重要的话，实在的，我们今日能否获得最后的成功，全看我们每个人的努力如何。我们现在的一切成功的条件，都已全备，只看我们自己是不是能够真正的努力，是不是能够不断的努力。总理在十三年二月有一次讲演里说的好，"国家独立了，民族解放了，不是一代可以享幸福的，是代代可以享幸福的"。这种责任怎样才可以做的到呢？要担负这种大责任，最先要有奋斗的精神。

---

①湘北会战，即第一次长沙会战。1939年9月至10月，中国第九战区部队在湖南、湖北、江西三省接壤地区对日本军队进行的防御战役。1939年10月9日，中国军队第195师恢复到进占鹿角、新墙、杨林街之线，日军陆续退回新墙河以北地区，粉碎了日军企图围歼第九战区主力部队的图谋。

一、战时宣传动员

诸位同胞！什么是奋斗的精神？奋斗的精神，最重要的就是不断的努力。

我可以郑重负责的告诉大家，只要人人不断的努力，我们必定能得到最后的胜利。这次湘北会战，我军歼灭敌兵达三万以上，造成空前胜利，他的价值是很大很大的。现在平江、湘阴等重要据点都已克服，敌军一败涂地，已被我军追击至新墙河，恢复了一个多月以前敌军开始蠢动时候的原状。这个重大的胜利说明了什么？第一，说明了我们确确实实是越打越强，敌人是明明白白的越来越弱。我们都知道敌人这次在湘北的进攻，是在六七月间他在鄂北砸了一个很大的硬钉子以后，就开始准备。他们费尽全力，足准备了四五个月，结果却是惨败到这样的地步。这就是我们一天天强，敌人是一天天弱的铁证。

我们又知道，长沙近郊一带都是平坦的地势，这样的地势，在军事上是极容易攻，极难守。翻开以往内战的历史，敌军到达长沙近郊，长沙从来没有固守的先例。但是敌人准备了四五个月，动员了十多万的兵力，这样一个易攻的地方却攻不下来，不但攻不下，而且溃败得如此之惨，这就是我们的将领军士，我们的一切一天比一天强，敌人的一切力量比较以往大大减退的铁证。诸位同胞！我们为什么能够使自己一天比一天强，我们为什么能够使敌人一天比一天弱。我要说出来，这就是我们全民族，男女老少，尤其是前方忠勇将士一致努力的结果。

这次欧洲局势变化，就在这个欧洲迷漫着战云的时候，日本帝国主义想着欧洲列强正忙于自己的战争，再也没有余力来过问东方的事了，于是他就想着趁火打劫，派了西尾和板垣[①]来华，加紧对我们的侵略，想着早早结束这次使他没有办法的战争，并进而抢夺英法各国在太平洋的一切利益。西尾、板垣两个强盗，洋洋得意的来了之后，放出狂妄的梦话，说日本即要进攻西安、宜昌、长沙、衡阳、北海等地，完成所谓"板垣阵线"。同时，汪逆兆铭等一类汉奸，也乘机积极蠢动，要组织什么汉奸政权，以图献媚敌人，欺骗人民。有些不明白事理的人，看见国际局势有了变动，看见敌人想着趁火打劫，就不免心里着

[①]日本中国派遣军总司令官西尾寿造和日本侵华派遣军参谋总长板垣征四郎。

急,惴惴不安。但事实究竟怎样呢?事实是,西尾、板垣一到中国,就叫他们在湘北吃一个空前的败仗,西尾把尾巴丢了,板垣把木板葬了。所谓"板垣战线"的梦话刚刚出口,就叫他在长沙近郊丧师三万,溃不成军。敌人国内现在是普遍的恐怖和不安,政府里互相倾轧,所谓要人们畏罪辞职。日本民众反战浪潮一天天高涨,来华的寇兵斗志大减,每个人衣袋里都藏了"投诚票",准备着一有机会,就向我们磕头投降。而汪兆铭一类的汉奸活动,也是心劳日拙,毫无效果,毫无办法。这说明了什么?这说明了不管国际情势如何变化,不管敌人如何痴心妄想,不管汉奸国贼怎样阴谋无耻,我们都不必焦虑。我们确确实实的能够自力更生,我们确确实实能够独立抵抗而争得光荣的最后胜利。诸位同胞!我们为何能够自力更生,我们怎样能够独力争得胜利?我要指说出来,这全靠我们全民族男女老少一致不断的努力。实际上,欧战虽在发动,但国际局势仍是有利于我们的,有些人看见苏联和德国订立协定之后,又接受了敌人诺门坎的屈膝订立协定,因此很觉不安。其实我们知道,去年张鼓峰一战,敌人碰了苏联的钉随即屈膝求和。

但张鼓峰协定订立不久,怎么又发生了诺门坎之战?这次诺门坎协定成立①,谁又能保不久的将来没有十次廿次的新的冲突?苏联对我们的帮助也绝对不是假的,日本帝国主义不能不时时刻刻提防他。另一方面,日本帝国主义也不能不提防着美国。美国是反对侵略的,美国最近积极调遣海军空军,增强太平洋上的实力,使敌人极感恐惧,前月美国政府宣布废止美日商约,给了敌人一次打击。美国参议院外交委员会主席毕德门先生一再向国会提改中立法案,要求政府严禁一切军用原料品输给日本。他的讲演说:"日本所用汽油,百分之八十五是从美国买的。日本飞机就用这些美国供给的汽油,在中国任意轰炸平民。日本的炸弹是用从美国买去的废铁所制成,日本的炸药也是美国棉花制成。换言之,即日本用以制造杀人武器和军需用品的五金原料,都是从美国购买去的。美国政府对此若不严加禁止,美国即等于参加了日本的对华侵略战争。"这番透彻警辟的话,引起美国人士极大的同情。国会议员多数都赞成他的提案,

---

① 诺门坎战役,又称诺门罕战役,是 1939 年日本、苏联在中蒙边境发生的一场战役,战事以日本关东军失败结束。1939 年 9 月 15 日,日本被迫与苏联在莫斯科签订《诺门坎协定》。

日本帝国主义眼看不久一九一一年所订美日商约期满之后，军火原料立刻即断绝来源，这给敌人的是多大的威胁？不但美国政府人员这样，美国人民也是仇恨日本，同情中国的。我听到一位刚从美国回来的朋友说：他亲眼所见的一件事。一次，一个日本人在美国演说，对我们今日的抗战这种种谣言，希图欺骗我们友邦人士。那知等他讲完，走出会堂，就被一群民众所包围，骂他造谣，骂他无耻，当时把他痛打一顿，扔到污泥里方止。这是我那位朋友亲眼看见的事。

最近又有一位在法国回来的朋友告诉我，我们在法国开饭馆的华侨同胞发起大规模的募捐运动帮助抗战。那家饭馆的工人都把工资捐出十分之三，或是十分之四为救国用。那些收条贴在墙上，被许多法国客人看见，他们都极感兴趣说："这是好事，我们也要尽力。"当时有的捐出二百，有的捐出五百。饭馆老板说："你们对我们中国的抗战这样热诚，我们真是感谢，我应当请你们吃饭，你们不要付饭钱了。"说着，两方面都哈哈大笑。这些事说明了什么，说明了中国在国际上的地位一天天提高，中国在国际上到处都是朋友，而敌人却恰恰相反。世界那一国也不同他作朋友了，他已从所谓世界第一等强国渐渐打成弱国，他的国际地位一天天低落，虽是想尽诈骗方法，进行投机外交，也已经得不着好结果。诸位同胞，格言说的好，"天助自助者"。若没有我们自己这几年以来的努力，国际间的朋友也势必爱莫能助，我要指说出来，这个国际上有利于我的情形，也是我们全国男女老少一致努力的结果。

有了以往的我们的努力，才有今日我们良好的成果。我们到今天为止，得着怎样的成果？就是敌人整个溃败的时期已经不远，我们最后胜利的取得即在目前，我们中华民族的前途是照耀着一片光明了。但是我必得敬告大家，我们还要继续的努力，还要不断的努力，还要十倍百倍地加紧我们继续不断的努力，否则，不但那一天天接近的光明不能到手，就是以往的努力，已有的成果，也将成为无用。这个道理极是明白，用不着我来解说，这是我们全民族四万万五千万人共同的责任。因此不只是我们的政府能不断的努力就算够了，不只是前方将士能不断的努力就算够了，也不只是某一个团体某一部分少数的人努力就

算够了，而是要我们人人个个加倍奋发起来，在最高领袖的领导之下，站在自己国民一分子的立场，不断的努力下去。那么，我们应当如何努力呢？在这里，我愿意说出几点，贡献大家。

第一，就是厉行节约。我常常谈起一件旧事，当第一次世界大战的时候，美国后出兵参战，那时我在常德，一位美国牧师从美国出兵之日起，就全家吃素，把省下的日用钱，汇交政府，补助战费。美国是个富强之国，那次的战争对于美国也不算多么特别，但是一个侨居中国的牧师竟这样的做，我们应当对这一件事大大的警惕。我们要各尽自己力量，多则三千五千，少则三元五元，甚至三毛两毛，只要人人不断的努力献给国家，积少成多，就成为极大的力量。除此之外，时间精力，也是同样要节约的。我们要不使一分钟的时间虚度，要不使半点精神浪费，而将全部精神时间都用到抗战上面去。

第二，就是努力宣传。有笔的用笔，有口用口，有腿用腿，用各种各样的方法，用各种各样的式样，努力干下去。这所说的宣传，一不是夸张其词，二不是无中生有，而是详实正确的将许多关于抗战的道理，许多目前抗战的事实告诉给那些还不明白，还不知道的人们。

第三，就是优待出征军人家属。他们的男丁为国杀敌，是为他们自己，也是为我们大家。我们每一个人都应当把他们的家属看同自己的家属，尽力帮助他们，尽力周济他们，能每月送些米也好，能常常送些肉也好，总之要各尽力量，各尽良心，使他们家属不感困苦，自己也得到无穷欢喜。

第四，就是慰劳军队，尤其是受伤的将士，有病的弟兄。他们为国家流血，为民族吃苦，我们应当对他们表示敬重和爱护的热诚，能到医院服役也好，能一个星期买几次东西去慰问他们也好，否则，就是十天一星期常常去看看他们，用唱歌谈话去安慰他们也是好的。

第五，就是应征入伍。最近后方各地，常常有一批一批的志愿兵开向前方去。他们真不愧是中华民族的好男儿，我们应当人人奋发，人人火热起良心，撇开一切，勇往直前当兵去，父母送他的儿子，妻子送她的丈夫，哥哥送他的兄弟，大家要争先恐后的把自己家里的宝贝送给国家，去杀敌人。我们要知道，必定要保住国家而后才保得住家庭，而后才保得住自己。

　　第六，要不买外国货。现在交通不便，海上运输也困难，外货一天天涨价，这正是我们堵塞漏厄的最好时候，除非万不得已，绝对不资半文钱的外货，日用必需尽可以用本国土货，价值既公道，品质也未必不如外货。我们少买一文外货，就是多保持一分国力，在战场上就可以多打死一个敌人。

　　第七，就是严防汉奸。敌人企图亡我们国家，恶毒百出，利用汉奸，就是他们最恶毒的手段之一，我们应当协助政府，协助军警，严密的注意。凡本村本庄，本街本巷，遇有不法匪类，立即拿住证据向当地机关报告，果然能够人人注意，时时提防，那么汉奸就没有法子存在，敌人也就没有法子施其诡计了。

　　第八，就是辟除谣言，坚定信心。现在汪兆铭一流的卖国贼，卖身媚敌，对我们的抗战用种种方法来破坏，破坏不成功，就造出许多无中生有的谣言来淆惑人心，我们要时刻的注意这些谣言，破除这些谣言，拿定自己抗战必胜的信心，坚定不动。

　　第九，就是拥护我们的政府。拥护我们的政府主席，拥护我们的领袖，不但口里拥护，心里也一样的拥护，不但心口如一的拥护，更要从行动上来表示我们拥护的诚心。

　　第十，就是要在自己的职务上勤勉苦干。今天的抗战须要各种的力量，前方将士冲锋杀敌固然是抗战，后方工人努力生产也是抗战。前方开动战车冲锋杀敌固然是抗战，后方开着汽车运输物品的也是抗战。农人，工人，教师，学生，医生，商人，著作家，出版家，凡百职业者，在他自己的本分上都在抗战中站着一个岗位，大家都当克尽所事，努力不懈，抗战处处都得着益处的。

　　蒋委员长最近的重要谈话说："今日全国国民，不分党内党外，只有一个意志，即坚决抗战，以保持国家之独立生存。"这是极重要的话。我们如何贯彻这个意志呢？没有别的，就是全民族不分男女人人不断的努力，我再郑重负责的

说一遍。

只要人人不断的努力，我们必定能得到最后的胜利。

（文献选自《广播周报》，1939年第181期，第3—6页）

佛教与反侵略[1]
1939年11月初在反侵略中国分会茶话会席上演讲

太虚大师[2]

主席、各位先生：

今天承反侵略中国分会邵会长邀请，得到和诸位相叙的机会，很觉荣幸；又承邵先生和陈先生[3]种种过分的称誉，太虚很不敢当！刚才邵先生对佛教宗旨与反侵略意义相符这一点有扼要的阐明，陈铭枢先生又特别对佛教南洋访问团[4]贡献了许多宝贵的意见，可见对于访问团有很深的关切。太虚谨表示衷心的感谢，并愿意把这些可贵的意见接受过来作为访问团的指针。这次访问团的组成，大部分是靠了政府和社会上的许多先生们的提倡赞助，太虚只徒负名义，并没出过多大的力量。访问团这次的出国，如果对于我们的国家和佛教方面有什么贡献，都是诸位先生提倡赞助的功德，太虚决不敢居功。这一点，也应该乘此机会对热心赞助的诸位先生表示谢意。

---

[1] 标题为编者所加。
[2] 太虚大师（1890—1947），浙江桐乡人，著名爱国高僧。抗战时期，曾呼吁全国佛教徒行动起来，投入抗日救国运动，并首先发表《电告日本佛教徒书》，要求日本佛教徒以佛教"和平止杀"的精神，制止日本帝国主义的侵略战争。
[3] 陈铭枢，国际反侵略大会中国分会名誉主席团成员。
[4] 1939年11月14日，太虚大师组织佛教访问团出国宣传抗日，团员苇舫、惟幻、慈航、陈完谟（翻译），侍者王永良。

佛教南洋访问团，在这个国难很严重而国际情势这么变幻复杂的期间，还能够成行，自然是多蒙各方人士的倡导，也还靠了佛教方面多年来对内对外都有了一点广义的关系。譬如刚才陈先生所提到的要通过佛教侨胞与各地佛教人士或团体发生关系，这种工作这几年来已进行的有相当头绪。就缅甸来说，远在七八年前，我有一位学生叫慈航，到南洋各地游历，最后就在缅甸的仰光住下去。因为他是福建人，华侨中又是福建人很多，所以他在那里很和当地的佛教人士要好，曾发起组织了一个仰光中国佛学会，作为我们中国佛学会海外的一个分会。自己建的房子规模相当大，这个团体到现在已成立了五六年，和当地的佛教团体里很有组织的神宗也有很好的联络。慈航已于三年前回国，因为他熟悉那面的情形，所以这回我们特约他参加到团里来，而缅甸的中国佛学社已表示欢迎访问团前去，并说愿意尽力和当地佛教人士接洽一切。

锡兰是佛教的中心，也是佛教一切问题的核心。因此我们也很注意到和锡兰方面佛教的联络。前几年锡兰曾有一位高僧叫那拉达来华访问，我们曾尽力招待他。在民国二十三年，我们在上海组织过一个锡兰留学团，派了五个青年和尚到锡兰研究它的佛教，作为沟通中国和锡兰佛教两个统系的一种准备。后来有两位去了印度，入国际大学研究梵文，有两位回国来，还剩一位在那边继续做研究工作，回国的两位中有一位叫苇舫，英法文都学得相当好，这次也约了他一起去。

印度最近的过去可以说没有佛教，因为严格说来印度的佛教是佛教与印度教的混合。近年来因为锡兰佛教人士在印度提倡佛学，所以印度的佛教也渐渐又萌芽起来了。我国佛教人士也在那边建了一所"中华寺"，是由德玉法师提倡起来的。印度国际大学的谭云山先生对佛教很热心，他和印度各方面人士也认识得不少，关于印度方面可以由他接洽，锡兰方面也派有人在国际大学研究，所以也可在那里接洽。我决定到缅甸以后，就约他一起去印度各地。

暹罗方面，也就是有神宗的组织，它的领袖土名叫神王，是神宗之王的意思。两年前曾送了一套新印成的"影印宋版藏经"给他，他也曾回信道谢，我们也像对锡兰那样派过五个人去那边留学，做沟通两国佛教体系的工作。现在还有一位在那边继续工作，几年来他在那面组成一个中国佛教社，和本地的佛教人士联络得很好。此次我们决定先到缅甸后就约他加入我们的团里，作我们在暹罗方面的向导，我们已请他先和当地佛教团体和人士接洽，据回信说接洽的结果很满意。

以上是关于佛教南洋访问团各种情形的报告。至于本团这次的出国，除了纯属佛教方面的联络外，对于陈先生刚才的几点指示，在适宜的场合中，当然要尽可能的去谋实现，关于日本在缅甸暹罗方面对我国所作的反宣传，的确相当厉害，不过我们这次出去，拿事实来证明这些宣传是出于日人的恶意，自然能消除他们的误会，引起他们对我抗战的同情心。

其次，邵先生刚才说到的佛教宗旨和反侵略运动的意义相符是很对的。佛教的要旨可说就是我们口头常说的"慈悲为本方便为门"八个字，这八个字把佛教的全体大用都说了出来。原来佛教的本体就是一种慈悲性。"慈"就是务使所有人类以至众生都能够享受和平安乐，"悲"就是拯救因互相侵扰而失掉了和平安乐所起的一切烦恼忧愁灾患，但是光有慈悲性恐怕反而变成纵恶，致善良反被强暴所欺压，所以要以"方便"做个门才行得通。所谓"方便"，包含着"智慧"和"勇力"两个成份，智慧又分静定的和活泼的两种。静定的智慧又可以说是真实的智慧，就是行而明察，对于一切事理都能够察知其本来面目，一切迷惑、错误、罪恶、烦恼，都能够驾驭征服。活泼的智慧又可以说是巧妙的智慧，对于一切事物，都能够权宜应付得很巧妙、很恰当。"勇"是一种难舍能舍的牺牲，难守能守的持守，难忍能忍的坚忍，难行能行的勤奋精进，也就是一种大无畏大威力的大勇。具备着这种智勇的方便力，对于佛教的慈悲本旨才可以实行得通，所谓"方便为门"，就是这个意思。

由上面说的佛教的意义看来，可说和反侵略会的宗旨是很符合的。我知道反侵略的英法文原来是维持促进和平的意思。和平是人类幸福所寄托的，推而至一切生物的本身，也无不靠了和合平衡才能够存在，失掉了和合平衡，就要破裂溃败，甚至消灭；但是人类中常有强凌弱众暴寡的现象，以致和平被破坏，人类幸福被剥夺。在这个时候，要靠爱好和平的人士集中力量，反对侵略的行为，使侵略者知难而退，然后世界和平也能够维持，人类的幸福才能够增进。这种"和平为体反侵略为用"和"慈悲为本方便为门"是完全相符的，也是与

我国目前为抵抗暴寇的侵略而抗战的精神完全相符。

这种"和平为体反侵略为用"或是"慈悲为本方便为门",换句话说,就是"武力防御与文化进攻"。举个简单的例来说,战国时代的墨子就主张"非攻",就是反对侵略维持和平,可是他并不口头上说说的,他有力量去阻止人家的进攻,他能够"守"使人家的"攻"不生效力。公输子攻宋国,就是他设法打破了公输子的种种计策,使公输子放弃了攻宋国的念头。再就佛教方面来说,最显而易见的是寺里面的佛像,寺门外两旁列着武装的金刚,前殿两旁有武装的四大天王,更后又有朝向正殿的武装的韦陀,这都是表示一种武力的防御,就是表示了能守的佛力。同时前殿有向外生的欢喜相的弥勒佛,后殿有向外坐的慈悲相的释迦佛,表现出佛教设法救世的精神,要以法感化人类,去攻他的暴恶心,唤起他的同情心,也就是一种文化的进攻。

反侵略运动就是要集合全世界的和平力量,制止一切侵略的暴行。使侵略者不能不在伟大无比的和平力量之前气馁,反省,安静下来;同时积极方面,大家来尊重国联盟约,缩减军备,维持世界的和平,也就是要光大发扬东方的和平道德的文化,以达到孙总理所主张的世界大同,这是反侵略会的伟大的使命。

<略>

(文献选自《反侵略》,第 2 卷第 8 期,第 29—31 页)

青年会目前的艰巨责任
1940年2月在重庆基督教青年会[①]演讲

张伯苓

各位朋友：

今天来参加全国总干事会议，非常荣幸，特别使我欣慰的是遇到许多旧友。

这次大会的总题是"抗战建国中青年会的机会及贡献"。换一句话说，即是青年会在这伟大时代中应如何帮助中国抗战建国的工作。青年会在过去的历史中，对社会和国家都曾有很大的贡献，今后的责任将更伟大和艰巨。我们每一个人都应该充满奋斗前进的精神，上帝一定会成全我们的。

抗战已经二年半。在这期间，我们各方面力量的增进、信仰的坚强，这是我们任何人都看到的。当抗战之初，日人夸言数月内就可消灭中国，但抗战迄今已经二年余了，非但我国没有屈膝，反而一天一天的在增强力量去争取最后的胜利，所以我们的前途是光芒万丈的，这给予我们一个很大鼓励。

我再可以告诉诸位，最近的整军情形，目前的进步是非常神速，就数目来说，日首相阿部的估计，就有二百四十师。此外在敌人的前方后方，还有活跃的游击队与正规军作游击战，数目大约有一百万人，则合计就在三百余万人左右。现在我军的作战力量确已增强，只要在各主要战区的若干据点给日军以重

---

① 重庆基督教青年会成立于1922年，抗战时该会举办抗日画展，赴乡村进行抗日宣传，组织救护班，与红十字会合作修建平民村等，为抗战作出贡献。

创,日军的奔溃是很可能的。中日战事确已踏进了相持的阶段,在这时期,日军的力量将日渐削弱,而我军的战斗力将日渐增强,中国胜利的时期将愈加接近,这是可以预料的。

湘北大战的成功乃是军民合作的成效。譬如老百姓帮助军队拆毁公路,使敌人进退不易,陷于不可自拔的境地。老百姓将白米及用具完全运走损毁,墙垣上尽写标语,使敌军军心不安。这说明中国抗战从防御阶段已转入相持阶段,亦即是转入一个准备反攻的阶段。

从政治一方来讲,因为抗战而完成了"政治统一"。在这两年中,为了扫荡侵略势力,为了完成民族解放,我们的中心战术是十分明白的,这便是坚持抗战反对妥协。现在各省的行政长官仍在各省行使职权,绝不因点线的丧失而放弃了他的责任。各党各派都在参议会①一致拥护领袖与国策,精诚团结的力量充分的表现出中国最后的胜利是毫无疑问的。

青年会一向是站在时代的前线,由青年会造就出来在社会国家任重职者不胜枚举。我们应该利用这个时机,协助政府推行宪政及尽量吸收目前社会各阶级的青年。在青年会"非以役人乃役于人"的主张下,直接间接参加抗战建国的工作。譬如在军人服务方面,青年会过去成绩昭彰,今后我们更应当扩大发扬,进行服务的工作。

贵会的郝瑞满先生,前些年就是与兄弟创办南开大学一位热忱的赞助者,梅贻琦、张鹏春等是他的门生。他的精神很令我钦佩,我要继着郝先生那种精神,继续办教育。在我办学的四十一年中,其间屡遭毁灭,但是当毁灭一次,我终是不避艰难的复兴一次。以先我对政治绝不感丝毫兴趣,但以后逐渐感觉到它的重要。这次中日事起,南开首先牺牲,还是因为政治的关系。所以今后我要拿一部分功夫来帮助政治,要在个人的职务上拿出人力物力来帮助政治。这次三民主义青年团请我去讲话,我曾开诚布公的对他们说,加入青年团并不是预备作官,而是找一个机会服务。以后宪政颁布,宪法实行,不是六中全会

---

①此指国民参政会。1938年7月成立于汉口,是国民政府成立的,包括国民党、共产党及其他抗日党派和无党派代表人士在内的全国最高咨询机关,是国共第二次合作的产物,也是抗日民族统一战线的重要舞台。

或参议员来管理，这个责任乃是分担在每个国民身上。

青年会向来不干预政治，但是我切盼青年会全体会员都能协助政府推行宪政，训练领袖去参加抗战建国的工作，增强抗战的力量。这对国家的贡献是极大的。

总之，中国抗战愈久，人民的抗战情绪愈见高涨。日本的情形却是相反，再加上人民的负担愈重，政治之缺乏中心力量，国际关系之不能好转，国内危机四伏，终必有爆发的一天。

这样看来，今年是日军作茧自缚，愈加不能解决困难的一个年头。我国在这一年内将积极筹备宪政，推行民主政治，以完成抗建神圣任务。

希望青年会的诸领袖能负起这艰巨的责任来帮助政府，推行宪政，训练领袖，吸收大量的青年来帮助抗建的工作。

希望诸位代表归去能将这消息转告各地的友人，我们要愈艰苦的奋斗，中国确已踏进了胜利光明的前途了。

(文献选自《同工》，1940年第187期，第21—22页)

目前时局与公债劝募问题
1940年3月18日在重庆中央广播电台演讲

黄炎培[1]

诸位：

兄弟今天以国民参政会[2]参政员的资格，同诸位谈谈目前时局。

我国抗战至今，已经四十五个月，越打越起劲，打得国内和国际对我的情势都发生重大的变化。将最近的情形报告一二：

第一，先看国际情形。美国现在已经决定援助我国。十五日那天，美国总统罗斯福先生发表谈话，也说对于中国抗战胜利抱极大信心。对于中国最大多数的平民踊跃抗敌，保卫国土与主权的完整，表示十分敬佩。中国政府现在向美国求援，美国表示一定可以积极援助。这个消息很愿报告给诸位，而同时，苏联对我国还在继续大量援助。这也是留心国际情势者不可不注意的。

第二，国内的情形。我在大后方奔走，我们办有一个杂志名叫《国讯》，也

---

[1] 黄炎培（1878—1965），字任之，号楚南，江苏川沙县（今属上海市）人，著名爱国主义者和教育家，中国近代职业教育的创始人。抗战爆发后，积极投入抗日救亡运动。1941年，发起组织中国民主政团同盟，任常委会主席。1945年与胡厥文等人发起成立中国民主建国会，任常务理事。中华人民共和国成立后，历任中央人民政府委员、政务院副总理兼轻工业部部长、全国人大常委会副委员长、全国政协副主席，中国民主建国会中央委员会主任委员等职。

[2] 国民参政会是中国抗日战争时期国民政府成立的带有相当的民意机关性质的最高咨询机关。1938年7月6日，国民参政会一届一次在武汉召开。随后迁往重庆。1938年10月28日，国民政府国民参政会一届二次会议在重庆开幕。

常有对于国内情形的报导与言论。最近国民参政会对于国内情形也有热烈的讨论和重要的决定。我曾于十四日在国际广播电台报告过一次。这次参政会，全体参政员二百三十七人中，到了二百〇三人，占到百分之八十六。中间中共参政员七人，没有出席。但是，这几天双方正在洽商具体的解决办法，以求彻底解决所谓党派问题。经过的情形尚好，兄弟今天也在奔走接洽。再要报告的是，这次参政会选举二十五位驻会委员，其中有一位就是中共参政员——董必武先生。可见参政员多希望国共合作，所以这是可请诸位放心的。

第三，物价问题。尤其是米价甚贵的问题，大后方人士都是异常关心。但是这几天因为天雨，米价下跌了。我对于川南曾负一部分责任。川南的泸县是米市的中心，前几天米价每老斗六十二元，现在大米五十二元，糙米不到五十，跌了四分之一。可见从根本上看，大后方的粮食并非不足。下了雨，大家便把乡下来的米放出来了。米价若再趋跌，其他一般物价便不成问题。

如此说来，我可下一结论，就是目前我国内外形势都无问题，可是万事齐备，只欠东风。"东风"是什么？不用说，就是钱。说到钱，友邦答允帮助我们的真已不少，似乎可以无虑了。不过，立国总不能单靠他人，领袖所一再昭示的"自力更生"就是这个意思。现在我们抗战，抗得外国人士都发生了极大的信心，说中国抗战必胜，难道我们自己的老百姓反而没有这种信心吗？现在外国的当局及其人民都信任我们政府而大量的出钱援助，难道我们自己的老百姓反而不肯信任和不舍得拿钱出来帮助政府吗？这样如何说得过去呢？所以组织一个"战时公债劝募委员会"，我们参政员全体加入。这个会要给人民以帮助政府的机会，踊跃购买公债。这些钱，政府专用以抗战，不作别用。我是参政员之一，我知道参政会所以这样做，主要的就是我们用公债劝募一事来测验人民的爱国心，也就是我们帮助全国人民有一次表示其爱国心的机会。

这次劝募的公债，是战时公债，是为抗战建国而劝募的，意义上已和过去的公债不同。而且在方法上，也有大大的进步。委员长曾经昭示我们"专重劝募，不用摊派"。所以劝募委员会第一个要义就是注重这个"劝"字。这次劝募的是什么公债呢？有两种：一种是军需公债，国币十二万万元。另一种：建设

金公债，美金五千万元，英金一千万钱。劝募办法如何呢？现在第一步已先在陪都开始，一待办完了，再向各省市进行劝募，如此分区分期进行。三月份为陪都劝募期，以后各省进行，各省至多三个月办了。各省设立劝募总队，以省主席为队长，各县设劝募分队。劝募办法中特别值得报告的是：第一，对于有钱者，根据"有钱出钱"的指示，请购战时公债。我们抗战四年以来，开工厂、办运输等等的人，辛苦得钱的不少。有人说是"发国难财"，我并不这样想。我们一面抗战，一面自然还希望振兴实业，增加国富与民富，如循此正当途径而发财，也是国法所允许的。不过发财总得依靠国家坚持抗战争取胜利，所以他们为公为私都应该尽力援助政府抗战，我们就一面帮助政府向他们劝钱购债，即借钱给政府抗战；一面帮助他们得到报答国家并且替自己将来事业立下基础的机会。我想这班有钱的朋友一定不会放过这个难得的机会！我在这多多期望着。其次，对于没钱的朋友，我们也要努力，用功夫，对他们讲述国民对国家的权利与义务，购买公债也就是报国的义务。买了一张公债贴在自家墙壁上，就比国家的奖状更荣誉，多少大可不拘。倘是人人知道战时公债的意义，人人这样购买，积起来也不少了。何况精神总动员这一点的意义更伟大呢？我们就是用这种方法进行劝募工作的。

战时公债劝募运动，从三月初发动以来，仅仅半个月，气象却是很好。当我们一切尚在筹备未成之时，即有人来购一万元。那时我们连收条都还没有印就咧。接着，胡文虎先生慨购五十万，这不是一个小数啊！现在我们夜以继昼忙得不堪，东也要收条，西也要宣传品，看来劝募的成绩一定不会错。我们至少可以得到这样的结果：

第一，能够对于政府的财政有相当的帮助，使得不仅依靠友邦，而且主要还是在于获得人民的支持。

第二，买公债是用钞票的。多购一批公债，即多替市面消化去一批钞票。如购一千万公债，即收回一千万钞票。钞票回流，直接对于国家，间接对于物价对于民生，关系是如何重大啊！

第三，战时公债劝募运动展开以后，给国民以抗战的实际的教育，也可说是一种最有效的精神动员工作，增加国民爱国的情绪。

第四，用我们全国人民热烈踊跃购买公债的事实，使外国友邦都知道我国人民这种爱国情绪，使他们增加对我国人民的尊敬和对我政府的信任，外援的增加便更有希望了。

我们参政员即因此努力于这件事，兄弟自然要努力这件事，更热烈地希望各界朋友共同努力这件事。

（文献选自《国讯》，1941年第265期，第18—19页）

自动参加出钱劳军运动
1941年2月2日在重庆广播演讲

李公朴[①]

"有力出力,有钱出钱"是一句家弦户诵的口头禅,是一句极普通平凡的话,可也是每一个国民怎样贡献他的力量,救助国家的一个最直接简单的指示;同时也是我们最后胜利唯一的保障,整个民族最高精神的表征。四年以来,前方将士浴血苦斗,在饥寒危险的战壕中艰难困苦,不仅出了他们最大苦力,而且他们之中许多已经贡献了他们最光荣宝贵的生命了。可是我们后方的同胞,四年之中,我们出了多少力?或就是我们身外之物的钱又出了多少呢?推食解衣,豪侠仁义是我们国家四千年来最高的民族道德。今天我们的国家在这样的危难中,前方将士在这样的困苦中,我们后方人民为着挽救我们国家,为着报答为我们拼命的战士,自问最低的限度,我们应该贡献一点什么才不愧是一个仁侠义勇的黄帝子孙?

战争是整个国家民族的试验,失败不是偶然的,而胜利更不是偶然。

欧洲各国一遇战争,全体国民均能自动效劳,尽最大之服务以为前方军队之后盾,军民合作之程度难以复加。人民爱戴军队之心,无微不至,惟其如此,

---

[①] 李公朴(1902—1946),号仆如,江苏武进人,著名的爱国民主人士,救国会"七君子"之一,中国民主同盟早期领导人。抗战胜利后,因反对内战,呼吁民主和平,1946年7月11日在昆明遭国民党特务暗杀,次日凌晨因伤重、流血过多牺牲。

才有胜利之可言。我们渴望最后胜利降临的当中,不要忘记发挥我们民族最大最高仁侠豪慨的风度和卜式输财、弦高犒师这种在历史上原有的优越民族性。

这次英国之所以愈战愈坚定,完全因为英国民族之优秀。比如就这次英军从敦刻尔克撤退的经过来说,一队队的大大小小的私人渔船和游艇随着军舰出发,甘冒敌人的炮火和轰炸去援救分散沙丘间困厄着的战士。载了士兵,经过危机四伏的海峡,然后再驶返那焰火连天的地狱敦刻尔克,做成了历史上使人难忘的一页。这些驾驶渔船游艇的主人们,他们平昔可以说都是我们所谓养尊处优的千金之子,可是他们到了这个危险的关头,他们的仁侠义勇的精神使他们对于前方将士之爱护,有甚于自己的生命。我们想一想,他们生命且不惜,何况其他?英国每日战费需一千万镑,即每月需三万万镑。前国民储蓄会所募储款,每星期得三千二百万镑,即每月可得一万二千万镑。现拟设法增至每星期可得四千万镑,即每月得一万六千万镑。而国民储蓄会之口号曰:"对于国家储蓄或借款,以达到每一国民牺牲报效为止。"他们国民有这种杀身成仁,舍生取义的举动,便可以替英国民族创立一种坚忍合作,勇敢不屈的精神。这种精神便可以告诉世界,英国是不会失败的。

我们在这次为求民族解放、争取民族自由平等的神圣抗战中,前方将士沥血沙场,力摧顽敌,已经是十二分地表现出忠勇爱国的精诚了。多少爱国之士,亦会冒死捐躯,协助军队作战。就以交通各员工而言,大多抱从容就义之决心与军队共进退。如广州武汉未失陷以前,粤汉铁路及各铁路之抢修队,出生入死,在敌机不断狂炸之下抢修铁路,使各铁路之军民运输曾无一日之间断。又如各地电政员工,一遇敌机轰炸,即四处抢修,不令电信电话中断。再如最近惟一国际交通线之滇缅铁路,敌机蓄意破坏时时轰炸,而修理桥梁员工奋勇修复不使运输间断。此种难能可贵之事迹,本人至今未尝一日忘怀。至如效卜式输财、弦高犒师,慰劳将士用以表示他们爱护国家、爱护军队之热忱的同胞们亦复不少。不过就全体我们交通员工来说,对于前方将士的关怀和爱护,还不能说已达到我们希望的程度,离我们所能做到的还差得很远。要知道我们交通事业的保障,全靠国家领土的保全,有领土方有交通。我们大家想想,保卫领土的是谁?就是前方的将士。今天我们交通员工尚有工作可做,尚有工作可以

报效国家，是谁的厚施？若非前方将士为我们牺牲，我们交通员工早已丧失了工作的动力了。所以我们不能不回想一下，希望我们交通六七万员工共同奋发，更进一层的表示我们报国的精神。

国家是必须强盛的，因为国破就家亡，国强就家富。胜利是必须争取的，因为有胜利方有民族解放，有胜利才有复兴的前途，这是大家都晓得的事。不过国家如何才能够"强"，如何才能够"胜利"，请大家想想。

战争之胜负是取决于民族性之优秀。我们要"强"我们要"胜利"，就得要尽量拿出我们优秀民族的表示和行动，我们应该保有自信心，每一国民都要存有保护中华民族复兴中华民族的抱负。俗语说"我不入地狱，谁入地狱？"现在我们每一个同胞都得要说"我不救中国，谁救中国！"我们要这样想，每一国民的行动都是举足轻重，都会直接影响到整个民族。对于爱国行为应该从自我做起，我们要自己去寻找报国之道。国家是我们的，救国应该自动。我们要自视为不可欺的优秀民族，而不应自甘堕落，去做被人鞭策的奴隶性的民族。我们要做时代的前进者，不要做历史的罪人。

现在让本人来郑重地介绍给各位，去拿优秀的民族性来证明抗战之必胜和换取中国前途的光明一个好机会，就是"自动参加出钱劳军运动"。老实说，战争是我国同胞的负担，实在比其他各国人民在战时的负担轻得多。自由捐献一笔钱，出来劳军，在欧洲许多国家真不算一回事。所以在这得天独厚环境的同胞们，假如还吝啬这么的一点身外之物，人家拿生命去博取前方将士的安全，而我们倒躲在后方谋个人的奢侈享乐，那就不但贻害整个民族，同时也就是历史上的罪人。在良心上说是不义不仁，在国民的职责上说是不忠不智。

反过来说，这次自动参加劳军运动，有那一位自发出钱最多的就是一位自我救国心最重的一位优秀的国民，是前方将士的精神与物质的鼓励供养者。将来抗战胜利，崇德报功，我们是不能忘记曾经参加过自动出钱劳军的热心同胞们的一种潜在的功绩的。

并且除了表示爱国并不后人的精神外，在现代兵役法实施以后，各界人士中难免没有家属亲戚朋友到前方杀敌去的。我们为纪念他们的辛苦，并怀念沦陷区内挣扎生命的同胞起见，就鼓励他们、督促他们加速推进行军，早日收复失地，以重过升平快乐的生活。

  总之，我们可以综合起来说几句，自动出钱劳军运动是正在进行中，这是民族性的一种测验，固然出钱劳军是以给前方浴血抗战的将士们一种无限的温暖，但同时也就是后方民众对国家对军队的一种爱护的表示。为了争取优秀民族性的地位，这一次的劳军是要毫不勉强地自动出钱。胜利不是偶然的，我们要使出优秀的民族性来争取胜利！

  （文献选自《抗战与交通》，1941年第59期，第1000—1001页）

出钱劳军与布施
1941年2月15日在重庆中央广播电台演讲

太虚大师

太虚顷承全国慰劳抗战将士委员会总会为发动出钱劳军运动,邀至中央广播电台来广播,非常兴奋,今天的讲题是出钱劳军与布施。

大乘菩萨行,无论为兼利的六度,或利他的四摄,莫不首在布施。布施有财施、法施、无畏施三种。众人有种种厄难,能解救之而使离怖畏,是名无畏施;发扬真理,宣传正义,使他人破迷成觉,除恶行善,是名法施;而财施的财,即别钱物等物产不动产的外财,各人自身皮骨生命的内财,妻子等亲属的内外财,以之布施,均名财施。

然布施又贵适当时的需要,施适其要,则少施亦能成多功德。施非适要,使等于浪费而唐功寡效。在今抗战建国时期内的中国人,当以认清并宣扬国家至上民族至上之兼为最大法施;以抵抗侵略,驱除暴寇,达到军事胜利为第一的无畏施;能将意志力量集中于国家民族抗战胜利上,为最扼要的财施。

后方流汗水的生产群,绞脑汁的文化群,虽也已各尽其外财施与法施的努力,然在前流血汗冒烽火的军队,则更能施内财的身命,以行大无畏施;其遣子弟从军及应征出征的家属,亦已励行内外财施;故我后方的群众,尤应以外财施及法施慰劳之。

此次出钱劳军的竞赛,虽着重在有钱出钱的大有钱者,能大量出钱以实践有钱出钱的原则；而在家佛教徒中，亦多大官巨绅富商贵女，可视为菩萨获行布施的最良机会，尽量大修存施的功德，从竞赛中为一般有钱人倡导。

唯是有钱的佛教徒，人抵已分属党政，金融，工商，侨胞，妇女等总的动员单位，所余佛教寺庵僧尼则向唯清贫苦修是重，故不能以佛教为一竞赛单位；但慰劳抗战军人及家属，为全国任何一界任何个人所无不热心。凡我贫苦的寺庵僧尼，亦应各人从小吃一碗饭少嚼一茎菜的节储，不论两角一元二元的每个人多少要有些贡献，勿失却中国佛教徒竞修布施功德的最良机会，并表示我们僧徒较一般人加倍的爱国热诚。

（文献选自《中国佛教国际步行宣传队特刊》，1941年第1期，第38页）

从日寇南进说到劝募公债

1941年3月24日在重庆中央电台广播演讲

郭沫若

各位同胞：

大家总是记得的罢，日本《田中奏折》中有句话，"欲征服中国，必先征服满蒙，欲征服世界，必先征服中国"，这样一句简单的话，已经说明了日本帝国主义的整个侵略野心和全盘的侵略步骤。"九一八"以后，日寇占领了东四省，是进行了征服"满蒙"的工作，而准备着进行征服中国的工作。"七七"以后，向我全面侵略，便是实行征服中国的工作，而准备着征服世界的工作。日寇这个灭亡中国，霸占世界的野心到此已是暴露无遗了。不过日本因为地方小，力量弱，虽然有着极大的野心，却无法一气完成。所以只好由近及远，由小而大，逐步推进，有着先占满蒙，次灭中国，再征服世界的计划。但这样的侵略步骤，虽然是它的传统的国策，在这次欧战爆发以后这计划便又有些改变了，原因是这时候它遇到了两件重大的事实。

其一，是侵略中国出于意外的延长与失败。日寇因为心高气浮，夜郎自大，对于中国估计错误，以为灭亡中国只要几个月，甚至几个星期就可以成功了。谁知一开始战争就受到中国的强硬打击，一年不成功，二年受挫折，第三年已见失利，到了第四年更是绝望了。于是灭华幻梦，无法完成，反使得自己筋疲力竭。这是日寇所遇到的第一件大变化。

其二，欧战发生，使日寇囊括南洋，独霸远东的心事，不得不急迫起来，提前来执行，因为日寇对外侵略，向来是利用机会，求其不劳而获的。这次欧战发生，欧美各强国，都用力于西欧战事，对东方的注意与力量，大为减少，于是它便觉得这是很好的机会，千载一时，不可失之交臂了。这次欧战的发生，是日寇所遇到的第二件大变化。

是的，日寇的侵略计划和步骤，原是早已决定了的。但在侵华之中，遭受了打击，在欧战之中，又受了纷乱，于是迫于时势，自乱步骤，颇有些进退维谷之势。原定在侵华之后，再进而侵占南洋征服世界，可是欧战一发生，便不能不躐级跨进，侵华与南进，双管并行了。在对我作战的前二年，日寇还是相当的和各国敷衍，只单纯的作为对华问题，不敢有其他的行动以刺激各国的感情，但是到了前年和去年，日寇便不同了，"建立东亚新秩序"，进而为"建立大东亚新秩序"。所谓建立"大东亚共荣圈"的计划也在要求实现了。德意日三国的军事同盟明目张胆的订结了起来，他是显然以英美等国为敌，挂起了以武力攫取南洋的战牌了。

从前年以来，日寇南进政策，是在积极进行着，压迫战败国的法国，订立越倭条约，在越南驻兵，建立了三个飞机场；挑拨泰越关系，嗾使泰国攻越；并又强制调停，宰割两国，使他们做了它的附庸；派重兵屯驻海南岛，出发很多军船游弋于南洋各海面；派遣军事顾问团、经济视察团往越、泰、荷印各地活动；间谍和奸细更满布新加坡、菲律宾等军事地点。活动相当厉害，使得太平洋的战祸，大有一触即发之势，这是大家都知道的。

可日寇这一南进，虽然十分凶猛，但所引起的反应，也十分强大，中国苏联的牵制是既成事实，可暂置勿论，此外如：

第一，是英美澳的通力合作，决心抵抗。英美因着欧洲问题，在远东方面，对日原主张敷衍，可以相当让步的，但因日本的压迫太甚太急，英美便也下了武力抵抗的决心。如英国去年设立了远东军司令部，加强新加坡、香港、澳洲的军力。美国大规模的扩充军备，增加檀香山的驻军，决定在关岛设防，在菲律宾停驻了大量的海军和空军。英美澳三国洽商远东联防，并陆续撤退远东侨民，在经济上和政治上，对日寇作巨大的牵制。

第二，南洋弱小民族的团结与觉悟，南洋的民族虽然力量不大，可是现在因着日寇的进攻，更加团结起来了。越南民族已经组织解放同盟，泰国虽然受着日寇的利用，但在种种压迫之下，近来也颇感到独立自主的必要，对日寇已有相当的戒惧，声明不加入"远东共荣圈"了，荷印始终是在抵抗日寇的侵略，甚至连日寇的经济谈判，费了一年的时期，至今还一无所成。

第三，在国际侵略集团，原是德国居于领导地位，日寇趁火打劫，是要得到他的允许的。南洋各地，虽然距德国很远，过去德国在这里，也没有重要的地位，但他和英国争夺霸权，是不仅于欧洲和非洲，最终的目的，是寄放在远东的殖民地和半殖民地上的。在面子上日寇和德国虽有东西侵略范围的划分，而实际上德国对于南洋这一块肥肉，也早在垂涎千丈之中。去年日寇侵夺越南部分地方，事先得到了德国的允许，便是一个证明。因此，虽然同是一帮的侵略朋友，而德国也并不是无条件地放心日寇南进的。

日寇决心要南进，而又无法解决许多困难，"心有余而力不足"，这使日寇焦急，痛苦，烦闷了。也因为这样使日寇内部发生了不同的意见，有的主张不顾一切的孤注一掷，有的主张慎重稍缓进行，内内外外，产生许多矛盾。所以二年以来，日寇前口号虽然高，它的外交人物军部分子的说话虽然硬，面对于有实力的美国和英国，还是不敢立即冒犯。早已打算好了的海陆并进，攻取新加坡和荷印的计划，一时还是无法实现。

最近值得我们注意的事件是日寇的外相松冈洋右带着一批随员，前往欧洲去拜访希特勒、墨索里尼、里宾特罗甫、齐亚诺去了。松冈这一旅行的目的，我国报纸上有种种的推测。有的说是去观察德实力，看他们对于欧战是否有胜利的把握；有的说是去向德意要求解除日本对于三国同盟的义务，也有的说是去和德意加紧联系，商讨共同作战的办法。这些说法都有相当的理由，但仔细研究起来，却不一定完全中肯。因为第一种说法，去观察德意的实力，大部分是属于军事的范围，日本本来有军事人员驻在德意，应该有经常的调查报告，要不然也应该派遣参谋本部的人员前去。松冈对于军事是外行，要在很短时期的旅行中完成这一任务，是不可能的。第二种说法，是要解除日本的义务，也很勉强。日寇对于三国同盟，原是在乘机渔利，没有认真尽义务的意思。而且它也是背盟毁约的老手，只要于他自己有利，怎么样都可以做得出来，决不会这样重视信用，慎重其事地派一位外相去求情改约。第三种说法为加紧三国的联系，比较得有理。但三国同盟订立以后，已经有着经常联系的机关，用不着以一个现任外相亲身往柏林，商量这些技术问题。

故而松冈前往柏林罗马的任务，过细研究起来，主要的怕是前去讨价还价，商量分配侵略赃物的吧！三国同盟的首领是德国，日寇的南进侵略，在某种范围内，是要须先求得德国的允许和谅解的，现在日本急于南进，企图侵占南洋各地，以便榨取资源来补救自己的困渴。可是德国所要求于日本的，并不是这样，他并不希望南洋各个肥沃土地完全落在日本手里，而是要求日本赶快去和英美作战。譬如强占越南，唆使泰越战争等等，都不是德国所喜欢的。因为法国已被德国所征服，所有法国的海外殖民地也无异为德国所有，至少德国的看法是如此。现在日寇不向英美手中去抢肉，而专向德国手中来分肥，德国当然要不以为然。于是两国之间，便有着这个分赃的问题存在着。这是政治问题而不是技术问题，是共同侵略的先决问题，也是在侵略进程中所能发生的新纠纷的问题。因此在同盟订立以后，日本得派员再往柏林罗马晋见，而且要松冈这样的政治人物前去。至于技术合作，观察实力，还有对于苏联的探试等等，也可能为松冈一行的一部分任务，那些都是意料中的事。

由于松冈的柏林访问，我们可以看出日寇南进是势所必行，问题的重心，似乎是在他们轴心国间重分殖民地的方案如何决定的一点悬寄着的（问题）。假使松冈此行于所负的任务得到相当的解决，更假使德国在巴尔干方面的活动，在短时期内得到显著的胜利，日寇要冒险南进。到了那样的场合，对于我们中国将有怎样的影响呢？许多人以为日寇南进对于我们是很有利的。他们以为第一，日寇南进了，必然要分兵南向，会减少我国境内的军力，没法再向我们进攻，或者反会放弃一些被侵占的地方。第二，日寇和英美作战，必非英美之敌，将来英美打败了日本，我们也自然恢复了失地。可是这种看法，未免是过于乐观了。前面已经说过，日寇的侵略方针是企图先灭亡中国，再进而征服世界，是以中国为其侵略的主要对象了，它决不会因南进而放弃了对中国的进攻，倒反是进攻南洋是为着灭亡中国。其次日寇和英美作战固然可以分散或消灭日寇

的力量，但这里我们要知道：第一，英美是否真有决心和日寇作战，是一个问题。第二，真的作战了，在太平洋方面英美是否能操必胜之权，也是一个问题。如果英美不能立即作战，而像对泰越一样让日寇暂时得点便宜，这对于我国是很大的不利。万一战争起来了，而英美不能获胜，那于我国的不利更是显著的。

在目前我们所最应该采取的方略，不是希望日寇南进会让我们取得便宜，而是要如何利用日寇南进的机会去对付日寇，使抗战求得最后胜利。这时候，我们如果存着侥幸或躲避心理让日寇去南进，我们自己姑且休息一下，观望一下，那么一方面懈怠了自己的志（气），消（灭）了自己的力量，一方面是增加了日寇南进的顺利。万一日寇是完成了它的南进任务，那对于我们的影响是有些不堪设想的。但假如我们趁着日寇南进分散实力的机会，积极反攻，乘虚出击，在全国各战线上一致动作，全国上下一致奋起，那么击溃日军，收回失地的任务，便可在日寇的南进中完成，所以我们的利与不利，是在我们自己如何应付。我们要战胜日寇，应当是在日寇的南进中，而不是在他的南进以后，在目前懈怠或侥幸的心理，我们是万万不可怀抱的。

更具体的说吧，在目前日寇急于南进的时候，我们必须：

第一，集中全国的实力，把可用的人员都动员起来，把已经动员起来的人力都用在反攻日寇的战争上面去。

第二，是集中全国的物力，把一切游资存款都用在购买军火，促进生产的事业上去。把一切放置未用的资源物品都开发出来，全都用在反攻日寇的战争上面去。

现在全国各省正在进行劝募战时公债运动，陪都方面已经开始实行了。这战时公债，全是用在对日作战上的，我们就在这一件事上来尽力吧！有钱的尽自己的钱来购买公债，无钱的尽自己的力去奔走劝募，说服有钱的人购买公债。战时公债得以畅销，就是最现实的在日寇南进中打击日寇的一个积极的有效办法。

（文献选自《国民公报》1941年3月25日第2版）

大学生与战时公债
1941年3月24日在中央大学[①]纪念周[②]演讲

黄炎培

各位教授、各位同学：

感谢主席刚才一番勉励的话，实为兄弟应当做而未曾做到的。今天和大家讲一个题目，就是"大学生与战时公债"，就是说我们做大学生的对于战时公债的推行应该作何努力与贡献？

大学生应有远大的抱负，于今日国难方殷，其责任亦更艰巨。当前一切问题，小学生因智慧未开，中学生亦知之未详，唯大学生知之最为深切。因此我相信诸位亦必各自有其远大的抱负，但我无法一一知悉。我愿将我自己的抱负说出来，给各位作一个参考。我在三十七年以前也是一个大学生，当时上海有一个南洋公学，后改名南洋大学，再改名为交通大学。我就是在这所学校里读书，但并未毕业，所以不能称为大学毕业生。我的老师就是蔡元培先生，其时我受蔡先生训导最大的影响，即认定今日做人不能没有民族国家的中心信念。其时还在满清末年，我出校后即归（乡）里办小学、办中学，也曾被捕几乎砍头。因满清政府认定我是革命党，此事本不足挂齿，但我以教育为终身事业，竭尽心力之信念，则迄未摇动。民国初年，国内教育事业犹未有起色，兄弟因

[①] 1937年10月下旬中央大学从南京迁移重庆，与重庆大学共同办学。
[②] 此指"总理纪念周"，是国民政府推行的纪念孙中山先生的仪式和活动。

鉴当时学校教育不能与实际社会相配合，有提倡职业教育之必要，乃创立中华职业教育社，作为我个人事业的中心。但自民国二十年起，国势危急，亟不可待，乃分学校工厂于同志诸友，奋身献国，此区区衷心，至今亦已十年，最近任参政员职，认定下列三目标：

（一）为求全国民众与政府合作。

（二）为求地方各省与中央合作。

（三）为求各党各派与国民党合作。

我为同盟会会员而非国民党党员，因此今日之我，站在无党无派的立场而企求各党各派的切实合作。我向来不愿超越范围以外做事，但是到今日国家危急存亡之秋，已不能如此，犹如失火，不会拆屋的也得拆屋，不会救火的也得救火。如对于公债，我本是外行。去年七月，蒋委员长嘱我为公债劝募委员会的秘书长，当时我极为踌躇，但有人认为站在社会立场为政府服务，当此时期，实为一个国民对祖国效劳最好的方法，始敢受任。如果当此时期，人民对于国家的财政及财政中占重要部分的公债，无深切认识，实为一种损失。因此我半年来在各方奔走，一面劝告解释，一面征募，此虽为一种物资上的收获，以贡献于当前艰苦支持抗战的政府，同时使一般民众了解政府各种政策，增强抗战信念，此为我个人在精神上无上的收获。今日来此演讲亦以战时公债劝募委员会的常务委员兼秘书长的资格来向各位说话，我认为做人应该有此种豪气，如果此事是对的话，我们应该慷慨地担任起来，这是兄弟对国家的一点愚忱，还是我要对大家讲的第一点。我深信诸位同学学成以后，必能本着更大的热诚和魄力负起责任，为国服务。

大学生应该有远大的眼光，如今我们在沙坪坝，小学生只看到江岸，中学生可看到重庆，而大学生则其眼光必遍及全国甚至全世界。今日讲战时公债，亦应用远大的眼光来看，这一个国家在危急存亡之秋，凡属国民，无不争先赴难，如果国家没有前途，尚有何个人前途可言？我们抗战已有四十五个月，犹如一只帆船在汪洋大海中航行了四十五个月，忽见前面水天交界处有一片青葱色的大陆，试问船上的人将如何的兴奋？过去我们的抗战是孤军奋斗，但此抗战的意义则极为明显，不但求中华民族的自由与独立，并替世界和平各国反抗此恶势力，以扑灭此暴虐之火。然当时是否得到一些国际友人的谅解，则颇成问题，在我看来，似谅解而实未够。那时一般的国际舆论略谓：受暴日的紧迫，我们自应同情而援助之，但只能在道义上或精神上之援助而已。试设想此种同情与援助的实际效果将有多大？当时有人认为日本地狭人众，确实需要一块大陆以让其民族的生存与出路。在此情况之下，中国不得不埋头苦干。十日以前，罗斯福在白宫的新闻发布会，当席发表演说，其中有一项坦然是对中国而发的，略谓中国抗除恶势力至今三年余，在蒋委员领导之下而有此结果，颇堪敬佩，余（总统自称）敢说他们应该得到他们应得的帮助。诸位，我们抗战到四十五个月才能听到的一句话，正如我们航海在汪洋大海中到了一片青葱的大陆，我们一舟的人应不应该感到无限的兴奋？过去我在演讲中或文字，从不敢肯定地说中国这次抗战必胜，建国必成，如果要说也只能说"抗战可胜，建国可成"，因为胜利与成功的成分确已大大增加，但是需要我们不断的努力！

在此胜利迫近的时期我们更应切实贡献国家，我们应该知道今日政府需要的是什么？我们所应该贡献的又是什么？我们在前线作战的士兵已有三百万，这个数目已经不算短少。在军火方面我们已有新式的战事和最新式空中战斗武器，故亦不算缺少，粮食自亦不成问题——兄弟在过去一年中，受川康建设期成会之委托，以参政员之资格在川南三十一县管理粮食方面的工作，重庆食米的供给，百分之六十来自该区，其他以泸州为粮食集中的中心，半月前米价为六十六元一大斗（合市斗三斗三）。日来因雨水增加，米价下跌，约每大斗五十元左右。如今士兵、军火、粮食皆不缺少，缺少的究为何物？缺少的是法币，此种法币在乡人的手中很多，而国库中实在缺少。故今日财政上的问题就是如何使法币回流到国库，来劝募公债就是法币回流的一种方法。此种公债之发行办法六月后付息，二年后开始还本，二十年还清。如此则抗战可以继续，而公债运用之妙，亦即在此。在过去常发行一种国库币或临时借券，三年五年为期，亦使政府于事后穷于应付。而公债则定期付息，分期还本，且经立法院通过，成为条例发布。或谓可增加人民赋税，但此种赋税之增加，将使人民直接受到痛苦，不如战时公债之富于弹性，有钱者可任意购买，无钱自可不买，钱少者可以少买，钱多者亦可多买，故方法极富伸缩，如从劝募下手，不会有痛苦，

最适于战时财政上的运用。我们单单有此认识还是不够的，我们应该进一步的推动此种运动，我如今提出几个问题让大家考虑、答复，如果认为不错的，则应坚定我们的信念而且笃切实行之：

（一）我们抗战四十五个月以至今日，前途胜利是否有希望？

答：有希望。

（二）胜利有希望，我们是不是应该加强为国家服务的力量？

答：当然。

（三）在抗战现势下，最迫切需要吾们帮助者为何物？

答：钱。

如今事实上不是没有钱，就是钱都在乡人手中，如何使乡人手中的钱重归国库，我们自不能用其他方法，所以我们的方法是劝募公债。每百元公债只需现款九十四元，且付息还本毫无问题。我曾仔细查过历年档案，证明中国过去所发行的各项公债从未失过信用，我们今日的口号是："购买公债，功在国家，利在自己"！老百姓听了也不得不感动！我今日来此希望各位帮忙，并不是一定要向各位摊派公债，而是要向各位借二种法宝给国家一用，此两种法定为何？

（一）一张嘴。

（二）两条腿。

希望各位的嘴和腿暂时吃些苦，到各乡奔波一下，运用一下，我们这里有许多的宣传印刷品，可仔细研究后作为宣传的资料。各位或可划定沙磁区及其附近之地为宣传的范围，切切实实地负起责任来，希望能够使一般民众知道公债是什么？买公债何以能够有助于抗战建国？并且告诉一般民众买公债是最荣誉的事情，买公债以后得到国家以保护，犹如"姜太公在此，百无禁忌"的符咒，每家墙壁上贴一条，又漂亮又平安。如果如此宣传的结果，每家能购十元的一张，则其数额已极为可观。自本年三月一日发动劝募公债以来，各方的反映都极为良好。前日南洋华侨领袖胡文虎先生登机离开重庆，临行时作最后表示，愿个人单独购买五十万元，昨日参政员邝炳舜先生，为美洲华侨领袖，已担任劝募一年中美金五百万元，约合国币一万万元，以后每年都可继续，我们听到这个消息，兴奋得狂跳起来。劝募以来，想不到得到如此强烈的反响！各位师长与同学在大学中和教育界的同人们连在一起，自成一教育大队，大队长就是部长陈立夫先生，最近称其数额可增加四倍，希望各位分头募集，也许今日在座中亦有如胡文虎，邝炳舜其人，则尤其欢迎。但我所希望的却是各位普遍地拿出各位所有的二件法宝来，一张嘴和二条腿，暂为国家一用，则成绩必定可观。至此，我又得回溯前言，我觉得青年们应该有伟大的抱负远大的眼光，我们应该认识清楚，我们应该分出一部分力量来报效国家。诸位前程远大，这一些只是诸位报国的起点罢了。今作如此想，我想在座各位也一定作如此想。

（文献选自《国讯》，1941年第266期，第19—20页）

此次世界大战给予吾人的教训
1942年2月21日在中国农民银行大礼堂演讲

黄炎培

兄弟今天很大胆的提出一个问题，就是"此次世界大战给予吾人的教训"。我想提出这样的问题可说很冒昧，但这也是我的率真之处。论理，现在的世界大战还不过是在开始，并未至结束时期，本不应该单凭一些还未有结局的经过事实，把从中有给予吾人教训的论调提出来作为论据，因为时间似嫌过早。所以我今天要声明的一点，是大胆的谈这个问题，作为一个试验性质。

兄弟不是预言家，同时也没有资格预料事物，但是我以为我们从此次世界大战中至少在原则上和理论上要认识其间有若干要点的存在。中国古代有一段话，大概是在几千年前就遗传下来的，它说明人类循环的过程：一个富贵的人，生活很容易趋近奢惰，成为奢华懒惰；奢惰之后，便成为贫贱；贫贱了没有办法，又可勤俭；其结果，又可转成富贵。人类就绕着这个循环的圈子而成为富贵贫贱的阶级。诸位想必都已读过书经，其中有篇文章，历时已四千多年，倡导"勤俭"美德。可见"勤俭"两字早为人类所注重。基于上述的理论，我们对于贫贱者，应予以一种鼓励，因为贫贱并非永远注定了的，只要你肯"勤俭"，便可变成"富贵"；同时，对于富贵者也可予以警告，富贵者生活如陷于奢惰，亦可变成"贫贱"。事实上，我们从此次世界大战中深深地感到此种理论，不仅适用于中国而且适用于全世界人类。

现在我提出下述两事：

一、法国本是世界列强之一，是人类极繁华的国家，有世界第一繁荣的都市——巴黎；法国的一般老百姓虽很勤俭刻苦，但法国社会代表群，都是骄奢成性。以法国优良的处境和它所拥有的近代文明，在此次大战之前我们总想不到会一战！固然，有很多人早已批评法人的奢华，但总想不到很快的会一战而降，把世界上一个最幸福的国家，在此次战争中陷入了惨痛的结局！

二、自去年起，英国促成ABCD反侵略联盟，决心积极帮助中国作战。我们感觉非常同情和感激。可以说我们和它是患难之交。但是英国最近在远东的战事，确令人十分寒心。远东战事发动未久，香港就失陷。而今新加坡拥有巨大的资源，原为英国远东的海空军根据地，竟也一战屈服。照此下去，我们对英国在远东战争的前途实不堪设想！固然最后胜败尚未决定，也许英国在短期内悉力反攻，可以转败为胜，兄弟不愿加以否定。但无论如何，英国在远东七十几天来所表现的战果，使我们不得不惊心动魄！英国能够把新加坡——一个胜败所系的根据地轻轻地丢弃，那么日本拿缅甸、荷印、爪哇等又有何困难？上周，英国舰队在大西洋四面包围了的三艘德舰，竟被深夜逃走，甚至逃逸后还不知道！大英帝国战局前途，真是危险！

据兄弟所知，此次香港的陷落，英军并未好好应战。在上年十二月十日英军即自行在港撤退，而敌军在十二日才入港。又据朋友告诉我，当时香港情势紧张的时候，除英军和印度军外，还有香港岭南及香港大学的学生组织义勇军帮助英国作战。据知英国的指挥官就配置中国的义勇军挡头线，把印度军配在第二线，英军反在最后线！诸位想必知道香港的东边有一个最好玩的娱乐场所，它是很幽美的湾口，当敌人猛攻那湾口时，英军竟坐在沙发上打枪抵抗，一面还吃着啤酒点心，像这样的打法那有不败的道理？我们返顾我们的敌人，它们曾进攻长沙三次受创大败，当敌人进攻长沙第三次失败的时候，日军的主将阿南，于羞愤之余，即切腹自杀。敌将因兵败而自杀报国，英军尚未战败先降。两相比较，使我们不能不为我们这位比肩作战的英国盟友感叹！

兄弟以前曾去过南洋好几次，现在战争所及之处皆曾走到；而那些国家大半是英法的殖民地，于是我对英法统治南洋各地的情形也就非常注意，并且

发生过许多的感想,觉得英法殖民地的政治太腐败,而且发生压迫殖民地太甚。现在我报告一些亲眼见过的事例。

有一次兄弟在缅甸仰光想搭火车去满德勒①,有两个华侨青年要代我去买车票。我说我自己会买。他们就加解释道:先生,你不知道,此地买火车票是需要暗送小费的,假使你知道出小费,出了三等票价就可坐头等票价的位置,否则,你出了头等的票价,而结果给予你是三等车票的位置的。现在中国的政治已日渐月异,力求改进,当然无此情形,即在满清时代,政治腐败,我想买火车票也不致有"黑市"和送"小费"的陋规,这是英国殖民地政治腐败的情形。

安南②是法国的属地,法国加诸安南种种的暴戾,比任何统治殖民地的国家都厉害;英国对它属地的民众,虽已尽了相当压迫的能事,但仍不及法国应用手段的巧妙和苛毒。譬如法国人对于安南人的压迫:一个安南人坐车行驶路上,若被法国人看见了便有被"逐而代之"的可能。我在安南得到一本书,书名叫"天呵地呵",是一个安南人用中文写的,痛述法国人对于安南人的各种暴行。中间有一段最惨:就是一个法国人在安南,可以随便闯进安南人的家里强奸安南妇女,但这种行为在法律上并无罪名的!

可是,英法怎样会想到最近遭过的厄运呢?事非偶然,这种事实可以证明富贵循环论的不误!目前我虽不敢断言是否尚有其他国家会有类如英法的事件发生,但是无论如何,事实已摆在吾人眼前,至少是一个法国!半个英国!

返顾我们中国,兄弟认为可用两句话来包括:"就是好的地方真是太好,坏的地方实在也太坏。"好的地方有比较敌人带兵官阿南切腹自杀的举动还有壮烈的史实;坏的地方,有许多也不亚于英军在沙发上开枪同等可痛的事实,而且还有继续发生的可能。兄弟是江苏川沙县人,"八一三"沪战发动,川沙县有一批青年,大都是中学程度的学生,大家激于义愤,组织一个志愿兵团,南汇县亦有一批青年学生组织一个志愿兵团。川沙县青年二十一人,南汇县青年五十三人,他们都自愿同赴某地受训后开赴前方作战。如此青年,不仅江苏川沙南

---

① 指缅甸曼德勒。
② 越南。

一、战时宣传动员

汇两县有此情形，即在其他各省各县亦有此种青年不知多少。去年兄弟为劝募公债前往成都，有一天正在开会，忽然工友递送两张宪兵的名片，说要见我。当时显为踌躇，但终于接见。原来他们两人：一个就是川沙县志愿当兵的二十一人之一，一个就是南汇县五十三人当中之一。他们亲述在京沪线上作战的壮烈事迹和他们当作宪兵的经过情形，我不禁为之感动。"七七"抗战以后，全国青年激于义愤，不知多少，因之牺牲成仁者亦不知凡几。兄弟前次在后方各省，考察政治民情，沿途也碰到很多热烈爱国的青年民众，尤其使我不能忘怀者，是广西青年和四川民众浓厚报国的情绪，民国廿年兄弟以国民参政员的资格因公赴康，至川边一个极小的乡镇，叶小河镇，那里有一所小学校盖在一座破庙里，那天晚上我就住在那所破庙里。第二天一早起来，在乡村一带散步，看见一位老婆婆，我顺便问候了她的早，和她攀谈起来。她说她有两个儿子，大儿子当兵去了，她的生活非常苦。我问她大儿子有信寄家没有。她说有的。于是我说要了来看，文理不很通，但看了之后竟使我掉泪。信内大意说：他到过一些什么什么的地方，看见许多地方被敌人蹂躏后的情形，心头异常愤恨，所以他誓死非把鬼子赶出去不算人。他并且对妈妈说：因为国家到了这步田地，就算没有生他这个儿子一样，他只能为国尽忠，不能为他母亲尽孝。因此请他妈妈好好抚养小儿子。我问他读过几年书，她就指着那所设在破庙里的小学校说，她的大儿子曾在那里读过三年。其时我们周围已围着许多人，有一个中年人也怂恿着一个妇女叫她把她出征去的儿子寄家的信拿来给我看，那封信的意思和上封信差不多，并且还寄了二十元。他信里大概说：母亲太辛苦了，他恨不能即刻打退敌人，以便回来跪在母亲之前好好的奉养，以赎不孝之罪，现在积了二十元，寄给她使用，以后有钱再寄。而这出征的青年，以前也在那所破庙里的小学校读过书而未毕业。于是我把这两封信都照相下来，回庙之后，感怀不已，在那天竟以整夜的时间含着泪写了一封公开的很长的信给那所破庙里的小学校，表示我的感愧。后来我又决心写了一本书，叫《俗男三种》，现在已经出版了，其中也写了小河镇的那段史实的。以上是我从中国极东的海边到极西的川边，所看到的爱国爱民族的青年，他们只读三年书，就能以身许国，实在使我愈想愈惭愧！兄弟现在所能报效国家的，只有一张口，一支笔，两条腿而已。

一个国家的强弱是大家的事,安南亡国,安南人民就做亡国奴,无一幸免。最近香港陷落之后,日本人便强迫汇丰银行的大老板穿红袍以袖扫地,并派印警执鞭后赶,以亡国奴来待遇!中国至今尚能生存与敌抗战,就靠那批青年和全国将士都有誓死不屈的牺牲精神,这是值得我们大书特书的,至于在坏的方面,也有许多人忘了国家民族,甚至做不肖的勾当,见异思迁,或纸醉金迷,拿这些人与前述青年相比,实在问心有愧!

现在我下一个结论:就是因为中国有不知凡几的好青年,好民众,所以抗战四年半还不会亡;但是因为全国并未能个个如此,还有很多的人不争气,所以打的国土只剩这么些!假使今后那些不知觉悟专为自己打算的人一天多一天,那些时时准备慷慨为国牺牲的人一天少一天,那么中国必亡无疑。目前事实摆在吾人眼前的正如一条交叉线:一条线的方向是生存;一条线的方向是灭亡。看我们愿意选走那一条!堂堂大英帝国在百日之前,那里想到百日后的属土会一天一天的沦陷?历史警惕着我们,加紧努力,不要重蹈覆辙,因此要大声疾呼,我们每个中华民族儿女赶快觉悟,拿出各人的良心,破除一切自私自利的观念,否则国家亡了是应该的。因为世界已有许多教训摆在我们的眼前。

刚才说了一篇反话,现在应该说说正面话。我在此次世界大战中得到对于人类社会的认识可以下图来表明:

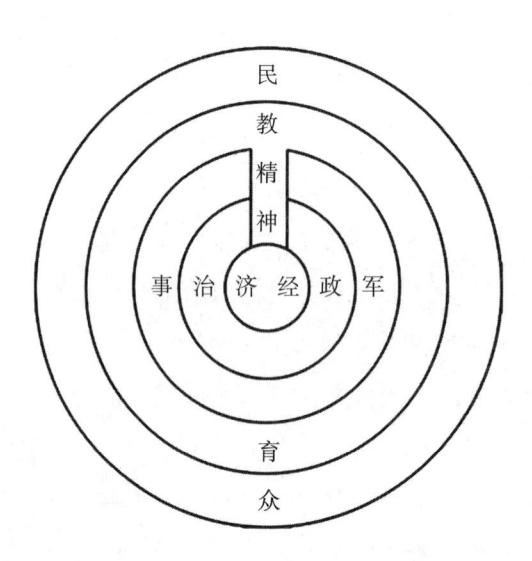

一、战时宣传动员

我以为人类社会一切的中心是"经济"。"经济"是包括物力、财力、土地等等的总称。但"经济"要以政治的力量去运用，要以政治的效力去发展。政治则要靠军事给予保证和培养。那长形的方框，就是精神。军事、政治、经济必须有精神贯通，而后才可相互为用，发生力量。至于教育，就是发动精神的起端。而发展教育，须赖民众。一个国家具备了这样条件，就会强而不衰。不错，国以民为本，但民众须受完善的教育，国家才有希望。今日日本如此兴盛，全系其"军国民教育"之成效；苏联给予德国反攻力量很大，就是因为苏联二个半五年计划收到相当效果。有位参政员莫德惠先生向我说过，苏联五年计划中的最大功绩就是教育的成功！莫先生在民国十七年至十九年前后在苏联三年，他曾任吾国政府所派往订约的特使，他那时看见苏联训练五百万儿童给予特殊的教育，全国采用一律的教科书，采取同样的教授法。现在击败德军的主力军，恐怕就是那些儿童长成的青年！因此我们认为强国的民众必须要受完善的教育，才能改造精神，担任军事、政治、经济的责任，建设强大的国家。兄弟对于此次世界大战中所得到的正面认识是如此。现在当然不敢把它看作定论，将来是否还须补充及修改，未可逆定，我想唯有待将来战事结局后再详写成书，以资参证。

<略>

（文献选自《本行通讯》，1942年第31期，第31—34页）

青年与国难
1942年11月9日在重庆市第九次青年讲座演讲

杨玉清[①]

现在我们是处在国难时期，所以我今天想讲讲"青年与国难"这个题目。本来这个题目是带着说教的意味，是教人如何去干；可是说教的态度我平素是不赞成的，因此我只想讲几个故事，供大家处国难时的参考，至于实际上如何去干，还需要各位自己去决定。

提到国难，好像这仅是近几年的事，其实中国自鸦片战事以后，就开始了国难，到现在有一百多年了。但是大家平时忽略，虽然有了国难，还是若无事然。九一八以后，一直到七七，中间有好几年没有打仗，大家还是忽视鸦片的存在，直等到七七卢沟桥战事爆发，敌人控制北方，进攻京沪，飞机飞在头上，大家才意识国难的严重，所以中国人心目中之有国难，不过是最近两三年的事，最多也只是五六年的事。可是我们的敌人日本呢？老早就在想国难，它是侵略国家，九一八占领东三省，就是他们喊国难的结果。日本人平常有所谓三种国难，即思想上的国难，政治上的国难和经济上的国难。青年思想，不趋向左的极端，就趋向右的极端，开群众大会彼此有斗争，在校学生也有斗争，从口舌的斗争和流血的惨剧，这就是所谓思想上的国难。政治上甲党上台，乙党下台，

[①] 杨玉清（1906—1995），湖北孝感人，著名法学专家，曾任国民政府立法院立法委员、司法行政部政务次长和国立政治大学教授；新中国成立后任第六届民革中央顾问、国务院参事等职。

乙党上台，甲党下台，政潮起伏不定，政党都只着重自己党派的利益，互相水火，这就是所谓政治上的国难。在九一八以前，日本的毕业学生，失业者总数达百分之七十以上，乡村农民负债日增，生活异常困苦，这就是所谓经济上的国难。日本人在九一八以前这样的高喊国难，其用意是在转移国民视线，由内向外，侵略他国，这是我们首先要注意的。

其次，说到青年。几年前我曾替"现代中国青年"下过定义。什么是青年？我以为青年是别于少年老年而言，少年人不免幼稚，老年人不免腐败，唯有既不幼稚又不腐败的就是青年。当然这并非说所有的少年人都是幼稚，所有的老年人都是腐败，不过就大体上说，似是如此。什么是中国青年？中国青年是别于外国青年而言，外国青年只有职业、恋爱、运动、考试几个问题，因为政治上轨道，国事有人管，用不着青年人去担心。但是中国青年则不同，中国青年，尤其是青年学生，差不多都有政治头脑，中小学生都有国难去教训他。自然今天的外国青年也改变了，他们也有了国难，知道国家民族如无出路，个人也没有出路，所以他们也十分关心国事了。什么又是现代中国青年呢？这是别于古代中国青年而言。古代的中国青年是只知道考功名，取富贵，考不取功名，就以名士才子自居，吟风弄月，自以为万般皆下品，唯有读书高，着重个人的享受，所谓"琴棋书画诗酒花，当年件件不离他。而今七事都更变，油盐柴米酱醋茶"。就是他们生活的写照，前七字说明未结婚以前的生活；后七字则说明结婚后的生活。考取了功名，则追求富贵，求田问舍，谋后人的享受。但是现代中国青年就不愿，也不可如此了。时代环境逼迫着个人非干不可。中国要造成一个现代国家，必须国民能作现代国民，不可再像过去只图个人的享受了。

我这样替现代中国青年下定义，虽然说是八股式的，但我自信话的意义并不坏。中国今年遭遇着空前的国难，我们要做一个现代中国青年，真不容易。现在我想先举几个外国人处国难的态度，然后再说我们中国历史上的人是如何处国难，以供诸位参考。

第一，说法国。法国今天是失败了，这是事实，无人可以否认。但是法国这个民族是有光荣的历史的，今天失败，明天也许还可以翻身，何以说呢？大家知道，法国是介在两大国之间，西边是英国，东边是德国，如果法国要亡，

早就亡了；可是法国经过英法百年战争，经过德国几次侵略，而终归未亡。并且在百年战争时，还产生了一位女豪杰，传为千古的历史佳话，这位女豪杰是谁？就是贞德女士，国人称法国的花木兰，她本是一个乡下女子，但是她非常爱国，渴想她祖国的强盛，以至于想成了神经病，好像时时刻刻有人在她耳边说："你是奉上帝的命令来救法国的！"结果她真的奋起，率领乡民来抵抗英军。当然因为众寡不敌，她失败了！她被英军捉住，活活地被烧死了！但是她这种为国牺牲的精神，感动了其余千千万万的法国人，大家一致努力作战，法国没有亡，法国被保住了，这是一个乡下弱女子处国难时的态度。

其次，说德国。德国目前希特勒这种强暴侵略主义，我们当然痛恨，反对；但是德国当威廉第一时代，也是处在国难时期。当时德国国内四分五裂，国外强敌压境；威廉第一想要增加军事经费，但是国会不予通过，威廉第一气得要退位。有一个陆军大臣乃对威廉第一说，可以找一个人来帮助，此人是谁？就是铁血宰相俾斯麦。俾斯麦不顾议会反对，不计个人毁誉，毅然充实军备，努力的干，结果击败奥法，建国成功。在这时俾斯麦始对威廉第一说："今日陛下应向国会请罪，说明过去不顾议会决议，完全为的是挽救国难；今日国仇已复，此后誓必永守宪法。"俾斯麦不计一己毁誉，不愿个人荣辱，力排众议，以促成德意志之统一建国，这是一个执政者处国难时的态度。

现在再看我们的敌人日本，中日甲午战后，三国干涉日本还辽东半岛，这时日本有一个士官学校的学生广田弘毅，乃认为这是他们军事成功，而外交失败；军事有人，而外交无人，遂从士官学校退学，改学外交，结果作为首相，成为日本所谓外交三杰之一（陆奥宗光、小村寿太郎与广田）。又，当我们抗战发动之时，宇垣一成（日本陆军中之老成持重者，曾任陆军大臣，朝鲜总督），即倡包袱恢复论，因为日本从前人民用包袱包东西，后采用纸包还要加上一个橡皮箍。为了节约纸和橡皮，遂提倡恢复从前用的包袱。同时宇垣自己就不坐汽车改坐电车。这是敌国知识分子处他们所谓国难时期的态度。

以上是举的几个外国例子，现在再从中国历史上来看中国人是如何应付国难。除了行尸走肉麻木不仁者不谈而外，在历史上中国人应付国难的态度，可以分作下列几种：

第一，是放浪的态度——放浪的态度就是随随便便，不负责任，得过且过，"遇饮酒时须饮酒，得高歌处且高歌"的态度，有一首律诗下四句是可以表现这种态度，就是："人乞祭余骄妻妾，士甘焚死不公侯。贤愚千载知谁是，满眼蓬蒿共一丘。"这首诗把高风亮节不慕富贵的介之推和孟子所说乞祭余的无耻的齐人等量齐观，相提并论，所谓"尧舜一枯骨也，桀纣一枯骨也"，善恶不辨，贤愚不分，何管国家盛衰，民族存亡！又谓"细推物理须行乐，何用浮名绊此身"。中国历史上当国难时犹抱这种态度的人多得很，春秋战国时代养士之风盛行，如勾践养士六千人，孟尝君食客三千，其余平原君、信陵君、春申君，等都好养士，这些士大多都放荡不羁。当然其中也有人才，如燕太子丹之荆轲，田横之五百壮士，真是凤毛麟角。至孟尝君的鸡鸣狗盗的人才，也不过是有了机会，他们才作如此表现，其余则多寂寞无闻，玩世不恭，以终其身罢了！

第二，是清谈的态度——清谈的态度其实也是放浪的态度，不过加上了理论的基础，两晋南北朝清谈之风最盛，崇尚玄虚，自号风雅，尽管外患严重，士大夫依然谈玄说老，如果有人论及国事，则被认为俗人，如果有笃实践履的儒生，则被议为不识时务，甚至谓六经皆圣人之糟粕，当魏晋六朝之际，这种清谈的态度，风靡一时，误国误己，莫此为甚，此外各时代，每经一次变乱，抱这种态度的人，不在少数。

第三，是逃避的态度——逃避的态度就是所谓做隐士，中国历史上是奖励一个人在乱世做隐士的，所谓"贤者避世，其次避地，其次避色，其次避言"，伯夷叔齐保持这种态度，可算是达到最高峰，武王伐纣伯夷叔齐认为以臣伐君，是为不忠；且父死未久，自己就去用兵，是为不孝；故耻食周粟，而宁肯饿死首阳。其他当国难时期而采取逃避态度者甚多，有隐于农的，有隐于工的，有隐于商的，甚至有隐于仕的，所谓"抱关击柝[①]，辞贵居贱，辞富居贫"者均是。

以上三种态度，都是消极的态度；下面说三种积极的态度。

[①] 古指守关巡夜的人，也泛指地位低微的小吏。

第一，是立德的态度——大家都知道，我们此地是巴县；但巴县在二千多年以前，出了一位惊天动地的人物，这位人物就是巴国的巴蔓子，当时巴国和楚国时常打仗，势成敌国。有一次巴国发生了内乱，巴蔓子乃向楚求救兵平内乱，相约事平之后，以三城为酬。结果乱事平定了，楚国来要三城，巴蔓子乃自杀，以头相赠。谓巴国约楚平乱之后，以三城为酬，这是事实。但现在却只有人头来送楚国，没有城池来送楚国，楚王看了这种情形，也很感动，说只要我有这样的一个臣子就好了，何必要城！于是乃厚葬其头，而巴国厚葬其身。至今通远门附近，还保留着巴蔓子墓的古迹，供人凭吊，像巴蔓子这种态度，是什么态度呢？这就是立德的态度，只要对于国家有利的事，即不惜牺牲自己而为之。又如宋朝的文天祥，也是立德的态度。文天祥本来是很有才学的人，他平时的生活，是歌女盈宅，没有得朝廷重用。等到国家危急之时用他，已来不及了。但他虽知来不及，只要责任落在他肩上，他就负责到底。后来实在大势已去，他遂兵败被擒。可是元朝要他投降，并且给他宰相做，他却不愿，只是请杀而已。像文天祥这种态度，明明知道一死对国家并无补益，但为保持天地正气，表现民族气节，完成个人人格，遂杀身成仁，舍生取义，这就是立德的态度。又如明代的方孝孺，当成祖兵破金陵，建文帝出奔之时，成祖登基逼他草诏，他却大骂成祖。他的舌头被割，即在石上滴血书一篆字，这块石头直到现在还被保存在南京的古物保存所里。方孝孺之不畏强暴，以身殉国，也是立德的态度。

第二，是立功的态度——立德的态度固然对，但当国难之时，如大家都去死了，则国家还有谁来负责？所以牺牲生命以保存民族气节的人是需要的，同时忍辱负重以复兴民族的人也是需要的。前者是立德的态度，后者就是立功的态度，齐桓公打败管仲，而管仲不死。结果反辅佐桓公，九合诸侯，一匡天下，抵御外来民族的侵略。尽管孔子说"管仲之器小哉"！但也不得不承认他对民族的功绩，而赞叹道"微管仲，吾其被发左衽矣"！像管仲这样，不轻于一死，而忍辱负重来肩当国家的重任，这就是立功的态度。又如诸葛亮，有许多人以为他自述："臣本布衣，躬耕南阳，苟全性命于乱世，不求闻达于诸侯"，遂说他是消极的态度，而为刘备而出，乃不得已之事，这是错误的。其实诸葛亮乃是积极的立功的态度。我们看他居住的地方，所谓"高卧隆中"的隆中，乃在今之襄阳西北二十里的地方，襄阳是当时政治经济文化的中心，所以他能够闻见广博，对天下大势了如指掌，一遇先主，即可侃侃而谈，这决非是抱消极态度者所能作的，同时从他求学的经过，也可以知道他是一位积极的人物。他幼时与徐庶、石广元、孟公威游学，三人都务为精熟，而他独观其大略。每天早晚从容抱膝长啸。而对他们三人说："你们将来可以做到郡守刺史。"三人问他的志向，他却笑而不答，可见他的志在天下，而郡守刺史都不在眼中。稍长，司马徽劝他："以君才当访名师，益加学问。"于是他乃拜鄠玖为师，他曾问鄠玖："曹操国贼，孙权窃命，我处此乱世，将何去何从？恐怕只有退隐躬耕了！"但鄠玖对他说："不然，你既抱此材器，当振济斯民，不过出处必以正。"由此又可见他躬耕陇亩，实在有他的苦衷。等到遇见刘备，因刘备是汉中山靖王之后，名正言顺，自可出而施展其抱负，于是他便毅然以天下为己任了。可是他所以要等刘备三顾而出山，是因为他那时年方二十七岁，不如此不足以坚刘备之信心，所谓"合之也难，故其离之也不易"。及至他出而任事，即任劳怨，"鞠躬尽瘁，死而后已"。凡此都足以证明诸葛亮是积极的立功态度。还有明朝的张居正，也是立功的态度。张居正得功名甚早，在北京作官，便留心经世之学，到三十岁的时候，因见一时无机缘施展其才干，乃归家种田。直到三十六岁，他的父亲在家里叹气，认为他既有才学，却如此埋没，实在可惜。他不忍拂父意，遂重到北京作官，至四十六岁始担负国家的重任。他对佛学极有研究，所以他任事后，即以佛入地狱的精神来干政治，所谓"以出世的精神，做入世的事业"。他不顾一切，整饬官纪，痛惩贪吏，为民兴利，打击强豪，他写信给他儿子："像我这样的作法，如不及身受祸，后来恐怕也要连累你们呢！"果然，他本人虽未遭杀身之祸，可是他死后，即被抄家，儿子被逼死。像张居正这样，牺牲一切，来把国家的政治干好，自然也是立功的态度。

第三，是立言的态度。国家当危难之际，立言对国家的贡献也是很大的。我们纵然不能实际的干去立功，但从思想上来鼓励人家干也是好的。例如孟子，排斥异端，打击杨墨，不遗余力。他惊杨墨"无父无君"，他自认"方今天下，舍我其谁！"风骨凛凛，义正辞严。故后人批评孔子是元气，颜子是和风庆云，

而孟子则是泰山岩岩，令人望之生畏。孟子为什么态度要这样强硬？这是时代使然。因为当时儒学衰微，天下不入于杨，则入于墨，孟子欲振衰起敝而正人心，故不得不如此，所谓"予岂好辩哉！予不得已也"。后来有人讥讽孟子："朝中尚有周天子，何事忙忙走魏齐。"孟子在政治上无办法，乃从事于讲学，大声疾呼，来以学术济世，这就是立言的态度。又如宋代的朱子，学问很好；但他自己知道他的性格，在当时不宜作官，也不能求功名，乃采取立言的态度，以著作来贡献国家，故他作外官九年，立于朝堂不过四十天。他不能实际的来负国家的责任，乃以言论报国，其功绩也是很大的，再如明末的顾亭林，当明亡后，即带起书游历四方，随处研究，随处考察，讲求经世之学，著《日知录》《天下郡国利病书》等，以望日后有人起而恢复明社。不过他只著书，而不讲学，因他恐像李二曲一样，讲学的声名大了，满清来找他做官。像顾炎武这样，不求收功于目前，而苦心孤诣。希望以文字的力量使后来的人来干，也是积极的立言的态度。

以上是讲历史上的人处国难时的态度，现在我们要问：我们在今天，究竟应如何来应付国难？我觉得，我们要先有一个前提，一个原则，就是我们将从整个下手呢？或是从部分下手呢？前几天，重庆出演了一部话剧叫做《法西斯细菌》，想来在座有人看过的。这个剧是说：抗战以前，中国有一个留日学生，在日本研究微生物，专心致志，决不过问政治。等到抗战发生，回到上海，还是专心他的科学研究。其后上海沦陷，又迁到香港，还是不改变他的志趣。后来太平洋战事爆发，又迁到桂林。到这时才觉得国家如无出路，个人是无出路的，政治如无办法，科学是无法好好研究的；于是遂放弃他的微生物研究工作，和他的朋友到前方参加红十字会的工作去了。这个戏本的意识，表明要国家有出路，个人才有出路，这是对的。但如何才能使国家有出路，是不是要每个人都抛弃自己的本位工作，而都到前方去，则颇有问题。我的意见是：无论在前方或在后方，无论从部分下手或从整个下手，都各有其重要性，而不可偏废。从前当推翻满清和北伐之际，青年参加革命，真是风起云涌。以为满清一倒，军阀一倒，国家就可以好起来；殊不知建国是一件极艰苦的工作，徒有热情是无济于事的。须知道，目前的中国是在抗战建国。前方作战固然是重要，而后方农工商的生产和科学学术的研究发展也未可稍加忽视。在今天这样的动荡的时代里，一个人能让他做研究微生物的工作，不是也很好的么？大家知道，法国的巴斯德，是微生物学的始祖，他终生研究科学，并没有想从政治来整个的解决法国问题；可是他研究微生物的结果，改良法国的葡萄酒，产出增加，一年产酒的收入就可以抵补法国的战债。这不是对国家的一极大的贡献么？所以法国人认为巴氏之功还在拿破仑之上咧！因此，我以为我们或者是从部分下手或者是从整个下手来挽救国难，都是可以的。

其次，在方法上，我们应当采取消极的态度呢？还是积极的态度呢？当然我们不能采取消极的态度，而应该采取积极的态度。我们可以采取立德的态度，学巴蔓子、文天祥和方孝孺。不过我们不一定有那样好的机会，去表现出壮烈的事实，使名垂千古，但这也无妨。我们不一定要做有名的英雄，我们也可以做无名的英雄，只要我们矢志矢信，明信义，知廉耻，负责任，守纪律，这就是立德。历史上下不知道有多少忠臣孝子的名字，我们还不知道哩！

我们也可以采取立功的态度，学管仲、诸葛亮、张居正。当然我们也不一定有他们那样好的际遇，能够登上站在中枢，对国家作全盘的经营；但我们可以采用他们的精神，站在自己岗位上来对事业努力。一座房屋需要檩椽，也需要砖瓦；一部汽车离不了发动机，也少不了车轮。我们那怕是一个小公务员，甚至一个工友，只要以负责到底的精神，把事情作好，就算是立功，就无愧于自己，而有功于国家。

我们也可以采取立言的态度，学孟子和顾亭林。本来古人对于立言，是非常慎重而不轻易作的，所谓"藏之名山，传诸其人"。这一方面是因为名人注重实行，要实际上干不通的时候，才从事著述，故孔子六十八岁以后始删诗书，订礼乐，赞周易，修春秋。（国父也是在民国六年以后才从事系统的著作）。一方面则是因为古代印刷困难，不容易大量的出书，故有不成熟的作品问世，则谓之灾梨祸枣。但是在今天，情形不同了。今天印刷发达，发表思想是很方便的。所以我们今天要做立言的功夫，是容易得多了。我们不单要写整本的书，所谓"著书立说"，才是立言，就是写一篇小文章，只要有意义，是自己的心血，是自己的精诚，对国家社会也就算有贡献了。

还有，我们得在今天，除了立德立功立言的所谓三不朽之外，还可加一项"立业"。"立业"就是成家立业的意思。一个社会要生产分子多，才会稳定；一个国家也要生产分子多，才会富足。如果不生产分子，甚至反生产的分子太多了，那这个社会一定是不安定的，这个国家也一定是要贫困的，我们从前看不起从事生产的人，这是一个错误的观念。现在应当纠正过来，现在不单农工是生产分子，正当的商人也是生产分子。如果中国四万万多的同胞，都能创业立业守业等等，则国家就没有不富强之理。中国在今天，不单需要少数的圣贤豪杰来干，却更迫切的需要全体国民各就本业的努力！

除了原则问题、方法问题以外，关于态度的问题也值得商讨。我以为我们生活的态度，要能节制物质生活。

人的生活可以分做三类：一是物质生活，即衣食住行的本能生活；一是精神生活即文学艺术科学发明等；一是心灵生活，即学教生活。我们在今天，个人的物质生活必须能够节制。因为中国今天太苦了，我们不能享受奢靡的生活。本来清末谭嗣同反对"节俭"，谓节俭足以阻止个人进步的努力；西洋人也说，"私的罪恶，是公的福利"。当然这话不无真理，但是目前的中国，实在不能这样行，我看饮食男女的本能生活，还是要节约才好。

关于作事技术，则仍需努力培养。没有作事技术，而空有作事热情，事情是不会作好的，从前梁启超称康有为是先时的人，不是应时的人。我们在今天，则一方面要有先时的抱负，而一方面要有应时的技术，方说得上担当国家的担子。

综上所说，我们在今天如何应付国难？在原则上，从整个下手或从部分下手，只要努力的去干，都好。在方法上，或立德，或立功，或立言，或立业，都对。在态度上，则必须节制物质生活，培养作事技术。

以上，我所讲的，都是供大家的参考，不知诸位以为如何？如认为我所讲的话还对，则希望以最大的决心去干，并且一传十，十传百，约自己的朋友同学一起来干，如认为我所讲的有不对的地方，要提出什么意见。我也很喜欢与大家商讨。

诸位青年朋友！我们生在今天的中国，真是有做不完的学问，有作不尽的事业。诸位还年轻,前面还有长久的岁月供诸位努力。王阳明将近四十岁才完成知行合一的学说,左宗棠在四十五岁以后还是布衣,我们切勿求速,勿见小利。"士不可不弘毅,任重而道远"。我们要刚健笃实,迈步前进,共同来挽救我们的国难,创造出我们国家的前途!

(文献选自《三民主义半月刊》,1943年第2卷第3期,第4—7页)

从现状下提供三个问题
1943年3月间讲[①]

黄炎培

在抗战建国的严重时,谁都挂念着中国和世界的前途。早前太平洋战争爆发,许多人乐观了一阵,不料初期战争逆转不平,暴日竟有"不可抗"之势,那些乐观的人便又忧虑起来了。但是我用心观察世界的趋势,认为世界始终向着正义的路上发展着,一天比一天光明。

现在全世界的国家,只有侵略国与反侵略国两种。侵略国是德义日和几个小国,反侵略国家很多,去年之初曾发表二十六国共同宣言,最近又有十七国共同宣言的发布。我很干脆的说一句,现在侵略国的力量已日见减少,而反侵略的力量却与日俱增。在民国三十一年内,反侵略国的情势很不利,此中风向的转变,大概自德苏战争开始。这个战争,在去年夏季以前,已渐渐使德国感觉困难;入夏以后,德国再不能长驱直入;等到八月二十六日起,史太林格勒的争夺战开幕,苏军拼死把一座攻破了的危城解围,确是轰轰烈烈,使人惊叹。近来我们看报,重要的地区续有收复,苏军的胜利益见显著了。再看北非战局,前年和去年上半年,英国与德义法的军队作战,时常吃亏;但去年进入下半年后,美国军队在非洲西北角登陆,战争便立时好转,到了现在,地中海的海权

[①] 演讲的时间地点暂无法具体查考。该演讲辞刊载于1943年4月发行的《涉磁文化月刊》第2卷第9期上,据此推算演讲时间应在3、4月。

眼看便落到英美手中了。

这种情势的转变，摆在大家面前，非常清楚。可是长久之后，又会变得怎样呢？依我看来，讲到持久，首先得注意美国的生产力。现代作战是空军第一，美国现在一个月可以制造飞机五千架，超过德义日三国一个月内所能生产的总数。而且这种飞机，装备很好，所用避弹玻璃，子弹打不进。说到船舶，同盟国也远胜轴心国。美国海军船舶的生产量与日本相比，便是十七比一。其他军火，情形也大体相同。其次，我们得注意双方的战斗精神。太平洋战争初起时，英军的战志颇使一般人担心，其实，那只是英国的殖民地军队，本国军队并不如此。美军的斗志，自始便很好，至少不下于侵略国。中国自不消说得。我们从这物质与精神两方面，便可参透未来战局的消息了。

问题是侵略国家为什么会撑不住的？德国几乎占领了整个的欧洲，日本也占领了整个的南洋，资源是不愁没有了。可是资源虽有，要人去开发；没有人，有资源也不中用。在这里，我愿意提出"人道"这个名词，我认为同盟国所以胜利，是因讲人道；而轴心所以失败，便是不讲人道。何谓人道？所谓人道，便是把所有的人都看做一齐一道，同类之间相亲相爱，将来人类进化，也许还能把所有的生物都看做一齐一道，那便是实行"类道"。现在我们还不能讲类道，至少应该讲人道；不是如此，不能表示人类的高尚优秀和仁慈。

人类应该讲人道，侵略国却不讲人道，德国的虐待犹太人，驱逐犹太人，简直使中国人的我们看不懂，德国民族何其残忍呢？九一八事变之后，日本在东三省的暴行，层出不穷，甚至拿一个活人去喂狼喂犬。南京沦陷之后，日本人的种种暴行，我看到不少照片，其行为之惨酷，不仅是人类所不忍作，简直是人类所不忍见，不忍道。譬如对我国女性的侮辱，及举行杀人比赛，那里还有一点人性？大和民族又何其残忍呢？西方一个德国，东方一个日本，同恶相济，杀人盈野，如果不加制裁，就让他们这样闹下去，恐怕会使大千世界，变得昏天黑地。可是现在好了，有我无人的民族，终于受到制裁了。

但是要打倒这种残酷的民族，必须与它拼命，并非易事。例如苏联这次坚守史城，固是九死一生；就是我们中国，现在大家还能在后方乐乐求学，也全赖前线几百万将士的流血抗战。（讲至此，黄先生在黑板画一圆圈，并于其中写

一"我"字。）依我看来，全世界一切问题，无非起于这个圈圈。如果把"我"的圈子，扩大到一国，国便强；扩大到同盟诸国，同盟国便有力量；扩大到全世界，人类便没有战争；扩大到生物界，全地球便一片祥和，使万物各遂其生，各得其所。德日二国，都把圈圈划在国家上面为止，形成极端的国家主义者。但是就德日自身看，还是进步的；日本古代，内战很凶，现在没有内战，成为一个统一的国度。德国起初是联邦，各邦也打来打去；现在各邦联合，形成一国，便共同来打别国。中英间的南京条约，也起于英国的侵略。现在不平等条约废止，足证英国的眼光已放大了。对于这一点，同盟国家当中，以中国觉悟得最早，美国次之。上次来栖使美，美国有一派人主张接受日本的建议；果真这样，中国便不得了。幸而罗斯福总统眼光远大，不仅没有这样做，而且提议在战后组织最高委员会，以加强国际间的合作。至于美国的租借法案，是世界史上的破天荒，更是大家在事前所料想不到的。从这一点看，大战之后，国与国间的关系，可能淡薄些；两个以上的国家，可能在许多方面结合起来。这便是"我"的圈子之扩大，也就是大同世界的起点。

　　至于中国前途，只要人人负起责任来，实在是大有可为。我们看，抗战已是六年了，但是无论到那个角落，对于这次抗战，有抱怨的人没有呢？可说一个没有。尤其是一般青年，真正是好。上海东面的川沙县，约有十三万人口，是我的家乡，那边青年的情形我很熟悉。自八一三沪战发生，川沙的青年，便一批批自动去投效军队，不知有多少。有一批志愿兵，投军之后，先到松江受训，可是受训完毕，再到上海时，上海不守，他们便到南京杀敌。这些青年共总六十二个川沙人，此外有二十二个南汇人。听说在南京下关，全被敌人消灭。去年我到成都去，有两个宪兵来看我。接谈之下，谁知道两个宪兵，其一是那六十二人之一，其一是那二十二人之一。他们告诉我，所有的同伴，不是被敌人炸死，刺死，便是被敌人赶入长江。他们两人，是被人家从长江里救起来的。又如，我认识一个在高中读书的学生，名叫张在森，年纪还只有二十一岁，因为看到好多朋友都给敌人杀死，便立志从戎。终于跑到成都，在军官学校的炮科毕了业。去年中秋前后，他在金华作战也殉国了。这些战士都是很好的青年，但是这样的好青年，到处都有，不仅长江下游是如此。二十八年我到西康去，

一、战时宣传动员

有一晚，住宿在一个叫做小火镇的小学内。第二天清早，在那边看到一个老太婆，便同她谈起来。她告诉我，她的儿子已打仗去了。顺便把她儿子的两封信，拿给我看。这个写信的人，就是那个小学毕业的，信内说，日本人如何惨无人道，我们不能不同他拼命；如果母亲知道日本人这样惨无人道，想来也一定赞成儿子去拼命。又说些"忠孝不能两全"的话，一片思亲之痛泪，报国之热血，喷薄纸上，令人不忍卒读。中国不亡，便靠这种精神。有这样的精神，还怕不能有为吗？

这种精神是很好的，但是国内一部分人，至今还不肯负起责任来，所以我们尚未得到最后胜利。这一部分人，所划的圈子太小，发国难财之徒，便是其中之一。最近政府当局，对于平价一端，非常重视。照我说，现在我们的物价问题，与其谈问题在物价，毋宁谈问题在人心。很奇怪的，在主观上，每个人都希望物价降低；然而在客观上，每个人又同时在那里把物价抬高。现在是，薪水阶级的人，想薪水增加，工人想工资增加，商人想货物涨价；那有钱的人放比期[①]，更其厉害。在重庆，一万块钱过一年便变一万四千，在内江，自流井，便变一万六七千。大家的希望和行为，矛盾至此，物价何能不涨？反之，物价早就平了。所以要平物价甚易，只问人心。不仅物价，许多事情都是因为自己不肯负责闹起来的。重庆市的清道夫，共有一千二百四十人，只此一项，便每年要花费六百万元。如果人人稍负点责，做到"各人自扫门前雪"，省下六百万，便可办一个大规模的大学。我们全国总预算，去年只二万万元，今年便要三万万七千八百万元。如果各部门都能节省六百万，断乎不须那么庞大的数字。真正人人负责，做起来的确没有讲起来容易。近两三年，我常常参加些地方工作，我觉得最为难的一件事，便是劝人家当兵。民国三十年元旦，我在庐州，曾与当地机关发起抗战将士家属慰劳会。在那一天，把当地的抗战将士家属，都请了来，摆了六十几席的果，请他们吃。我们不是抗战将士家属的便在会上当招待。到后面，便有抗属的一男一女，起来致词答谢。可是那位男的抗属除了致谢之外，并说我有四个儿子，大儿子在当兵，次子在当兵，最小的儿

[①] 旧中国银钱业和工商业公定的一种债权债务结算日期。如以每月五日、十日、二十日、二十五日为"小比期"，以每月十五日和月底最后一天为"大比期"。一般拆放短期款项，即以半个月为期。

子还只八岁；第三个儿子过两年也可以当兵了。子女去服兵役，我是无所谓；但我请问列位长官，为什么只办招待，不来一齐吃饭，一齐受慰劳哩？他这一问，简直使我们无话可答，只有惭愧。想罢，打仗流血，性命是人家的；胜利之后，光荣是我们的。拨诸情理，岂可谓乎？从今年起，兵役法改了，学生也得服役，这是给大家一个报国的机会。听说中央大学柏溪分校与中央工校的学生，早就有不愿免役的表示，确实是很对的。

在座诸位当中，学什么学科的都有。这里我要奉赠大家一句话，便是学问是从现实中求得的。我们在学校研究的，虽是理论，但研究理论的时候，决不可抛开现实。只有从现实中求得的学问，才是真的，才是有用的。半个月之前，各地不是举行过牛顿三百年纪念的么？我们所以纪念牛顿，便是因为牛顿的五大种发明，对人类生活有很大的贡献，他这种种发明，不是纯凭空想的，也是从现实中求得的。又如中央大学原来设在南京，它的前身是东南大学。在民国十二三年的时候，有一个在浙江当县长的人，到南京去看朋友。有一天，在他到了南京之后，步行经过东南大学的门首，无意中在那里地面上看见一页给人丢弃了的油印讲义，便顺手捡起叠好，放在口袋里面。等到他把在南京要办的事办完之后，就搭京沪车到上海去。因为车中无事可以排遣，便伸手把口袋里的油印讲义拿出来看，原来是一页化学讲义。讲义上有一段话，说若把桦树放在潮湿的地方，天天浇水，日子久了，便能生出白木耳来。他看了之后，高兴得很，决定回家之后试一试。回浙江后一试，果然不错，白木耳都长出来了。他就把那种白木耳装成匣子，托人带到上海，去问出售白木耳的商家，货色真不错，回说"真的"。他越发高兴了，从此便大量制造起来。过了一二年，因为这个工作很得法，他辞了县长，专做白木耳生意去了。然而那位县长做白木耳生意发了财，东南大学的教授们和学生们不知也。我还听中央工业试验所所长讲起一个故事。在上次大战当中，英国缺乏丙酮这种原料，后来便有一个犹太人，从玉蜀黍秆子里把这个东西提炼了出来。战事结束后，英国人为报答他发明的功劳，问他愿意得什么奖励，他说什么都不要，只希望英国人帮他们建立一个国家。至今安居近东的犹太国，便是这样来的。试想，玉蜀黍秆子那里没有？却偏要等那犹太人才能从其中提炼出来丙酮来，便是因为那犹太人能够从现实上注意。所以天下事理，只要大家肯去实用应用，真不知可以有多么大的贡献。我们求学问，决不可抛开现实了。

近年我对于"生死问题"很有兴趣，而且收集了不少的材料。但是今天讲的时间已经很大，不能再讲下去，现在把我今天所讲的要点，总结一下：

一、世界一天光明一天，但须从艰苦忍耐中求得之。

二、中国前途大有可为，但须人人负起责任。

三、学问从现实中求得之。惟有贡献于人群，才有价值。希望每人都有实际的贡献。

（文献选自《沙磁文化月刊》，1943年第2卷第9期，第7—10页）

孙中山与中国争取民族平等与自由[1]
1944年3月12日为纪念孙中山逝世19周年在重庆国际广播电台对美广播演讲

宋庆龄[2]

十九年前,孙中山在他那以后成为中国进步史上基本政治文献之一的遗嘱中写道:"余致力国民革命凡四十年,其目的在求中国之自由平等。积四十年之经验,深知欲达到此目的,必须唤起民众及联合世界上以平等待我之民族,共同奋斗。现在革命尚未成功。……最近主张开国民会议及废除不平等条约,尤须于最短期间,促其实现。"

这个文献的原则在今天具有什么意义呢?我们要了解它的意义,首先必须了解民族或国家间的"自由"和"平等"的联系;"唤起民众"和"联合世界上以平等待我之民族,共同奋斗"的联系。不平等条约的废除(这是我们的抗日斗争的结果)与国内民主会议的召开(这到目前为止尚未举行)联系在一起,说明了同一个重要的思想:只有当国际民主实现之后,世界上才会有巩固的和平。今天我们虽然在行动上不是大家都做到,但在言论上大家都承认这一点。

---

[1] 标题为编者所加。
[2] 宋庆龄(1893—1981),海南文昌人。伟大的爱国主义、民主主义、国际主义和共产主义战士,举世闻名的20世纪的伟大女性,中华人民共和国名誉主席,中国国民党革命委员会名誉主席,被周恩来总理誉为"国之瑰宝"。

一、战时宣传动员

"国际民主"的意义就是一方面国家之间是平等的，同时每一个国家内部也有一个建立在人民的利益与自由表达意志的基础上的政府。当孙中山必须用几句话来总结他一生为中国人民的最大需要而奋斗的思想与经验时，他首先提出了这两件事。

大家都知道，中国人民这次战争的目标正是孙中山一生的目标——争取充分的民族平等。中国被满清统治了约三百年。在过去的一世纪中，中国变成了列强的半殖民地，并几乎成为朝鲜第二。今天，我们的沦陷区是十足的殖民地，而我国其他地区则在不同的程度上正在从半殖民地转变成为完全的民族自由的地区。作为一个民族，我们必须而且一定要摆脱一切对外的屈从和依赖。但这决不是说，中国人民现在或者将来是排外的，或者他们会有一天忘却孙中山的遗训——联合目标相同的朋友，联合真正的朋友，无论是国家、群众运动还是个人，因为这个遗训指出了中国人民的真正需要。所有的民族革命都会得到世界各地进步思想和行动的支持。美国的革命在英国人民中间有它的朋友，同时它本身又影响了法国的革命。我们推翻满清的运动深深受到美国的革命传统的影响，而我们反对军阀、争取人民政权、争取真正民族平等的运动，则又受到苏联的革命的鼓舞与支援。孙中山在反对满清和帝国主义侵略的斗争中，决不会认为国外朋友对于我们人民的运动的支持是有损国家主权的一种干涉行为，今天我们人民也不会那样想。对于像美国的孤立主义和压制印度独立之类的现象，我们认为有权加以批评，同时我们也承认别人有权分析我们国家中的情势并提出批评。

有人批评我们有依赖外国的倾向。我要指出，固然所有中国爱国人士都认为我们的抗日军队应该得到一切可能的援助，但是，只有那些采取观望态度，不积极参加我们民族斗争的中国人才会对人民缺乏信心以致哭哭啼啼表示说，倘使明天外援不来，后天我们就会垮台了。为我们的国家和为我们的前途而战斗的人是要求援助的，可是，他们为之而作了这样多牺牲的目标是不受任何条件的影响的。

（文献选自《新华日报》，1944年3月13日第2版）

二、战时政治军事

论苏联底[①]外交政策
1939年2月7日在中央大学中苏问题研究会讲演

沈志远[②]

各位同学：

今天能有一个机会和诸位讨论，使我非常的高兴。今天所讲的是"苏联底外交政策"，这个问题，我想分为三段来讲：

一、苏联外交政策底客观基础

苏联的外交是和平的外交，他用和平的方式维持国际间的关系，用和平的方式愿与任何国家保持正常的通商关系。和平，是苏联外交的基本原则。苏联为什么要采取和平的外交政策？从来没有了解和不愿了解苏联的反苏联分子说："苏联为维持狭义的民族主义底利益，为自国经济建设底利益而需要和平。苏联因为现在的力量还不够，不敢对外战争，不得不暂时主张和平，一旦他的建设完成，他的实力雄厚，一定要改变现在的策略。"这是一种错误得可怜的观念。我们要知道，苏联的和平外交政策，是建筑在客观的基础上的。苏联外交的客观基础是他的特殊的社会经济制度——社会主义的经济制度和建立在他上面的

[①] "底"同"的"。

[②] 沈志远（1902—1965），浙江杭州人，中国著名经济学家。1936年参加救国会，1944年加入民盟。新中国成立后，历任出版总署编译局长、中国科学院哲学社科学学部委员、上海社会科学院经济研究所研究员等职。

特殊的政治制度——无产阶级专政的苏维埃制度。这种客观基础，使对外的武力侵略在苏联不但是不需要，而且是不可能。现在分别说明于下：

（一）从社会经济制度上观察苏联对外侵略的不需要

1. 苏联的生产不是为私人的利润

苏联是社会主义的国家，和资本主义的国家不同。社会主义生产所追求的，不是少数人的利益，而是大众的福利。资本主义的国家，适得其反，唯一的目标，是追求资本家的利润。基于这一个异点，两者在对外政策上，就背道而驰了。资本主义的国家为了追求利润，不得不争取国外的市场，来推销他们的商品；不得不强占别国的资源，来供给他们的原料；不得不发展国外的投资，来利用他们的资本，实行对落后民族大众的直接剥削。简言之，他们是为了利润，在他们不断榨取之下，国内市场一天天缩小，就不得不向外扩张势力。甲国向外扩张，乙国也向外扩张；甲国排斥乙国，乙国也排斥甲国；最后势必诉诸武力，引起战争！请看今日国际上这样紧张的局面，为的是什么？为的是资本家争夺更大利润底泉源！苏联生产不是为着私人的利润，苏联财富生产底发展，同时伴随着全体人民福利底提高，大众购买力底不断增长，所以没有必要去对外侵略。它与别的国家间的关系，没有像帝国主义各国间的那种争夺殖民地市场的矛盾，所以它不需要用战争的手段对付别国，它只要用和平亲善的方式与别国维持平等的经济关系。这是从社会经济制度上分析苏联不需要对外侵略的一个理论根据。

2. 苏联没有生产与消费的矛盾。苏联生产的目的是提高大众的享受，增加物质的建设，社会上每个人都享受同样的保护。资本主义的国家适得其反，他们为了少数人的利润，牺牲了多数人的幸福。他们的国富一天一天的增加，他们的煤油大王，汽车大王什么什么大王的荷包一天一天的充实，可是他们的民众，却一天一天的贫苦。这就是说，一方面是少数人富，另一方面是多数人穷；一方面是机器工厂的增加，另一方面是失业破产的普遍。结果是生产品激增，而购买力锐减。这一个矛盾的现象使资本主义的国家，不得不向外侵略。苏联完全不同，他们的国富增加，他们的社会福利也随着增加。这次报纸上所记载的第三次五年计划，已经告诉我们，苏联人民的生活水准随着他们的生产力作累进的提高。工资率的激增，大学校的添设，保育院，公共医院，产妇调养所的普遍，这一切都可以证明人民生活的日益优裕和生产力的猛烈发展，已取得平衡的速度。这不能不归功于他们的计划经济。我们看一九二九到一九三三年的世界经济恐慌，帝国主义的国家，生产过剩，失业激增，商店破产，人民购买力一落千丈；然而苏联，在一九三〇年以前，早没有失业的现象，世界经济恐慌中，他不但没有受到丝毫的打击，并且更是继续的繁荣。第一次五年计划期内，商品感觉缺乏，固然是由于轻工业不能有充分地发展，而人民购买力的增加，也是主要的因素。总而言之，苏联没有生产和消费的矛盾现象，有时还求过于供，所以他没有侵略的必要。苏联上自最高领袖，下至最下层的老百姓，都是劳动者，虽然现在还有劳心和劳力的区别存在，但将全国文化水准提高，一定可以打破劳心和劳力的鸿沟，一定可以做到每个人都是工程师，都是科学家；到那时，他们的工作时间减少，研究娱乐的时间加多，换言之，一般人民的消费逐渐增加。消费随着生产的增加而增加，生产与消费矛盾的现象根本不会发生，因而对外的侵略亦不需要。这是从苏联的社会经济制度上分析苏联不需要对外侵略的另一个理论根据。

（二）无产阶级专政也是苏联不需要对外侵略的一个客观基础。社会主义的经济制度和劳动阶级专政是分不开的，如果苏联的资本家依然存在，依然把握着政权，那么，苏联的社会主义经济制度是行不通的。苏联因为是劳动阶级执政所以能保护现在的社会经济制度，而社会主义劳工政权和社会主义的经济制度，是根本上跟侵略不两立的。

（三）从客观基础上观察苏联对外侵略的不可能：1. 苏联的和平外交政策，已经为全国人民所拥戴，因为它是适合全国人民底利益的。假如苏联有一个疯子，要侵略中国，我想苏联全国人民一定要枪毙他。人民的意见是如此，苏维埃政府是由人民选出的，当然不能违反民意，这是第一个不可能。2. 苏联的和平外交政策，已经为国际间所同情，因为它是适合全世界正义人类之要求的。假如他改变这一种政策，一定要失去全世界反侵略人们的同情心，苏维埃政权就会失去国际正义人类的支持，这是第二个不可能。3. 苏联的和平外交政策，是社会主义国家全部根本国策之一。根本国策决不是骗骗人的。对外政策决不能脱离苏维埃整个根本国策，实现社会主义乃至共产党主义的国策，而单独存

在的。它不能违反根本国策,这是第三个侵略不可能的根据。

以上是从理论的方面,说明苏联实行和平外交的理由,以下再从事实上加以证明。我们看,十月革命后的苏联的对外贸易信用卓著,和各国站在平等的地位上交易,交易的目的是调剂国内的有无,决不是夺取势力范围,决没有侵略的野心,中苏,苏土等条约便是最有力的铁证。

苏联为什么要求采取和平的外交政策?这个问题,已经回答了,现在谈一谈苏联和平外交政策的特质。

第一特质是苏联的外交政策不是无条件的和平。苏联的和平不是世界上的和平主义的和平,他不需要中国汪精卫式的和平,也不需要美国孤立派式的和平,他不是阿Q式的和平,而是孙总理式的和平。他不去侵略人家,也不容人家去侵略他。斯达林说:"当人家的猪鼻子,伸进我们的苏维埃花园里来的时候,我们要用工农大众的铁拳把他打出去!"这正如我国的抗战一样,在侵略强盗的行为没有停止以前,是谈不到和平的。这就是和平本质上的矛盾。虽然表面上抗战本身是不和平的举动,然而本质上这正是谋取真正和平的惟一手段。

第二个特质是苏联的外交政策不是单独存在的。苏联的民族政策、经济政策、工农联合政策、垄断对外贸易政策,这一切都和外交政策发生连锁关系。因为时间的关系,不能一一说明。现在单就民族政策来讲一讲。苏联民族政策,对内是民族自决,各民族一律平等,国内任何民族在斯达林宪法上,有自由退出苏维埃联邦之权。民族自决,发展到这步田地,当然不会因民族的问题,引起国际间的纠纷。苏联民族政策,对外是扶助一切弱小民族。基于这个原则,苏联在外交上,消极方面自动取消沙皇时代的一切不平等条约;积极方面反对帝国主义的侵略弱小的行为。过去的赞助中国北伐,现在的援助中国抗战,这都是它的民族政策的表现,也就是外交政策的实行。

二、苏联和平外交的收获及其意义

苏联的外交,可分三个时期来讲。

第一是无外交的时期(一九一七至一九二一年初)。这一个时期,苏联内有反革命的反叛,外有帝国主义的干涉,苏联求生存之不暇,根本没有外交可言。

其次是解除帝国主义的包围，恢复国际地位的时期（一九二一年至一九三二年）。第一个五年计划的惊人的成绩，完全解除了帝国主义的包围。在布尔塞维克党的领导之下，对外逐出诸帝国主义干涉国家领土之外，对内公开的审问农民党、实业党等的案件，暴露帝国主义的阴谋，尤其是法国。此外，逐出国际反苏联急先锋托洛斯基，更给帝国主义一个严重的警告。

在积极的方面，苏联加强了他们在国联关系上的比重。自从一九二八年以后，他们由新经济政策进展到社会主义的经济建设，他们的生产增加了，他们的国力充实了，基于这一种自力更生，苏联在国际关系上的比重，一天一天提高起来。

第三是保卫整个世界和平的时期（一九三二年至现在）。苏联除了德国和日本以外，尽量的和他的邻居订立互不侵犯的条约。一九三三年和断交了十六年的美国恢复了邦交，这对于苏联的保卫和平，增强了不少的力量。一九三四年九月，三十多个国家邀请苏联加入国联，他们不再把苏联当做洪水猛兽了，他们都欢迎苏联底诚意的和平政策。苏联加入国联以后，使国联的本质，发生了变化。过去欺骗弱小民族的国联，从此也多少起了一种积极的和平机构作用，因为苏联是极勇敢而极坚决的和平保护者。一九三五年法苏协定成立了，她更进而发起东欧互助公约，号召东欧的集体安全。虽然不幸中途流产，但是这一个提议，始终是有意义的。一九三五年苏联和捷克订互助约，又和比利时复交。而比苏的复交，表示出此国不愿为德国所利用，不愿做德国的牺牲品。一九三七年八月，苏联和中国也订立了互不侵犯的条约。这许多事实都告诉我们，苏联是积极的保卫世界和平，领导反侵略的集体安全制的。

三、中苏外交的过去及其展望

中苏外交的过去可分为四个阶段：第一是中苏废除不平等条约的时期（一九一七年至一九二四年）。苏联革命以后，根据他的民族政策，自动废止帝俄时代的不平等条约，中国继土耳其之后与苏俄建立了五年平等的外交关系，一九二四年在北京重订平等条约，宣布旧约无效。其次是中苏进一步合作时期（一九二四年至一九二七年）。这时期，中山先生努力国民革命，他积极主张联俄，联俄是他底三大政策之一。当时苏联也积极的援助中国，促成中国的国民革命。

那时两国的密切合作，是值得大书特书的。第三是中苏绝交时期（一九二七年至一九三二年）。在这一个时期，中苏双方发生许多的误会，外交关系一落千丈，有时两国边境的地方当局发生冲突，这可算是中苏外交的黑暗时期。最后，中苏重新修好的时期（一九三二年至现在）。从中苏复交到现在，两国的友谊又重新建筑起来。从一九三二年的复交到一九三七年的互不侵犯条约，可称为这时期底第一阶段。在这一阶段，双方已经做到逐步的亲善。从互不侵犯条约到现在可称为第二个阶段。在这一个阶段，苏联援助我们的抗战，援助我们抵抗法西强盗，显然是大大地积极化了。

中苏外交的过去，已经约略说过了，中苏外交的未来怎样？我们每个人都希望苏联和我们能有更进一步的合作，那就是说，希望苏联出兵。究竟苏联会不会出兵呢？我们的答案是苏联出兵的时期还没有成熟，苏联的出兵，正如孙院长①说有三个前提之一，才能实行。第一个前提是苏联若在抗战以前和中国订了互助公约，那么抗战一起，当然他有出兵的义务。但是事实上，中苏过去不曾订立这一种条约。第二个前提是国际联盟通过一个议案，会员国可以单独用武力援助中国，假如有这样的议决案，苏联可以用会员国的资格出兵援华。有了法律上的根据。但是事实上国联并没有这样的议案。第三个前提是日本同时攻打苏联。日本侵犯了苏联，苏联当然出兵。但是事实上日本自从张鼓峰碰了钉子以后，他不再敢触犯苏联了。以上三个前提的任何一个都没有成熟，所以苏联没有出兵的根据。总之，须知苏联不是我们的雇用的卫士或听差，不能任凭我们驱使的，他有他自己的立场。国格和特殊的国际地位，我们不能对人家抱过分的奢望和依赖心，我们要希望我们自己，我们自身要团结得像铁一样坚固，要有必胜的信念，……用我们自己的力量去对付日本帝国主义，苏联虽然不能马上出兵，她对于我们的援助是不成问题的。总而言之，苏联，不论在道义上，或是在利害关系上，都是我们的一个永久的忠实的好朋友，中苏合作的更高阶段终于要到来的，只要我们不屈不挠地抗战到底。

（文献选自《中苏文化杂志》，1939年第3卷第8—9期，第16—18页）

---

①此指孙科。

积极训练中的中国新军
1939年5月30日在国际宣传处①向驻渝各国记者演讲

冯玉祥

各位在中国工作,天天耳闻目睹日本侵略者在中国的暴行,看见侵略者对各国在华利益的摧残,一定是很关心我们的抗战,同情我们的抗战的。〈……〉为着世界的正义,为着我们国家的自由和独立,从抗战开始的一天,我们就准备着,所有的力量,来贯彻抗战,争取最后的胜利。

虽然达到最后成功,我们还需要长期的努力和奋斗,但是我们有坚固的信心,知道我们愈打愈强,愈打力量愈增加,敌人愈打愈弱,愈打力量愈减少,所以我们一定能把日本侵略者赶出去。

正和我们的敌人相反,他们在战场上已经有了若干万以上的伤亡,感觉到兵力补充的困难,而我们却兵力补充源源不绝。在我们的后方,甚至于在敌人的后方,我们有好几百万健儿,正在那里受积极的训练。

我总是不能抑止我的喜悦,当我们看见成千成万的小弟兄,在那里勤苦操练的时候,他们都是中国乡村中最纯良的农民,但是我可以同时告诉诸位,在我们新的军队当中,很多兵是自愿来的。他们看见沦陷区域里和他们一样的农民所遭受敌人的残酷待遇,他们志愿用血来替同胞报仇,用血来保卫自己的家

---

① 国民政府国际宣传处设于1937年9月,专掌国际宣传,1938年11月武汉失守后,西迁重庆。

乡，此外还有许多父母送儿子，妻子送丈夫，哥哥送弟弟，去当兵的这些年轻的兄弟们，是为着神圣的使命才来服兵役的。这些兄弟们，都有健康的身体，每天从黎明学习到黑夜，有的时候，从黄昏学习到天明，他们毫不觉得苦，反而觉得非常愉快，他们觉得多学一份打日本强盗的本事，他们就可以多报一分对敌人的仇恨。

他们每天从早晨到夜晚，要听好几次精神讲话，讲话的内容是很多的，可是一切不离开打日本仇敌，我在这里只举一个例子，把中国官长士兵们的抗战十问，给大家说一说。（抗战十问，原文录后）

弟兄们读了这个，人人都咬牙切齿，摩拳擦掌，非把不共戴天的侵略者赶走不可。

这些兵士们，他们自己就来自田间，所以虽然他们现在是军人了，可是和人民还如同一家人。同时，他们在营中要受严格的爱民教育，这里是一本军人救国问答，我可以讲给各位听一听（读军人救国问答），这样的教育之下，不但军民合作是可能的，而且前线上的许多事实，已经证明了中国的军民是在手携手地和日本侵略者拼命了。

在中国的军队中，现在军官和士兵的关系，也有很大的进步，中国古代名将带兵，讲究三礼二要，三礼就是"雨不张盖，夏不挥扇，冬不服裘"。这并不是军官没有雨伞，没有纸扇，穿不起皮衣，而是要和士兵同甘苦；二要是"兵爨未熟，将不敢食；兵未入室，将不敢入舍"。现在我们把先贤留下来的宝贵经验，发扬光大起来。蒋委员长说军官要"待兵如子，视兵犹亲"，这样自然使得官兵成为坚固一体把任何强暴的敌人都可以摧毁的。

自然，中国新军的训练，不否认在现在状况之下，也还有一些不够的地方，但是这些完全不成问题，因为在我们最高统帅领导之下，我们的新军训练已经有了一个很好的基础。在这个基础上，我们不断地改善前进，从我们日益生长的新生力量当中，我们有了胜利的坚固信心，这力量将支持我们的持久抗战一直到我们得到最后胜利的一天。

抗战十问：

问：是谁杀死了我们同胞的父母和兄弟？

答：是日本鬼子！

问：谁奸淫了我们同胞的妻子和姐妹？

答：是日本鬼子！

问：是谁烧毁了我们同胞的房屋和工厂？

答：是日本鬼子！

问：是谁抢去了我们同胞的金银和财宝？

答：是日本鬼子！

问：是谁侵占了我们东北四省，以及北平、天津、上海、南京、武汉、广州等处？

答：是日本鬼子！

问：这样说来，日本鬼子是不是我们的仇人呢？

答：是的！

问：这仇有多大呢？

答：不共戴天之仇！

问：这仇有多么深呢？

答：比海还深！

问：不报此仇还是人不是人呢？

答：不报此仇，不但不是人类，而且连猪狗都不如！

问：你可不可在今日，下一个新的决心去报此仇呢？

答：一定去报仇！

（文献选自《党务半月刊》，1939年第2卷，第7—10页）

汪精卫与国民参政会
1939年9月1日在重庆中央广播电台讲演

张伯苓

今天所讲的题目,是汪精卫与国民参政会。那么国民参政会的由来与它的任务,我先大略说一说。当然,全国的同胞,不少的人,是知道国民参政会为甚么而产生的,但有些同胞或者不知道的,我不怕琐口,再简单的叙述一下。国民参政会在去年三月间,由中国国民党临时全国代表大会决议,说:在非常时期,应设一国民参政会。四月里,中国国民党中央执行委员会就决议通过国民参政会的组织条例案,并各市所有参政员的名额表,奉总裁之核定,由国民政府在四月十二这一天,用明令公布了。那么国民参政会的组织,虽然说不是由国民直接选举来的,但所有男的女的参政员,是由四种资格选出来的:一是已在各省各市公私机关或团体服务三年以上,有信望之人员,八十八位;一是在蒙古、西藏公私机关或团体服务,或熟悉各该地方政府社会情形,有信望之人员六位,蒙古四,西藏二;一是在海外侨民在居留地工作三年以上,或熟悉侨民生活情形,有信望之人员六位;一是在各重要文化团体服务三年以上,著有信望,或努力国事有信望之人员,一百位,一共二百位。所有参政员的团结

---

[1] 国民参政会是中国抗日战争时期国民政府成立的带有相当的民意机关性质的最高咨询机关。1938年7月6日,国民参政会一届一次在武汉召开。随后迁往重庆。1938年10月28日,国民政府国民参政会一届二次会议在重庆开幕。

一致，拥护领袖，拥护抗战建国的国策，全有以往的事实来作证明。

至于说汪精卫呢，他在第一次与第二次大会的时候，他曾作过议长，那时候听了他的演说，真以为他是个民族的先锋领导者。他在第一次国民参政大会里的演说，我简单引证来对国内外的同胞说一下。他说："我们知道国民参政员里头，对于政治上的见解未必尽是同的，这里头有中国国民党党员，有无党派色彩而保持着自由思想独立评论的人，有其他党派，但是自从国难发生以来，精诚团结日益加坚。"最后，他又说："我们并且要将全国精诚团结的意志与切实沉着的精神宣示于世界，并且对于侵略者及其所制造出来的傀儡，指出全国在此艰难困苦中，不折不挠的气概。这些意志，这些精神，这些气概，都是充分表示着我们全国不会屈服，不会灭亡，并且向着抗战必胜建国必成的大路而迈步前进。国民参政会在抗战期间开会，在全面抗战已经一年的时候开会，兄弟不才，忝随同人之后，深信凡我同人，必能共体此意，为此民主政治初步基础之国民参政会，造成空前未有之纪录。"

我们听了他这一番话，是何等的警醒透辟！不错，我们现在抗战已过两年多了，我们全国精诚团结的意志与切实沉着的精神，随着最高领袖的指导，的的确确是已经明白宣示于世界了。侵略者及所制造出来的傀儡，我想已经晓得全国在此艰难困苦、不折不挠的当中，将这些精神，这些气概，已十二分的表示出来了。我们相信一定不会屈服，不会灭亡的了。但是自称兄弟不才，忝随同人之后的那一个人，现在可是不是随着走了。不但不随着走，且归并到所谓制造出来的傀儡那一堆里去了。言与行不符如此，反复到如此，他将来的结局，我亦不愿再多说了。

至于参政会呢，第一次大会在去年七月六日在汉口开会，正是徐州失陷以后，武汉吃紧的时候，然而我们参政会决议的案件，计有一百三十余案，在这些决议案的当中，最要紧的，我约略说一说。有郑参政员震宇，陈参政员绍禹，王参政员家桢，周参政员士观，胡参政员景伊诸公，各提出拥护政府长期抗战的国策案，当时全体一致通过，并有宣言。宣言里要紧的话是，"绝对认清国家民族利益所在，以统一与团结为一切行动之准绳，彰吾族之决心，布敌阀之罪状，以增加世界公论之认识，而根本消灭敌阀在文明世界之一切阴谋"。这是第一次大会中，决定了我们始终抗战的途径。第二次大会，在去年十月十二日，正是武汉退出，广州失陷的时候，但是我们毫不动摇，各种提交大会的议案，计有八十余案，中间要紧的有胡参政员景伊等临时动议，拥护蒋委员长持久抗战宣言案；王参政员造时等临时动议，参政会应发表宣言，拥护蒋委员长《告全国国民书》，并号召全国同胞一致奋起，继续抗战，以争取最后胜利案；陈参政员绍禹等提拥护蒋委员长和国民政府加紧全民族团结，坚持持久抗战，争取最后胜利案；张参政员一麐等临时动议，为抗战到底，宜由本会决议宣言，请政府明令公布，以防反间，而定人心案，陈参政员嘉庚等提，日寇未退出我国土前不得言和案。尤其是张一麐先生临时动议里说，敌人大放议和空气，谬称与某要人已有接触两句话，不知汪精卫当时心里对于"某要人"三字，做何感想。这些案的决议，大家一致通过，并无二词，就是以下扼要的几句话，"一致拥护蒋委员长所宣示的全面抗战，持久抗战，争取主动，按政府既定方针，今后全国国民在蒋委员长领导之下，坚决抗战，决不屈服，共守弗渝，以完成抗战建国之任务"。这是何等表现我们始终一贯的精神。等到今年二月开第三次大会的时候，汪精卫却事前秘密的逃走了，艳电响应近卫的宣言，到后来更进一步爽快去做傀儡。但是我们得蒋委员长来作议长，共通过议案九十余件，最要紧的有三案，一为褚参政员辅成等提，第二期抗战开始本会应郑重宣言重申拥护抗战国策案；王参政员卓然等提，切实拥护蒋委员长驳斥近卫宣言案；林参政员祖涵等提，拥护蒋委员长驳斥近卫声明，并以此作为今后抗战国策之惟一标准案。这三案亦经大会一致通过，决议里说："兹特郑重决议，抗战既定方针，必须坚持到底，全国军民，应服膺蒋委员长在去年十二月二十六日宣言中所表示之大义，坚其信心，齐其步伐，一心一德，彻始彻终，以复我领土主权与行政之完整，而完成抗战建国之大业。"这是第三次大会中，热烈拥护抗战建国的情形。我末复归根再说几句话，两年来抗战的经过，军事是根本未动摇，愈战愈强；外交方面，同情我们的一天比一天多，日本的孤立却是一天比一天显著。从前或者对于抗战有怀疑，到了今天，如果对于军事、外交方面稍微留一点神的话，我想就是怀疑两个字，也可以涣然冰释无疑了。

（文献选自《国人皆曰——汉奸汪精卫》第4辑，正论出版社1939年版，第10—13页）

最近国际形势与中国抗战
1941年7月为纪念抗战四周年讲

张志让[①]

对于国际问题，非但了解是重要的，于我国的抗战相关尤重。现在的国际形势是围绕着世界的三大战争在演变。这三个大战即：一、中国的抗战；二、英德之战；三、苏德之战。这三个战争普通虽称为"亚洲战争"及"欧洲战争"，但实际上，战争的蔓延，早已超出欧亚大陆。英德战现在主要的是在海上，德以军舰打击英商船，现已弥漫至大西洋上，与美洲接近。北非，东非亦在进行中，德苏之战在波罗的海，中日之战则在亚洲。

对国际形势影响最大的，首推中日战争，无论世界局势如何演变，我国抗战的路线是不会变的。

英德·苏德两个战争

这两个战争好比两条河流，其他国家都是围绕着这两个河流变化，英德之战比如主流，苏德之战比如支流，并非说目前英德之战重于苏德之战，而是说此后世界的演变将围绕着英德战争。现在主流泛滥了，所以使人注意了支流，

[①] 张志让（1893—1978），江苏省武进县人，中国当代著名法学家、法学教育家。留美回国后任复旦大学校务委员会主任委员，北京大学、东吴大学教授。1931年"九一八"事变后，积极参加抗日救亡活动，为营救爱国人士沈钧儒、邹韬奋等"七君子"进行了不屈不挠的斗争。中华人民共和国成立后，任最高人民法院副院长、中国政治法律学会副会长等职，是一至四届全国人民代表大会代表，第五届全国政协常委。

现在战争的重心在苏德。但是支流、主流与战争的重心是两件事，这是研究国际形势者首先要了解的。

从英德之战研究起

（一）英德战争爆发的原因：一般人视希特勒如秦皇汉武，专事穷兵黩武，其实并不如此简单。希特勒之所以出兵攻英，目的在取得大量的殖民地——货物的市场和原料的来路——而英国是最富有的。德国国内状况恶化万分，无法解决自身的危机，不得不从国外着手，这就是英德战争必然爆发的原因。

（二）英德为何不能在德苏战争爆发前议和？在德国方面原因有二：1. 德国侵英的目的是在取得殖民地、市场、原料，而在德苏战争爆发之前，仍未得到满足。虽然捷克、巴尔干、多瑙河、西班牙及法之一部等可变为他的原料供给地，周围各工业国家可结成一个单位，成为他的市场，但这极小的数量，并不能解决他的问题，为要获得大量的殖民地，非发展到欧陆以外不可。可知德国如一日不达目的便一日不会停战。2. 侵略战争不是易举易收的，不能在德苏战争爆发时结束英德战事，而在德英战后又来一个战争。在英国方面，不能结束战争的原因有二：1. 和议时德方必提出要殖民地的条件，英不能接受。2. 如德无新殖民地之要求，英美亦不能接受，因为如果接受，即承认现状，则英德工业竞争即时爆发，或德以欧洲为根据地与美国竞争，美亦抵挡不住，所以美亦不允许德英讲和；因此德英只能继续作战。

德苏战争爆发的原因

在德英战争中，德国的武力在海军方面，德因海军薄弱，不能正式作战，只可长期消耗英国；用空军亦不能单独解决问题，只能用陆军与英作战。陆军可能采取的路线有两条：1. 直布罗陀，在地中海西部被占领后，即可截断英与远东最短之航线，此计划未成。2. 得巴尔战后，攻地中海东岸及苏彝士运河，再直攻远东，可得伊拉克油田，这条路线是最好的也是最可能的，可谓"一箭双雕"，既可困毙英国又可取得殖民地。德国在占领希腊，攻打克里特岛时即拟取此线，但损失太大。德除采取叙利亚路线外，还可取路土苏两国，但苏联对他是个威胁，是个障碍，所以他只得先排除障碍再继续作战，此即德苏战争爆发的主因。德国并可借此取得高加索之油田及乌克兰之食粮。此外苏德的长期外交战及苏联解放民族的主张，都与德国不利，但并非此次作战之主因。

德苏战争爆发之突然

（一）据一般的估计，德可能与英美联合攻苏，而此次战争爆发后，德国反英比反苏尤强。

（二）在战事前张伯伦联德法攻苏，现在反与苏联订军事经济之同盟而攻德。根本的问题是德国如在德英战前即占领苏联，亦得不到原料及市场，故先不打苏联，而现在因危机迫切，不能不攻苏，以解决其基本的需要。

德苏战争之前途

（一）德在取得高加索及乌克兰后即可取此路攻近东。但整个战略必须占领莫斯科、列宁格勒各地，假定德国达此目的，德苏战事亦不会停止。

（二）假如苏联胜利，苏将德赶出境外或直攻柏林，此可能很小。据一般估计在德苏战争中，开始是苏联失利，而最后胜利属于苏联。

其他各国对交战国的关系

（一）英美与德苏：英美现在帮助苏联，将来是否可能与德妥协尚成问题，德苏战争中如德获胜，势力庞涨，英美与苏关系只会改进。如苏胜德败，德势力全无，英美即可能助德攻苏，帝国主义与苏联间之基本矛盾爆发。

（二）美与英之关系：德攻英时，如英不能支持，则威胁直至美国，英即退至美洲与美合并。

（三）美与日本：美国的利益可分三位：第一位利益为美洲、南美、菲律宾。第二位利益为荷属东印度岛、南洋、新加坡、澳洲等。第三位为远东（包括中国）。美国第一位利益已受到德国威胁，而日已与德联合，故美不能与日本妥协。从美国门罗主义宣言看，"只要大家承认美洲是美洲人的美洲，则美即可承认亚洲是亚洲人的亚洲"，从这一点可以证明美愿放弃第二三位利益而保全第一位利益，如日本一天不脱离德，美即一天不能与日妥协。如美国之第一位利益不受影响，美不可能作战，因美国海军不能分两路进攻，如日攻美，美有把握抵抗，如以海军攻日，并无把握。

日本方面

（一）中日战争：中日战争爆发原因与英德战争爆发原因相同，都是为了攫取大量的殖民地市场。

（二）与英美关系：在门户开放一点，日决不与英美妥协，决不允许英美在中国境内有租界地。换句话说就是要驱逐英美势力出中国境。

（三）日本是否可以进兵苏联？日本少壮军人及财阀一向是反苏的，要进攻苏联，现在是唯一的机会，从这方面看来可能性很大。但就实力讲，日本的陆军空军与苏联比较，在量与质上日本均较差；就地形讲，苏联以海参崴为根据地，也是比较优越的，所以日本可能不向苏联进攻。

（四）日本南进之可能如何？日与德意结合后，即决定了他迟早必攻南洋，只是等待最有收获的机会，但至今尚无适当的机会，至于进攻粤南一者可得到南进的利益，又可西进云南，切断缅甸交通线，所以这一可能是比较大的。

自日本内阁改变后，即续御前会议决定，北进与南进之可能性均有，但对中国问题决不会放松的。

总之，日本国际关系是日趋孤立，德意更不暇助日，对解决中国事件更是不利。

国际变化与中国

我们说：每一个国际变化都与中国有利，这并不是说每个变化完全与中国有利，或是利多于害，而是因为中国的战争有光明的目标，所努力的方向是要求民主，要以大多数人的力量谋大多数人的利益。这个目标，恰和世界的潮流相合，这次世界大战无论采取那种方式发展，都是趋向光明的方向，各弱小民族亦日趋自由，因为我们的潮流与世界的潮流相合。在这个意义上讲，每个国际变化都是与中国有利。

（文献选自《妇女新运通讯》，1941年第3卷第13/14期合刊，第4—5页）

战时苏联之外交与内政
1942年11月在中苏文化协会演讲[①]

邵力子

孙会长[②]、各位先生、各位同仁：

　　我这次回到祖国，非常兴奋。今天同孙会长及各位同仁在这里举行欢迎会，我一方面感觉到很惭愧，一方面十分的感谢，趁着这个机会可以会晤到很多老朋友，并且可以做一个综合的报告。同时对于各位老朋友和同仁请求原谅，我回国后还不到一个星期，因为被种种繁琐事情纠缠，没有时间去拜访各位，就是各位会来看望我的，我也没有去回拜，今天必须趁这个机会表示我的歉意。

　　本会——中苏文化协会，在孙会长贤明的领导之下，加以各位的勤奋努力，一切工作比我在祖国时更进步，更有良好的成绩表现出来。这是我看到后非常高兴，而且非常钦佩孙会长及各位同仁的。

　　我今天要向各位讲的话很多，但首先要说明的：本月十日我回到陪都的那天，在飞机场有一个书面谈话交中央社发表，想各位在十一日报纸上都已看到。我要请求各位的是：我那个谈话稿子里所说的话，请各位不要看做这是一个做

[①] 中苏文化协会于1935年7月25日在南京成立，抗战爆发后迁至重庆，协会促进了中国与苏联文化界的交流，推动了两国间战时文学发展。1940年5月，邵力子被国民政府任命为驻苏大使，1942年11月回国。此为其回国后第一次公开讲演。

[②] 此指孙科。

外交官的通常外交辞令，或者是我从外国来必须经过谈话的程序，而随便用几句冠冕堂皇的话来塞责，我实在是把心中的重要意思，很直率的，忠实的，用文字表露出来，而且今天还要把那次谈话稿子的内容先向各位提一提：

同盟国必定胜利

我在谈话稿子里说明我从出国时候起到回国时候止，抱持着三个信念：

第一个信念，是我出国的时候，国际环境虽然很于我们不利，可是我相信一定有很良好的时候到来，国际侵略盗匪越是猖狂恣肆，越可以促进反侵略的力量联合起来，对侵略的法西斯强盗作殊死的奋斗。虽然我到苏联的时候，苏德早已缔结互不侵犯条约，但我相信苏联绝对不能与法西斯强盗长久妥协的。

第二个信念，是同盟国家不仅在抵抗法西斯强盗的战争期中一定能够合作互助，就是将来把法西斯强盗的武力摧毁以后，也一定要彼此精诚团结，密切联系，共谋世界永久的和平。我有这个信念，所以对于一切离开同盟国的谣言，我希望大家不要相信，而关于如何可以加强同盟国彼此间的了解，我希望大家要共同努力。

第三个信念，是由我在苏联看到红军与苏联人民英勇抗战的精神与事实所得的结果。这个信念包括两点：（一）苏联一定具有消灭法西斯德国的力量；（二）苏联一定有消灭其他一切侵略暴力的准备。关于这个信念的第一点，现在斯大林格勒的战况，已给与了初步的证明，我以下还要作详细的解释，关于第二点所说"苏联一定有消灭其他一切侵略暴力的准备"，大家想必明白我的意念，是指着那个已被我们打了五年多，把它的脚陷于泥沼中不能自拔的敌人。我这个信念，并非只根据我对苏联的期望，而是以客观的事实做出发点的。

现在我再一次向各位说，希望各位相信我那谈话稿子所说的一切，都是诚实的话，没有一点随便敷衍新闻记者的意思。记得我在出国以前，承朋友们厚爱，有很多次的欢送会。我在某一次欢送会上，曾经说过，我没有办外交的学识和经验，我只有以言忠信，行笃敬这两句话做我服务外交的信条。我在苏联两年多，没有一天敢忘记这两句话，在总裁亲自兼任外交部长到部训话的时候，也特别提到这言忠信，行笃敬的两句话，我自然更要拳拳服膺。所以我一向就不敢相信"外交辞令"可以多少含有一点不诚实的意思，何况我今天是对着许多老朋友，好同志讲话。我今天所讲，因为没有时间来作充分的准备，或者零乱散漫没有系统，但我自信每一句都是很诚实的，希望各位也相信我这一点。

中苏两国精神共同

孙会长在开会致辞中，要我多说一点话，我到底应该从哪里说起呢？孙会长说到我在新疆迪化参加了苏联十月革命廿五周年庆祝纪念，那我就将我那天参加庆祝的情况，向各位作个简单的报告。本来我那一天有一点失望，因为我不能赶到重庆来参加本会所举办的庆祝苏联十月革命廿五周年纪念大会，但能在迪化参加，我也感觉到高兴，特别是听到普斯金先生的演讲。他是苏联驻迪化的总领事，他说苏联现在全国军民抗战的壮烈是与"伊凡苏撒宁"的精神一样。伊凡苏撒宁是俄国一个老农民，当波兰军队进攻莫斯科时，他被抓去强迫当向导，指引去偷袭莫斯科的道路，他不领导波兰军队去莫斯科的真正道路，他却把波兰军队领导到一个广大的森林里面，绕着那广大的森林走来走去，走到黎明，没有走出这个森林，波兰军队知道受了他的欺骗，就把他绑起来百般拷打，并举火把他烧死。当伊凡苏撒宁带领波兰军队进森林去的时候，另有人赶去报告莫斯科守军，结果把波兰军队击溃，把莫斯科守住了。这一个故事，苏联人民没有一个不知道的。苏联今日所以能够抵抗强大的敌人，可说是得了伊凡苏撒宁舍身救国的精神所感召，而苏联现在是有着无数的伊凡苏撒宁。普斯金先生演讲以后，我也起立致辞。我说我们中国对日抗战已经五年多了，在军事工业方面我国还未能与苏联相比，讲到爱国的精神，我国比苏联实无不及。于是也举了一个例子，八一三之役，上海有一个汽车夫名叫张阿毛的，驾驶着一辆汽车，被日寇强迫装载敌兵与军火向虹口开去，到了黄浦江边，他开足马力一直向江里冲去，让敌兵与军火连同自己的性命一同葬入鱼腹。五年抗战中像张阿毛这样不惜牺牲性命为国杀敌的人，不知有多少他们的精神与伊凡苏撒宁的精神一样的，我讲完这个故事的时候，参加庆祝的中华朋友们，一致热烈鼓掌。

从普斯金先生和我所说的话，可以证明中国苏联两伟大民族抵抗侵略的战争中，都能得到全世界惊异的战绩，绝对不是偶然的事。在祖国需要保卫的时候，挺身而起，誓死不屈，这种忠勇爱国的精神，两大民族是完全相同的，凭着这种精神，我们两国一定可以摧毁侵略的暴力，得到最后的胜利。

政治家的判断

我这次回国，朋友们首先要问我而且希望我充分说明的，就是苏联红军保卫斯大林格勒的经过。希特勒进攻斯城迄今已有数月之久，尚未攻下。大家都问斯城大概没有问题了吗？当然，斯城现在是毫无问题，一定可以守得住的，但是我可以告诉大家，我并不是到现在才相信斯城可以守住，我老早就有这样的信念。我在九月十九日写信给何总长敬之[①]先生，因为敬之先生先有一个电报给我索阅《真理报》所载"前线"剧本，我把剧本寄给何先生，乘便提及苏军英勇作战的情况，我说我相信斯城可与列宁格勒、莫斯科鼎足而三，不会被德军攻陷的，这是我在两个月以前说的话。在那个时候，许多人看到希特勒决心要把斯城占领，不惜任何重大的代价，尽量的把新的师团送上前线，飞机坦克大炮更是拼命的增加上去，所以都认为苏联军队虽然很难抵抗，决心保卫斯城，但斯城终究要被德国军队夺去，斯城的陷落已只是时间问题。就是最同情苏联的人，也只说斯城即使被德军占领了，但苏军仍旧不会丧失战斗力，对于整个战局并不十分重要。至于悲观的人就认为德国占领了斯城对于希特勒就有极大的帮助。但是我当时绝对相信，无论德国军队如何猛攻，苏军一定可以守住斯城。

我对斯城为什么能有这个坚强的信念呢？我写信给何敬之先生的时候，把我对于斯城的估计，讲给内子傅学文，她虽然赞同我的意见，但劝我不要这样写。她说，军事常有变化不测，这封信寄到中国需要若干时间，万一这信还未到达，而斯城已被德国军队攻陷，岂不是信里的话要变成极大笑柄吗？但我没有接受她的劝告，我自信不会看错，至于我何以能有这样的信念，其实也没有什么特殊的情报和资料，我只是根据一种平凡的判断。德国军队去年围攻列宁

[①] 此指何应钦，字敬之。抗战时期，任第四战区司令长官、中国远征军总司令、中国战区中国陆军总司令。

格勒的时候，列城已十分危急，但是苏军决心要守住列城就把它守住了。德军进攻莫斯科的时候，也是同样。经过了将近一年的时间，从种种方面都可以看到苏联的实力，只有加强，决不减退。所以我相信苏联当局和军队既以保卫列宁格勒和莫斯科的决心来保卫斯城，就一定能如列宁格勒和莫斯科一样，不会让敌人攻陷的。

苏联军队保卫斯城的战争，不是这一个城市攻那一个城市，而是这一条街打那一条街，这一所房子打那一所房子，这一层楼打那一层楼，这一个地窖打那一个地窖。在这种情形之下，统帅不容易见到军官，军官不容易见到士兵，上面看飞机不断的轰炸，下面有坦克车不断的袭击，如果每一个士兵没有伊凡苏撒宁那样的精神，是不能维持这个保卫战的。这一点，希望大家最要了解。

我再可以报告各位，在去年六月苏德战事初起的时候，有一位潘同志要从莫斯科到重庆来，我当时托他带几封信给朋友们，其中有一封信是写给本会一位同志的，我在那封信里曾对苏德战争作一个预测。我说这次战事一定异常剧烈，但苏联最后是要战胜的。这位同志今天在此，大概可以想起我信里所说的话。我记得当希特勒突然攻击苏联的时候，德国宣称在两个月或六个星期之内就可以把苏联击溃，许多人也相信这话。但是对苏联有相当认识的人，对于苏联抵抗力量多以为极有希望，认为苏联一定能够抗战到底，但或者需要退到伏尔加河及乌拉尔以东。我当时最同情于南斯拉夫驻苏公使加佛里罗惟契氏的意见，他反对用专家的眼光来观察苏德的战争。所谓专家，就是指军事专家说，因为军事专家对于苏德战事的看法都是根据数字和统计图表来估计两国的实力，推断战局的前途。如果要用专家这种看法，则苏德此次战争，苏联是否真能抵抗德国，实在是一件令我们担心的事。至于像南斯拉夫那样的小国，当然更没有抵抗德国的可能，但在苏德战争没有发生以前，南斯拉夫抵抗德国那种英勇精神的表现，很博得全世界爱好自由者的钦佩。南斯拉夫公使不主张以专家眼光而以政治家眼光来观察苏德战争，他所谓政治家的眼光，实在就是革命的眼光……同是反抗侵略，我们既可以用革命观点观察中日的战争，自然也可以用革命的观点来观察苏德的战争，而相信胜利一定是属于苏联的了。

抵抗侵略早有准备

我老早就相信苏联绝对不能与法西斯强盗妥协到底，这到底是什么原因呢？当一九三九年苏联与德国签订互不侵犯条约的时候，有很多人怀疑，这莫非苏联政策的大错误？但是明眼人早看清楚，这并不是苏联真正与法西斯妥协，而是在不得已的情况下，为适合当前环境的需要。我们从各方面都可以看出来，苏联当时尽力避免与德国作战，但也尽力准备与德国作战。当德国军队已击溃波兰的时候，苏联这就派军队向波兰东部前进，苏联并不是和德国瓜分波兰的土地，而是为保护波兰国内白俄罗斯和乌克兰民族，并阻止德国军队进到苏联的边境。至于苏联后来对芬兰，对波罗的海三小国，对罗马尼亚的比萨拉比亚种种作法，也都可以看出苏联对于德国的戒备，竭尽心力，不但不畏怯与德国作战，而且加紧准备与德作战。

在一九四〇年六月下旬，全苏联职工联合会就自动决议延长工作时间，以期增加生产。以前工人每六日休息一日，即每月休息五天，现在改为每星期休息一日，即每个月休息四日；以前每天只做七小时工作，现在改为八小时。工会这个举动，是看到了自己的祖国到了危险关头，应即在生产上作充分的准备。同年九月，苏联党政当局对于教育制度又有重要的改革，各都市创办工厂和铁路训练学校，招收大批青年学生。从前苏联的学校都不收学费，现在大学生和高班的中学生分别征收学费，但进工厂铁路训练学校的都不收学费，且能得到特别的优待，所以一般青年都踊跃参加，而此项训练出来的人员分布到各工厂各铁路服务，完全为准备战时的需要。抗战以后，此种学生对于生产和运输方面的帮助，非常重大。

关于苏联在外交方面的动态，我想从一九四〇年德意日三国成立军事同盟讲起。在三国同盟条款中，订明了这个盟约与苏联无关，同时又声明这个盟约成立以前已经通知苏联，这都是想说明三国军事同盟并不威胁苏联。但我当时认为苏联对于德意日三国军事同盟的观感，一定能看到苏联将从东西两面受到轴心国家的威胁。苏联在这种情势之下，应付很不容易。当时国际间纷纷传说，德意日三国要压迫苏联加入他们的轴心，后来证明这种传说确有根据，但是苏联拒绝加入三国军事同盟。同时又盛传德日压迫苏联与日本订立互不侵犯条约，很多人相信苏日订立此种条约已是必然的，至多是时间问题。同时德国和日本又要求苏联允许他们运输军火和原料从苏联国家经过。事实上，苏联与日本直到第二年的四月间，才订立一个中立条约，还不是互不侵犯条约，而此种中立条约的签订，在苏联显然迫于环境的需要，至于中立（条）约的影响与效用，实在是极为轻微，这是我们都知道的。德国与苏联虽然订立了互不侵犯协定，日本与苏联纵然也订立了中立条约，但是德日要求苏联允许他们运输军火及原料从苏联国境经过，苏联始终没有答应。直到希特勒攻击苏联的时候，德国和日本的军火原料，一点也没有通过苏联国境。

总之，无论什么地方，我们都可以看出苏联并不怎样畏怯与德国作战。在德国加紧攻击其他弱小国家的时候，苏联知道侵略者的野心决不会终止，只有日益扩大的，自己的准备也就日益积极。只要侵略者的凶锋逼到自己的国境，就毫不迟疑，奋起予以迎头痛击。

我对苏联这种看法，也并不完全是用革命的眼光看。苏联一定不会与法西斯强盗妥协，并不是要靠革命的精神，还有其他的特别因素，作为我这种观察的根据。很简要的说，苏联实施了三个五年经济计划，一切与国防有关的各种重要工业都已奠定基础，集体农场的成功，粮食已有充分的准备，加以实行贤明的民族政策，使各民族都精神团结起来，拥有庞大人口的苏联对于兵员补充已毫无问题。苏联有了这种种雄厚的力量，还会畏怯与德国作战么？我绝对相信苏联有抵抗法西斯侵略者的能力，而且必将获得最后胜利。

德国人对于苏联的估计时常错误。他们对于苏联的看法，恰恰和我们相反。例如苏联在检讨自己缺点的时候，常常抱着很大的勇气，把本身工作上所有的缺点，都明白说出来。在希特勒攻击苏联以前的四个月，即一九四一年二月里，苏联举行全国党务大会。马林可夫的报告，指出工业和运输方面的缺点，非常详尽，列举事例，指斥负责人员毫不客气。这种坦白严正自我检讨的态度，实在是苏联的长处。苏联在把缺点检讨自己以后，就实行彻底的改造。但是德国人看见苏联自己检讨出来的缺点，反认为苏联什么都不行，特别是工业和运输那么多的弱点，在作战的时候一定更没有办法。却不知苏联因有改进一切事业的决心，所以能有暴露自己缺点的勇气。德国人更以为苏联集体农场的组织出于强制，农民都不满意，又苏联民众非常复杂，缺乏团结力量，只要德国军队得到胜利，苏联的农民和各民族就有起来反叛政府归附德国的可能。然而事实并不如德国人的所料，苏联的集体农场组织，实在是农民所乐意的。苏联政府不但保障集体农场公有的土地和财产，且允许各农户有一定的私有园地，对于农民的生活确有美满的改善。德国人虽然在开始进占苏联土地的时候，想欺骗苏联的农民，宣称把农场的土地分配给他们，可是苏联的农民并没有受德国的欺骗，起来反抗自己的政府。至于苏联的民族政策更是成功，全苏联一切民族团结一致，保卫本国抵抗侵略，已是全世界人共见的事实。

准备打击任何侵略者

我说苏联具有摧毁其他一切暴力的准备，我先要讲一件事实。在一九四〇年十一月十五日，苏联塔斯社奉命更正美国合众社所传外交界消息，说日本已与苏联协商同意，决定在远东的势力范围，并且日本约定苏联停止援助中国。国际间向来很多谣言极不正确的消息，是辩不胜辩的。苏联对于合众社所说，本可置之不理，但是塔斯社特别奉命更正，这是极可注意的。既可证明苏联并不受轴心国军事同盟的胁制，尤可看出苏联决不会与日本作真正的妥协，同时决不会停止对于我们中国的援助。至于苏联究竟怎么援助我们中国，我因职务关系，不能说明，要求各位原谅。后来苏联为避免东西两方面同时受攻，不得已和日本缔结中立条约，但是苏联并没有因此松懈对日本的准备。列宁先生在一九一八年曾说：帝国主义者自西方自东方攻击苏联，是历史上无可避免的。列宁先生所说西面的敌人是指德国，东面的敌人当然就是日本。本年苏联杂志时常运用这话来唤起全国人民的警觉，同时对于日本的和平攻势，完全采取冷静态度。现在日本驻苏联的大使佐藤尚武是一个老外交家，做过好几任大使公使，又曾出席过国际联盟。日本在本年三月初，派他到苏联去做大使，显然是有特别用途的。他到苏联以后，所做的工作，可说完全是和平攻势，但他始终不敢向苏联表示，他知道如果向苏联表示，一定要碰钉子。他只常常对中立国使馆，表示他一向反对战争，主张和平。他说苏联是一个大国，不是希特勒能征服的，希特勒进攻苏联实在是种大错误。他又说日本不能征服中国，日本进攻中国也是错误，同时并对蒋委员长表示非常钦佩，但他最后却说，德国虽然不能征服苏联，可是苏联也没有个办法打败德国。他的用意至此就很明显，他是说苏联与德国还是讲和的好，如果苏联真正愿意讲和，日本就可以担任从中调停的使命。他这种作风，在莫洛托夫与英国订立二十年同盟条约，证明了苏联决没有与德国讲和的可能以后，还是一点没有改变，弄得外交界都莫名其妙。但不论他怎么狡诈，他既不敢向苏联有什么表示，苏联也就乐得置若罔闻。日本对苏联的和平攻势可说是完全失败，本年四月十三日苏日中立条约周年纪念，苏联《真理报》的刊文全篇都含有警告日本的意思，可见苏联在那时已不怎样害怕日本，到现在就更用不着害怕日本了。我相信苏联今天当然还是专心致意的打击德国，但同时对于任何侵略都已准备打击。

第二战场必须开辟

关于第二战场的问题我认为确有开辟的必要。同盟国家的力量充足与否，这是次要的问题，我们知道力量是根据决心而来的，有了决心，力量自然可以增加；没有决心，就是有力量也不会发生效力，还可以使原有的力量逐渐减少。同时，第二战场的开辟，对于我们中国也有益处；只有开辟第二战场，始能迅速击溃希特勒，而同盟国家能联合加紧打击轴心，对于日本也必是严重的打击。我这种看法，有很多朋友是同意的。不过国际间有一部分人尚认为第二战场很难开辟，同盟国中间，除了公开的声明以外，或者还有密约谅解。其实，这是错误的推测。当苏联与德国订立互不侵犯条约，及与日本订立中立约的时候，也有人认为苏德苏日之间还有其他密约存在。经过了这许多时间，事实告诉我们，苏德、苏日之间都没有什么密约。我相信关于第二战场的问题，同盟国中间公开的声明，例如莫洛托夫到伦敦、华盛顿以后，英苏、美苏间所发表的公报，都是真实可靠的，我不相信像英美苏这样大的国家会说自欺欺人的话。本年八月间，邱吉尔首相到莫斯科，对于开辟第二战场问题，没有具体的讲述，于是又有人推测邱氏此次来到苏联，是因为本年不能开辟第二战场，要求斯大林的谅解，我也不相信此种推测是完全准确的。我此次由古比雪夫动身回国以前，和使馆同人谈话，我认为在今年最后两个月内，第二战场或许仍有开辟的希望。

在一个多月以前，苏联《真理报》刊载一幅漫画，颇引起外交界的注意。这幅漫画的标题是"专门家的会议"，下面注明"第二战场问题"。漫画前面，站着两个青年将官，一个名"勇气"，一个名"决心"；后面坐着五个胖胖的老军官，一个名"值得冒险吗？"另一个名"这是等着吧？"又一个名"他们来打我们怎样办？"……当时有人批评，说苏联不应该这样讽刺同盟国家；但我认为这话虽然含有讽刺的意味，却不是讽刺同盟国的全体，而只是讥刺其中一部分人；并且讥刺的动机，并不是出于一种刻意的恶意，而是出于一种真诚的期望。还有可注意的，苏联报纸在本年九月以前，只登载英美人民团体催促开辟第二战场的消息，在九月以后，始有苏联对于第二战场各种急切的表示。据我的猜想，因为在本年九月以后，苏联战局已相当的稳定，苏联在此时催促开辟第二战场，不是表示苏联已十分撑持不住，而是希望同盟国自己赶快完成其把希特勒击溃的义务。

节约消费增加生产

最后，我想讲一点苏联人民节约消费增加生产的情形：

一国的社会环境和生活习惯与别国多不相同。有些事情，在苏联容易做，到中国就不容易做，但如果我们觉得应当那样做，我们似乎应当尽力去做。举例来说：我这次回到祖国来，有很多朋友，从远在几十里或百余里路的地方来看我，这种情形在苏联是不会有的。我们中国人对于朋友间的情感常是热烈，这当然很好，可是在这抗战的时候，特别是在交通工具缺乏的地方，如果远道访友，不是因为公务或什么重要的事情，那就是一种无意义的消费。远在几十里路以外的朋友专程前来看我，情谊固然可感，如果他们不来看我，则已经很拥挤的汽车轮船，不至于更加拥挤，而他们也可以省一笔用费。倘能养成风气，凡是不必要的旅行都自动限制，则在公众的利益上可以节省不少汽油轮胎。至于宴会馈赠等等，当然更应停止。在苏联，这些事情，平时就很节约，战时更是严格的限制。

这几天，常有朋友问，我在苏联的生活情形是否觉得有些苦？我的答复是：苏联的生活习惯当然和我们中国很多不同，苏联食品不及我们的复杂，营养虽好而口味不大适合于中国人，尤其是一般都吃面包，要吃米饭很不容易。我个人本来可以享受特别待遇，可是我自己愿意和馆员们一样，要讲吃不惯面包的话，也可以说这种生活有点苦，不过我这次回国来，朋友们都说我比以前还要瘦一些，这可以证明我对于这种苦还是受得了。又有人问，苏联人民的生活苦不苦？我的看法也是如此，他们的生活虽然苦，可是受得了，而且他们都愿意受。我们更要知道苏联人民的忍苦耐苦，并不是这个时候开始的。从列宁先生领导革命起，直到三个五年经济建设计划，苏联人民一向非常刻苦，把全部力量贡献给国家。现在更是"一切为前线"，在后方的人，所有消费品都受政府严密的编制，而且他们自己也都情愿节衣缩食，对于政府的法令，都能严格遵守。

还有一个大家最关心的问题，就是苏联的物价问题，很多朋友问我，现在苏联的物价高涨没有？有黑市没有？关于这个问题，比较难作简单的答复。苏联的物价一向很高，战事发生以来，有些也更高涨，不过民食必需品，如面包，如食盐，平时定价甚廉，战时也未涨价，并且一切物品都是定量分配，限制很严，物价高涨的影响并不怎样严重。苏联有一种出卖食物或杂货的市场，卖价多比国家商店高出几倍或十几倍，这种市场也可以说是"黑市"，但实质上并不如一般的黑市相同，黑市是政府所禁止的，苏联这种市场是政府所许可的；苏联市场上出卖物品的人，都是那物品的生产者或所有者，没有转卖的人，当然更没有囤积居奇的人。集体农场的农户在他们已缴清公家定购的生产品以后，可以把剩余的生产品拿到市场，高价出卖。一切用品的所有人或生产者，也可以拿他所有的或制成的东西，到市场出卖，如果有人愿出高价，政府并不干涉。所以苏联这些市场的价格，虽然比国家商店和合作社商店的价格高得很多，似乎也是一种黑市，但与一般黑市实在有不同的地方。苏联政府之所以容许这种市场和这种卖价，大概因为物品不敷分配，借此调剂消费人的需要，同时也含奖励生产的意思。

苏联人民在战时努力增加生产的情形，非常值得敬佩。在工厂，在农场，经常不断的用竞赛的方法来增加生产。红军保卫某一个地方英勇作战，或者击破德军克复某一个地方，工厂农场马上发起增加生产的运动，用以激励将士，迎接胜利。一个工厂发起，别的工厂响应，很快的推行到全国。每个工人都努力工作，提高自己的生产成绩，农场也是如此。新设立的工厂，新开垦的农场，也非常之多。苏联人民努力增加生产的结果，足够弥补被德军占领地区的损失，供给前方的需要，保证军事最后的胜利。

我说的话已经不少，或者不辜负孙会长的盛意，但自知错误难免，尚望各位先生不吝指教。

（文献选自《中苏文化杂志》，1943年第1期，第2—12页）

新约成立后的兴奋和警惕
1943年1月11日对军人演讲

张治中[1]

各位同志：

我们在举国腾欢的今日，以军人的身份庆祝中美中英平等新约的订立，每个人的心中，想必都有着说不尽的兴奋，同时也有着说不尽的感慨。

自从百年以前，昏聩的满清政府对外缔结不平等条约以来，我们的祖先，我们自己，以及我们的兄弟姊妹亲朋子侄，可说没有那一个人不受到不平等条约的压迫束缚和痛苦。尤其是我们军人，眼睁睁地看着门户洞开，有国家无国防，真是比被人践踏还要痛苦，还要难受！分明是我们的领海和内河，为什么可以让外国军舰横冲直撞，鸣炮示威？分明是我们的领土要塞，为什么可以让外国军队驻军警戒，而且还不许我们通过？这些都是不平等条约产生的罪恶和耻辱，这些罪恶和耻辱存在一天，我们便一天说不上有什么国防，也一天说不上是什么国家。不但我们的国家在世界上立国没有资格，就是我们的国民在世界上做人也没有资格！

---

[1] 张治中（1890—1969），字文白，安徽巢县（今安徽省巢湖市居巢区）人，国民党著名爱国将领，中国国民党革命委员会领导人之一。抗战时期，积极维护国共合作，代表国民党参与了国共两次谈判，主张用和平方式解决国共矛盾，是唯一一位没有同共产党打过仗的国民党将领，有"和平将军"的美誉。新中国成立后，历任西北军政委员会副主席、全国人民代表大会常务委员会副委员长、中华人民共和国国防委员会副主席、政协全国委员会委员、中国国民党革命委员会中央副主席等职。

说到这里，我可以告诉各位一个小故事。民国十七年，我游历欧美各国，在五月三十日游览美国与加拿大交界之拿耶加大瀑布①，就很想到加拿大游历一下，但竟被拒绝入境，当时要求加拿大官吏予以通融，得到的回答真使我气极了，官吏说："我们虽可特别通融，但是可惜你是中国人！"我听了这话，不但入境游历的兴趣完全打消了，而且痛切地感到不平等的耻辱，即令他们可以允许我入境，我也没有面目进去，到一个看不起中国人的国家去游历，只有神经麻木的人才不会感到羞耻。因此，我急忙回国，什么地方都不想去了。当时不但加拿大如此，就是在英美社会里也常常流行看不起中国人的不平等观念。譬如有些外国人遇见衣冠整洁的中国人，每每先问是不是日本人，而不问是不是中国人。这种问讯，常常使我们的侨胞大受刺激。不由我们想到：不平等条约这东西，不但使我们的国家在世界立国没有资格，而且使我们每个人在世界上做人也没有资格！我们都记得总理曾讲过一个故事：华侨在爪哇被当地政府给予很多不平等待遇，出门时要领路照，沿途查验，如果没有路照，就不许出门一步。夜晚九点钟以后，如有事出门，就要另领夜照，并带手灯，否则不准通行。有一天，华侨中有一位百万富翁，白天到一位朋友家里去做客，到了夜晚九时要回家，才记起忘带了夜照和手灯，当时急得没有办法，便着人去雇了一个日本妓女来陪他回家。因为爪哇的日侨是没有不平等待遇的，后来日本妓女和这百万富翁一块儿走去，沿路没有任何人来盘问。一个中国的百万富翁竟不及一个日本妓女自由，我们可以想想，不平等条约把我们的人格打了一个怎样大的折扣，不平等条约给了我们一种怎样难以形容的耻辱！

以上举出的只是两个小的例子，其他种种不平等的现象，真不是千言万语所能说尽。我们的总理，生前便曾备受不平等条约的侮辱与压迫。民国元年，总理到北京，经过使馆界时，竟为外人所阻；民十三年，总理北上，路过上海，以中国主人的资格，出入于中国领土，竟为外报著论嘲笑。诸如此类，举不胜举。总理身历目击，深知不平等条约为害之烈，甚于洪水猛兽，所以一贯的以废除不平等条约为急务，临终遗嘱，也以废除不平等条约砺勉同志。本党五十年来的奋斗和许多革命先烈的流血牺牲，便都是遵照总理的指示，以废除不平

---

①即尼亚加纳瀑布。

等条约为国民革命的主要目标。这个目标一天不达到，中国的革命便一天没有成功，中国在国际间的地位便一天没有平等，中国人在世界上也一天没有自由。

我们受过不平等条约的这些痛苦和耻辱，知道废除不平等条约比什么都重要。今天看到中美中英平等新约成立，看到中国国际地位获得了平等，自然是一件值得特别兴奋特别庆祝的事情。从今以后，我们的国家成了堂堂的国家，我们的国民也成了堂堂的国民。百年痛苦和百年耻辱，都因新约成立而完全去掉，这在中国历史上确实是一个划时代的光荣事迹。单就我们军人来说，以后再不会看见自己的领海和内河，让外国军舰自由进出，也不会看见自己的领土和要塞上外国军队驻扎且划出警戒区域，而不许我们通过，这是现代国家起码的国防条件。过去没有，现在都有了。我们负有捍卫国家重资的军人，为了争取平等独立所流的血、所牺牲的生命，今天总算是换来了光荣的代价，由总理"废除不平等条约"的遗嘱和本党五十年来的奋斗，今天总算是获得了实现和成功，中央特别规定这三天为全国庆祝平等新约的日子，这不仅仅是一种法令，而且是一种人情。

不过，我们在欢欣鼓舞之余，应该像俗话所说，不能得意忘形，还要冷静地想一想：我们的国际地位平等以后，是不是和其他的强国并列，毫无愧色？换句话说，就是我们在法律上虽然获得了平等，和我们的盟友——英、美、苏，同被称为四大强国，但在事实上，我们究竟有没有具备强国的条件？如果没有具备，那么，我们应该怎样奋发猛晋以永远保持这五十年奋斗，五年半抗战所获得的平等地位？这些都是我们在兴奋中应该自省的，警惕的！

<……>过去我们向人家要自由，要平等，要独立，现在统统都有了，今后就看我们自己怎样去保持自由，保持平等，保持独立！要保持，就得要自强和自立，这个全靠我们自己，旁人是无法帮忙的。譬如说，美国工人，现在一个人能管十部机器，每部机器，每小时能出十支枪；可是我们的工人，一个人只能管五部机器，每部机器，每小时只能出五支枪。那么，我们的生产力，就只等于美国人的一半，也就是四万万五千万中国人，只能抵二万万二千五百万美国人。纵然人家要和我们平等，但是我们每个人的力量无形中打了一半折扣，无形中就没有和人家平等，这个能够靠朋友帮忙吗？当然不能够，只有靠我们自己努力迎头赶上去！再譬如说，如果美国全国都使用机械，全国机械所产出

的动力，达一百万万匹马力，而我们只有一小部分使用机械，动力的总和只有十万万匹马力，我们全国的生产力便只有美国的十分之一，也就是我们的国力，还没有和人家平等，这个也不是朋友可以帮忙的。因为即令我们能够从美国买回一百万万匹马力的机械，但是如果我们的科学教育不普及，国民没有完全养成使用机械的能力和体格，有了机械也等于废物，要免除这种情形，当然也只有靠自己努力。

以上只是举出四个简单的例子来说明，我们获得了法律上的平等地位，还得要努力争取事实上的平等地位。无论是军事、政治、经济、文化各部门，都应该迎头赶上我们的盟友，那么，平等新约才有内容，有基础。否则，事事比人家落后，光靠几纸平等条约，那是不能保障平等、自由、独立的，那是不能实现真正的平等、自由、独立的。"要自立才可以独立，要自强才可以自由"，这两句话极有意义，极值得我们猛省。

其次，我们还要知道：现在的平等新约，虽然是美英两个盟友的明智之举，虽然他们已放弃百年来所享有的不平等权利，但在事实上，这些权利还紧握在我们的敌人——日本帝国主义的手里，我们一天没有将敌人赶出国家，不但这些权利一天不能收回，而且沦陷区的同胞一天不能和我们一样享受独立自由平等的光荣，整个国家还是沦于不平等不独立不自由的地位。而这个也不是朋友可以帮忙的，也得要我们自己去扫荡敌寇，光复故土，才可以使整个国家和全国同胞，不分男女老幼不论东南西北，都能解除束缚压迫的痛苦，都能呼吸自由平等的新鲜空气。这个责任，放在大家的肩上，尤其放在我们革命军人肩上。〈……〉我们应该继续的流血，流大量的血，使我们的血和五十年来革命先烈的血，和五年半来抗战军民的血，汇合成浩荡的长江，汹涌的黄河，怒吼的松花江，淹没敌人的残兵败将，一切不平等的现象，才可以完全消灭，现在成立的平等新约，才可以完全实现。

各位同志，今天我们一方面是十二万分的兴奋，一方面是十二万分的警惕。我们应该庆祝，同时也应该自勉。怎样使我们条约上的平等变成事实上的平等，怎样使我们在中美英苏四大强国中并立无愧，尚待我们加紧奋斗，努力迈进！

（文献选自《时代精神》，1943年第7卷第5/6期，第32—34页）

求民主的到来
1944年5月29日在复旦大学[①]演讲

黄炎培

民主运动在中国，从大处说至少已有四十年历史。在民国成立前许多年，就有许多人主张建立民主制度，实行宪政。"国父"孙中山先生发起同盟会，宣誓中有一句就是："建立民国"。那是民国前八年的事，兄弟就是当时参加宣誓的一个人，从那时以后，三四十年中，反反复复的历史不必详叙了。到今天，"民国"一招牌已挂了三十余年，宪法仍是将颁布而未颁布，宪政也是将实施而未实施。直到最近，宪政运动与民主潮流，才又有了新的高涨。兄弟是宪政实施协进会的一员，半年来和青年朋友们在一起后，大家都不约而同有几个疑问：政府要实施宪政是不是诚意呢？怕是为了国内某种问题，所以要实施宪政的吧？怕是为了国际间某种某种关系，不得不实施宪政的吧？我劝你们不要这样说、不要猜测到政府诚意问题，先要看我们自己是不是要宪政，是不是要民主，我们自己不动，想别人把礼物送上门，没有那回事！"求则得之"，不求，怎能得到呢？男女配偶也要"求"的呀！（松快的笑声充满了整个礼堂）要想事情成功到来，一定要我们去"求"。要想成功得快，一定要"求得热烈"；要想成功得彻底，一定要"求"得拼命。不"求"哪会成功呢？政治问题，自然和配偶问

[①] 1937年底复旦大学西迁重庆北碚办学。

题有所不同，政治问题不是少数人可以解决的。少数人来"求"不成，必须造成一个大运动，才能成功。在"求"的时候，成千成万的眼睛都望着一个方面，看看有没有来，看看仍没有来，怎能不来呢？怎能不来呢？料不到大家所注目的地方不来，却从别的地方突然出现。求者的想望在这里，而所求者往往会从别的方向跑进来，这在历史上是数见不鲜的，我可以拿亲身经历的三大运动来作证据。

第一次是"国父"孙中山先生所领导的民族革命运动。起初，失败，失败，又失败……到辛亥三月黄花岗七十二烈士殉难，几乎是全军覆没。经历了许多年许多人的努力，一次都没有成功。七十二烈士地下有知，哪能料到六七个月以后武汉起义会那么快就成功的呢？原来武昌起义也是，当时沟通全国消息的工具是报纸，是电报，全国各地消息的来源是上海。上海报馆都集中租界望平街。那时每张报纸出版时先贴一张存报馆门口，并且把重要电报在一块木板上挂出去。当时民情沸腾，到望平街看消息的拥挤的不得了，一有民军不利的消息发出，民众就痛愤不止。有两家报馆曾经被打坏了许多很漂亮的门窗，所以各报只敢宣布民军胜利的消息，于是大家都知道昨天某地独立了，便也纷纷独立起来。消息原是要打折扣的，实际上不过是报馆害怕门口两块大玻璃打碎，而却使中国军阀纷纷起事，纷纷报告胜利，使得执政的皇太后吓死了，清帝逊位了，但原先诸烈士的性命并不是白拼命的，若没有诸烈士流了这许多血来"求"革命的成功，哪能得到民众的这般热烈的响应和要求呢？

民国成立后，袁世凯多方捣乱，在帝国主义者卵翼之下，进行反革命的勾当。革命党人发动了二次革命，组织对袁世凯起兵北伐，失败了。以后袁世凯又解散了国会，以后竟打算做皇帝了，于是首先云南唐继尧通电反对，令蔡锷率护国军起义北伐，南方各省又都纷纷独立，成为护国运动，大家都想护国军一定可以打到北京，抓住袁世凯砍他的头，哪料袁世凯忽然自己死了。兵未到武汉，他就呜呼哀哉了（全场笑声掌声齐起）。袁世凯病死，是天意了，但若没有全国各地人民热烈的来"求"，袁世凯是不会死的。他身体好得很，每天早起要吃一大盆馒头，十六个鸡蛋，这样强壮的人，会死得那么快吗？是吓死的！是气死的！是忧死的！"千夫所指，无疾而死"的！

还有一个大运动，就是这回对日抗战，大家都热心努力，可说是人同此心，心同此理。上海，南京，武汉失陷后，就失败了吗？不，我们大家都集中意志，在蒋委员长领导之下望着一个方向求胜利，然而胜利之门实在不容易打开。大家都期望着有一天从武汉南京反攻过去，取得胜利，却万想不到一九四一年十二月七日，日本会轰炸美国的珍珠港，会占领新加坡，香港，菲律宾，自己会闯出祸来，激起英美全国国民的公愤。从此以后，英美方真正的和中国站到一起，帮助中国抗战，到如今最后胜利是从另外一个门进来的，也先是我们尽最大努力所"求"来的。<……>

我们希望成功之门在这里，新的成功究竟将在哪里出现，不知道。不过，不要急，一个惊天动地的成功会到来的，只要我们自己尽最大的力！天下事没侥幸的，费多少力气得多少效果。流了几年的血汗固然就是费了些气力，但假若在最后的成功上只靠别人，就太危险了。<……>在抗战期间，一些七零八落的工厂在艰苦中还能生产出七零八落的成品，不管精粗美恶，胡乱销售，一到战事结束后，外国货来了，我们工厂竞争不过人家，那时只有关门大吉。有效的办法，采用关税保护政策，可是我们现在有多方面要求人家帮助，自己本身空虚到这般地步。虽然不平等条约取消了，能保证未来能不再有新的不平等条约的发生么？除非吾们好好努力，的的确确有点作为，有点表现，今后我们的难关是会比以前还厉害哩！

立国的政策，有对内对外两方面，中国现在对内方面暂且不说。对外方面就我所看到的，日本在二十年内休想再爬起来打人。英美今后当然继续和中国做朋友。至于苏联，有些人说起苏联，不免"谈虎色变"，这是认识不清的结果。其实苏联有什么可怕的呢？苏联的领土决不需要扩张的。至于政治问题，在主义方面，苏联已宣称战后不需要共产主义，他们政治现在所要求的只是安定与繁荣<……>德国更不用说了，至少今后二十年中，吾想不出中国会发生什么外患，这二十年内，就是给予吾们休养生息，转弱为强，努力更生的好机会。可以说，要交二十年好运了。但是机运好，就坐着等待吗？不能，万万不能，有很多的很大的困苦要在二十年里克服。要教育民众都成为现代化国民，在体力和智力方面，都达到国际水准，要改进生产，老是粗制滥造怎么得了！对友邦的经济技术各方面的帮助，要放开度量容纳。国营大企业要办得好，不能像现在这样，要采用计划经济办法，在二十年中把工矿商业，不论国营民营，要在有系统有计划之下，切切要建立起来，使人力物力地力都有效用，尤其重要的还有一点：

要明白我们是为了什么抗战，同盟各国是为了什么来抗战。凡抗战所要求的到抗战胜利以后，当然一点一滴都要取得的。打日本，打轴心国家，不是为了要打倒法西斯，消灭独裁么？我们是为了争取民主而战，现在战胜后，当然要取得民主！何况吾们中国，早已扬着民主招牌，先知先觉的孙中山先生就奠定下民主的基础。到现在，全世界都在要求民主了，还有什么问题！可是不成问题之中，却存留着一个问题：

民主有两种，有真民主，有假民主。什么叫做假民主？仅仅扬着民主招牌，并不实行民主，民众且不知道民主，只有少数人在喊民主，那就太不成话了，在吾中华民国成立以来，我曾亲眼看到各地民众的一些生活情形。

有一次在温州江边碰到一个老人，背上驮着一个三四岁的娃儿，问他们才知道是祖孙两个，老人坐在哪里哭，我就去问他为什么哭，他说："我的儿子走啦……儿媳妇早死了，只剩下我和孙儿两个人……"问他孩子怎么走的，他说有一天保长到他家对他说，他的孩子考上了"第一名"，向他"恭喜"，就把孩子拉走了，不见了。问他有几个儿子，只有那一个。我给他说："独子可以免役的呀！"他说："我哪里知道呢！"我问："给当兵的人家属不是有钱有谷子吗？"他还没说出，跟我一道的保甲长就喝吆他说，"那一天，那一天不是点过你多少谷子多少钱吗？不要瞎说罢？"那老人吓的只有说是，……实情不是很明白的吗？

还有一次在某县举行招待抗属的会，会上有一个人含着泪说："县长老爷，各位绅缙老爷，多谢你们……你们自己为什么不来喝酒呢，你们自己底儿子不去当兵……却要我们穷人喝这杯苦酒……"在成都一带，抗属家门口挂着"杀敌光荣"的牌子，这些牌子都挂在穷苦人家的破门上，大户人家的金碧辉煌的大门上为什么一块都没有？

又一次到外县考察，问一个乡公所有没有"看守所"，乡长说有，我就要他领我去看。打开门一看，里面已经挤得没有一寸空地，问他要名册拿来一看，才知道死在里面的已不在少数，问乡长为什么不把这些犯人按正常手续送交法院？既不送法院，为什么不放？乡长说："黄参议员呀！不是我要关他们的呀，都是地方绅缙某大爷某大爷送来叫我们关起的，他们不要放谁敢放呢？"

这不过是偶然看到的几个例子，其他可悲可叹的事，还说的尽么？一般民众实在可怜，他们哪里懂得世界上有什么民主、什么宪政、什么宪法，宪法上规定什么人民之权利义务，有种种保障与限制，只让一帮不肖官吏呀，土豪劣绅呀，有钱有势的无法无天，像这样下去即使有一天宣布开始实施宪政，在官报上煌煌公布了宪法全文，而这些张大爷李大爷还是这么一套，这不是假民主是什么？（全场大鼓掌）

政府告诉我们，要在战争结束后一年内实行宪政，有人认为未免太迟了，有人认为不能太早了。我以为真要立刻实行民主政治的话，摆在面前的，正在施行有效期间的民国二十年六月一日所颁布的"训政时期约法"，同样规定的人民的言论自由，出版自由，身体自由，集会结社自由，信仰自由等种种权利及应尽的种种义务，为什么不使他发生效力呢？为什么不提出要求呢？

民主是不成问题的，一定要民主！怕的只是假民主。假民主，不行，绝对不行！我们一天天望着这民主的大门。这个门也许会开在我们的正面，也许不在我们的正面，无论如何，假民主是不成话的，我们不要！

要做的事多得很，还要赶快做，立刻做！大家都希望着民主，想着民主明天实行，宪法立刻就颁布，中国很快就成为真民主国家。但，不管民主的门从哪里打开，我们不先努力做是不行的！

希望我们大家以后做人要改变作风，我自己以前做事也不免怕困难，怕阻碍。今后，我将要说的就是，要干的就干，良心以为应做的便做，硬是要做！认为不应做的就不做，绝对不做！人人发挥良心的主张，自己守法，自己不做坏事，还不许人家做坏事，只问是非曲直，不问于我如何关系，不瞻徇情面，不袒护恶人，但决不伤害纲纪和秩序，这才是真民主国家人民的基本条件。假若我今天讲这些话后能有一部分人——即使是少数人愿为真民主努力，为真民主拼命，我敢说中华民族的希望就在这一点！（四面响起热情激动的鼓掌，每个听讲的人都分外严肃，会场的空气分外紧张热烈）中山先生是一个伟大的革命家，但他也只是一个人，一个平凡谦恭的对朋友极细致忠诚的人。他的伟大就在于有正确的主张而且敢于大声疾呼，号召实行，今后还需要无数这样的人，还需要无数个"孙中山先生"，大家起来，且问一问自己有没有这样的勇气！

不要以为讲政治是不高洁的，今后讲政治比从前不同，不能因某党某派而勾心斗角，尔虞我诈。美国海长诺克斯快要就职时别人问他："你是共和党人，为什么帮助民主党做事呢？"他回答说："第一，我是美国的国民。第二，我是海军的老斗士。第三，才能说到我是共和党党员。"要有这样的胸襟和情操，方配谈政治，方配做真正民主国民，不要明争暗斗，你打我一拳，我踢你一脚，以及从前在政治斗争上所采用的恐怖手段。以后一定要完全改变，我不管别国怎样，别国改变，我也要改变，别国不改变，我首先改变，这才是大中华真民主国的精神。（鼓掌）

诸君：我们一定要走上光明正大，浩浩荡荡的民主大道，除了生产、教育以外，我们有一门顶大的功课，就是造成真民主！我是个自由主义者！（黄氏挺起胸脯说出这句话）无党无派！（全场听众报以热烈掌声）我一向的主张就是如此！我说的许多话中间有什么不对的地方，你们尽管抛弃掉，若是大家认为对，应该一定做，立刻做，兄弟也跟着大家来做！

（文献选自《大地（上饶）》，1946年第1卷第2期，第29—33页）

妇女与民主
1945年3月8日在重庆妇女举行"三八"节纪念晚会的演讲

史良[①]

今天是世界妇女争取自由平等的纪念日,我很高兴在目前这种环境中,竟能在这样一种场合来和大家说话。说起民主两字似乎很简单,好像就是叫老百姓做主人,其实并不就这样简单。民主是做人的道理,是人类共同生活的方法,也可说是人生哲学。民主的意义不单包含政治民主、经济民主,他的基本意义,就是"我是人,大家是人,我尊重自己意见,也尊重别人意见"。同时我们在任何场合中,可以看见对不民主的反抗。比如主人打当差,当差反对时就说:"你不当我人!""我也是人末!"人有本身的价值,本身的人格,这也就是人所以是万物之灵的原因。不能说"我有人格,而人家没有人格",而应是"我有人格,人家也有人格",不能勉强别人同我一样,这样才算是民主。民主一方面是民主政治内容,也唯有民主才是真正政治的精神。因为政治上派别各有不同,有在朝的、在野的。专制独裁的只顾在朝不顾在野,民主的不但顾在朝的,也顾到在野的。政治是应该有道德的,但只有民主才有政治道德。民主不分你不分我,

---

[①] 史良(1900—1985),字存初,江苏常州人,救国会"七君子"之一,中国妇女运动的著名领袖,中国民主同盟卓越的领导人。新中国成立后曾担任中华人民共和国司法部首任部长、全国政协副主席、全国人大常委会副委员长、中国民主同盟中央主席等职。

只有正义、公理，态度是大方公正坦白的。我们就拿美国为例，每次选举总统，在选举之前，各党各派大家竞选，一旦选出后就不再攻击，而且还向他胜利的政敌道贺，从此也就绝对的服从当选者的领导。这就是少数服从多数，有真正的政治道德，没有私心。这只有民主才能表现，不民主绝不能有这种道德。这就是民主的意义。

我们为什么要民主？我们要民主决不是因为世界潮流走向民主，或是因为人家压迫我们要民主，我们才要民主，而是我们本身的环境必须要民主，不民主很危险，非民主不可，是出于自己的需要。同时民主也决不是可以照人家的抄抄的，一定要大家依自己需要，大家来决定，依事实一步步地做，才是真民主。

我们光空空说民主是不够的，不但制度和机构要改成民主，主要的还在于我们能不能运用，光有民主的制度、机构，不能运用是没有用的。这就好比有一个人老是不守时，他的朋友送他一只表，希望他利用这表而能守时刻。但这人老脾气不改，并不用来看时刻，却只当装饰品，非但如此，还用来囤积，好等待高价卖出去。表是被动的东西，只有自己守时，表才有作用。同样民主就如带表，如不能运用，就成为空名，有名无实，仍然不是真正的民主。民主政府内有议会，人民有立法权、监察权、创制权、复决权，不能运用，也就成为歌功颂德的假民主。所以一定要照实去做。怎样做呢？我们知识妇女先要训练自己，我们要学习运用，使本身实行民主。我们中华民国的政治体系是民主的，但三十多年来，真正实行了民主吗？这责任不只是政府的，也要怪自己为什么不争取？对贪官污吏为什么不提出反抗？就是今天，有些地方不准妇女开"三八"节纪念会，为什么不起来争取？

个人的意识习惯，不是说一句话就能改的，定要在日常生活中去改，要不断的检查自己，要尊重别人，同时也要在法律范围内去积极争取。

我们对于每一件事都要抱积极的争取态度：对某一件事如果政府做得不够，我们应该出来协助；发生了一件重要的事情，看别人做得够不够，做得对不对，再想自己能不能做。自己做时应怎样做法，或去做些什么？这都是一种练习。我们对每件事都可根据事实、理由去解决，不分公私，不看人，只有以事实、证据、正义做一切标准，这才是真正的民主精神。我们都知道英美是民主的国家，有问题时，尽量让大家发表意见，尤其是反对的意见。这样让老百姓胸中的怒气、怨气发散出来，也就不会有过激的行为。所以英美是以民主为最好的工具。这是政府驾驭人民，也是人民驾驭政府的最好方法。

现在要讲到妇女与民主。我们刚才说过，民主是"我是人，大家是人"。我们妇女说："我们女人也是人。"妇女要民主可说是对不民主的反抗。我们中国妇女是不是真正站在人的立场呢？我们都是没有过真正人的立场的过来人，身受的痛苦自己知道。我做律师，在我最近三年来处理的三百三十二件案子中，和妇女有关的有一百七十一件，竟占百分之五十以上。这里有关财产的不到十件，大都是婚姻问题。其中除二件是男子来请我之外，一百六十九件都是女子来请我的。这些案子中都是因为男子原有妻，而另又在外结了一个。最近还发生一件事，有一个名人的太太，在学校读书，有人说她另有朋友，于是，就给她的丈夫打死了。这都是说明，女人还是男子的私有财产，可以任他们的喜怒随意处置。在座的各位固然都是妇女中的佼佼者，可是你到机关中去，是不是会把你们和男子一样看待？任何场合男子可以袒胸赤臂，如果女子也这样，就会被称为妨害风化！

我们现在不能再做驯羊，我们是人，有人的人格。我们要民主，固然不用着急，可是对于民主，各人态度不同，有些人同情民主，赞成民主，这固然比反对好，但是不够的。我们要一定积极争取，要加倍努力。我们妇女要踏上世界人的立场，中国社会人的立场。

我们现在要求于姊妹们的是什么呢？第一，要真正争取到每人天赋的自由，人的应有的权利，这要在任何环境中，不断地争取，看见不对的，要求改正。我们要尊重自己，也尊重别人。第二，我们对于根本不站在争取男女平等立场，而高扯妇女运动旗帜做点缀，把妇运当吃饭工具，样样要拉来自己做，可是包而不办！这种不给我们妇女站在人的立场的所谓妇女代表，我们要一概打倒。

（文献选自《现代妇女》，第 5 卷第 4 期，第 7—8 页）

中国民主同盟主席张表方
在招待外籍记者席上的谈话
1945 年 8 月 3 日

张澜[①]

诸位先生：

今天本人代表中国民主同盟，邀请诸位先生来此谈谈，承诸位惠然驾临，实在感谢得很。

本人一向居成都，很少有机会来重庆。今天能得在此与诸位先生聚会一堂，尤感欣幸。

中国民主同盟过去经过，历来发表的纲领与主张，以及最近发表的宣言，想诸位先生大致都已晓得。现在只简单地再向诸位报告几点。

第一点先讲成立经过。一九四一年（民国三十年）三月在重庆正式成立的。它本是中国国民党与中国共产党以外的若干党派的一种结合（包括国家社会党，中国青年党，第三党救国会，职教派，乡建派）。我们一些发起人当时都是第一届国民参政会的会员。因为国民党与共产党发生新四军纠纷的事件，深深感到为促进抗战胜利，实有全国团结的必要。但要推进全国团结，各党派不可不先

[①] 张澜（1872—1955），字表方，四川南充人，中国伟大的爱国主义者，著名的民主主义革命家、教育家，中国民主同盟的创建者和领导者，中国共产党的亲密朋友。抗战时期，积极主张实现民主政治，反对国民党一党专政，不断加强与中国共产党的合作关系。1949 年 9 月，出席中国人民政治协商会议第一届全体会议，当选为中华人民共和国中央人民政府副主席。1954 年当选第一届全国人大常委会副委员长、第二届全国政协副主席。

自行团结。同时又感到政治不民主，全国团结、抗战胜利，必无可能。因此经过多次商讨多次筹备之后，乃有民主政团同盟的成立。

本同盟成立以来，实受了不少的压迫。为扩大基础，加强力量，去年九月曾经决议改组，把民主政团同盟改称民主同盟了。从那时起，同盟中不属其它党派的盟员就更加多起来了。

其次讲到同盟的主张。我们的中心主张，如前所说，一向就是民主、团结、抗战三层。而其中尤以民主一层为中心的中心。因为我们相信，中国如不实行民主，任何政治问题、党派问题、经济问题、物价问题、抗战问题、军事问题以及一切社会教育文化问题，必都不能圆满解决。

民主同盟的产生本是一方应乎中国人民的需要，一方由于世界潮流的推动。我们愿意借此郑重告诉诸位：我们同盟的立场，不但一向是以国家民族为立场，也将永远以国家民族为立场，我们同盟的主张，不但一向有其超然独立的主张，也将永远有其超然独立的主张。同盟的以民主、团结、抗战为中心主张，也就是由于这个缘故。

除了原则以外，我们同盟目前的具体主张，也可向诸位先生分别说明几点。这应该分两方面来讲。

先从消极方面来讲。最主要的就是：第一，我们绝对反对国民党与共产党间发生内战。我们这个反对的主要理由。至少可以举出以下三点：

第一，假使内战扩大，试问对日战争将变成何种景象？就令日本最后总是要打败的，但是不是要延长了时日？这岂但是中国的损失，增加了中国人民的牺牲，岂不也是盟国的损失，也增加了盟国人民的牺牲？

第二，假使内战扩大，必非短时所能收拾。其势必至影响全世界的和平。即以一般生活而论，在此世界大通之日，一地如发生严重事变，它地也必无不受到间接影响之理。

第三，中国抗战今已八年，犹未能胜利结束，人民困苦久已不堪言状。今又加以内战，人民更何能堪？国家元气的断丧，更将伊于胡底？兵连祸结。国家政治要哪天才能走上正常轨道？

至于如何达到我们这个反对内战的目的，我们当一面唤起全国人民的认识与力量,一面向内战的双方有力者陈说利害。同时我们也希望盟邦友人了解中国的内情,能援助中国使此不幸事件得以消除。

第二,对于足堪引起内战或使扩大,甚至造成国内分裂的所谓将在本年十一月十二日召集的国民大会,我们同样坚决反对。我们这个反对的理由,本久已有所声明,但似乎还未全为各方人士所了解。现在也愿再择要简单解说几句。

对于所召集国民大会,实施宪政,还政于民,民主同盟当然不但并非在原则上反对,而且在原则上并是所久愿促其实现。但为求有利无害,对于所谓国民大会,却不能不问其真不真,却不能不问其能不能代表全国民意,它所决定是不是能为全国大多数人民所接受。我们相信,所有这些,在今年十一月十二日必都是作不到的。从今日中国实情而论,将在今年十一月十二日召集的国民大会一定不会是真正的国民大会,一定不能代表全国民意。其所决定一定不能为全国大多数人民接受,其所谓还政于民,一定不会是全国大多数人民或全国大多数人民代表。召集这样的国民大会,岂不将徒造纠纷,而大害于国家?我们同盟既以国家民族为立场,对于大有害于国家的举动,如何能不坚决予以反对?

试拿国民大会代表来看,假使承认十年前所选的代表仍然有效,试问他如何能代表经过八年抗战的今日的民意?十年前因未到年龄而无选举权被选举的人,今日大半已到年龄,试问对于这些人的选举被选举权,今日是否可以完全抹杀不管?而况十年前的选举本是国民党一党所包办,其他党派都无合法地位,决无自由竞选的机会。这种选举当然非今日在野党派所能承认,又照原选举法所规定,所有国民党中央委员都为当然代表。诸位先生都是欧美先进民主国的人士,试问那一种民主国家有这样专擅的制度?

假使不承认旧代表继续有效,重行办理选举,或于旧代表之外,加以补充,但在今日事实上又何能许可?今天,国土大半犹陷敌手,离十一月十二日,为时又仅有三月,在地区上,在时间上,如何能办到全国普选?尤其人民基本权利,如言论、出版、集会、结社、身体、居住、通讯等自由,都还没有获得;所有在野党派也都仍没争到合法地位,不能公开活动自由竞选;人民不能普遍自由竞选的产生代表,怎能是代表全国民意的代表?以不能代表全国民意的代表组成的国民大会怎能是真的国民大会？由不是真的国民大会而讲实施宪政，还政于民，怎能不被人疑为是有意的欺骗？目的所在，只在党权专政的合法化。

因此种种，所以我们民主同盟，不能不唤起国民注意，促请当局觉悟，勿徒制造纷乱，遗大害于国家，自伤民族元气。应即停止召集名实不副的国民大会，应即采行切实可行的过渡办法。

这种切实可行的过渡办法，也就是我们民主同盟对于目前政局的积极具体主张，根据我们的宣言，我愿意总括举出以下五点。

第一，即行容许人民享有思想、信仰、言论、出版、集会、结社、身体、职业、居住、迁徙、通讯、教育、讲学等项自由权利，废除一切现行妨碍人民此等自由权利的法令与设施。

第二，即行容许各抗战的政治党派合法存在，公开活动，释放一切政治犯。

第三，召集包括各党派代表以及无党派的有力人士的政治会议，协商国家大计，订定临时施政纲领。

第四，改组政府为举国一致的临时性质的民主联合政府，执行由政治会议拟定的施政纲领，筹备真正的国民大会的召集。

第五，加速集结全国力量，配合盟邦军队，积极对敌反攻，非至收复一切国土，迫使敌人无条件投降，抗战军事绝不停止。

这五点都是除了在消极方面立即停止内战，进而积极加强团结以外，目前政局上应行而且可行的救急办法，万万不容缓的。至于民主同盟关于将来战后立国的国策，除了实施进步的民主政治，保持世界的和平安全以外，我愿意借此机会更提出两个根本原则来，告诉诸位。那就是：

第一，对社会各阶层都保障其应得权益，力图阶级协调，防止阶级斗争，而求社会的和平顺遂地发展。

第二，切实推进国家的现代化，普遍提高全国人民的生活水准，教育水准，文化水准，以打破今日中国各方面的落后状态。

今天我因为感到诸位的亲切，很是高兴，话说得太多了，耗了诸位许多时间，很觉抱歉！诸位先生一定有许多高见，还请赐教！诸位先生如有什么问题，我们同人也当竭诚奉答。

最后还有一句话，过去诸位先生中有许多对我们同盟，特别在消息报道上，有许多帮忙，我们总是衷心感谢的。以后仍望对我们不断的帮助。这不独帮助了中国真民主的实现，并且会有大助于世界的和平安全。谢谢！

（文献选自《民宪（重庆）》，1945年第2卷第3期，第2—4页）

对抗战胜利结束发表的谈话
1945 年 8 月 11 日

张澜

日本接受波茨坦公告向盟邦投降，真是天大的喜事！残酷的世界大战结束了。从此以后，整个世界是进入了另一大时代中了。尤其中国，每一个人民得着这个喜讯，更有着逾越恒情以外的欢欣。在中国，更是进入了另一个大的时代了。

从甲午年起，中国被日本欺压了五十二年。日本的暴戾猖狂，且敢于向世界挑衅，其野心无厌，也正是从甲午年起。逐渐地到了"九一八"，不惜悍然成为这次大战的首祸。"七七"之后，中国开始全面抗战，又已经过八年又三十三天。这若干年来，中国人民的牺牲，真是不可估计。今天，中国是胜利了，这胜利是中国上千万人的血泪汗换来的。我想无论在朝在野的人士，得到这胜利的消息，痛定思痛，在万分欢欣之余，必都有一种沉痛的回味，这胜利真来得不容易啊！

现在国人唯一的希望，也正是唯一的责任，就是要怎样保持这经过数十年艰苦沉痛才换得的胜利的成果。回想过去日本，是骤然强盛。我们的国家，则是在腐败因循、分崩离析之中，才使得日本的野心日盛一日。我们自己受了沉重的欺压，不必说了，结果乃使世界和平也得不到保障。无疑的，这是我们自己未尽到最大的最善的努力所致。我们今后，真要痛切的改弦更张，把责任自己担负起来——实行民主，就是尽责。必这样，才能发挥力量，保持自己艰苦得来的胜利，保证世界永远的和平。我们试看，盟邦的美英苏他们能够获致史无前例的胜利，最主要的力量，正是民主的力量呀！

抗战是胜利的结束了。我们试沉心静虑一想，摆在中国面前的问题太多了，也太繁重了。政治与经济的复员，这不是简单的事。军队的复员，更不简单。而相连而至的一大串问题，东四省的问题，台湾、琉球等地的问题，救济沦陷区人民的问题，今后中央与地方间的一切问题，乃至国共两党及各党各派间的问题，一切一切的严重而繁难的问题，都随胜利以俱来。这些，必要每一件事，都能得到好的解决，然后才能保持胜利的成果，才对得住上千万同胞在很长时间内所牺牲的血泪汗使其能得有代价。

于是，我们感到中国今天更迫切需要统一、团结、民主。必如此则能使全国人一德一心，和衷共济，以尽其最大的最善的努力。也才能担负起一切建国工作。这是政府与全国人民共有的责任，不能丝毫放弃。假如我们国家在胜利之后，仍不能以民主方式统一建国，那真太不成话了！要求统一，必须团结，要求团结，必须民主，这是真理。我们要想在这新的大时代中立国，也非真正民主不可，这更是真理。这所谓民主，绝不是形式的，而是要有充分的诚实的事实表现。即如以往大家争执的国民代表大会，在今后已收复了沦陷区域，我们有什么理由，把沦陷区中艰难沉痛的人民的选举权抹煞，而不另举行普选呢？况且在这划时代的大局面中，我们有什么理由还能坚持以十年前的旧代表来开会呢？今后正该在这件事上来作划时代的表现，这是执政党唯一的责任，我们希望有正确明朗的措施。现已进入平时，我们更要求政府立刻予人民以民主的基本自由，我们自己有责任，我们决不放弃的。目前最紧要的，更是希望国共两党军队赶快停止各地足以促成大规模内战的一切摩擦，并立刻召开党派会议，从事团结商谈，以便内部的政治纠纷能迅速而彻底的得到总解决。我们的胜利，是上千万同胞以无数的血、泪、汗换来的，来得不容易。内战足以毁灭一切成果，我们大声疾呼，我们是坚决反对。我们希望今天负责的各方面，一切要自动的向着人民的要求做去。大家牺牲成见，顾全国家。我们民主同盟，愿以最大努力协助其有所成功。我们认为只有停止内战，立刻团结，才能统一建国，保持胜利成果。舍此之外，别无途径可寻。这希望负责当局要切实考虑，赶快进行。更希望全国人民，不可放弃了自己的责任，要切实的监督政府及国共两党，向着民主、统一、和平、建国的途上走去。这是最要紧的事。任何人都不要忘了过去流血流泪流汗的痛楚，而把这民主、统一、和平、建国的机会抛弃了。

我们民主同盟，将有更具体的明朗的有力的主张，我们希望全国人士，立刻觉醒起来，协助我们促其实现，这也正是各人尽自己的大责任的唯一机会。我们全国人士，必要以争取抗战胜利的精神，来争取民主建国的胜利。

(文献选自《新华日报》，1945年8月12日第2版)

奉行国父遗教——向苏联看齐!
1945年11月7日在中苏文化协会演讲

郭沫若

各位先生们!中苏文化协会的会员们!青年朋友们!(鼓掌)

十月革命的成功,我们的国父孙中山先生告诉我们,为全人类生出了很大的希望,这在今天是最正确不过的评价了。(鼓掌)

在今天,苏联英勇的红军和红海军,苏联全体的人民,都把自己的全部奉献给爱国战争,从东普鲁士,从匈牙利,从挪威,从各方面和英美的联军相响应,正在把疯狂的法西斯野兽,在它的巢穴中消灭着的时候,迎接着这第二十七次的十月革命纪念日,这个日子是分外的辉煌灿烂了。

苏联建国的二十七年中所经历的路,决不是玫瑰花朵的路,而是荆棘纵横的路,尤其在建国的初期,他是在风雨飘摇中度过了他的艰难困苦的日子。在那时候,差不多全世界的国家都把苏联当成了敌人,而我们的国父孙中山先生关于十月革命作了崇高的评价,透视了苏联伟大的前途。他教训我们要学习苏联,要和苏联作最亲密的朋友。现在这些宝贵的遗教,差不多为全世界的国家奉行着了。(大鼓掌)无论英国、美国、法国、南斯拉夫,这些原来的盟友,都竞争着要和苏联接近,和苏联更加接近。就是昨天都还是敌人的意大利、罗马尼亚、保加利亚、荷兰,也都改变了他们从前的错误,回过头来和苏联携手了。(长时鼓掌)

所以在今天，我们谁也不会忘记，苏联的建国者列宁先生的伟大，而我们中国人谁也不应该忘记，我们的建国者孙中山先生的伟大。（大鼓掌）

在今天，学习苏联，和苏联做最亲密的朋友，依然是我们所应该加紧奉行的宝贵遗教。（鼓掌）

我们要学习苏联，我们要学习苏联的精神。学习苏联严厉地执行自我批判的精神，学习那种巧妙地运用"多样的统一"的精神。（大鼓掌）

史大林先生告诉我们，"无论在什么时候，都不要拒绝工作当中的细小事情，因为伟大的事情是由细小的事情所构成的"，他说："这是列宁的遗教之一。"（鼓掌）

我们知道，列宁先生确是这种精神的实践者，他无论做实际工作或研究，他都是非常的精细、周到，决不肯苟且，决不肯敷衍，决不肯粗枝大叶。凡是有利的条件，就是一丝一忽，他都要把它据有起来的，史大林先生也正是这种精神的继承者。有名的一九四二年的"五一手教"，对于作战中的红军、红海军，政工人员，知识分子、工人，农民，把他们所应当尽的职务，指示得非常扼要。那里面最使我敏感的，是他说"每一个射击手，都要使自己成为射击的专家"。（鼓掌）这些精神在苏联是透彻地体验着的。十月革命之所以能够成功，爱国战争之所以能够有今天这样辉煌的胜利，决不是偶然的事。

所以我们要学习苏联，我们就应该学习这种"在工作中不拒绝细小事件"的精神！（鼓掌）

苏联的执行自我批评，那严格的程度是世界有名的。在革命前，列宁先生对于孟塞维克的批评，对于考茨基派的批判，那严峻的程度是世界所周知的。革命以后，苏联对于托洛茨基派的清算，十年前的肃军事件，那严峻的程度也是世界所周知的。这种严格的自我批评精神也很透彻地表现在文学方面，爱国战争以来的苏联文学，一般地表现着这种精神。对于自己的短处决不掩护，决不"讳疾忌医"，总企图能够朝好处走，朝更好处上，举例来说吧。

例如柯尔纳楚克先生的"战线"那个剧本，那是得了一九四二年的史大林文艺奖金的。这柯尔纳楚克先生就是今天要放映的电影"虾"的原作者华西列夫斯卡雅女士的先生，他担任苏联外交人民委员会的副主席。他在剧本里面对于红军的老牌将领便作了很严烈的批评。苏联大使馆的费德林博士曾经告诉过我，他在莫斯科看这剧本演出的时候，观众中有些老骋的红军将领看得"恼羞成怒"，中途退场。（鼓掌）足见像这种护短的人，在苏联方面也还是有的。但由于政府的贤明领导，社会正义的公正制裁，把这种人类精神中的弱点镇压下去了。（大鼓掌）不仅柯尔纳楚克先生获得了崇高的荣誉，而且他的创作还促进了在战争的铁火中的红军的改造。（长时鼓掌）

像这样严肃的自我批评精神，在苏联国内的任何方面都是透彻地实践着的。十月革命之所以能够成功，爱国战争之所以有今天这样辉煌的胜利，决不是偶然的事。（鼓掌）

所以我们要学习苏联，我们就应该学习这种严厉地执行自我批判的精神！（鼓掌）

苏联是善于运用"多样的统一"这个原则的。我们大家都知道苏联是民族成分最复杂的国家，他一共有七十多种民族，有的言语文字不相通的程度，完全和外国一样，这在一般人看来，统一事业无疑是最难的工作。纳粹德国的希特勒和戈培尔也就是这样估计的。他们认为只消对苏联闪击一下，不出三个月，苏联便会四分五裂，然而希特勒们的算盘是完全打错了。苏联战争发动以来已经三年零五个月，苏联不仅还是同铁矿一样坚固，而且把那骗人的什么"纯粹民族"的日耳曼人也快要打得四分五裂了。（大鼓掌）

苏联是怎样做到了这样成功的地步的呢？在我看来，主要的就是由于巧妙地运用了"多样的统一"这个原则。

有名的两个口号，我相信是谁都知道的，便是："社会主义的内容，民族形式的表现"。这便是一个"多样的统一"的应用。就像在一个母国之下，一切的乐器集中了起来，万管齐鸣，构成了一个极和（谐）的乐曲。以人民为主体，以人民的生活幸福为本位，在这样的母题之下，让各族人民自由地表现，自由地发展。这样，便使人民把国家的事看成为大家的事，把大家的事看成自家的事。人民与国家，完全打成了一片，这样的国家是不可抵抗的。苏联之所以能有今天，爱国战争之所以能有今天这样辉煌的胜利，决不是偶然的事。（鼓掌）

所以我们要学习苏联，我们应该学习这种善于运用"多样的统一"的精神！

（鼓掌）

　　这些精神，"在工作中不拒绝细小事件"，严格地执行自我批评，巧妙地运用"多样的统一"的原则，这就是科学的精神，也就是民主的精神。（鼓掌）我们要尽量地学习，尤其我们文化工作者，如果学习了这些精神，我们对于自己的国家，一定会有更多的贡献的。（大鼓掌）

　　现在我们中苏英美四大国，是未来的世界联邦，永远和平的四大台柱。这四大台柱要一样的牢实，一样的均衡。然后将来的和平殿堂才能牢实，稳定，均衡，假使这四个台柱里面有一个不牢实，不稳定，不均衡，那么，将来的和平殿堂也就飘落不宁了。（大鼓掌）

　　我们今天和苏联，和英美，共同分担了解放人类的使命，这责任是多么的重大！我们要完成这项使命，就应该向苏联的朋友看齐，（鼓掌）向英美的朋友看齐。（鼓掌）同时，我们要尽力地鞭策自己，加紧地奉行国父遗教，好好儿把我们的国家建立起来，也要让苏联的朋友，英美的朋友，向着我们看齐！（长时鼓掌历久不息）

　　　　（文献选自《时代杂志》，1945年第5卷第19期，第8—10页）

中国之过去与未来
1945年12月星五聚餐会[1]演讲

张东荪[2]

各位先生：

今天承肖梅先生之邀，与各位先生晤谈，以八年来从未公开讲话的人来作第一次的讲谈，心中有无穷感想。八年的经过，使我对于中国历史有着不同的看法。

抗战初期，自己曾一度到过汉口，那时政府正在汉口。当时自己深深感觉在此抗战时期，主要工作要靠有枪杆的军人去保卫国土，自己手无寸铁，无能为力。至于我的生活可以靠教书来维持，政府不若以参政员三五百元公费去多医治几位伤兵；再则北平虽已沦陷，燕京大学借着美人关系，仍然开学。燕京既然开学，不能没有人去工作，所以毅然决然在会晤极少数政府人员后离汉回平。在燕京开学期间自问对得起良心。日美宣战，燕京被迫关门。学生当日遣散，狼狈不堪。我与其他教授共十人，于第二日被押送宪兵队，两月后移送陆

---

①星五聚餐会是20世纪二三十年代金融、实业界人士为适应中国经济社会现实条件和发展需要，逐渐形成一个以定期聚会、座谈为主要方式的社会团体，带有鲜明的民族工商业者意识形态色彩。全面抗战爆发后，云集重庆的金融、实业界人士通过星五聚餐会畅谈经济纵论国事，寻求民主建国之路，为中国民主建国会在重庆的创立提供了思想和组织基础。

②张东荪（1886—1973），字东荪，浙江杭州人。现代哲学家、政治活动家、政论家、报人，曾任民盟中央常委、秘书长。

军监狱，依军法审判。在宪兵队时同人住在一起，在巡逻离开远些时，还可以耳语；在陆军监狱是一人一室，实在感觉苦闷。人是社会的动物，离开了社会就失了人生的意义，尤其像我治哲学的人，一时正是想入非非。有时想到人生为什么？为生活吗？生平几十年没有吃苦。为名吗？自己已经到此地步。为传代吗？自己已是有孙子的人。因此自己在感觉不到生的意义，便想尝尝死的滋味。在此意念下自己发现了一个道理，便是求生困难，觅死更难。我想尽了各类方法，都不能达到目的。人就生理结构而言如同机器，在其本身未涣散前求其解脱是不容易的。敌人让我们坐监狱，就是要我们生不得死不得的受活罪；但是敌人看到我当时的情形，要赵志诚先生同我坐在一室。赵先生是一位基督徒，学问极好，人品极高，在同住时期，他不断的安慰我，当说我们这一辈六十左右的人，应该善用这最后的十年在思想文化方面有所贡献，我接受了他的劝告，决定出狱以后一定要对思想文化方面多作一点工作，多尽一点气力。出狱以前，对于中国的历史与将来，另有一种看法，大体轮廓已有腹稿。审判结果处我一年半徒刑，准予缓刑，得以返家，从事我在监狱中所立的志愿，为思想文化而努力。

我们要知道目前的情形，必须知道过去的情形。知道过去中国是怎样的社会怎样的国家，才能了解现在中国是怎样的社会怎样的国家，也可以希望将来中国变成为怎样的社会，怎样的国家。几年来我写了三部书，两部是关于哲学，一部是述及这些问题的。今天所讲的内容是这部书的一章。

我觉得中国全部历史整个是矛盾冲突的历史，直到现在这矛盾冲突，只有加深而没有减轻。中国的全部历史即是矛盾冲突事实所写成的。此刻我不想列举事实，单论中国历史上的几种矛盾冲突的类别。

一、国家与社会的矛盾

国家与社会总是矛盾的，冲突的。据社会学的理论讲，有一派社会学家认为国家与社会不是一个系统中形成的，社会是自然关系形成的，国家是由暴力的统治而发生的，所以有些学者以为国家的起源由于某一人群征服另一人群，某一人群成为统治者，另一人群成为被统治者。在一个社会中两个人群发生这种统治者与被统治者的关系下，国家的组织，才告成立。细看中国的历史，其进展亦复如此。黄帝是外来民族，由于侵略征服当地人民而建立起一个国家。中国这一个国家在这一个观点上，其意义更为加重；因为中国并没有欧洲的民族国家Nationalstate。中国到现在为止，始终没有到达这个阶段，因此中国的国家与社会始终是矛盾冲突的。

二、中央与地方的矛盾

中国于周时封建制度建立后，则借封建势力统一全国。秦汉以后，封建形式与类似组织继续存在，因此中央与地方间的矛盾与冲突，无法消除。满清时代地方抚台权力极大，驯至现在，地方可以不顾中央政策，甚而割据一个地方可以反抗中央。在中国历史上诸如此类的中央与地方的冲突，真是不胜枚举。几千年来中国从没有统一过，所谓统一者，只不过中央以武力征服了地方军人，改派亲信军人而已。这一种统一局面，在中国历史上不时发现，但为时不久，又复循环发生，中央与地方在这种情形下永远不能一致，也永远是矛盾的冲突的。

三、农民与军人的矛盾

中国过去是以农立国的，占着全体人民百分之九十以上的农民，为着维持地方治安保障人民生活，不能不组织乡勇一类的地方武力。这一类地方武力的官兵，原都是地方农民出身，农民是不能离开土地而生活的，所以这一类的地方武力组织不能太大，在（小）范围的地方武力组织下，武士与农民是一个人，农民自己执着武器一切都没有问题。但事实上真能保卫地方的武力，一定要有较大的组织，在较大组织的地方武力中，军人与农民必然分家，有些人种田地，有些人执干戈；换言之，那些执干戈的人便不事生活，他们的生活要靠农民去维持。执干戈的军人与种田地的农民分了家以后，双方的关系日渐疏远，到后来竟至凡是军人没有不反农民的。试看历朝"揭竿而起"没有不是由农民开始的这一个事实，可以得到一个反证，农民揭竿而起成功以后，他们为了维持他们的统治，支付他们的军费，同样的压迫农民供应他们的需要。中国的革命，都是因暴政而发生的，但是革命成功之后，执政者往往反其道而行之，基于这一个原因，军人与农民间的矛盾与冲突，永远不能消除，一直到现在，农民始终是被压迫者，被压迫到无法反抗。再从另一方面人口增多的关系说，农村社会达到相当安定时，人口日渐增多，耕地面积不敷分配时，若干农民自然而然走到当兵的一途上去，一旦农民当了兵，执了政有了权时，一样的压迫农民。这种矛盾冲突永远循环进行着。

四、士人与统治者的矛盾

中国历朝统治阶级没有一个是读书人出身，"揭竿而起"的成功者大多是当兵的，土匪，流氓之类，他们在掌握政权以后，一定要找读书人做辅治者，如刘伯温之辅治明太祖是一个例子。这些辅治者替统治者出了不少坏的和好的主意，来维持他们的统治。同时从另一方面看中国的历史，历朝也只有读书人可以抵抗统治者，也因为有读书人之故，使统治者少杀些人，若干暴政也可以稍为纠正一些。读书人一向讲治国平天下之大道，但是他们在社会上是最可怜的人。他们自己没有能力做统治者，自己又没有生活基础，不能如农工商的自食其力，因此他们只有一条唯一的出路，即是做官，替统治者打道呐喊。固然在中国历史上也有不少有政治理想的读书人，可是他们的理想实在不能不打折扣，有时根本行不通，孔子所谓"道不行乘桴浮于海"是一个很好的说明。士人与统治者间矛盾，较之前三者间之矛盾比较缓和也幸而有读书人使中国历史减少一些悲观的气氛。

五、中西文化的矛盾

上面这四种矛盾是历史的，自十八世纪以来，西洋文化随着西洋势力侵入而影响最大的还是经济侵略，大量货物运销中国，视中国为市场。日本维新以后，也采用西洋方式，同样的侵略中国。这种矛盾自从清末到民初，一直没有改变。同时西洋文化与西洋势力两者本身就是矛盾冲突的。西洋文化是讲自由平等民生，而西洋势力是讲侵略的。清末许多国人受着西洋势力的压迫，接受了西洋文化，主张民权实行使命。西洋文化在中国发生作用时，不幸清末许多人士尚未了解十八世纪的自由主义与个人主义（当时真能了解自由主义个人主义之真谛有如凤毛麟角）的好处时，十九世纪集体主义的思想，又复侵入中国。集体主义思想的最初发祥地不是德国而是俄国，后来德国集大成而成为纳粹主义，有一个时期甚至有人谈十八世纪思想，便有被人称掉队落伍的危险。中国人永远在矛盾中生活着。这些西洋各种思想到了中国，互相攻击，互相冲突。中国原有的矛盾，加上了西洋的矛盾，以致中国历史上的矛盾有加无已。

此处我还想补充说明一下，何以国家与社会及政府与被治的人民始终是矛盾的。中国自有历史以来到现在为止，从没有一个真为人民服务的政府，以后如何改造，不是高唱民主便可以解决，统治者与人民间的矛盾，完全建立在经济基础上。今天中国的状态证明了自己的认识是对的，而且使我看得更清楚，即是统治者的经济基础建筑在国家财政基础上。换言之，中国人生财的来源就是靠做官，除了做官别无生财之道。这一点的认识在中国历史上我认为很重要。外国自从工业革命后，社会上有地位的人都是有产阶级，他们的生活不成问题，自己拿了钱来做官，或者帮助议员当选。中国不但一般人要靠做官来发财，即是做买卖也非同官联合起来不可。所以他们的官不为是国家服务，只是为他们解决生活问题，使他们自己享受比人民更优裕的生活。在西方剥削一般人民的是资本家，他们利用"托拉斯"一类的组织，来垄断来压迫平民。在中国剥削一般人民的仍是官僚，他们利用政权做剥削工具。满清末年，田主可以把佃农捉来打屁股，这完全借着官的势力来压制人民，所以中国剥削不是经济的而是政治的。从此我们还可以认识一点，在国家与社会间矛盾，与统治者与人民间矛盾存在时，贪污的发生有其必然性，而且是无法解决的。历朝所不同的只是程度问题而已。官吏贪污到了太厉害时，统治者便下令杀几个以儆效尤，可是不能全部杀完，因为他还需要他们去统治人民。历史决定中国政治性还存在时，以后怎样改良中国政治，必定得先详知中国的过去。

今天我很抱歉，未能将以后怎样的问题多所讲述，不过我可以贡献工业界一句话，照中国过去历史的情形说，要希望中国建立像英美式的自由主义、个人主义、资本主义的经济建设，恐怕很困难。

（文献选自《西南实业通讯》，1945年第12卷第5/6期，第36—38页）

对于政治协商会议应有的认识
1945年12月30日在重庆青年学习社演讲

章伯钧[①]

今天青年学习社的朋友要我来讲关于政治协商会议的问题,我想,这不外乎是下列两个原因。第一个原因是:现在每一个人都在焦灼着国内的种种问题如何解决。而政治协商会议是解决和平,民主,团结,统一的一个重大关键——而且也是解决这些问题的顶好的方法。现在这个会议行将召开,自然大家都急于想知道它底内容性质和发展。第二个原因是:也许因为本人是出席政治协商会议的一员,而且近年来也是力主以政治协商会议来解决和平、民主、团结、统一等问题的。所以要我来谈谈这个问题。既然,大家对于这个问题非常关心,那么我只好不客气,就我所知道的来和大家讨论一下。

在未谈其他问题之先,我想先谈谈政治协商会议的来源。

政治协商会议之召开,不是容易得来的。它是全国爱好民主的人士,经过五六年悠长的时间不断来呼吁和艰苦地争取才得来的。

大家都知道在武汉撤退以前,国内的政治形势和团结空气是相当好的。在民主方面,言论,出版,集会,结社的自由也还有一点。所以在抗战初期,无

[①] 章伯钧(1895—1969),字励天,安徽桐城人,中国农工民主党创始人和领导人之一,中国民主同盟发起人和领导人之一。1949年后,历任中央人民政府委员、交通部长,中国农工民主党主席,中国民主同盟副主席,《光明日报》社社长等职。

论在那一方面,的确还有着一股蓬勃的朝气。但等到武汉撤退以后,形势就渐渐地变坏了,言论出版等自由被国民党的政府取消了。国共两党之间底摩擦也发生了。直到二十九年底,安徽一带更演出国共两党大规模的军事冲突。一时抗战阵营内的分裂危机,异当严重。于是在参政会开会的时候,乃由我提议召集各党各派的人士,举行"国是协商会议",以加强国内的团结,解决当前的国是问题。但这个办法没有为政府所采纳。

其后,太平洋战争爆发,越南缅甸相继沦入敌手。外则西南国际交通几被敌封锁。内则国共纠纷未得解决。抗战形势,较前尤劣。为了加强团结,争取胜利,第三党,国家社会党,青年党,救国会,中华职教社等人士,才发起组织了"民主政府同盟",结合各党派的力量以公正的立场来努力解决国共两党的纷争,争取民主的实现,加强抗战阵营内的团结。仍旧主张召开"国是协商会议"以解决国内的一切问题。可是仍然没有结果。

三十三年,当欧洲第二战场已经开辟,对纳粹德国战争,节节胜利底时候。我们国内的战争,却非常失利。独山失守,陪都震动。然而国共的冲突,仍然有增无减。虽有几度的会商,也毫无结果。而国内的行政设施,更是腐化到了极点。

民主同盟鉴于这种情形,认为再不实行民主,加强团结,抗战前途实在不堪设想。乃又提议召开"党派会议",解决民主,团结等问题。更主张结束一党专政由党派会议产生一个联合政府,让各党各派的人士都参加到政府里去。

这个意见,立即就为共产(党)所接收了。而且毛泽东先生更在中共七中(会)上,把联合政府,作为他们的一个重要政纲。

可是国民党方面,却反对这个意见。他们因为一向就不承认各党各派的合法地位,所以"党派会议"这个名称,首先就令他们不乐意;至于说到联合政府那他们更不满意了。以为是要取消现有的政府。其实联合政府只是废止一党专政。就现有的政府基础上改组,把各党各派以及无党无派的贤达人士都包容到政府的各部门中去。并非取消国民政府的形式。

他们说是要"还政府于'民',不是还政府于'党'"。而且认为除开他们之外,其余的党派都没有几个人,不足以代表民意。因此党派会议的提议,也没有得到结果。

今年七月一日,国内外要求中国团结民主的呼声,愈益高昂。而国共谈判的结果复无形中搁浅,蒋主席乃请褚辅成,黄炎培,傅斯年,冷遹,左舜生诸先生和我去延安与中共领袖商讨解决国是的意见。经我们与中共的领袖们商定了两个办法……一个是暂缓召开国民大会。一个仍然是召集党派会议,共商国是。但这两个意见依然不为政府所接受。

一直到八月敌人投降以后。因为收复区的受降问题,交通复员问题,汉奸伪军的处理问题,和边区的政权及军队等问题不能解决,八月二十六日[1]毛泽东先生应蒋主席之邀,到重庆来商谈。政府才同意了召开政府协商会议。政府协商会议的来源就是如此的。

政府协商会议并不是什么新奇的东西。它底性质,仍然就是党派会议。这种会议也并不是中国所独创。美国独立时的十三州联合会议,这次大战后欧洲许多国家的各党各派联合会议,都是差不多同一性质的。

只要是一个国家的政治还没有走上轨道,或者国内发生了民主,和平,统一等重大问题时,都只有以这种各党派联合会议的方式来解决国内的纠纷。不但一国之内是如此,就以联合国的组织而论,又何尝不是资产阶级的代表(英美等国家)和无产阶级的代表(苏联)等的一个世界性的党派会议呢?

不过,政治协商会议之所以不光是由各党各派的人士参加,也有两个原因。第一是因为中国不民主,人民没有集会结社的自由权力。所以的确也有许多贤达的社会领袖,没有参加到什么党派里去。这许多无党派的公正人士底意见,我们是应该尊重的。第二是国民党认为其他的党太小了,不能代表广大人民的意见。因此我们就不能不请无党无派的公正人士也参加进来。这总可以代表各方面的意见了。

我以为"无党无派"这个名词,是中国的特殊情形。如果政府承认各党各派的合法地位,人们也能自由参加各党派的话,这许多知名的社会领袖,谁还会没有一个党籍呢?譬如在英美等民主国家内,我们能找到"无党无派"的社

---

[1] 准确的时间是毛泽东于1945年8月28日到达重庆参加国共谈判。

会人士不投有党有派的选举票呢。

其次，任何一个党派的意见，都是代表某一个阶级或阶层底利益的；并非只代表几个党员。所以即使"无党无派"的人士参加进来，同是代表全国各阶层各方面的意见，不是和党派会议一样的么？所以我认为政府协商会议，仍就是党派会议。

至于政治协商会议的职权，我们在野各党派的意见，一致认为它不能只是一个咨询性质的会议，而应该是过渡到彻底的民主政治的一个临时民主政权发动的机构。它的职权应该如现在国民党的中常会一样。

它应该有权决定改组政府，修改国民大会组织法，选举法，五五宪草等，否则也用不着开这个会了。

政治协商会议将要讨论些什么问题？——也就是说，政治协商会议的任务如何呢？

第一自然是停止内战。停止内战，不但是政治协商会议的第一课题，而且甚至可说是政治协商会议的先决条件。如果内战不能停止，你们在这一面打，一面谈的情形下，还会谈出什么结果来呢？

停止内战，自然不是一件容易的事。尤其是一方面要这样才停战，一方面要那样才停战的情形下。条件越说越远，时间也越拖越久。因此，我们主张首先无条件停战。因为只有无条件，大家才没有拖延借口，而有条件的停战，就很难"停"下来了。至于两方的条件，等停战后，再到会议中来谈大家评论。

此外，为了监视是否真正停战，应由政府协商会议组织一个"停战监察团"。派到发生内战的各地区监督两方军队，立即停止战斗。

内战问题解决以后，其次就是改组联合政府的问题。也许有人不高兴这个名词。因为他们的字典上是没有这个字的。不过，我们倒不管这些。只要达到目的，就是用一个另外的名称也是一样。

关于改组联合政府，并不只是调换几个部院长，改组那一个部门，或者换换招牌而已。而是无论政府的那一个部门，都要有各党各派及无党派的人士，有比例地参加进去。至于比例，我个人的意见是赞成三三制的办法。如果因大后方等地的情况特殊，一时不能实行，那至少在华北和东北也应该先实行这个办法的。

有人说，这个办法就是其他党派的"分赃"办法，既然他承认是"贼"，那我们也无妨承认是"分赃"罢。不过，这个"赃"是要由全国各党各派和无党无派的贤能人士来"分"，而不是有一人独占；尤其是得了这个"赃"以后，必须要真正为人民服务，而不是奴役人民。这是和那些盗权窃国者流完全不同的。

自然政治协商会议——联合政府并不是彻底的民主政权。可是现在一党专政的政府机构还没有取消，在这种情形下面，要马上产生直接普选的民主权是不可能的。因此在这个过渡时期中，就不能不有一个临时的，过渡的民主政权。政治协商会议——联合政府虽然不是由全国人民直接普选出来的，但却可以广泛地代表各方面的意见。所以现在是急需产生的。

不过，彻底的民主宪政，并不是就不需要了。相反地，国民大会和五五宪草也就是政治协商会议需要讨论的重要课题之一。

首先，对于一党专政的国民大会代表选举法和国民大会组织法是需要修正的。十年前的国民大会代表已不能代表现在的民意了，需要重新选举。

国民大会不单是制宪的提要，而且也应该是行宪的机关。

五五宪草也应该大加修改。譬如照那上面所载的总统职权来说，恐怕除日本天皇之外，再无人可与媲美了。

其次中央与地方的分权，我们主张应该实行地方自治。虽然，中国不能像美国和苏联那样成为联邦政府，但加强地方自治的权力，以免中央的权力过于庞大，而酿成专制独裁确是非常必需的。

再其次，还有复员问题也需要讨论。不用说，大家都知道。现在我们对于无论那一方面的复员，都是乱的一塌糊涂。汉奸没有适当处置，交通没有恢复，工厂开不了工，通货收缩不了……这些迫切的问题，也是要赶紧解决的。

此外还有一个重要的工作，就是拟定联合政府的共同施政纲领。这个纲领应该包括所有关于政治，军事，经济，文化，教育，社会等等的施政方针。特别是取消保甲制度这一点，非载明不可。宪政还是未来的事情。而这个是马上需待解决的现实问题。

最后，军队的国家化，也是需要解决的。

我认为会议的进行，需要公开，不但欢迎中外记者来旁听，而且应该每天把会议情形报告给民众。这样才能使人民了解谁是谁非。

据我看，政府协商会议的发展可能是长期的、艰苦的甚或间歇的。开会时一定是他来一个方面，你来一个意见，他叫价一百，你还价五十，吵得不可开交时，又休一休会，然后再开。

不过，我们是有成功的信心的。只是首先需要人民都支持这个会议。要公开地说出大家的意见来。不要怕坐牢，不要想混进政府做官。因为这是民主胜败的最后关头。坐牢也只有这一次了。其次，鉴于过去的失败，民主的党派应该更加团结起来，用大家的力量一直争取会议的成功。

不但因为国内有庞大的民主力量，使我们有信心和乐观。而且国际局势，也是有利于民主胜利的。譬如杜鲁门总统的声明和莫斯科三外长会议的公报，不都是指出要求中国和平、民主、团结统一吗？

整个的世界需要和平民主，全中国的人民也需要和平民主，所以我曾和马歇尔特使谈过："政治协商会议非成功不可"。否则，假如到了明年五月一日——联合国举行首次大会的时候，中国的内政问题还不能解决，恐怕我们这个"五强之一"，就会变成"不强之一"了。

那时，美英苏等盟国自然不能让中国的问题久悬不决，以致影响世界的和平。说不定将会搬到华盛顿去讨论——如同波兰的内政问题被搬到莫斯科去讨论一样呢！

总之，现在我们已是走到民主政治的边缘，政治协商会议是民主胜利与否的一个大关键。所以，我们要起来公开地说话，要取消军阀制度，打倒官僚政客，不再让他们像过去一样一手遮天的包办。我们可以拥护你们做官，但人民的意见，你们一定要实行。只有这样，只有人民拿出积极的主张来，而且积极地支持，政治协商会议才会得到圆满的结果的。

（文献选自《青年学习（重庆）》，1946年第1卷第3期，第3—5、24页）

三、战时经济发展

中国底"战时经济"与"战后经济"
1938年在北碚演讲[1]

马寅初[2]

诸位先生：

今天主席和卢区长要叫兄弟来演讲，但不知讲什么好，他们都说现在正值抗战中，还是应当讲战时经济吧。兄弟无成见，只好来讲讲"战时经济"和"战后经济"吧。

一、经济是战时决定胜负的要素。试看九个月抗战期内，一般人对于经济观察其说不一，有说只能维持三月或两个月，可是到现在抗战经时一年，而经济照样稳固着，毫没有崩溃的现象，这是什么道理？二、战时经济维持还容易，最困难的还是战后经济的调整。譬如两家人打官司，在有的时候，大家都拼命把财产变卖了拿来打，发泄各自的气愤，可是等到官司打完，大家的财产都打光了，结果是两败俱伤，一无所得，回想起来，又是多么蠢呀！日本侵略我们，初意是想不费一兵一弹，得到东三省，进而察绥，再进而得到华北五省，逼得

---

[1] 本演讲发表在《北碚月刊》1938年第2卷，第7—12期合刊，该刊物为月刊，时间跨度从1938年的3月至8月，据此推测，马寅初的这篇演讲发表于3—8月间。

[2] 马寅初（1882—1982），字元善，浙江嵊州人，中国当代经济学家、教育学家、人口学家。抗战时期，严厉批评四大家族发国难财，积极从事爱国民主运动。新中国成立后历任中央财经委员会副主任、华东军政委员会副主任、重庆大学商学院院长兼教授、南京大学教授、北京交通大学教授、北京大学校长、浙江大学校长等职。

我们起来抗战。我们并非要同他们打，乃出于不得已而抵御，结果虽是如同两家人打官司一样，但是我们总要弄得日本一无所得。中国在抗战中有英美法苏及世界各国表同情，直接间接予我们以帮助，而日本则在世界上已成孤立，虽然德意日订立同盟，而德意也非真正帮助日本侵略，其目的亦在以反共为号召，各怀野心，干那同床异梦的把戏。

　　大家都知道，中国是使用的法币，币制统一，也算是抗战支持的主要原因。如币制不统一，仍如以前行使钞票，那中国绝对打不起战，可是法币与钞票的不同点在那里呢？其最大不同之处在于钞票系由各银行负责而发出来的。过去中国几乎每一家银行都可发钞票，而法币则为国家请托银行而发，系国家法定的货币。现在的中央、中国、交通、农民四大银行，为法币发行之枢纽。中交两行虽非完全国家银行，而国家有极大的资本投入，中中交农各行的法币系受中央政府之委托而发行，故中国现在是法币为本位币，而非从前之以银洋为本位了。过去的钞票可以同发行银行换银洋，而现在的法币不能换银洋了。不但如此，根本银元就不能在市面流行，有使用的当受法律制裁。换言之，从前是银洋高于钞票，现在是法币高于银洋。如果中国还是使行钞票，逢此国战，那么北方中国各银行共发行了四万万元的钞票，日本人就尽量的收买我们两万万元的钞票来向银行兑银洋，我们的银行当然不能拒付，否则那个发钞银行，便有挤兑提存的危险。设（若）我们的准备金是六成，计算所贮下来的现金仅二万万四千万元，日本如以两万万元的钞票来兑去了现款，我们的准备金当为之一空了。但现在我们币制统一，通行法币，法币是不能兑银洋的，所以日本不能破坏我们法币的信用。设若他来收买我们的法币，来向中、中、交、农兑现，但是各行可以推脱说这是政府托发，依法不能兑现，那么他们就要向银行买外汇，但又非经我们财政部核准不行。即是银行代为申请，试想我们的财政部能予以核准吗？当然不可能哪！这样我们的金融基础，当然有磐石之安了，所以现行的法币既能不分前后方，全国通行无阻，前线的战事当不致受到影响。即以现在的物价观之，亦非因法币膨胀关系而致大涨其价的。如五金、织纱、玻璃、洋油及其他洋货，虽大大地涨了价，但都是因缺货而涨，而非法币跌价。如米价没有涨而反有下跌之势，这就是法币没有跌价的铁证。

但是日本帝国主义之想破坏我国经济基础，可说是无孔不入。现在他在华北设立了一个伪"华北准备银行"，发行若干万的伪币。其伪币的作用，第一是发展他在华北的经济力量，第二并于税收中收进我们的法币，但是他搜集了我们的法币，将怎样去处理呢？我想只有两个调整的方法，一个是在香港买货物，一个是买成港纸再外兑伦敦或纽约——中国的准备金在那儿——这对我国的准备金的减少，并无多大妨害，因其数量实属有限。现在中国的外汇涨价，外观似乎法币价跌，也并不是日本兑了多少法币来买了港纸，再外汇出去了，而主要的是外国的商人，在中国卖货赚了高价。他们的赚钱太多，即遭此十余元的损失兑回国去，也还是大赚而特赚了，所以这并不足以动摇我法币的国际信用。抗战之能顺利的支持，可说币制统一是产生了相当的力量。

至于我国的财政税，简直是不能应付抗战。我中央的收入每年主要的是关税，约三万万八千万元；次为长芦等的盐税，约二万万二千元；再则只有统税了，约一万八千万元。其他税收皆不足为道，年计统共不过六七万万元，何足以言打仗？何况开战以来，海口被封锁，海关收入断绝，沿海的盐税丧失无余。统税呢？最繁华的江浙各省的工厂被毁，也无收入之可言。是此而能应付长期抗战的原因，我想诸位都知道，是借外债和发公债。至于外债如何借法，日本造谣政府将中国之矿权抵予外人，想来当非事实，此事当然除一二人知道而外，旁的人怕不会得知。其次是发行公债，政府的发行公债，是在调整法币的膨胀。在这抗战中，法币慢性的膨胀是实属当然，不过国家不能以其膨胀而至于有如德国马克之滥贱，所以是发行五万万公债之用意在换进法币来，掉回之后，再陆续用出来，于是再来一个五万万的公债，这样一翻一翻的轮流下去，而使法币成为慢性的膨胀，得保持稳定的地位。至于两种债务的归还，兄弟以为不成问题。外债纵使不效法欧洲各国之赖账，延长摊还期间，这也是好办法，假设一百年，那么偿债的是我们的子孙的责任了。而公债呢，也规定有三十年，或四十年还清，这要靠我们的儿子来偿了。我们现在牺牲了血肉，为国家谋独立，民族求生存，后辈儿孙担任这一点债务是绝对应该的。而况外债上还有一种看法，日本是九国公约之一，他违犯约章，在约各国都应予以制裁。现在英美对我们的帮助，也是公约中间接应有的责任，也是变相的制裁，他们出东西，我们出人力，也可谓均等。即使退一步说，战争结束之后，对他们的帮助应予偿还，那么总不能逼着我们马上要若干万的现款，那么尽可延长归还期间，让我们的孙子来担负吧。有一位英国人到俄国去，看见他们发行了很多钞票，他怀疑他们那里来那许多准备金呢？于是就问俄国人说："你们的准备金那里来这许多，而发行如此大量的钞票？"一个俄国人说："我们某地有金矿，某地有银矿，要准备金吗？马上开发好了，不过开出来之后，会发生危险，让他好好地藏在地下好了。"我国的矿也极多，就是四川的如金沙江的沙金呀！松、理、茂、汶的金矿呀，不知凡几，我们难道还愁法币缺少基金吗？只要我们努力干，和日本拼个命，战到他精疲力竭，而至于不敢再藐视中国为止。

不过问题多不在战前，而在战后。我认为战后的问题实不让于目前抗战的重要，所以兄弟对这一点正在写一本书，等到战争结束，我这本书也就可以出版了。但是战后的经济在什么地方表现出问题呢？我可提点出来说说，第一是提存问题都够麻烦了，譬如江浙皖等省私人对银行的存款，银行将大量的资金投在工厂里，战事发生，工厂被敌人炸毁，休战后存款人要向银行取款，银行问工厂，工厂又有法可想吗？要不是现在政府规定银行存款只能提取几成的话，那么这个问题现在也会闹得很大了。再则是战后首先要发展的是重工业，那么就成了一方面重工业生产品增多，他方面轻工业所生产的日需品减少，建设重工业又不能不使通货膨胀，于是法币或不免起跌。所以兄弟认为战后的经济调整，应该先从公共事业创始，而此中就当以交通为最重要，交通最好的莫如筑铁路，无论何时均有大用。中国的铁路网成功了，那么就能将许多价值小的物品，变成价值很大。前次兄弟到成都，见楠木多用充牛棚之栏柱，此物如交通方便，输往江浙等省，其价值当在百倍以上。此其一宗，似此者又不知凡几。但是修铁路要钱，欧战后德国之能复兴，全靠美国贷放巨款，而德国则不实践债务之归还。美国因之对外放款多有警惕，至于英国因于战期中，极力帮助过，在战后恐亦无力顾及，举债不成。那么，照俄国的办法吧，俄国五年计划之成功，非借外债，而是将全国的农产品由政府廉价收买集中，大量的廉价售予国外，而购进机器等生产工具。可是中国对此道不易通行，这样一来，我们岂不是束手无策吗？这也不然。以兄弟的意思，是如上述积极的把全国的公共事业赶快的创立起来，开发的尽量开发，以交通之便，不但使无价值的东西变而为有价值，即对军事及政治上也有极大的关系；同时并奖励出口，如四川的桐油为全世界各国所不及，我们的农产品可以出口，就可由外国兑大量的款回国，再以汇票卖给政府，政府以此购买生产品来振兴工业。在另一方面限制洋米、棉花、奢侈品一类的东西，尽量的提倡用土货，使利益不得外溢，如此我们战后经济的调整，方可得到完满的解决。

（文献选自《北碚月刊》，1938年第2卷第7—12期合刊，第89—91页）

抗战建国过程中的经济建设
1939年4月在东北救亡总会①第六次座谈会演讲

沈志远

今天讨论的问题是"抗战建国过程中的经济建设"。我们从这个题目上就可以知道有两方面：一是抗战过程中的经济动态，抗战二十个月来国民经济是怎样变动的？二是建国过程中的经济，建国期间我们应该怎样建设国民经济，我们可能建设怎样的国民经济？但是这样大的题目要想在一二个小时内把他很详细的讲，恐怕不可能。所以今天仅就国民经济主要部门从大体上说一说：

一、抗战以来中国国民经济的动态

先从总的方面讲，抗战二十个月中间我们国民经济在本质上有相当大的变化，这是谁也不会否认的。第一点变化表现于中国国民经济对于帝国主义金融资本的依赖关系和附庸关系减少了。大家都知道在抗战以前中国是一个半殖民地国家，从经济立场上讲，中国国民经济被帝国主义控制着，所以经济也是半殖民地性的。不论工业、农业、贸易、金融等在抗战以前处处证明中国的经济不是一个独立自主的经济，而是帝国主义金融资本整个体系的附庸。但是七七事变爆发以来，过去二十个月整个的国民经济遭受帝国主义支配，隶属于帝国

---

① 东北救亡总会，是在中国共产党领导下，由东北流亡同胞组成的抗日救亡团体。1937年4月在上海筹备，6月在北平成立。总会初设北平，抗战开始后先迁南京，继迁武昌。1938年10月后迁重庆。

主义经济的附庸性是减少了。我们可以从进出口贸易上、列强对华投资上及敌人经济关系上，在种种方面都可证明（具体数目下面再讲）。现在把最重要的指出，第一点中国国民经济根本变动减少了对帝国主义的依赖性。

二、中国国民经济本身整个结构，亦有相当大的变动

当然和刚才说的第一点变动是有密切关系的。正因为有第一个变动，中国国民经济的附庸性减少了，帝国主义控制力量削弱。所以第二方面表现民族资本的抬头，半封建和前资本主义经济关系进一步的没落。就是说抗战二十个月来一方面减少帝国主义的依赖，另一方面民族资本的抬头、封建关系没落。这样看来不是日本帝国主义的侵略帮助了我们解放吗？是的，也可以说不是的。抗战以来中国国民经济的确有了本质上的若干变化。但是同时我们不能否认整个国民经济遭到空前破坏的事实。不论是工业、农业、贸易、交通都遭到日本帝国主义侵略战争，直接间接空前的破坏。在战区直接遭受炮火蹂躏的人民破产，企业破坏，或被没收，农田荒芜，交通破坏，种种事实，恐怕没有人可以计算他的数量。而另一方面，帝国主义的侵略战在时间空间上，在中国民族历史都是空前的，超过一切的。所以这个战争必然牵动了每一个人，任何人的经济都要遭受极大的损失。譬如没有受到战争灾祸的农村，过去那里出产的棉花、小麦不但供给全国市场各大城市，同时也销到国外市场去。可是抗战以来交通破坏、海口封锁，农村区域的农产品只得停留在本地，以致农产价格狂跌，交通运输条件困难，出产品停留在农村，使得农民生活不能维持。这说明没有受到敌人的破坏和铁蹄践踏的地方，国民经济也是遭受到很大的摧残。

这里我们必须把两种主要的动态指出，就是国民经济一方面脱离帝国主义的束缚，另一方面民族资本得到发展的机会，封建经济关系没落。但是在这种动态的另一方面即坏的一方面，就是对整个国民经济的破坏、损失。换句话说四万万五千万同胞的收入是空前减少了，因为大批人民失业、破产、流亡，成为难民等等，使得整个国民经济收入减少。一方面工商企业受到炮火的破坏，另一方面农工受间接的破坏，同时大量人口失业、破产，流亡状态使得国民经济受到很大的打击。从两方面看我们讲到抗战以来国民经济动态的时候，我们

可以得到一个小小的但是重要的结论就是,我们观察抗战以来国民经济应当从相反的两个方面去观察,也可以说从矛盾的过程中去观察。即一方面国民经济的空前破坏,另一方面在这破坏的基础上生长出新的生命来。这一个新生命的生长过程,虽然在万分困难的条件下,不能像理想那样快,但是比抗战以前有史以来进步得快得多。不过这也是相对的,这种进步还不能适合抗战建国的客观要求。我们可以举个例子,如湘桂铁路,自衡阳至桂林全长三百六十公里,预定两年完成,结果十个月就完成了。如果没有抗战决不会有这样快的,这是一个简单的例子,所以国民经济的变动的矛盾过程是客观地存在我们面前。现在我想就国民经济的几个主要部门的动态提出来说一说。

(一)农业部门

根据刚才的一个小结论,就是任何部门国民经济的发展的一个矛盾的过程:一方面农村经济从抗战以来遭受很大的破坏,战区农村因为农民逃亡或被敌人屠杀,或者一部分参加游击队,在农村中就感到劳动力缺乏。沦陷区因为当局领导得好,已经恢复生产,但是一般的说,总没有平时产量多。至于政权完全落入敌人手中或者伪组织手中的地方,已经暂时脱离了国民经济体系,游击区沦陷区农业状况如此。至于其他地方呢,在抗战时期中,大体上讲,后方农业间接受到很大损失。最重要的原因就是运输工具缺乏,推销不方便,海口被封锁,货物不能外运,工业市场沦陷。因此在广大的区域内农业品成为停滞过剩的现象,价格就大跌特跌,同时还有更使农民受损失的,便是价格剪刀形的造成。因为农产品过剩和交通不便,价格狂跌,反之工业品因来源断绝而成为相反的现象。工业品价格较抗战以前高五倍甚至十倍,因为外国货不能来,民族工业大量减少,又不能很快的运到内地,形成需要超过供给,加以免不了的商人投机、囤积居奇,工业品价格就飞涨了。吃亏的当然是农民。一般靠农村经济吃饭的人都受到很大的损失,这许多变动是坏的方面。同时我们知道在破坏的基础上已经生长了一束光明美丽的鲜花:

(甲)我们刚才指出基本动态的时候说,帝国主义对于整个我国经济减少了剥削,同时对于农村经济控制力也削弱了。我们知道抗战以前帝国主义对中国农村经济是怎样大量的把剩余商品推到中国穷乡僻壤去,破坏农村手工业的生机。不能让农村仍旧关门自给自足,这比大炮还厉害的商业,使中国农村家庭工业被洋货压迫而破产。帝国主义者不单在中国推销过剩的洋货,同时又带回去和牛马差不多的劳力——农民的劳力所耕种出来的农产品。因为中国农民劳动力太不值钱了,而帝国主义者要吸收便宜的原料,必须用种种方法来维持中国没落的经济关系。只有在地主对农民无穷压榨的条件之下,农产品才会便宜,如果工资很高农产品是不会便宜的。在抗战以前如此,但是抗战以后这种情形天天改变了。许多海口,长江,被敌人封锁,除了沦陷区域暂时变为完全殖民地,其他部分的农村经济任何帝国主义不能一直插足。过去的两个政策抗战以来是不可能了,并不是绝对没有,大体上已有改变。(乙)正因为破坏,正因为敌人大炮炸毁了沿江沿海的码头,铁路及海口长江封锁等原因,过去集中在大城市的资金自抗战以来都向内地流了。沿江沿海以及其他各大都市的资金都集中往农村流了。一九三三、一九三四年是中国农村大破坏的时候,因为那时是世界经济危机的严重时期。上海银行界曾有一次运动,就是资金下乡运动,要资金流到民间去。其实仅仅是金融界对于农村投资的初步尝试,甚至是银行界点缀性的运动。假使一九三三年、一九三四年银行资金下乡运动是初步的尝试,那么抗战以来的资金到农村却不是这样了,而是以农村为真正投资的对象,并且以此为银行的主要业务。同时假使一九三四年到七七事变银行界主要投资形式是借贷,那么七七事变到现在,中国银行资本投到农村去的不但是借贷,运销,而且又是在生产方面。不但贷款给农民,而且投资于农村生产。因此,今日银行资本下乡已带有浓厚的生产资本的意味,这是很有意义的。一个简单的事实是,一九三八年农本局在四川云南广西发行水利建设贷款,四川为三百二十万,云南为二百五十万,广西为一百三十万。水利是一种生产的投资,农村是必须要依赖他的。现在这种贷款西北方面也在实行,并且帮助农民扩大耕地。同时中央农业试验所一年来的成绩也很可观,现在努力增加农业生产。在四川、云南、贵州、陕西、湘南成立五个工作站,结果陕西种植小麦的田增加了二百万亩,生产量(谷子)增加了一千二百万石,四川的棉产去年一共收到九十万石,比前年增加了一倍;同时西南西北各省及湖北、江西、浙江、福建、广东一共十五省小麦之总生产量比前年增加百分之五十二,棉花增加百分之十四。

其次为行政院下成立的农业促进会（穆藕初先生主持）资金有二百万元，这一个会专事调查什么地方农业经济需要帮助，可以无条件的予以资助，只要定期有生产报告就行。这是指出，发展生产特别是政府注意农村经济的发展，以及大量的银行投资趋向于生产方面，同时贷金运销也同样发展。我们从这个事实上可以看出：中国工业消极方面是解松了帝国主义经济的束缚和控制，积极方面是抗战以来国民经济发展速度比过去快多了。至于农产品堆置在农村，价格狂跌的现象现在也借适当的政策慢慢的消灭下去了。

（二）工业

二十个月来的抗战对于工业的影响，也是两方面的。一方面过去集中上海、青岛、济南、苏州、武汉各大都市的中国民族工业，现在都是直接受敌人的破坏，或被敌人没收。据去年十月十二日《大公报》的记载说，上海一个地方的华商工业被敌炮火破坏的资产达八万万元以上，其他大部分工厂（如上海、无锡、苏州、青岛）不及迁到内地的都被敌人没收，这是直接受到炮火毁坏和被没收的数目。此外从沿江沿海一带运到内地的，并且在政府力量协助之下迁移的，据去年十一月经济部的报告，运到内地工厂有三百四十一家，机件重量为十二万至十三万吨，大小在内。说得正确一点，大半是小规模的工厂。同时沦陷区域内被敌人破坏和没收的工厂总有二千来家。而迁出来的只是很小的数量，并且受到很大的损失而几月不能生产。但是民族工业在惨酷破坏的基础上生长出新的生命来。民族工厂新生命的生长第一表现于工业中心的内移，工业中心通商口岸迁到内地，对于中国民族解放和经济独立发展有很大的意义。因为空间的转移也是使中国民族工业向独立自主道路发展的条件之一。一方面工厂内移，另一方面新的工业（重工业、轻工业、军需工业）一年余来在内地逐渐建设起来，纠正过去集中海岸的病态的发展。第二，工业发展在西南西北二大区域，向来为人忽视，不值得注意的地方，现在慢慢的建设起新的经济根据地，新的工业中心起来了。第三，抗战造成了有力的民族工业发展的种种客观条件。如，（甲）因为帝国主义对于中国国民经济控制力量的减少，也就是对帝国主义的依附性减少了。过去因帝国主义的魔手控制，我们的民族工业不能大量推进。现在中国民族工业发展因为魔手的控制放松，所以中国民族工业独立自主发展得到了很好的机会。不仅如此，（乙）因为过去资金贷放对象是投机事业（如公债地产等），现在资金做这种事业的可能减少了，中国金融资本在抗战以来随着帝国主义附庸性的减少，它的买办性也随之减少，中国资银一部分就投到民族工业里去了。（丙）有利于民族工业独立发展的主要条件之一——国内市场——后方，在战时不但为民族工业所垄断，而且因人口的迁移而内地市场扩大起来。原因很简单，因为大量人口向内地来，后方各大小城市增加了几倍以上的人口。人既然多了，物力也带来了，购买也带来了，劳动也带来了，这是工业发展物质上的必要条件。（丁）手工业繁荣，抗战以前不但手工也不能繁荣，而且机器工业也没有办法繁荣。只是世界大战的时候机器工业繁荣了一下，可是手工业一天一天的衰落下去。自抗战以来我们海口被封锁，外来货品发生困难，而另一方面人口增加，购买力增加，市面上的货物不敷应用，使得手工业赶快起来补助现代化机器工业的不足，在这个条件之下，中国手工业繁荣了。这里证明了手工业繁荣的一个事实，就是政府举办全国工业合作协会，资金五百万元（先拨款），预备成立三万所合作社。据另一记载说，该会资金总额是二千万元，已在陕西的宝鸡，湖南的邵阳，江西的吉安成立三个办事处。他们的计划：第一沦陷的区域，第二前线的后方。第三安全的后方，这样三道防线，帮助手工业发展是有很大的意义的。

同时重工业也慢慢的发展起来了。在这方面，过去二十个月来政府尽了很大的力量。如协助迁厂，建立内地国营工业，同时建立民营工业等。在建立工业方面，可以分两部分讲：（甲）扩大和充实原有的大工业，如汉阳钢铁厂，汉阳兵工厂，六河沟化铁厂等。（乙）创设新的工厂，如云南机器厂（资金五百万元），广西有四家电器材料厂（资金五百万元），还有四川也有新的工厂政府就近帮助。其他湖南的锡锑锌矿都集中办理，广西省政府与资源委员会合办平桂矿务局（资本五百万元），还有重庆的水泥厂、纸厂，都是在政府协助之下由中、中、交三银行投资办理的。可以证明政府对于经济政策方面发展民族工业已有相当的成绩。

（三）对外贸易

到去年十一月为止对外贸易总数量比前年同一时期减少了一万万六千五百

万元（约数）。同时，不仅总数量减少了，抗战以来入超也减少。去年第三季进口为六万六千余万元，出口五万六千余万元，入超约一万万，比较前年减少三万二千万元。去年六、七、八、九四个月甚至相当出超。但是这里我们表面上看来是入超减少，甚至出超，以为是很好的现象，其实不是完全好现象。因为许多海口如上海、天津海关被敌人所占据，海关在他们手中当然没有统计，走私的数量更大。还有我们要特别注意的，关于进口货方面，据比较可靠的估计，我们敌人对我们的进口占第一位，其次美国，再次德国、英国。这大量的日货入口当然不是我们内地在购买日货，就是许多沦陷区域及海口。据香港的外国报估计，日货在华北市场，在浙江、江苏、东南扩大市场，敌人占第一位。至于出口，香港占第一位，日本第二，美国第三，德国第四，英国第五。但是表面上香港第一位，香港并没有大的购买，大量货物运到香港以后转到什么地方去就成问题了。大量的废铁还是被敌人收买去了。这都是我们经济政策的不够严密。敌人在占天津、青岛、上海各海口以后，为什么留下宁波、梧州、汕头还给我们通商？敌人的主要原因就是要把他的货物推销我们内地来。最近看到千家驹先生一篇文章说到经济及封锁的问题，就是由上海、温州、宁波、金华浙赣路一带有很多冒牌的国货，实际都是仇货。在中国这二十个月的抗战中，敌人是如何的用尽各种方法让他的货物流进来，这是多么令人伤心的现象！

（四）交通

交通方面也是一方面破坏，一方面发展的。原有大部分铁路给敌人占据的有六千多公里，余下我们只有三千公里，还有许多铁路在战区附近不能正常运货，交通之损失不言而喻。但是新的建设如湘桂路十个月完成，还有桂林到柳州，桂林到南宁的支部也在积极兴筑中。其次如湘黔铁路、滇缅铁路（八百六十公里）都在分段开工，此外沟通西南、西北的主要铁路叙昆铁路（八百公里）、成渝铁路均在积极兴筑。还有公路方面的建设也很快，如昆缅公路，是一个重要的国防要道，西北方面已打通了通苏联的国家要道。现在畅通成都——西安——兰州——哈密——迪化。许多铁路过去没有修好的，现在都完工了。铁路公路空前的建设，证明交通方面是欣欣向荣了。

这是抗战二十个月来我国经济变动的大略情形。

现在要说到第二部分——建国时的经济，这是偏重理论性的问题。

抗战同时建国这是大家知道的，但是在抗战胜利之后需要建设什么样的经济，可能建设什么经济，而且应该建设什么经济呢？当然不是说抗战和建国是各个独立的，或其中有一条鸿沟而不可跳越。抗战是替建国扫除障碍，同时建国又替抗战奠定物质基础，这是同一个过程——革命三民主义实现过程的两方面。抗战时候是一切服从抗战，主要地建设国防经济，同时为未来奠定经济建设的坚固基础。抗战的经济建设同时就是建国。抗战时期建设国防经济是为建立独立自由幸福的新中国的基础，但是建国时期究竟可能建设什么样经济体系，应该建设怎样一个经济体系呢？我们每一个国民，不论是否国民党党员，都需要将来建设一个革命的三民主义的新中国。因为，建国的经济建设必然是革命的经济体系，而且必然是民生主义的经济体系。但是民生主义是三民主义组成部分之一，和其他部分不可分离。目前最主要的是民族解放，并不是可以放弃民权民生主义不管。同样的，建国时期是注重民生主义，但不能放弃民族民权主义，必须本身和另外两个主义统一起来，使民族民权主义在经济领域内具体化起来。我们的经济建设要民族独立的经济建设，发展独立民族资本，在经济范围内表现民族主义，不像过去受帝国主义的支配半封建的经济。这是经济领域内民族主义的具体化。其次，民生主义的最大原则是平均地权，节制资本，不让少数人操纵投资，人人可以直接享受幸福。这是经济领域内民权主义的具体化。

民生主义的经济，从科学上讲不是一个历史的独立的社会经济形态，也不是独立的生产方式，所以在书本上谈到民生主义本质的问题有的说是资本主义有的说是社会主义。民生主义不能成为社会经济之历史的方式或独立的生产方式，所以不能称为资本主义，也不能称为社会主义。

民生主义是二十世纪帝国主义没落时代，东方被压迫民族要求解放独立、幸福所需要的一种经济体系。从历史的发展过程上讲，它必然是过渡性的。所以中山先生民生主义的两大原则是平均地权、节制资本，不让地主垄断土地和不劳而获，坐享社会繁荣，必须要创造社会繁荣者才能享受，实行平均地权使之成为耕者有其田。在节制资本方面，中山先生觉得欧美资本主义国家的矛盾

现象，那时正是资本主义自由竞争时代过渡到垄断时代，中山先生看到欧美资本主义产生了罪恶，不愿意中国再走上欧美资本主义的没落道路，再来一次革命使人民遭受痛苦，所以用节制资本的和平方式削弱私人资本，因此民生主义经济体系和欧美资本主义绝不相同的。同时中山先生对于三民主义指出，伟大的理想为民生主义，发展下去就是共产主义，共产主义就是民生主义的理想，并且说民生主义就是共产主义的实行。所以民生主义所理想实现的，是真正走向人人平等的理想社会，积极发展造成理想的大同世界。欧美资本主义发展下去就是帝国主义，使得社会经济形成大不安，于是被压迫大众起来反对统治者，以致发生社会冲突、纠纷、流血、革命种种现象，中山先生看出资本主义这些不合理的情形，他觉得不仅土地上不能垄断要为国家所有，而且土地使用者也没有土地使用权。不仅土地方面有这样伟大的理想，而且对于资本方面在建国方略建国大纲中说明如何建设未来的新中国，如何发展民族资本、社会资本，使得私人资本不能垄断一切。所以我们说民生主义经济体系不是独立经济体系，既不是资本主义又不是社会主义，它要在经济建设上实现民族民权主义，使得国内各民族一律平等。现在我们第一个阶段抗战的经济建设，一方面削弱了帝国主义的支配，另一方面旧的半封建经济关系在没落。这便是替未来的建国造成了比较健全的基础。广大的游击区内好的地主愿意把自己的土地捐出来，至于那些坏的地主，多半逃亡或沦为汉奸。

虽然我们在广大的后方不能说半封建土地关系已经没有，甚至也不能说它已经大大地削弱，我们只能说它有没落的趋势，而且这种趋势比抗战以前加强了。虽然我们觉得民众动员不够，但是乡村工作也多少做了一点，使得半封建的地主残余，大体上不敢对农民过分剥削，这一种现象都是为未来民生主义经济体系扫除障碍的。同时民族工业独立发展，就是民生工业建设的前提，不过今后应当注意的：（甲）国营工业发展；（乙）合作社，中小企业，小手工业发展。这两点都是民生主义经济建设的重要任务。我们应当尽量发展国家统制的民族经济，重工业、军需工业、铁路、交通、大规模轻工业等，同时又发展合作社。并且现代化工业，应当向合作社的路上走，使每一个小的资本集合起来一定生出很大的力量，所以合作社为过渡到未来光明的经济制度、理想的经济制度的重要手段。有人说民生主义应该为国家资本主义经济建设，又有人说应为社会主义计划经济。我们认为国家吸收私人资本，在国家管理之下经营生产，不否认国家资本主义在国民经济成分中占重要地位，但不是唯一重要地位。假使国家资本主义为主要地位，那么民生主义不会达到理想经济建设，把个别资本主义变成集体资本主义，而结果还是资本主义。所以认为国家资本主义是唯一经济建设方式，是不妥当的。我们必须同时尽量发展合作社。不像资本主义国家的合作社是少数大股东包办的，我们民生主义之下的合作社是直接生产者之民生主义的合作社，将来民生主义可能而且必须使重要的国民经济部门通过合作社而发展，同时在国家贷金供给机器、帮助运销等倾向之下，可以慢慢的走向社会主义化的经济。我们的主义尽管和人家不同，但是苏联这个很好的榜样可以做我们参考，苏联每一个国民都加入合作社为社员。并且苏联的农村合作社，集体农场就是集体经营，将来我们民生主义经济体系大规模发展农业合作社，也是绝对必要的。

假使我们讲到这里为止，那么重大的毛病就会发生，因为单靠经济建设而没有强有力的革命政权绝对是不行的。而且没有革命的民主集中的民权主义政权，根本就谈不到理想的建国。苏联有苏维埃政权，真正能够代表两万万人口意志的，我们民生主义的核心问题就是革命民权主义的政权，在强有力的民主集中政权之下，才能实行上述理想的民生主义经济体系。

随着抗战的发展，我们在政治方面进步的虽然不够快，但是究竟是有进步的。在抗战过程中民众的觉悟提高了，组织积极性也提高了，同时有领袖的力量、政府的力量以及广大民众为后盾。我希望将来能在革命的民主政权之下，实现真正以人民意志为意志，以人民利害为利害的理想的民主主义的社会经济建设。

（文献选自《反攻》，1939年第5卷第3期，第5—10页）

准备节约生产以挽救当前危机
1940年6月3日在交通部国民月会演讲词

卢作孚

从前四川的民众留心到新闻，往往先注意成都的消息，其次是国内的消息，再次是国际的消息，那时候大家所留心的是眼前的、手边的问题，以为如此已足够。其实现代的国际情形，一切都足以使我们受影响。看看美国，近来有过三个大预算，最初定的是陆军十八万几千万美金，海军是十一万几千万美金，欧洲的战事紧张以后，马上追加了十万万，从以前的总数三十万万，加到四十万万。隔了两星期，欧洲情势又变化，预算又追加了。据近日报载，又增加了十二万万，也许再隔两星期还得要增，足见世界的变动，波荡全局，也可和我们息息相关。在美国仅仅经过两星期的变化，而影响它的预算一增再增。要知道，变化并不是两星期内所发生，而是在相当远以前德国早已造成的，早已有很大时间的准备的。他的准备时期，就军备而论，在一九二三年德国仅有飞机三百架，到一九三三年增加到三千架，现在已经有了二万二千架以上，是否止于此数，尚不可料定，七年之间的准备，真太快了。同时世界上的一切，都是这么快，美国因此而发生反应，而两星期间的反应又是如此之大。现在美国的预算，增加到五十万万以上，平均每人要担负三四十元美金，倘以国币计算，应在一千万万元以上，由我国人民四万万计算，每人要负担二百五十元左右。我们根本没有这个力量，要知道他们的力量是从何而来的呢？也许有一部分是得天独厚，但是中国地面上的财富也不弱于人，比美国也许不及，比欧洲是有余的。地下的财富也并不薄，我国的煤矿很多，现在在北方的已经沦陷了，至于铁产本来是不够的，加以沦陷了些，更是不够。但是所谓不够，也许是调查不周。例如四川一省，以前曾经多少专家的调查考察，认为煤产是不够应用的，到现才知道并不是煤产的不够，而是开发的不够，尤其是川东区域之内，其煤产已足供四川全省交通上和工业上的应用。假定真是不够的话，可以用水力来代替煤力。因为四川有天然的水力很可利用，同时四川的雨量又很充沛。

仅靠四川的蕴藏要成功一个现代国家，当然不够，如何补救呢？就得靠人力来补救，富源愈少，愈需人力去补救。德国自一九一八年失败以后，其增加生产之方法，就在依战前的基础用人力来补救。上次欧战以后，德国的陆军只能有一万人供国内防御之用，武器也有相当的限制，海军只以一万吨为限，轮船的总吨数不得过十万吨，然而到此次战事发动之前，一切都已恢复了。各种部门都已恢复到第一次欧战以前的情况，不仅是恢复，而且扩大了。德国之所以能在世界上取得这样的地位，是由于政府辅助各种机器工厂与世界竞争。在竞争不了之时，政府给以百分之二十五的补助金，德国在如此方法之下，以奖励生产、增加生产，所以到了战争发动之后，才能看到它的飞机优于英法，坦克车优于英法。虽然是短短的几年的准备，成效已堪惊人。德国的资源并不丰富，北欧战事之起源就在英法之封锁挪威瑞典，自从它占领到挪威瑞典，它的资源已可以得到相当的资助。

在重庆的德国人近日听到本国胜利的消息，都欢喜若狂。有人问他们，德国军事上虽然胜利了，但是国民所受的痛苦，如生计艰难，计口授粮的限制，痛苦万分，有何足喜？他们说："只要国家取得胜利，个人的痛苦不足计。"他们这种忍受着痛苦，以完成其国家强盛的精神，我们且不问其侵略之正当与否，其精神很足为我人的模范。我国人民也须具有忍受个人痛苦，以增加国家力量的精神，才能恢复实力，完成我们整个国家民族的复兴。

就德国的计口授粮而论，每人或每一家人，政府给以凭证，凭此证以取得其需要的粮食。据在德国来的人说，这种凭证上，注明是一九三六年印的，可知德国对于计口授粮，在一九三六年早就准备好了。不但对于粮食有所准备，

而且对于需用的凭证也准备好了。现在的国家,一切准备都应该如此的。我们的准备不到临时临事,向来不易上紧的。平时有许多人怕想不好的方面,而专从好的方面着想,就好的方面存着种种希望,以为由此希望,便认为可以成功,等于买彩票的人,总以为自己会得彩的。再有一般人以为敌机来的时候,炸弹不一定会掉在自己头上,存着侥幸之心而不去躲避,这是错误的心理。世界上的变化繁多,我们在事先都应有所准备,万不可存着侥幸之心。如果我们希望敌人崩溃,以为我们就可以取得胜利,因此就认为敌人一定会崩溃,而不希望我们自己有办法,只希望敌人无办法,甚至相信我们没有危机,敌人才有危机,这是最坏的心理。因为有了此种心理,我们就会不准备了。

我们以前的准备是如何的不够,我们虽然修铁路,但是太慢了。一直到现在为止,尚未恢复到战前原有的里程,在后方新筑的铁路,还赶不上前方沦陷的铁路,赶紧要想法去增加我们种种的力量,一直到比以前还要强。我们不应当从敌人的不好方面想起,应反过来想想,也许敌人如何如何,我们应如何准备迎头赶上。假定敌人的飞机大炮逐年增加,我们应准备对付之方,我们要造成自身的力量,要有超越敌人的力量,这就必需算清敌人可能的情况,而加以准备。英法目前的失败,就因为没有算清德国的力量,未有充分的准备。美国到现在还增加预算,可知民主国家准备太慢,凡是事先不能看清事(情)发展的程序,等到发展之后才准备,已经来不及了。

我们留心局势,先要注意世界上的大问题,然后转到我们的小问题,一切事情都不是偶然的。德国的飞机,在前线活动的有二千架,坦克车有五辆,这种力量的造成,绝对不是偶然的,我们要看清世界的变化而加紧准备。美国人有一种计数政治学,将美国的国家状况造成三个数目字,一个是人口,一个是生产力,一个是财产,这三个数字的增加,有人以为人口的增加太快,深恐造成恐慌状态。但是美国人的看法,以为人口增加比生产能力的增加还算小的,而发展最快是每个人的财产。看到美国的三个数字,实在足以惊人。但是我们不必临渊羡鱼,只要我们能够加紧准备,像德国那样的五六年后,一定会有成效的。大家要知道落后的国家最为吃亏,自己的生存力量不够,就无法把握它的生产。卢森堡仅三夜就失败,就是国家力量不够的证明。所以我们要把握生存,而且要把握在自己身上,不要依赖别人。我们更要明白落后的国家,其前进较易,在1940年作种种准备是容易的。目前一切都在进步,1939年以前的一切方法,已经不适用了。苏俄在革命之后,紊乱不堪,经二十多年的努力,已成为不可侵犯的国家。德国在第一次欧战失败之余,努力复兴,乃成为超越英法的国力。只要每一个人都不落后,全国不留养一个十七八世纪式的人,一定可以站在人家的前面。

我国人努力的方法,可用固有的"勤""俭"二个字做标准。"勤"字是要做到什么时候都工作,只要有一部分人能如此,已经是了不得了,每人都如此,一定会有办法,希望大家要把工作加强到最高点。其次是"俭",这是中国原有的节约,许多人的财富是从节约而来。假定大家都能加强工作的效率,以节约所得集中于生产事业,而且要很快的利用现代科学的方法,使用在物质方面,才能生产现代的东西。当前唯一可靠的办法是现代化的生产,我们必须用勤俭两字为基础,而集中力量于生产之途,才能应付当前环境,才能生存于世界。诸位每天理清了办公桌上的问题以后,也应该理一理当前的世界问题。美国的物质基础比我们好,尚且在努力于安全的保障,我们是落后的国家,而且正在出生入死的抗战中,自更应努力于生产的增加,生产增加,然后可言建设。至于如何增加生产,就得想办法,而且要快,要有大的决心,必须如此,才能挽救当前的危机。

(文献选自《抗战与交通》,1940年第46/47期,第842—843页)

苏联农业的发展与中国[1]

1940年10月26日
在中苏文化协会主办之苏联农业照片展览会中讲演

吴觉农[2]

中国和苏联有许多相类似的地方。两国本来都是农业国，农民占全国总人口80%以上。在19世纪时代，都受着极严重的内忧和外患；20世纪20年代，中国和苏联先后发生革命，建立了现代式的国家。但是自从各自建国以来，两国发展的情形却完全不同了。苏联与自然斗争了二十多年，已经得到了初步的胜利，农业的发展也特别快。中国建国虽然在苏联之先，但是内忧和外患从未停止，现在又正在与世界上最凶恶的日本帝国主义者作殊死战争。农业的情形，不论是土地关系，还是农场经营的一切的条件，都还没有加以适当和充分的改善。近年来全国正在努力作经济建设，发展农业有助于抗战建国者更巨。在这一点上，苏联农业的发展，是可以给我们做借鉴的。现在我分作三部分来讲：（一）苏联农业发展的情形；（二）苏联农业发展的原因；（三）中苏农业条件的比较。

---

[1] 本文表格与数字较多，为方便阅读，在编校时把数字统一为阿拉伯数字。
[2] 吴觉农（1897—1989），浙江上虞人，爱国民主人士，著名农学家，中国现代茶叶事业复兴和发展的奠基人。

一、苏联农业发展的情形

关于苏联农业发展的情形,斯大林在联共第十八次大会上,已有详细的报告。这次苏联农业照片展览会中,也有许多数字;此外,我还在罗马国际农业统计年鉴上,看到一些苏联自己没有发表过的数字,在这些数字中,都显示着苏联农业的伟大成就。

农业的进步,普通总分两方面来观察。一方面是平面的,另一方面是立体的。所谓平面的是耕种面积的扩充,立体的是单位面积内产量的增加。不论从那方面来观察,苏联都是不断的作长足的进步,根据斯大林1939年的报告,土地耕种面积每年都有增加,详见下表:

苏联耕地面积的增加(摘自斯大林1939年报告)
(单位百万公顷)

年份	1913（革命前）	1934	1935	1936	1937	1938	1938与1913之比较
全耕地面积	105.0	131.5	132.8	133.8	135.3	136.9	103.4%
谷类作物栽培面积	94.4	104.7	103.4	102.4	104.4	102.4	108.5%
工艺作物栽培面积	4.5	10.7	10.6	10.8	11.2	11.0	244.4%
蔬菜瓜类栽培面积	3.8	8.8	9.9	9.8	9.0	9.4	247.4%
饲料作物栽培面积	2.1	7.1	8.6	10.6	10.6	14.1	261.4%

再从立体方面来观察,其进步之速,也足以惊人。兹将数种重要作物每单位面积之产量增加情形,列表如下:

苏联重要农作物每公顷之生产量(公担)
(摘自罗马国际农业统计年鉴)

年代	1928—1932（每年平均）	1933—1936（每年平均）	1937—1938（每年平均）
小麦	6.7	8.3	10.7
稻	16.3	19.0	22.5

续表

年代	1928—1932 （每年平均）	1933—1936 （每年平均）	1937—1938 （每年平均）
马铃薯	78.1	88.3	—
恭菜	89.0	109.0	162.5
茶叶	220.0	735.0	1650.0
棉花	4.5	5.4	8.6

由上表，我们可以看出上列几种作物的每单位面积生产量，均有显著的增加，棉花的生产率，且超过了世界棉花生产率最高的美国（每公顷产棉5.3公担）；4/5的棉产，其绒长达29至30厘或更长。据最近报告，1940年的谷类作物每公顷之生产量，均达40公担。

同各国农作物的产量比较，苏联的好几种农作物量都是在不断的增加，在每种农作物产量中，苏联所占的成份（百分数）也是在增加，这表示苏联在世界农业生产品中比重的提高。详见下表：

苏联在世界农产物中所占的地位（1933—1938）

年代	麦（一万公担）全体	麦 苏联	麦 比率	稻★（一万公担）全体	稻 苏联	稻 比率	甜菜（一万公担）全体	甜菜 苏联	甜菜 比率	茶（十万担）全体	茶 苏联	茶 比率	棉花★（一万公担）全体	棉花 苏联	棉花 比率	亚麻（土维）（一万公担）全体	亚麻 苏联	亚麻 比率
1938	1,312,300	277,268	21.05%	910,400	2,161	0.14%	607,000	83,888	14.81%	412,600	792	0.17%	118,400	8,682	7.39%	6,710	5,480	31.67%
1934	1,257,500	304,134	24.18%	859,200	2,542	0.30%	670,100	113,615	16.75%	422,300	650	0.89%	106,700	7,736	7.23%	6,900	5,228	77.22%
1935	3,278,800	308,298	24.11%	852,200	2,585	0.30%	682,200	162,073	23.76%	424,300	3,175	0.75%	119,700	11,300	9.41%	7,660	5,512	71.96%
1936	1,266,500	309,000	24.41%	938,000	2,925	0.31%	731,300	163,300	23.01%	437,800	4,720	1.12%	143,500	16,573	11.55%	8,190	5,500	70.49%
1937	1,479,400	442,400	29.90%	94,000	3,348	0.36%	876,700	21,860	26.12%	464,500	6,800	1.48%	167,400	17,300	10.30%	8,180	5,700	69.68%
1933	—	—	—	914,000	—	—	771,000	166,800	21.63%	496,000	8,750	1.76%	124,900	18,800	14.65%	8,000	5,460	68.25%

★栏内数字系指是年下半年及次年上半年而言

现在苏联的农产量，占世界第一位的是五谷和甜菜，占第三位的是棉花，亚麻略为减少一点，但和大麻仍然占世界第一位。

1935年，我在苏联参观时，加入集体农场的农户仅占50%左右，而1938年，加入集体农场的农户已达93.5%。集体农场的面积亦因之大大的增加，而个体农民的耕地面积却逐年减少。下表即可表示近几年来苏联集体农场的发展。

苏联集体农场的发展
（摘自斯大林1939年报告）

年份	1933	1938
集体农场面积（千公顷）	75,000	92,000
个体农民耕地面积（千公顷）	15,700	600
加入集体农场农户数		18,800,000（占全数农户之93.5%）

以单位论，该年集体农场计242,420个，国营农场计3927个。两种农场的生产量，占全苏产量的98.8%。大规模灌溉已达480,000公顷。

集体农场及国营农场所需要的农业机器及拖拉机，已由专门工厂制造供给，农业机器及拖拉机站，1938年，已达6358个。

苏联农业机械的发展
（摘自斯大林1939年报告）

年份	1933	1934	1935	1936	1937	1938	1938与1933之比较
割打联合机（架）	25,400	32,300	50,300	87,800	128,800	153,500	604.3%
内燃机与蒸汽机（架）	48,000	60,900	69,100	72,400	77,900	83,800	174.6%
复杂与半复杂打麦机（架）	120,300	121,900	120,100	123,700	126,100	130,800	108.7%
载重汽车（辆）	2600	40,300	63,700	96,200	144,500	195,800	736.1%
轻便汽车（辆）	3991	5533	7555	7630	8156	9594	240.4%
拖拉机（辆）	210,900	276,000	363,300	422,700	454,500	483,500	229.2%

关于农业机械化之进展，可由下表看出。

三、战时经济发展

苏联基本劳作机械化之进展（展览会内数字）（百分比）

年代		1928	1932	1937	1938
春耕	木犁	9.8	—	—	—
	马曳犁	89.2	71.0	29.0	28.5
	拖拉机曳犁	1.0	19.0	71.0	71.5
秋割	镰刀	44.4	35.4	10.3	8.5
	马曳割刈器	55.4	54.6	45.9	43.1
	拖拉机曳割刈器	0.2	10.0	43.8	48.4
	（其中之联合割打机）	—	4.0	39.8	48.4

下面还有表示实际数字的表。

斯达哈那夫运动[①]，原发生于矿业部门。但在农业部门里也有惊人的表现；下面是一个很好的例证。

斯达哈那夫运动之产量（展览会内数字）
（每公顷内单位百磅）(1937—1938)

冬麦	71.4—80.0
春麦	72.0—75.0
棉花	111.0—142.9
甜菜	1054.0—1104.0
亚麻	22.8—23.16
马铃薯	900.0—946.0

一般而论，农民每人每日的生产力也至增加得很快，若以1922年至25年的个体农民的生产力为100，集体农民到1932年是186，到1937年是315。见下表。

[①] 指苏联的斯达汉诺夫运动，是以苏联劳动英雄斯达汉诺夫命名的一场社会主义劳动竞赛。阿里克谢·斯达汉诺夫（Alexey Stakhanov）中文又译为"斯达哈诺夫"、"斯泰哈诺夫"、"斯泰汉诺夫"等，本是苏联一名煤矿工人，1935年8月31日，斯达汉诺夫以忘我的社会主义劳动态度和刻苦的钻研精神改进劳动组织和采煤技术，在6小时一班的工作时间里，斯达汉诺夫采煤102吨，超过了一名采煤工普通定额的13倍。由此，他一举成名，成为苏联家喻户晓的劳动模范，以他为名的斯达汉诺夫运动也在苏联的政治动员型体制下成为社会主义建设的助力器。

苏联农民每人每日生产力（展览会内数字）
（单位公斤）

年代	1922—1925	1933	1937
个体农民	31.3	—	—
集体农民	—	57.8	98.0

举一个单独的例子。

奥斯金（Oskin）兄弟二人，用两部联合割打机，于一季内割打5238公顷；代替了1637个人，373匹马，25具收割机，25架打谷机，25部簸谷机，和50只分谷机。

我们还可以从侧面来观察苏联农业的进步。肥料生产量和施用量的增加，也足以表示其农业技术上的进步。据1939年安德瑞耶夫（A.Andreyev）报告，1939年苏联肥料施用量，比1932年多4倍余，肥料的生产量亦有同样的增加。单就磷酸肥料而言，1938年之产量，比1928年增加了几倍多。

就一般矿质肥料而言，苏联1913年生产188,000吨，1938年生产6,216,300吨，增加了7倍多。

畜产事业，以前比较落后；但第三个五年计划开始以来，已有惊人进步。以前畜产业不发达的主因是机器加多，代替了耕畜的需要。我们现在将苏联畜产业的一般情形，列表如下：

苏联的畜产业（摘自斯大林1939年报告）
（单位百万吨）

年代	1916（革命前）	1933	1934	1935	1936	1937	1938	1938比1936	1938比1933	1942年后预期较1938年增加之百分比
马	35.8	16.6	15.7	15.9	16.6	16.7	17.5	48.9%	105.4%	35
牛	60.6	38.4	42.4	49.2	56.7	57.0	63.2	104.3%	164.6%	40
羊	121.2	50.2	51.9	61.1	73.7	81.3	102.5	84.6%	204.2%	110
猪	20.9	12.1	17.4	62.5	30.5	22.8	30.6	146.4%	256.9%	100

自1939年7月1日起，至1940年9月1日止，集体农场共计购买羊351万头，猪40万头；每100个集体农场中，目前已平均有98个养牛场，86个牧羊场，66个喂猪场。

农学院及农业专校，由1915年的11所，增加到1938年的90所；农业技术学校，由1915年的24所，增加到1938年的516所。

农业实验站，由1913年的44所，增加到1938年的303所。农业研究机关，1913年时可以说是没有；到了1938年，已有87所。1913年在农业实验站服务的是250人，1938年在农业实验站和农业研究机关服务的是9800人。

国民收入也是在增加。1913年，帝俄的国民收入不及美国的1/6，不及英国的1/4。1913年共计21,000,000卢布，1933年为48,500,000,000卢布，1938年为105,000,000,000卢布，1942年将达174,000,000,000卢布；1933年为1913年的500%。在这收入中，农业产品占一个非常重要的地位。

罗斯托夫州的集体农场每年收入在100万卢布以上的，两年前只有9处，1940年已有40处。

全苏集体农场的储蓄，至1940年已达20万万卢布。

集体农场之收入，由1934年至1938年，增加到250%，农户同期收入增加到420%。

二、苏联农业发展的原因

苏联农业为什么能够如此发展呢？第一是土地国有。土地私有是经济发展的障碍，在土地私有制度之下，要发展农业是受限制的。

在帝俄时代，土地所有权最大部分是在地主、寺院、皇族和富农的手中，在社会主义时代，情形变了。详见下表：

帝俄和苏联土地分配（展览会数字）

（一）帝俄时代

农民	（其中富农占所有的80%）214.7(百万公顷)
地主、寺院、皇族	152.5(百万公顷)
共计	367.2(百万公顷)

(二) 社会主义时代

集体农场农民及个别农民	370.8（百万公顷）
国营农场	51.1
共计	421.9

第二是工农业并进，使农业工业化。一般都是农业品的价格赶不上工业品，而社会主义的苏联则不同。如在美国一架割打联合机价值两千多美金，而1935年我在苏联的时候，每架割打联合机，只值五百个卢布。那时在海参崴，每一元中国货币，可买六十个卢布，这就是说，每架割打联合机，仅值那时中国货币的八块多钱。这种事情，在资本主义的国家，是无论如何做不到的。

第三是国家有整个的计划，以谋农业发展，国家对农业是大量的投资。第三届五年计划，国家经济投资总额为19,200,0000,000卢布，用于农业方面的资金为11,000,000,000卢布。1939年的农业机器和各种建筑材料的经费是79,000万卢布；1940年已达122,500万卢布。

第四是技术的进步，并能得到适当的利用。我们研究农业技术的人，最感兴趣的就是品种的改良得到成功，以为可以帮助国家大量生产。在中国纵然在技术研究上得到新的发现，但是会遭受农民的拒绝，这是因为改良了的品种，需要多施肥料，多用人工，而丰富的收获还是大部分属于地主。又例如优良的猪种，食量很大，农民便负担不起，并且还要有干净的屋子给它住，否则很容易死亡。这种现象，在欧美诸国也都是如此的。这些问题在苏联是不存在了，只要一有新发现，立刻就在实践中去应用。刚才所说的每单位面积产量之增加，就是一个最好的例证。

此外，现在苏联力图征服自然环境之压迫。因为苏联农区常有旱灾发生，须用科学方法来防止。近年来因为集体农场的组织与机械化的发展，已可克服一部分困难。例如瓦尔加河区域及其他各农区以前虽会遭旱灾，但以科学方法的应用与组织的完善，并未形成大患，且其收获量较往前丰收时并不稍差。成功的原因如下：

（1）完全采用科学化的农艺方法；

（2）集体农场的成功，严密合作，增大效率；

（3）适当轮栽法的采用；

（4）合理化的施肥；

（5）农业技术研究的成功；

（6）利用"保雪防旱法"，以补救雨量的不足；

（7）利用机械的高度效率，来伸缩播种的时期；

（8）增加土壤保持水分的力量。

三、中苏农业条件的比较

中苏农业条件的比较，不论是自然环境或是社会环境，中国都比苏联好。何以见得呢？让我来作一个比较，农业发展最基本的条件是要有广大的土地。苏联的全面积虽然比中国大，但是可耕地的面积，中国都比苏联多。见下表：

中国和苏联土地的利用
（摘自罗马国际农业统计年鉴及张其昀著《中国经济地理》）（单位千公顷）

国家	全面积	可耕地面积	可耕地面积占全面积之百分数	已耕地面积	未耕地面积
苏联	2,206,871.0	223,916.0	11.5%	132,777.0	71137
中国（西藏在外）	960,000.0	278,400.0	29.0%	72,000.0	206400

所以中国如果要发展农业，土地利用是不成问题的。

从气候来看，中国亦比苏联好。苏联的北部气候严寒，终年结冰，不能耕作；中部一带纯为大陆性气候，温度的变动甚剧；南部黑海沿岸一带，夏季酷热。中国大部分在温带，一小部在亚热带，东面临海，所以气温适宜，雨量充足，最宜于作物的生长。

从土地的肥瘠来说，中国的土地大部分皆可耕作，不像苏联大部分的土地仅能养鹿，植林。

再从劳动力来比较，中国有45000万的人口，比苏联多2倍余；且能刻苦耐

劳，长于农艺的耕作。

最后从作物的种类而言，苏联仅有几种粮食作物和工艺作物，而我国除少数热带产品以外，无不应有尽有。

苏联农业之所以如此发展，主要的在经济方面解决了土地关系问题，把私有的土地改为国有的土地，而后在使用上，可以采用科学的技术。

我们来看中国的土地关系。根据行政院农村复兴委员会1933年派人在陕豫苏浙四省的调查结果，土地是集中在地主和富农手中。见下表：

陕豫苏浙四省14县89村村户户数与所有田地亩数比较
（1933年农村复兴委员会调查）

村户类别	陕西省3县13村 户数	陕西省3县13村 亩数	陕西省3县13村 每户平均	河南省3县15村 户数	河南省3县15村 亩数	河南省3县15村 每户平均	江苏省4县28村 户数	江苏省4县28村 亩数	江苏省4县28村 每户平均	浙江省4县33村 户数	浙江省4县33村 亩数	浙江省4县33村 每户平均
地主	7	984	40.6	47	7070	150.4	7	398	56.9	37	4576	123.7
富农	28	2230	79.6	82	3166	38.6	68	3338	49.1	31	763	24.6
中农	114	4228	87.1	237	4912	20.7	258	1860	7.2	193	1658	8.6
贫农	594	6002	10.1	749	4478	5.9	540	756	1.4	844	1802	2.1
其他	22	15	0.7	102	203	2.0	79	15	0.2	206	60	0.3
共计	765	13459	17.6	1428	9829	13.9	952	6367	6.7	1338	8859	6.6

因为土地所有权是在少数人的手中，而且这少数人又不一定下田工作，所以中农只能勉强维持一个不致冻馁的生活，而贫农只租得少许土地。详见下表：

陕豫苏浙四省14县89村农户户数与使用田地亩数比较
（1933年农村复兴委员会调查）

村户类别	陕西省3县13村 户数	陕西省3县13村 亩数	陕西省3县13村 每户平均	河南省3县15村 户数	河南省3县15村 亩数	河南省3县15村 每户平均	江苏省4县28村 户数	江苏省4县28村 亩数	江苏省4县28村 每户平均	浙江省4县33村 户数	浙江省4县33村 亩数	浙江省4县33村 每户平均
富农	28	2150	76.8	82	2079	25.4	68	4628	71.0	31	804	25.9
中农	114	4532	39.8	237	6808	28.7	258	5072	19.7	193	2693	14.0
贫农	594	10004	17.1	749	6318	8.6	540	2471	4.6	844	5034	6.0

每户使用的土地太少,而且这太少的土地,常常是不规则的分散在数处,一段一段的有的不相联接。这样的土地怎样能采用机械呢?

总而言之,我们觉得中国农业有发展的无限的前途。我们需要科学的农业技术,但更需要合理的土地分配。孙总理主张平均地权,逐渐把土地收为国有,而后做到耕者有其田,就是这个道理。此外我们还应该实行孙总理的节制资本的办法,把独占的私营企业逐渐改为国营,则国家对于农业方面的投资,也可像苏联似的到一百多万万卢布以上,决非难事。最后我们要记得孙总理的一句话:"迎头赶上去。"

(文献选自《中苏文化杂志》,1941年第8卷第1期,第23—28页)

发国难财者应征临时财产税
1940年11月24日在重庆大学演讲

马寅初

主席、诸位社员、诸位来宾：

今天本校经济研究社要我来作一次公开演讲，我最近有一种主张，不妨对诸位详细解释解释。我以为这种主张很公平，曾经公开讲过好几次，无论那一党，那一派，男的女的，老的少的，无不赞成。我另有二篇文章，登载在《时事类编特辑》第五十四和第五十七期上，从各方面讨论中国今日有实行这种主张的必要。就是说，要稳定当前的物价，要继续抗战，要筹战后复兴的经费，非实行我的主张不可。自拙作发表后，颇能引起社会人士的注意。现在再就对"发国难财的人征收临时财产税"这个题目，和诸位谈谈。

譬如一个生产事业，生产的东西，一半消费，一半用来再生产。比方煤，一部分拿去烧饭，属于消费，还有一部分拿去炼钢，属于生产。每种生产，必由劳工、资本、土地及企业家四者所构成。生产的东西，四种人各分去一部分，因为实际的东西（物）不容易分，所以用钱来分（用钱买东西，所得的结果一样），就是所谓工资、利息、利润和地租。可是每件生产的进行，必受国家的保护，政府法令的保障。故政府亦应分得一部分。不过政府是向劳、资、企、地四种人间接分得的，得到的也是钱，这就是所谓税。税是国家向人民强迫征收的，永远不偿还。人民缴纳税，视为义务。平时是如此，战时亦然。不过在作战的时候，国家支出庞大，消费激增，除一般经常支出外，还要买飞机大炮，充实军备。所以原来的一点税收不够用，政府必须向人民手中多拿一点钱，这就是加税。加税的结果，人民不得不缩减消费。将节省下来的东西让给国家用，自己少用。少用就是牺牲。为争取国家民族的生活而作战，人民的牺牲是应该的。大家应当节约，多节约一分钱，国家便多得一分物资，也就是多增加一分抗战力量。战时用加税的方法筹款，英美可以代表。美国在第一次欧战时，战费三分之一用税，英国四分之一用税，其余的靠公债。美国用税的比率较英国为大，所以美国人较英国人更为爱国。政府在战时加税，固然为筹款最好的方法，但必定会引起人民的反感，因为加税是强迫的，白白地从人民手中拿去的。但政府继续作战，单靠租税不够，于是只能发公债。公债发行后叫人民购买，人民比较愿意。因为公债将来必须还本付息。上次欧战时德国就用这种方法，不加税，专发公债。因为当时德国政府认为一定能够得胜，得胜后以敌国的赔款，用来赔还公债，于是不得不发纸币，马克的价值一落万丈。德国到处设借贷所，叫人民来借钱。人民以财产向借贷所抵押，借贷所给以纸币，人民再拿纸币买公债，于是纸币又回到政府手中。纸币的后面有财产，公债的后面是纸币，所以德国未曾用加税的办法，因为打了败仗，结果弄得一团糟。中国现在的情形，不但没有加税，而且减税。战前我们税收的三大柱石是关、盐、统。现在海关既大都被敌人夺去，关税自然减少了很多；沿海各盐区沦陷，盐税也因而减少。统税更不用说。至于直接税，收入还是有限。遗产税名义上开办了，但实际上到今天不过收到二百四十五元法币。所以英美那种加税筹款的方法，在吾国不能行，用德国借贷所的办法怎样？也不成功。人民根本不相信银行，有钱宁愿放在自己口袋里。政府叫人民购买公债，没有人应募，政府只有拿公债交给四行。四行收入公债，于是发行纸币。德国虽然滥发纸币，但公债还在人民手上。中国的公债，则在银行手上。

现在要说明的，是发行纸币的结果。发行纸币，实即用强迫手段从人民手中取去一部分物资，与加税无异，不过方法上不同了吧。譬如当教授的，一月得三百元薪水，面额和以前一样，但从前的三百元，可以买十倍于今天的东西。今天的三百元，只能买以前货物的十分之一。因为从前留下给人民的消费品有

十倍，现在则只有一倍。所以今天三百元只能买米一石，合以前三十块钱。其余的二百七十元，实即被政府征去了。但是政府并未采用加税的方法。如果税加重了九倍，人民一定要反对，而现在虽无从反对，其结果即未尝有什么两样。因而我们可以说，现在抗战，名义上虽没有加税，实在战费都是我们老百姓负担的。为国家民族争生存，我们固然应该牺牲，但不公平的地方，则随处皆是。我们看吧，在前线拼命的，都是下层阶级，有钱人被抽到当壮丁，也可以出钱买一个人去顶替。在后方出钱的，又是一般中层阶级。总括起来说：我们的抗战，中等人出钱，下等人出力。至于有钱的上等人呢？既未出钱，又未出力，反而发了国难财。今日的中国还是私产制的国家，商人投资获利是合法的，当然未可深责。可是现在更有上上等的人出来利用政治力量做生意，大发横财，伤情害理，莫过于此！这就是我的主张的出发点。这种不公平的四个阶级，我用下图来表示：

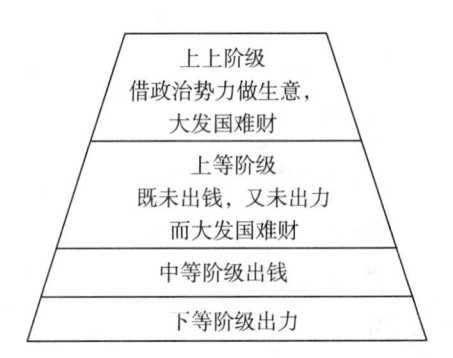

```
        上上阶级
      借政治势力做生意，
        大发国难财
        上等阶级
      既未出钱，又未出力
        而大发国难财
        中等阶级出钱
        下等阶级出力
```

要铲除这种阶级性的不公平，便要大家均等牺牲，便要彻底实行"有钱出钱，有力出力"的基本原则。也就是说，非实行我的主张，请发国难财的人们拿钱出来不可！

我国纸币发行额，在战前据财政部报告是十四万万元。现在大概在五十四万万元左右，即增加了四十万万元。从前的物价低，现在的物价高。前三年仗实即是我们打的，三年花了四十万万元，以前五十四万万元是我们出的，以后要不要请上等和上上等的人拿出钱来？请他们拿钱，不要四十万万元，只要他们将一部分的财产和存在外国的外汇拿出来收回一部分法币，战事便可继续下去了。收回的纸币再发出来，总数还不过是五十四万万元，因而物价不会再高。政府的收支就能平衡，人民的生活也是可以安定。我们并不希望物价跌落，只希望不要再高，这是很公平的。我的主张是这样，诸位有批评吧。

上上等的人怎么会发国难财呢？是因为纸币发得太多，币值太跌，所以人民对于纸币失去信任，惟恐物价再涨币值再跌，于是大家竞买东西。因为竞买，物价就愈高，物价既再涨，自然有大商人出来囤货。囤货本来是物价高涨的结果，但就是因为囤积，货物的供给减少，物价于是就更高。这样一来，囤积和高物价互为因果，囤货的人便大发国难财！根本的原因还是由于钞票靠不住，所以治本的办法，不在禁止囤货，而在减少纸币的流通。纸币减少，物价自然跌落。物价跌落，谁能愿意囤货？这样发国难财的人，就可以减少了。要减少通货，就非请上上等的人将财产外汇拿出来不可！

再谈一谈政府对于公债的办法。假定政府发出三十四万万元的公债，委托中中交农四行向我们推销。政府的公债给我们，我们的纸币给政府，这样，纸币就收了一部分回去。但公债是要还本付息的，谁来还本付息？由我们的子孙负担。他们怎样负担？加重租税。羊毛出在羊身上，政府就想用这种方法收回纸币。他们自以为这种方法很巧妙，双手可以遮尽天下人的耳目，其实是个笑话！因而我坚决主张，非要发国难财的人拿出钱来收回纸币不可。这是我国战时金融财政唯一的出路！

最后有几句离题的话，要和诸位谈谈。有人以为我这种主张是共产主义的办法，说这话的人真没有常识。征收临时财产税，英美诸国在战后都采用过，是收效甚宏的一种办法。在苏联，资本完全国有，试问何以再能征收 Capital levy？我认为此次战争结束以后，国内应当和平下去，不可再有内战。各党各派应彻底为老百姓做事。我是国民党的一份子，主张真正的民生主义，奉行中山先生的遗教，节制资本，以均贫富。诸位都是求学的青年，更应负起责任来，合力建设一个新中国！

（文献选自《新华南》，1941年第3卷第5期，第4—5页）

政策决算的利弊
1941年5月12日在中国农民银行[①]纪念周讲

潘序伦[②]

顾总经理[③]、诸位先生：

今天兄弟承贵行邀请来和诸位多年老朋友见面讲话，心里觉得非常高兴。今天兄弟来得早一点，为的是要参观贵行各项设施，刚才顾总经理给我看贵行通讯等项刊物，里面载着贵行种种设施的消息，都充满了新的气象，使得兄弟心里非常钦佩。贵行成立以来，虽仅有八年的历史，但自顾总经理来行以后，各方面事业的推动突飞猛进，一日千里，所以我觉得贵行的前途真有无穷的希望。

刚才听了顾总经理介绍兄弟的话，兄弟实不敢当！顾总经理要我讲一点修养方面的话，兄弟更不敢当！因为讲修养的话，说的人总要能够以身作则，兄弟自觉人微言轻，不配做人表率，所以不配讲修养方面的话。兄弟对于银行学术，可说全是外行，并没有什么心得，所以也不能讲。对于经济财政等项问题，久已抛荒，未加研究，自己觉得无可讲述，所以今天还要讲我的老本行，叫做非会计不讲。

[①] 中国农民银行1935年4月成立于汉口，其前身为豫鄂皖赣四省农民银行，直接受国民党政权操控，1937年4月总行从汉口迁到上海，抗战爆发后再转迁重庆。

[②] 潘序伦（1893—1985），字秩四，江苏宜兴人，立信会计师事务所、上海立信会计金融学院创始人。中国现代杰出的会计学家和著名教育家。

[③] 指担任第三任中国农民银行代总经理、总经理的顾翊群。

可是在今天选择会计讲题，兄弟认为有几点首要注意的：一是要寻个非技术性的题目而大家都是要听的，使不学会计的诸位要听得懂，会计家要听得不无聊；二是要与银行道德业务有密切之关系；三是要与兄弟历年来所要宣传的宗旨相符。所以兄弟选定了"政策决算"问题，作为我今天的讲题。

兄弟首先要向诸位声明一点，就是"政策决算"这个名词，是兄弟杜撰出来的，不是会计学上固有的名词。讲到决算，大概可分为二种：一种是"法理决算"，就是我们编制决算表，依照会计学的原理和各项法律的规定而编成的。至于全不按照法令规定与会计原理而办理决算，随企业当局的意思而编制出来的决算表，我造出一个名词，就是"政策决算的利弊和它的纠正方法"。考决算问题，对于银行本身原也有莫大之关系，现在我国各银行自办决算，往往采取政策决算的方式，随当局意旨而编定决算表，可说是一般的现象。我们知道外国人要明了某一企业机关的营业情形和财务状况，第一着就要看它的决算表，要是照政策决算来编制的表册，那是毫无一看的价值。且此种决算表，不仅没有益处，而且有很大的害处，因它所表现的数字，一定要教读者发生重大的误会。

一、政策决算的意义

兄弟二十年来和社会接近，觉得社会上一般人士对于会计，有两种不同的观念：第一种人认为账目是一成不变，无可上下其手的，好比一是一，二是二，二加二等于四，很呆板的；还有一种人认为账目是绝对靠不住的，可以随意做的。这两种观念，对于会计的认识，不是太过便是不及，后者认为账目完全可以上下其手，未免过分。会计方面当然有许多原则，有许多法律规定，不能随便违反。前者认为会计为呆板，则所见又似太浅。这两种人的偏见，我们都要纠正。因为账目的呆板，是仅就笔记而说的。如传票，登账，过账，日计表的编制等事项，固然是一分一厘不能有误，但讲到会计方面的高等问题，如估价折旧等等，那便完全是意见的问题。譬如一个大工厂，叫一个会计师，十个工程师来估价，我相信结果必不相同，等于受试的人，大家答解一个同样的题目，他们的答案要不是互相抄袭的话，决计不会雷同的，所以十个人办理一个企业机关的决算，结果亦难相同。在会计决算，不是没有法律上原理上的标准，总有一个中心作为指标。

决算的结果，总不应太离开了这个中心标的。但前面所讲的第二种人，认为账目是绝对可以做的，就是主张"政策决算"的人。政策决算是倒因为果，先定了所要表示的损益数额而来倒填他的决算表，这就是政策决算的意义。

二、政策决算的方式

政策决算有两种方式：一种是要把盈余利益多表示一点，或者要把损失少表示一点；还有一种是要把盈余利益少表示一些。换句话说，便是要把好的成绩表示得不好，或者把不好的成绩表示得好。我们中国人都讲中庸之道，乡下人怕被窃盗，赚了钱怕人家说他赚，因之说没有赚钱。城市人要争面子，亏了本，装成赚钱的样子，在这种情形下面，政策决算也算合乎中国人所谓中庸之道。各业应用政策决算的前例是很多，讲到银行一业，应用得更多。某一银行不日便要关门清算，但把它的决算表打开一看，表中一定还表示着盈余利益，决不会有损失的表示。

三、政策决算的目的

对于国家社会整个抗战有关系的企业金融机关，它们的决算政策，也就是全国经济金融政策的一部分，它们的关系是太大了，我今天不预备讲。今天所拟荐的，仅是一般工商企业的决算问题。简单的讲，增加盈利或减少损失的目的，无非是下列各项：（一）欺骗股东。因为管理当局增加盈利的表示，可以说是管理成绩的良好，可以继续达到其贪恋禄位的目的；而减少损失，恐怕股东知道他们管理成绩不良，要撤去他的职务。（二）欺骗债权人，因为增加盈利的表示，可使债权人看得起他的信用而借钱给他。（三）欺骗预备投资的人，因为增加盈利之后，预备投资的人都来踊跃投资，管理当局可以高价出售他靠不住的股票。再从另一方面讲，运用政策减低盈余利益的目标，无非要（一）收购政府，少纳所得税和过分利得税。（二）欺骗股东，因为恐怕股东看见赚钱很多，一定要议决分派巨额红利，这往往是管理当局所不愿的。或者另有一种欺骗股东的方法，就是管理当局要想把一般股东手里的股票，用低价来买进，自然把盈利结得很少，使一般股东误会这种股份，没有投资价值而愿意以低价脱手。（三）欺骗职工。因为赚钱之后，职工照章多可分红。运用政策决算的方法，减低盈利逃避职工的分红，也是企业当局常做的事。

四、政策决算的方法

讲到方法，兄弟在十几年当中，虽发觉很多的事实，在其方法也很简单，凡要增加利益或减少损失的，不外施以下列几种手段：（一）不提或少提折旧；（二）虚估存货价值或虚报存货；（三）不提呆账准备（是银行最普通的情形）；（四）把收益支出当作资本支出；（五）以损失作为递延资产。以上是讲运用政策增加利益或减低损失的决算方法。反之，工商界赚钱很多，而欲减低盈利，可以（一）多提折旧（二）、多折存货价值，折得很低很低，把成本打二折三折结账，甚至于隐匿存货，根本不将某一部分存货记在账上；（三）多提呆账准备；（四）把资本支出当作收益支出；（五）以盈余记入负债账户；（六）预提种种非必要之准备账户。以上是讲到运用政策，减低盈余利益的决算方法。上述各项方法，归纳起来，可分为三类：（一）涉及刑法犯罪的；（二）税法须处罚的；（三）破坏会计原理的。第一种当然是绝对的干不得，第二种干了也很危险。

五、政策决算的效益

一般企业家和商业家关于政策决算，分反对和赞成两派，各有各的理由，现把它约略分述如下：

先就赞成的一方面来说，运用政策决算，增加盈余或减少损失，可以暂时维持该机关的信用，不致牵动经济金融大局，因为我们知道现在金融界好比纸老虎不能戳穿，一戳穿，影响很大，这是采取政策决算的一个强有力的理由。还有一个理由，企业的盈亏真相，倘使完全透露，则职工便要吵得加薪，股东也要吵得分红，使企业基础不得稳固，所以有时殊有隐蔽真情，减少盈余，减少分配，以固企业财务基础的需要。

六、政策决算的弊害

讲到政策决算的利弊，实在可说利少而弊多，兹把他的弊害列举几项如次：（一）欺骗各利害关系人，使受直接的损失；（二）根本破坏会计的作用，使决

算表成为毫无价值之物，彼此先后无从比较。因为就会计原理而言，决算表好像是一张照片，我们用会计原理来编制决算表，好像用照相来拍照，爱克斯光线来检验身体，庐山真面目，一丝一毫都能呈露在眼睛，不可逃避。现在我们用政策来办理决算，好比是凹凸镜来照相，所呈现于吾人面前的，俱非庐山真面目，则吾人何以有此照相？因为政策决算完全是自由式的绘图不是照相，既使决算表失去他的价值，且又破坏一般社会对于决算表之信任心，这是我们会计师所应根本反对的。

七、判断的标准

兄弟希望诸位银行家和会计师合作，在可能的范围，把企业政策决算的习惯加以纠正。因为政策决算弊多利少不是经常的办法，而是权变的办法，我们最好不做这种事情。我要引证《西风》杂志上一篇小品文字，题目为"尊伪论"，这里我所谓的"伪"，不是伪组织的伪，难道伪组织还可以尊重它吗？这篇文字的作者，大概这样说：家里不懂事的小孩子，常常要吃糖，家里不能没有糖，后来我们买了糖，小孩看见了要吃，我们说这是药，小孩子听了是药，于是不敢要吃了。父母出门，带病的小孩子常常要跟出去，我说我们要到医院里去看医生，于是小孩子就不敢跟出去了。作者还举了许多好笑的例子，他说从来大家都讲伪是要不得的，但有时候伪实在要得。我想判断伪是否正当、是否要得，应有两个标准：第一，要看对方的程度是不是小孩子。我们的对象，到底应不应该骗他，给他看政策决算表？这要我们正确判断的。第二，我们要判断我们伪言伪行对于自己有没有好处，对于股东，对于人家有没有利益。如果真正为了人家，对自己没有好处，这个伪总算勉强要得。所以我们对于政策决算，只好在万不得已的时候，用他来应变，到底不是一个经常的办法。希望国家法律有明白的制定，同时希望诸位银行家对于工商界竭力倡导。今后银行的放款，要一天一天注重借款人的决算表，不要只注意抵押品。我们做会计师的要担负责任对外宣传讲解，使大家都明了政策决算的弊病。今天兄弟所讲的没有什么价值，费了诸位许多宝贵的时间，十分抱愧。

（文献选自《本行通讯》，1941年第11期，第24—27页）

两个时代的战时财政
1942年3月9日在中国农民银行大礼堂讲

朱偰[①]

顾总经理、各位同志：

今天承顾总经理之邀，到贵行来与各位讨论"两个时代的战时财政"这个问题，觉得非常荣幸！

现在无论那一个国家，都关心于战费筹措的问题，因为世界五大洲到处都燃起战争的烽火，为要持久战争，大家都在那里讨论战费如何筹措的问题。不过现在时代与三十年前第一次大战的时代已经不同，一般人对于战时财政的看法和调度已有不同，可显然分为两个时代。

中国抗战已有四年半以上，处此新旧两个时代财政措施不同的环境之中，我们对于战时财政的观念，首先要有一个明确的认识。换言之，就是先应将新旧两个时代加以说明，然后再说明财政措施不同之点。第一，旧时代战时财政，认为单从货币方面可以解决财政，而新时代认为单从货币方面还解决不了战时财政。同时物资问题亦为重要的一环，物资分配得当，方可避免"不患寡而患不均"。第二，从前战时财政筹措方法，以公债为主，公债不能推销，遂流为通货膨胀。现代的战时财政，则注重租税政策，因为租税在各种筹措战费方法之

[①] 朱偰（1907—1968），字伯商，浙江海盐人，财经学家、文物保护专家，中国农工民主党党员。

中,最为公平,最为可靠,最能持久。请进一步申论如下:

第一,旧时代的战时财政。上次大战时各国运用财政亦有不同,有的国家注重发行公债而不重赋税,甚至公债每至人民不能推销时,均由国家银行承受,形成变相的通货膨胀,如国家银行无力承受时,则只有增发纸币以资抵注,此即德国所谓"烟幕下的通货膨胀"。在此情形之下,通货数量愈增加,物资愈无法控制,人民心理愈波动,物资分配愈不公平,物价愈趋上涨,国家预算愈益庞大,发行愈趋增加,成为恶性的循环。其主要之缺点在于不知分配物资、管理物价,仅注重公债或注重发行,以图解决财政困难。此种情形,我们于上次欧战中屡见不鲜,如德国与匈俄诸帝国,俱蹈此种覆辙。即如战胜之法国亦以运用此法,法郎几乎崩溃,幸赖协约(国)之支持金融得免于危。兹为更易明了起见,特举德国为例,因为德国是上次大战战败的国家,同时又是此次大战的主角,德国参加两次战争,足以代表运用战时财政不同的策略,所以我举德国为例认为是很合理的。德国在第一次大战的时候,未能以租税为筹款的方法,除关税消费税外,其他如所得税,收益税(土地税,房产税,营业税)等项,均在各邦手里,其情形有如我国在刚开战的时候,仅有关、盐、统三税为我国主要的收入一样。因为联邦政府平时租税毫无准备,所以战事发生以后,国家支出浩繁,只有发行公债以资弥补,计前后发公债八次,以公债所募得之现款偿还到期之短期国库券,故公债所募得之现款,如较到期之国库券为多,则尚不生问题。迨至第五次发公债时,但人民已无力消受,募集之现款不足以偿还到期之国库券,遂不得不走上通货膨胀之途。当时一般舆论责难德国政府只知发行公债,不知增加租税,因为租税分配较为公平,较为持久,而公债无法推销,遂不得不膨胀通货。此种制度之运用,不待至今日即已有批评其运用错误者,于是德国政府遂办战时利得税以资弥补,惟所得税不在联邦手里,平时与战时全无比较,故虽办理,但成绩不佳,所以德国在当时军事虽未失败,但财政运用早已失败。迨至道威斯赔款之时,德国财政已入恶性膨胀的阶段,于是只得增发马克,数量激增,连到机器不及印发,于是收回纸币加圈印发,至数百万马克数千万马克一张,此乃德国在第一次大战时的情形。而俄国则在上次大战时更不及收回纸币,加印圈子,故连德国的情形还赶不上。这是过去财政运用的情形。因此我想起一则笑话,在一九二二年,有人在柏林丢了一只空皮包,被一汽车夫拾得,此人即慨然以五万马克为酬,毫无吝色,足见当时通货贬值一至如此,实缘于德国政府只知增发公债,增发通货,而不知注重租税,分配物资。所以第一次大战大陆上许多国家,战时财政几全崩溃,以上是讲到上次大战财政措施的情形。

第二,新时代的战时财政。现在再讲此次大战的情形。德国某杂志说:此次大战德国不会再有通货膨胀,此次战事发生以来,为时已有两年半,的确至今尚无一国有通货膨胀的呼声,各国物价亦无飞涨之状。此次有人从德国归来,带了许多消息,据说:物价并未飞涨,除衣料涨至两倍以外,其余全未飞涨,当然咖啡茶叶之类现在买不到,其余物品虽由国家统制,但尚可买到。至其他国家的现象,据云亦无什么了不得的地方。

第三,德国两次战时财政不同之点。现举德国为例,上次战时财政与此次战时财政不同之点,即为此次战时财政(一)德国不仅注重货币方面,同时注重物资方面,物资的管理与财政的运用配合得当,故能处于优越的地位。(二)上次德国经济方面不能自给自足,结果被协约国经济封锁后即遭失败。此次德国拟有四年计划,经济能够自给自足,并提倡种种代用品,所以到了一九三九年打仗的时候,德国经济早已能够独立。(三)上次德国主要的税收都在各邦手里,此次统属诸中央政府,注意到战时财政以租税为主干。(四)上次战争德国注重公债,公债到了饱和点,即变为通货膨胀,此次不同之点,即公债虽继续发行,但同时大规模增加租税,以备公债之还本付息。基于上述各项理由,故此次德国财政当局深信通货膨胀之象可以避免。(五)上次军事准备未如今日之完成,此次希特拉上台以后,经过八年工夫,一切均已准备齐全。故自开战以后,军事支出没有急剧增加,上次大战,德国曾筹有准备金二万四千万,以为足敷战争之用,孰知战争一起,即感财政拮据。此次大战,德国虽未筹有战争准备金,但此次兼并捷奥两国,攫有该两国中央银行现金外汇,已超过上次所筹之战争准备金。

第四,各国战时财政的措施,根据上述优点,但如德国当局不能妥善运用,则战时财政仍不能应用得法,所以这次战争的时候,德国即注重租税,办理许

多租税：（一）利用所得税的系统，征收战争附加税，无所不包，原来平时所得税已累进征至百分之五十，现再加重原税率百分之五十，故一般最高的累进，可达至百分之七十五。换言之，就是原来征收一百马克，现可征收一百五十马克，与我国所得税至今仅征至百分之二十相较，相差大为悬殊。（二）消费税如啤酒卷烟等税提高税率，大量增加税收。（三）各地方政府各按一定比率对中央缴纳战时捐。除此三种方法征税以外，其他如租税估计的标准与方法，常在不断改进之中，所以逃税很少，平时并注重纳税者家庭经济的状况，务使纳税者负担不致有轻重偏倚之弊，故能收获极大的成效。

据德国财政当局宣布，开战后第一年可征税二百四十万万马克，但在平时仅可收得六十万万马克。兄弟在两年前曾撰文对于此数字表示怀疑，但今日据最近德国政府公布：德国税收数字三年来居然已经达到目的，在开战前仅有六十万万马克，开战第一年即已达二百三十五万万马克，第二年即已达到二百七十万万马克，到了第三年预算中间已达三百万万马克，现在已至税收三百万万马克，如此我们不能不佩服德国租税政策之成功。所以财政当局说：这次战争不会再有通货膨胀，相信此次战时财政不会像上次的战时财政。开战三年，物价迄未上涨，马克对外汇价只有增加，其最大原因，就因德国能厉行租税政策，以租税为主要战时财政之收入，故能持久作战，财政方面，迄未稍有动摇现象。

现在再讲英国。英国在一九三八年尚未开战的时候，工党竭力赞成租税扩充国防经费，反对用公债的办法，就是这个原故，因为租税用累进法收税，是最公平最确实最持久，故新时代财政运用均以租税为主要收入。为欲避免通货膨胀险象，英国财政当局曾竭力提高战时所得税，足证其如何注意租税政策。所得税上次大战标准税率拟定征收六先令，开战第一年即增至七先令，第二年起初增至七先令六便士，后来伍特爵士提高至八先令六便士，而加上附加税以后，最高的累进达到十九先令六便士，足见战时所得税况累进抽至百分之九十以上，其租税之重，不仅于英国财政史上是破天荒，即在世界财政史上也是空前创举，可见租税收入，实为英国战费中坚的壁垒。

再看美国在未战前，普通所得税率即为百分之四，附加税最高累进为百分之七十五，合计达百分之七十九，战事发生后尚无确实资料，但我相信亦以所得税为中心收入。

再看我们的敌国——日本，今年度的预算有两种：一为一般会计，一为特别会计，一般会计有八十六万万日金，其中七十七万万系赖税收筹集，其余来源为增发公债等项。由此可知从前各国战时财政注重公债，但公债运用不得当，易流为通货膨胀；现在无论何国均注重租税，战时财政均有相当办法，故此次战争各国对避免通货膨胀一点，均加以十二分的注意。

其次，此次战争各国都认为增发货币不能解决财政问题，除注重租税外，同时注重控制物资，其实施办法（一）政府管理物资设有机构，施行严密有效的管制；（二）生产有严密组织，举德国为例，政府有二十七个物资管理机关，每项生产有"卡特尔"，如面包牛油都有所谓同业公会健全严密，上层政府有组织，计有二十七个机关，下层管理机构，每一阶段都计算生产成本，层层统制，层层计算成本，经济警察人数极众，即金融经济警察已有三万人，有穿便衣者，有穿制服者，平民每人规定食的消费量，买衣服全凭卡片，这样严密统制，故物价不致暴涨。但我们办不到，因为我们尚未实施人口普查，户口登记，而现在的经济会议成立不过一年，尚未收到宏大的成效。若在现在其他国家战时经济之下，人民仅有购买力不行，买东西有定量，层层受政府限制。新旧时代战时财政之不同，有如上述。现在我站在公务员的立场，对我国财政不欲多所发挥，只觉得我国战时财政之运用，亦属根据现代各国之理论：（一）注重租税；（二）控制物资。虽然各国政情不尽相同，但理论则为一致，必须认清新时代战时财政的观念，参考各国战时财政的办法，适应世界各国财政政策的趋势，然后我国战时财政方可配合军事持久抗战，争取最后的胜利。

（文献选自《本行通讯》，1942年第29期，第23—26页）

黑猪鬃产制运销现状
及其当前之困难与将来之展望
1942年10月16日在第44次星五聚餐会演讲

古耕虞[①]

余以为今日各业之中最困难者，厥为猪鬃业。黑猪鬃原料遍产于西南西北各省，而川、滇、桂、康、陕、甘所产者，均集中重庆制造，故重庆从事该业者甚多。社会人士往往以种植须施肥料，而猪鬃则收之于猪，无需任何费用。实则一猪所产之毛仅有数两，且喂猪者之目的，既不为毛，亦无猪毛之集体农场，乡村之中，每队饲猪，届旧历年底而宰杀之，猪毛则贴钱屠夫，由彼取去，屠夫集三五斤售与小商贩，再由制造商在地设庄收集之。猪毛之生产虽无需成本，但小商贩生活高于往日数十倍，自转嫁于猪毛成本之上。再由各地转辗经驿运来渝，运费高昂，间接影响于成本。旱道运输需要坚固之包装，铁皮洋钉消耗甚大，而铁皮洋钉价格又千百倍于往日、包装猪毛需用棉纱，今日棉纱已被统制，官价纱之批准既不可指日而待，黑市纱又无法购买，每箱猪毛需棉纱三斤，数万担猪毛所需甚巨，该项棉纱将何所出，殊成问题。由上所述，成本因而增高，自无疑问，此外许多困难，则与诸君具有同感。有以上种种原因，

[①] 古耕虞（1905—2000），重庆人，杰出的爱国实业家，有"猪鬃大王"之称。抗战时期，通过出口猪鬃，为中国抗战解决了大部分外汇问题。新中国成立后，历任西南军政委员会委员、公私合营四川畜产公司经理、国营中国畜产进出口公司经理、中国土产畜产进出口总公司经理、顾问，外贸部顾问等职务，并先后担任民建中央常委、全国工商联副主席等职。

致诸君认为最幸运之事业,乃成为最不幸之事业,所以吾人至中秋后始有一厂开工,去年所得有三万余担,而今年政府机关与吾人仅有三千余担,为十与一之比。

猪鬃成本既随物价指数而增涨,但试问其成品之价格如何?战前成品在美国价格每磅为一元五角,重庆为六百元一官担;今日在美国之价格为六美金,而在重庆之价格为三千六百元。换言之,猪鬃在外国涨价四倍,而在国内则涨价六倍。其结果于国家是否有利?余不愿加以批评;但其生产量已大为跌落。

余个人对于猪鬃业向感兴趣,有利与否非所顾及,平生志愿厥为猪鬃业之发扬光大。故今日所希望于猪鬃业而欲就教于诸君者有二:一是战时希望;二是战后希望。

第一,战时希望。国家对于猪鬃业应决定其所采取之政策,为财政政策抑为贸易政策?如为财政政策,则有专卖公司,使纳税可以均匀;如为贸易政策,则应畅其外销而求贸易不致跌落。猪鬃一项,本轻而利重,在美国每磅六美金,每箱可合国币万余元,除飞机运费七百元一公担外,其利甚厚。即今生产成品提高,在不令其亏折之范围内,即可大量推广。其他国家为奖励出口,往往予出口商以津贴。而今日之猪鬃,在美国每箱价格万余元,在国内每箱仅为三千六百元,即增加运费之后仍有利可图,何况同盟国今日急切需该项物资?惜今官商仍未能良好合作,以事大量推广,此或为人民未尽监督忠告之责。但仍望政府对于猪鬃特别考虑,决定政策,或以外汇为原则,或以征收专卖税为原则,则前途仍极光明。

第二,战后希望。猪鬃中国出产特多,而需要遍及全世界。但中国所供给者为原料及半制品,而外国将其炼制后,重复行销吾国,此为今日以前之现象。余深望战后工业家共同加以研究,不将猪鬃以原料供给世界,设厂炼制外国所需要之现代化毛刷,则集十余万黑猪鬃在中国之手,世界上无人能与竞争。战前此事颇有困难,如日本购买中国之鬃丝制鬃绳,鬃丝不需纳税而鬃绳则需纳税,但若中国能自制鬃绳行销日本,仍为合算。今后关税壁垒行见撤销,吾人自能将毛刷市场移至中国也。

(文献选自《西南实业通讯》,1942年第6卷第6期,第39—40页)

后方机器业当前的困难
1942年11月6日在第47次星五聚餐会演讲

胡厥文[1]

我们今日从事于工业者的目的,在借抗战的机会,摧毁外人侵略中国的便利,进而与外人相争。今天此项目的,可谓已经达到,国人积习甚深,求其觉悟,自非受相当的刺激不可。年复一年,感想万端。抗战以来,佳景日益展开,但以物价日日昂涨,一般奉公守法切实做事者,其收入不敷支出,感受压迫,甚为严重。吾人为提倡生产,求国族占取优势,自当努力于吾人之工作。但吾人求极度生产,而生产则日见低落,苦心以求产量之扩展,而结果适得其反。每念及此,不甚伤感。究其症结所在:一为存性敷衍。吾人虽有时应讲求礼貌,但做实际之工作,则应前进之朝气,实事求是,惜今日言行相远者,比比皆是。一为缺乏引导。提倡生产,必须有引导至生产大道的团结与方式。本会有鉴于此,乃研究运动,拟组织一生产会议,俾对于具有专门性生产之事业,做切实之研究,而为其将来发展做先驱,深望稚老[2]予以提倡。

生产会议,非为收集巨文空谈,开会后归之档卷而已。凡参加讨论者,必

---

[1] 胡厥文(1895—1989),上海嘉定人,著名爱国民主人士、政治活动家、杰出实业家。抗战胜利后,发起成立民主建国会,反对内战,主张民主。新中国成立后任全国人民代表大会常务委员会副委员长、中国民主建国会主席等职。
[2] 指国民党人吴稚晖。

须对于其所讨论之事有彻底之明了,切实之办法,详记其过程而核算其效果,在政府领导之下,走入生产之大道。

吾人所期待者,为抗战胜利后,吾国能成为整个工业国家,农业生产亦须求其增加。但吾国之农业生产与外国有不同之处,而该项农业之增产,必须与工业取得联系。吾国欲争雄于世界,必须发展工业,而发展工业,必须有行之一字。再则办工业必须有相当之集团,过去工厂经理,大概为商人出身,自己能彻底明白工作情形而下手者甚少。故团体组织方面,仅有商民协会,虽有若干工会,亦仅为工厂中工人之组织。至于专门研究工业问题之合法团体,尚未产生。故本会乃联合有关方面,拟组织工业协会,亦希望稚老加以提倡。

至言今日机械业之状况,生产已日渐减低。在民国二十余年时,本市机械业所需原料——生铁,衡阳一地,即有四炉炼制,日可出六百吨。前数年抵制日货时,曾以英国及印度铁代用。在上海吾人冶铁,月可出二万吨,目前重庆消铁月仅一二千吨,而出铁量亦减少甚多。考其原因,有下列数点:

(一) 技术人员日渐减少

因经商获利甚厚,致机械从业人员改业者甚多,影响所及,现有工作人员也无过去之努力,良以外面之诱惑及机会既多,自不容专心于其工作。且一般工人,训练三四个月即可,而机械人才,求能作整部机器者,非训练二年以上不能成功,优秀钳工,更须经四五年之训练。后方工厂亦会曾从事训练,但未及半程,即被人挖去。各厂对于训练人才,不无兴趣,惟殊不愿自己训练之人为他人所用。故政府对此点,应有相当限制。如能人尽其才,则生产增加数倍不成问题。

(二) 原料缺乏

汉口沦陷前,各种材料均易获致,但今日则异常缺乏,以致出品式样陈旧,不见新颖样式问世。且以式样一律,优劣不分,而劣者更以价廉易于出售。在此种情形下竞争,品质自日益低落。

(三) 资金周转困难

工厂出品动需数月之久,过去五六万流动资金,已甚活动,在物价高涨之今日,五万资金须增为五百万。过去购买材料,可以记账,今日处处非现金不

可，此为机械业最大之困难。吾人拟请政府明了工商情形之不同，而救济亦应有特殊之方法与便利。

　　日本工厂并无特殊之点，其优点惟在善能分工合作。国内工厂，表面似属万能，实则无一精美。故政府应订定工业标准，凡合于标准而成本最低廉者，则由其专营，其不合标准者，则取缔之。至于社会民众购买物品无精确之辨别力，亦为鼓励粗制滥造之一种原因，是鉴别物品方法的指导，亦须吾人作专门之研究。再如钢铁之利用，政府亦应加以鼓励，盖目前之需要，似太缺少也。

　　（文献选自《西南实业通讯》，1942年第6卷第6期，第30—31页）

平定物价之治本治标方策
1942年12月1日在第52次星五聚餐会演讲

褚辅成[①]

今日余拟论及之问题，可分为二点：（一）物价与法币之关系，（二）物价与工厂之关系。

第一点，关于物价与法币，物价之高涨是否全因货币发行之增加而发生？以余所见，其影响实甚微小，仅占百分之二十左右。盖若物价高涨由货币之增加而发生，则全国各地物价应以同一指数上涨。现在物价昆明最高，西安次之，重庆第三。以米价论，重庆米价每担五百元，昆明每担八百元，江西每担六七十元。各地物价参差不一，可见非全因货币增加之故。抗战以来，自二十七年至二十九年下半年，物价并无激烈之波动，其涨风开始于二十九年七月宜昌失守以后，其最大原因，为货物运输之不能畅通。换言之，吾人亦可谓法币之加快膨胀系受物价高涨之刺激。截至去年止，以余个人自各方探问所得，大约比战前增加十倍，孔院长[②]亦谓法币发行之保证准备金未曾跌至百分之六十以下（包括英美借款），共有一百四十万万。可见通货之膨胀尚未至恶性程度。

第二点，货币发行是否已达社会需要之饱和点？四川省内，固游资充斥，

[①] 褚辅成（1873—1948），字慧僧，浙江嘉兴人，杰出的爱国主义者、民主主义者、社会活动家，九三学社创始人之一。

[②] 此指孔祥熙。

实则以内地各省论，尚未达饱和点，故物价之高涨，最要者为交通与消费之关系。以米粮论，四川米粮并无不足，维其消费则较多；过去四川吃杂粮者达百分之八十，而今日则均改食米粮。布之消费较过去更有增加，因一般人之生活程度均较前提高。民二十八，时乡人农夫生活甚苦，穿新衣服者甚少，现一女孩养鸡十只，及其长大，每只重三斤，共三十斤，每斤卖十余元，计有三四百元，以之添购阴丹士林旗袍，绰有余裕。同时亦有以提倡节约而反使消费品畸形发展者。如人舍绸而衣布，致阴丹士林布价格高涨而绸布涨价之指数落后，其他物价因阴丹士林布之高涨亦趋高涨。所以消费无法限制，物价亦无法限制。政府自前年管制物价起，生产方面既不十分注意，消费亦不节制，仅注意于市场，致市场愈管制，物价愈高涨。消费者不减少，正当商人之公开市场受管制，而有钱者可向较公开市场价格高出数十倍之黑市购买。余前年闻自德国归来者谓，德国物价涨出甚微，而当时尚未用定量分配之方式，仅利用社会之力量协助政府制裁之。德国并无保甲制度，但十家中有一人专管消费物品，如消费过多则出面干涉。故平抑物价仅赖政府机关为之办理，能否收效，毫无把握。

关于物价与工厂之关系，过去一二年各工厂以物价之高涨，必有相当盈余。值此黄金时代，余拟提出数点请各位注意，盖随黄金时代之后，危险性亦极大。目前一般人对工厂有一种批评，以为今日工厂非以增加生产谋利润，而以减少生产或不生产谋利润。向例生产愈多，成本愈轻，利益亦愈厚，而今日则生产愈多，利润甚少。如纱厂纺棉成纱，其售价受政府之管制，在此情形下，自不如不生产或少生产，囤积棉花，以候数月之后，价涨数倍。但余拟提请诸君注意者，抗战胜利期不在远，随吾军之推进，日军之撤退，外来之物资可以渗入，内地之货可以流通，物价虽无激烈之变动，其下跌似无可疑；而工人之工价未必即跌，五六百万之军队亦尚未复员，在该种情形下，工厂势非关门不可，不但工业家受影响，工人生计无着，农业原料品价格低落，农工商三者均将遭遇不可挽救之危险，社会经济将无法收拾。故余此次在参政会提议国际贸易国营，如外货均操纵于政府之手，则政府可调节物价，使其逐渐跌落而不突然下降。抗战结束后，外货必源源而来，此种痛苦过去已经受过。吾人不但对于英美，即对于日本，虽不采报复政策，亦须设法限制其货物之入口；在此种局势下，配以外交，或可挽救于万一。余之主张不知诸位能否赞同，如能赞同，希望共同主张，唤起政府之注意，努力进行。

（文献选自《西南实业通讯》，1943年第7卷第1期，第43—44页）

限价后之几个问题
1943年1月28日在第59次星五聚餐会演讲

章乃器[①]

余对限价事实,不欲多加论述,而愿乘此机会提出数个问题,与诸位共讨论之。

迄今之平价工作,条件优越,应该可以成功。其有利之条件,约有三端:

第一,战争之好转,自欧洲东战场、北非战场以至西南太平洋战场,各处均有胜利。最近罗斯福与邱吉尔会议后,或有更大之发展,可能使吾人渐渐重视法币而不重视物资,此为极好之心理转换。

第二,中英、中美新约,余除略有意见外,大体言之,百年羞耻,一旦洗雪,对国民精神影响甚大。

第三,第三问题虽比较微小,但为一基本条件,一年以来,个人所见所闻,与作统计工作者所交换之意见,均以为一年来农产物价格所涨不及用品条件下,其购买力自然低落。余与友人通讯,似在限价以前,内地物价已在下跌,而农村购买力亦比较紧缩。限价前宜宾友人来函称,该处阴丹士林布每尺十八元,安南蓝布每尺十六元,印度蓝布每尺十四元。即在重庆,扳烟价格平价前已自

[①] 章乃器(1897—1977),字子伟,又字金峰,浙江青田人,爱国民主运动先驱,救国会"七君子"之一,中国民主建国会创始人之一。新中国成立后,历任中央人民政府政务院政务委员、中央财经委员会委员、中央人民政府粮食部部长、中国民主建国会中央副主任委员,全国工商联副主任委员等职。

二十二元落至十二元。在目前花纱问题严重时，人人需用之布匹尚能下跌，当为良好现象。

此三点尤其第三点在限价呼声中极有力量，亦可谓天与人归，只需共同努力，一方面方法周密，执行一致，必能收效。

余且以为今日之限价，只能成功不能失败，否则抗战建国事业所受影响太大，甚至可能因限价之失败而招致整个经济崩溃，影响抗战前途，此为一种可能发展。另一种可能发展，为抗战胜利之日，即经济全部崩溃之时。第一种发展无庸解释，兹就第二点稍加论列。

余尝谓现今之汇价与物价距离太大，如现在物价再涨一二倍，汇价与物价距离更大，将来封锁撤销，海口重开，即外贸小量渗入，届时物价之跌，即可使吾人之工商业全部崩溃。故此次限价，只能希望其成功，不忍亦不敢预料其失败。一方面条件固然优越，一方面其后果又非常严重，故值得吾人十二分慎重之考虑。

余所欲提出与诸君讨论者，第一即余与主席有同感，亦觉现在市价休战而官价未曾休战，甚至挑战，此实非上下一心全国一致之表现。冒昧而言之，凡在此极严重关头，破坏此极有力量之国策者，国家如有法纪，其负责人之罪名应相当重大。如糖涨百分之八十，致酒精用糖蜜者由六九六〇〇元限价涨至一一八〇〇〇元，酒精原料为干酒，因统税重新增加之结果，由七万余涨至十至十一万元，一斤涨出三成，当然，酒精非随之加价不可。以酒精为动力之运输业，成本遂亦增加，而其成本之增加，乃转嫁于物价。直接税增加无可非议，其对于人民之影响亦不大，间接税之增加，必然影响物价，似不应当。但目前间接税上涨，专卖物品亦涨。故余以为过去吾人既曾有所发动，现在更应有呼吁。中央日报有舆论，尚未足引人注意，吾人应由工商界联合向若干主管部门递呈，希望政府用向阳移木之方法，与民更始。过去人民对于政府之信仰，既嫌不足，致人民对许多政令阳奉阴违。此次，委员长下决心，亲自订定平价方案，希望切实遵行，使人民对政府信仰增强，始能渡过此经济难关。但结果执行仍不一致，使人民怀疑政府之决心，或以为政府权令不统一而生藐视法令之心，即不藐视法令，但以限价反成增价，心里不服，于过去所谓官民一体，上

下一心之理想发生妨害。个人提议，是否由吾人团体呈文总动员会议或行政院，认为该种今日应加之统税，照原来规定三个月或六个月整一次者，以限价关系可以不加，专卖物品予以特别津贴而将已加之价取销。此种向阳移木之精神，可使全国耳目一新。再配合以目下良好之条件，限价必得良好之结果，然后将生产、运输、资本等问题予以解决，整个经济基础必能建立稳固。

其次一点，余对于中英、中美新约，尤其中美条约，略有意见。平等果属佳事，但小孩与大人之间，实无平等可言。中美条约中若干壁垒已被打破，首先关税壁垒即已打开，其结果使贸易无法控制，贸易壁垒遂亦打破；此外尚有汇兑壁垒存在，然战后中国需要吸收外资，恐汇兑自由一点，中国本身即将提出，自动打破此壁垒。可知战后吾人生产事业之三道壁垒均已打破，毫无保障。故吾人于庆祝新约声中，深恐政治之不平等取消后，经济之平等或更加甚。心所为危，虽不能发表于言论，但呈文建议工作不能不作。建议非谓条约不好，而谓应根据此条约之精神有所补充。条约须经立法院始能核准，余意能否呈文立法院，称根据平等精神，对于贸易提出二种意见：（甲）根据平等精神，希望将来输出输入价值相等，惟其中能增加吾人生产力之物实，进口稍多亦所欢迎，但须有一定之计划。如为无计划之贸易不平衡，则吾人为被动，国家所有小量资金将全部耗竭，至为不利。如彼等对此已有计划，吾人亦可素阅。（乙）吾人贸易虽然自由，但所输入物资必须为吾人所需要者，吾人不需要之物资则不能任其自由输入，如此吾人尚能与彼有磋商之余地，将输出输入细目予以合理约定。相约如此，亦为平等精神。此处所谓需要，不能以人民之需要为准，否则重庆市尚有吸鸦片者十余万人，则鸦片亦为需要之物矣。吾人二点皆应提出，不论立法院在条约上能否再作补充或加以补救，将来交涉商务条约时亦有所根据。余信政府希望吾人有此提议，此亦为平等表示，可使国家办交涉时有强硬之场。

（文献选自《西南实业通讯》，1943年第7卷第2期，第36—38页）

苏联的贸易

1943年10月5日在中苏文化协会演讲

章友江[①]

一、序言

今天有机会向诸位谈话，心中感觉非常荣幸与兴奋。今天中苏文化协会邀我前来讲演的题目为"苏联的贸易"。乍看起来，我们在抗战的时候来谈苏联的贸易，与我们目前所处的环境，岂不是太不切合吗？或者认为这个题目未免太专门了吗？其实不然，我们在抗战已经接近最后胜利的阶段这个时候来谈这个问题，我认为至少有下面三个意义，值得我首先提出来加以说明的。

记得在去年的时候，本会也曾经约过我好几次来讲演这个题目，可是我去年始终没有来，因为去年与今年相比较，距离最后胜利和战后进行大规模经济建设的时间，究竟相差较长。在去年我们虽然也有这个信念，最后胜利一定属于我们，而与今年相比较，这个信念，究竟比较模糊，现在我们大家这个信念，已经一点也不模糊了。换句话说就是在去年如果来谈苏联的贸易这个问题，未免觉得大不切合实际，或者太专门，而在今年来谈则不然了。今年与去年的情

[①] 章友江（1902—1976），江西南昌人。1915年入清华学校，1925年赴美留学。1927年加入美国共产党，后赴莫斯科。20世纪30年代被王明等开除出党，后回国任教，成为民主人士。1950年任政务院参事，后加入中国国民党革命委员会。

形，已经大不相同。战后建设有密切关系的对外贸易是值得谈谈的。这是第一点。

最近苏联在前方节节胜利，而且这种胜利，非我们平常所能想像到的。然而苏联究竟为什么在最近会得到这种伟大的胜利，岂不是出于苏联在工业上的建设有着相当成就吗？苏联由于工业建设成功，使国家重工业基础得以建立，国家重工业的基础建立后，所以现在才有机会才有力量来向敌人反攻，而且才能够得到这样伟大的彻底的胜利。但是我们这样的说，仍只知其一，而不知其二。最近苏联在前方所以能够节节胜利，其主要原因，其实还是由于苏联对外贸易政策的胜利。我们大家都知道，从前苏联是一个经济落后的国家，在一个经济落后的国家，要想建设他自己国家的重工业，则非依靠对外贸易不可。因为要促进他本国的工业建设，完成他本国的经济建设，首先必须购买外国的各种建设器材。自己国家的经济建设达到成功，所以今日从事抗战，才可以得到伟大的彻底的胜利。由此，我们可以知道一个国家的对外贸易，对于该国的经济建设及抗战有莫大的影响。然而利用外国的建设器材并不是一件容易的事情，我们中国到今日还没有把经济建设完成，即其明证。所以我今天来讲演这个题目，就是要使大家了解苏联是怎样经营贸易而获得工业化的和取得现时的军事胜利，从而研究我们国家今后应该运用那种的对外贸易政策，使我们国家的经济建设迅速得到成功。加之我国现在也一天一天接近最后胜利的阶段，而且目前经济建设的口号正唱得非常响亮。那么，我们来研究苏联的对外贸易政策，以作我们今后建设经济的借鉴，正是我们最迫切需要的工作。这是第二点。

第三点意义就是现在世界经济关系的中心问题，就是贸易问题。换句话说，今后世界各国是否能够维持永久的和平，一方面固然说就是经济问题，但最主要的是贸易自由与不自由的问题，也就是资源的自由取得和分配问题。譬如罗邱宣言，大西洋宪章，与罗斯福总统及邱吉尔平时单独的各种演讲词，以及我国与美国所签订的租借法案，我们详细加以分析，其中心问题莫不就是一个贸易问题。所以我们为着要认识清楚，我们国家今后经济建设和对外贸易问题，便要进一步知道世界贸易趋势问题，苏联的对外贸易政策和这趋势的调协问题，以及在此环境之下我们究竟可以由苏联对外贸易政策学习些什么问题。

根据上面所说三个意义，所以我今天特别从南岸赶来，很乐意向大家谈谈苏联的贸易这个问题。同时，各位也一定不会说我今天来讲这个问题，是一个专门的问题了，或者是一个不切合实际需要的问题了。

二、四个特点

现在我讲到苏联贸易的几点特点：

苏联贸易的第一个特点是不以争取国外市场为其目的。我们知道，在资本主义国家，他的贸易的主要目的就在如何争取国外市场，如美国英国即其明例。因为资本主义国家的生产，发达到一定水准，便有许多商品。非国内商场所能容纳，换言之，就不能以有利的价格售卖出去。况且资本家所出产的产品，都想追求极大的利润，以增加少数商人们的利益。换言之，在国内市场上，如果以一定价格出卖的某种商品达到饱和点，形成供过于求的状态，则商人们所获的利润，自然会日渐减低。因此，不能不向国外市场发展，将所出产的产品运往国外倾销，以争取国际市场。同时，资本主义国家的国内市场，往往被大资本家所袭击，因此该种商品在国内价格甚高，致使商人们能够将其商品廉价倾销于国外各市场上去。

但是苏联的贸易却不是这样，他并不以争取国际市场为其目的。以苏联人口这样的众多，土地如此地广大，其出口价值，在一九三五年时，仅占全世界出口总值百分之一点七。以言美国，是年货物的出口价值约占全世界出口总值百分之一点八。以言英国，约占全世界百分之十一。以言德国，约占百分之九点一。不但英、美、德等国家的出口价值较苏联的出口价值为大，就是欧洲几个小国家的出口价值也比苏联的大。

我们再拿一个国家的人口与其出口价值来比较，在一九三二年，苏联的每个人民平均约输出七个马克，在一九三四年约输出五个马克，换句话说，苏联的人民，在一九三二年，将自己的货物运往国外销售，而所换来的货币，平均每人只有七个马克，在一九三四年，平均每人只有五个马克。以言英国，一九三二年，平均每人约一百一十六个马克，在一九三四年，平均每人约一百零四个马克。而加拿大在一九三二年，平均每人亦有一百三十四个马克，在一九三

四年，平均每人亦有一百五十四个马克。再言日本国家，在一九三二年，平均每人约三十二个马克，在一九三四年，平均每人约三十一个马克。日本还是一个强国，再说殖民地马来亚，在一九三二年，平均每人占有一百三十六个马克，在一九三四年，平均每人约占一百九十七个马克。像这些数字，举出来，大家未免觉得太厌烦，但由此我们就实实在在可以知道苏联贸易的上述特点了。

当然，这种情形也有例外，就是苏联当经济建设尚未成功的时候，也是相当的注重出口贸易。在一九三二年以前的时候，英美等国全部说苏联运出多量物品在各国倾销。

这大概正是苏联积极建设的时期，当时苏联之所以注重出口贸易，并无其他原因，只是想借出口贸易来支付进口贸易以输入建国器材。但是自从一九三二年以后，苏联便渐渐不再重视出口贸易，到一九三四年，仍然如此。此中原因，就是由于苏联的经济建设已经完成，对于外国器材的需要已不如以往的迫切。这是苏联的贸易第一个特点。

苏联的贸易第二个特点是以提高人民生活为他贸易的目的。根据苏联的理论，任何一个国家的人民，不能完全依靠外国进口的商品来维持或提高其生活。因此，各国必须发展其国内的工农业。否则不但路途遥远，运输很不方便，而且，在资本主义制度下，没有一个国家能够或愿意为别国人民生活的提高而生产，其生产数量也难以满足其需要。此外，人民生活之提高要以生产力之发展为基础。平时如此，战时尤然。因为一旦战争发生，则自己国家，即有被敌国封锁而使人民生活陷于极端艰难的危险。所以苏联认为要提高人民的生活，自非借贸易政策从国外运入建设器材，以促进国家的经济建设不可。尤有进者，苏联认为人民生活之提高要以超资本主义社会制度为保障，所以苏联一方面取消私有财产制，另一方面实行全设的国营贸易制。这是苏联对外贸易的一个根本观念，也就是苏联贸易的第二个特点。

苏联的贸易第三个特点是由于要提高人民生活，他所进口的主要货物是重工业品。所谓重工业物品是什么？就是机器制造业，五金业，铜铁业及一部分基本化农工业所需器材，其中最要紧的是制造机器的机器。记得苏联的领袖，常常这样说：苏联如果要建设成为一个经济独立的国家，如果要完成国家的整个经济建设，必须注重各种工业品的进口，而尤其要着重输入制造的机器。所谓工业，本可以分成两种。一种称为轻工业，一种称为重工业。轻工业就是出产人民生活必需品的工业，如纺织工业等属之；而重工业，乃是轻工业的基础。必须有了重工业，轻工业才能够突飞猛进。譬如我们中国，就是一个没有重工业的国家，一部纺织的机器坏了，也就不能再做一部，一个汽车的轮胎坏了，也就没有办法修理。这样，不但人民的生活不能提高而且没有保障。所以苏联要注重输入进工业物品，而尤其重视机器制造业所需器材的进口。

我们现在可以用数目字来证明，在一九二三年至一九二四年的期间内，苏联所进口的轻工业原料约占进口总值的百分之三十八。重工业品，包括机器和五金，约占百分之二十一，共计二万万一千九百万卢币。但到了一九二八—二九年，机器和五金的进口值已达十五万万卢布，约合一九二三年至一九二四年所进口的七倍有余。而轻工业原料进口的比重亦已由百分之三十八降落为百分之二十八，而机器五金的进口比重则由百分之二十一提高为百分之三十六。到一九三一年机器和五金的进口值达二十九万万卢布，占进口总值百分之七十三。这个时候，正是苏联进行其第一个五年计划的时候，所以要注重重工业物品的进口。正在这个时候，所以苏联的进出口贸易也有空前的发展。例如在一九一八年苏联的进口值为四百六十点八百万卢布，而一九三一年增为四千八百三十九点九百万卢布，而出口值亦由一九一八年之三十五点五百万卢布而增加为一九三二年之六千五百八十一点二百万卢布。这是苏联的贸易第三个特点。

苏联的贸易第四个特点是以巩固国防为他贸易的目的，苏联认为世界的和平是不能长久保持的。尤其是苏联，更被很多资本主义国家所包围，他的国防更不能不力求巩固。然而苏联要巩固他的国防，则不能不从经济建设上着手。我们平常说，所谓国防，就是军事上的设施，而苏联认为这种说法是不够的，国防的基础要建筑在经济上，所以他必须要着重经济建设，以谋国防的巩固。刚才我在前一段讲，苏联注重工业物品的进口，其原因一方面固然在谋人民生活的提高，而另一方面却在谋国防的巩固。所以苏联迫切需要各种器材，而尤其制造机器的母机的进口。

关于母机之一的机床，其进口数量，在一九二九年约占全国机器进口总值

的百分之七点九,一九三二年约占全国机器进口总值的百分之二十六点三。苏联机器进口数值之庞大,使当时欧美各国的经济危机没有蔓延到机器制造业。例如在一九三二年,美国输往苏联的母机床,约占其机床出口总数的百分之二十五点二,英国输进苏联的机床,亦约占其机床出口数值的百分之六十四点三。德国更多,约占其百分之七十四。换句话说,美国在一九三二年的时候,出口一百架机床,就有二十五架是卖给苏联的,英国出口一百架机床,就有六十四架是卖给苏联的。德国出口一百架机床,就有七十四架是运往苏联去卖的。苏联大量进口母机的主要目的是要巩固他自己的国防。这是苏联贸易的第四个特点。

苏联为着要急于争取经济技术的独立以巩固国防和提高人民生活,所以曾于第一个五年计划时期大量的输入重工业品,同时并不愿国内价格高于国外价格之损失,而将大量工农产品销售于国际市场,以便支付经济建设器材的进口,一俟经济技术的独立取得后,便逐渐输入轻工业器材的日用品甚至普通所谓的奢侈品,以便提高人民生活的享受,这便是苏联贸易的四特点。

三、七个效果

苏联实施这样的贸易政策,换言之,其贸易即有上述四个特点。后来究竟发生了什么效果呢?这就是我在第三段所要说的。苏联的贸易政策实施后,一共得到七个效果。

第一,苏联在一九三二年以后,已经得到经济技术上的独立,换句话说,就是苏联已经进步到自己能够制造机器了。譬如纺织机器,汽车等如果坏了,现在自己都能够修理或另行制造了。但是这并非说苏联可以完全不需要购买外国器材,苏联为着迎头赶上工业发达国家,仍然要输入许多机器,尤其是最精巧的新式机器。不过,在被敌人封锁的时候,苏联可以自行制造机器。纵然没有外援,也还可以自己的经济力量而独立生存。然而我们为什么会说这时苏联的经济能够独立呢?是因为:

(甲)苏联机器制造业的生产总值在一九三七年,已达约在二百七十五万万卢布左右,与第一次世界大战以前相比较,约要拿出其水准二十三倍有余。

（乙）苏联在第二个五年计划开始时，他自己已经能够制造一种新式的机器。在一九三六年时，即已经能制造二百五十种最新式的精巧机器了。到第二个五年计划终结时，苏联增产精巧机器的比率，高于单式机器的增产比率。例如自一九三二年至一九三四年期间，苏联精巧机器的产量增加百分之五十，而单式机器的产量只提高了百分之二十。日本本来是一个工业相当发达的国家，然而他就只能制造一些普通机器而不能制造精巧的机器。现代国家，如只能制造普通机器，当然不算为一个工业十分进步的国家。

（丙）正因为苏联自己能够制造机器。而且能够制造最精巧的机器，所以在一九三二年，凡于一九〇〇年前装置的机器，由苏联自制的不过占全国所有机器总数的百分之二十八点一%。但是到一九三二年装置各种机器，大多数都是自己所制造的机器，由苏联自制者却占百分之四十五点五。这表示苏联自制的机器对进口的机器而言，其比重日见提高。

第二，转变了贸易的性质，即变进口为出口。这句话怎么解释呢？就是说，苏联从前需要从国外买进来的货物，到现在已经发为输出品了。如在一九三四年，苏联尚须进口三百四十五万一千余卢布的洋灰，到一九三七年，而反出口二千八百九十九万七千余卢布的洋灰。又如纺织机器的进口，在一九三四年约需三百五十一万七千余卢布，到一九三七年，反而出口四百三十四万七千余卢布。又如农业机器的进口，在一九二九年约需二十万万五千余万卢布，到一九三五年，反而出口二百万卢布。苏联的农业机器，其精巧的程度，要算世界第一位，这是我们大家都承认的。因为苏联实施集体农场制度，非有最精巧的机器，则不能达到收获良好的目的。苏联的贸易所以能变进口为出口，完全表示苏联的经济建设已经成功了。这就是苏联贸易政策实施后所得到的第二个效果。

第三，就是进口贸易的减少，苏联在一九三二年以前扩大出口贸易之目的是在支付进口贸易。苏联进口贸易数值最大的一年为一九三一年，达四十万万卢布，到一九三四年已减少，只有十万万卢布。苏联在一九三一年输入最多的原因，是苏联当时需要输入机器最迫切的时候。譬如在第一个五年计划实施过程中，曾进口机器七十六万万卢布，而在第二个五年计划实施过程中，就只进

口机器二十万万卢布了。这是苏联贸易政策实施后所得到的第三个效果。

第四，苏联的出口贸易也是一天比一天减少了。苏联出口贸易数额最大的一年，为一九三二年，共值六十五万万卢布，但到一九三六年，已减为十三万万卢布。苏联出口贸易数额的减少，是苏联贸易政策实施后所得到的第四个效果。

第五，苏联进口物品的性质改变了。我在前面曾说，苏联在一九三二年至一九三三年每年从国外所购进的物品，其中数值最大的为重工业物品，尤其注重输入制造机器的机器。但是后来，因为国内的重工业物品已经不感觉缺乏，于是准许咖啡、可可等消费物品进口，准许这些物品进口的目的在于提高人民生活的享受。在苏联，如果重工业尚未建设完成，或者说国防尚未巩固起来，则政府对于人民的生活限制最甚，换言之，一般人民的生活都是非常艰苦的。但一俟国家的工业发达和国防巩固以后，政府才逐渐输入生活享受品以丰富人民的生活并谋人民幸福的增进。在第一个五年计划期间机器装备的进口值约占其进口总值百分之五十一点四，但到第二个五年计划，则减为百分之三十六点三。这也表示苏联进口品的性质改变了。在第二个五年计划期内，轻工业机器如纺织业机器，皮革业机器，造纸业机器的进口值都相对的提高了。这是苏联贸易政策实施后所得到的第五个效果。

第六，苏联出口物品的性质改变了。苏联在一九一三年出口的工业物品，约占全国出口总值的百分之二十九点四，农业物品，约占百分之七十点六。但是到一九三三年，出口的工业物品，约占全国出口总值的百分之六十八点一，农业物品约占百分之三十一点九。一九一三年所出口的工业物品与农业物品的比重恰与一九三二年所出口的工农业物品的比重相反。自一九三二年以后，苏联因为没有迫切进口的必要，所以逐渐减少出口的数量，许多与人民生活有关的工农产品逐渐移传国内市场而不输往国外。这是苏联贸易政策实施后所得到的第六个效果。

第七，苏联的贸易已经争到主动的地位。从前苏联与英美德等国家的贸易关系，苏联是受制于英美的，因为苏联急于要建设，所以不能不低声下气去购外国的机器和原料。换言之，在从前，一件交易的成功，苏联必须接受各国种种有欠公允的条件，但是后来，苏联的经济已经独立生存，故对于种种有欠公平的条件，都完全拒绝接受。苏联和其他各国的贸易中心也移置到莫斯科去了。所以英美各国的出口商品都要到莫斯科去做生意，谈贸易。生产与买卖的能否成功，苏联可以完全根据他们所提出的售卖条件而主动的决定，这是苏联贸易政策实施后所得到的第七个效果。

上述七个效果表示苏联的贸易政策是成功了，苏联贸易的特点都发生了他应有的效果。

四、我们的教训

现在我们来谈谈苏联贸易政策对于我们的教训，据我个人的研究，至少有左列（以下）三个教训：

第一，我觉得我们中国所进口的物品的性质，应该设法加以改变，我们中国自从与外国通商以后，所进口的机器零件等很少，每年平均不过占全国进口总值的百分之四。近年来虽然稍有增加，每年平均也不过占百分之九，或百分之十。但是关于各种奢侈品的进口，在战前十年之内，平均每年约进口一万万余元（一九二八年为一万四千万元）。这个数额，约占战前十年内每年进口总值的十五分之一，或入超的五分之一。非必需品的进口数量也是相当庞大。如毛织品丝织品等，在战前十年之内，平均每年约须进口二万万余元。再如粮食，我们国家，自古都称以农立国，但在一九二七年至一九三六年这几年内，进口的数额也是相当庞大，平均每年尚须进口一千七百万公石，合国币二万万余元。这实在是我们感觉异常惭愧的。所以我们今后一定要改变进口物品的性质，大家都不应该购买外国的奢侈品，应该努力购买发展重工业的各种器材，以期完成国家的经济建设。苏联在第一个五年计划的时期内，一般人民都过着很艰苦的生活，目的是要储蓄款项来建设国家。一个人用外国所制造的呢绒缝制衣服，或购买外国的奢侈品，乍看来，似乎对于国家没有多大的损失，但一个人如此，另一个人亦如此，个个人均如此，则对于国家筹划经济建设资金的影响，就不浅鲜了，结果国家的经济建设便要迟缓甚或不能完成。

第二，我觉得我们政府对于贸易应实施合理的指导管制，最好采用国营贸

易，采用国营贸易以后，才容易使贸易与国家的经济建设配合进行。我们应当将奢侈品和非必需品的进口予以限制或禁止。苏联的工业建设所以成功，虽然还有其他原因，但是也不能不归功于管制贸易的实施。当然，苏联的情形与我们中国的情形，有很多地方不尽相同，所以我们中国除应尽量实施国营贸易外，还应鼓励民营贸易的发展并予以合理的指导管理。

我今日主张管理贸易，也许有人会疑惑，他是否和大西洋宪章主张贸易自由的精神相冲突呢？其实不然，我认为一点也不冲突。大西洋宪章的精神是在谋各个国家经济的发展，而我们中国也是同样想谋经济的发展。大西洋宪章上主张贸易自由，其前提是必须使各民族不感到贫穷的痛苦，然而我们中国却是一个最感觉到贫穷痛苦的国家。只有经过贸易发展我们的经济才能解除这种痛苦。同时，美国人民所谓的贸易自由，主要是排除根据政治立场的差别待遇。我们中国如果实施贸易管制，并不差别待遇美国或英国，或其他各国。凡是与我们国家经济建设有密切关系的物品，我们都让他进口，我们所考虑的是他们所给的售卖条件和该项物品对于我国环境的适用性，所以我们如果根据这种说解来实施贸易管制，与大西洋宪章的精神并无违反的地方。

第三，我感觉我们应该将国父的民生主义广泛应用到各方面去。我们知道，民生主义的实施方法，一个是发达国家资本，一个是节制私人资本，另一个是平均地权。而必须将这三个方面广泛运用到各方面去。这三个方法实行后，然后才可以使我们国家的贸易真正成为民生主义的贸易。我们国家的经济建设，才真正成为民生主义的经济建设。如果我们不将民生主义运用到各方面去，即使我们国家的经济建设成功，对于全体人民的生活，也是没有很大的补益的，而且在实施贸易管制的过程中，必然会受到各方面的种种阻碍，或官僚集权主义的利用。譬如国家如果绝对不允许人民进口一般奢侈品或非必需品，必为一部分只考虑自己个人利益的人民所极端反对。但是国家如果不能限制人民一般奢侈品的进口，并鼓励各种重工业物品的进口，则国家的工业，当然难以发达，国家的经济建设，当然亦难以完成。有时这些坏人在"管理贸易"的掩盖之下，无恶不作，使国家的经济建设受到最严重的摧毁和破坏。然而此种阻碍与困难，惟有将民生主义广泛运用到各方面去，然后才可以发挥一种伟大的力量出来去排除它，去克服它。

　　因此，我今天讲演这个题目的结论很简单，我认为苏联贸易发展所得到的效果，正是我们中国所应得到的教训。我们抗战到今天，最后胜利已指日可期，关于各种建设的任务——尤其是这个经济建设的任务，已不容许我们仅在口头上大声喊叫，我们必须加紧学习苏联的经验并努力去实行这个任务。正如我们现在正喊着利用外资，发展我国实业的口号。有一位美国人在一篇文章上说："你们仅仅喊着这样的口号，而不去切实筹洽，未免太落人后了！"希望国人赶快猛劲，积极努力，共谋我国经济建设的早日成功。

　　（文献选自《中苏文化杂志》，1943年第14卷第7—10期合刊，第60—64页）

国际交往与中国建设
1944年10月1日在北碚祖饯席上演讲

卢作孚

一、国际通商会议的性质

这次国际通商会议，是由美国四大工商业团体所发起，邀请我国工商界举派代表出席。这次会议，大体是由美国工商界提出九个问题，希望探讨其他各国对这几个问题的意向。这九个问题是：

1. 维持私营企业的问题；

2. 国家商业政策；

3. 国际货币关系；

4. 新的区域之工业化；

5. 如何鼓励及维持投资；

6. 航业政策；

7. 航空政策；

8. 世界原料供应问题；

---

① 1944年秋在美国召开的国际通商会议，为各国工商界参与缔造战后国际经济新秩序提供了一个重要平台，卢作孚代表中国工商界出席此次会议。此文为卢作孚在上海复旦大学、中国西部科学院等机构在重庆北碚联合举办的欢送会上的讲话，原题为《在北碚祖饯席上》，载《嘉陵江日报》1944年10月12—15日，编者略有删节。

9. 卡特尔——商业联合问题。

这几个问题，也许就是美国今天所感觉的问题，也许他们对这几个问题有一种倾向，希望探讨旁的国家对他们这种倾向是否相合，或有何出入。

中国工商业团体推选了几位出席代表，由政府最后核定，于是确定了五位代表及三位顾问。这五位代表是陈光甫、张公权、范旭东、李铭诸先生及个人。这三位顾问是张嘉璈、王志莘、李国钦等三位先生。我想其他各位代表对整个国家的和世界的工商业情况都相当熟，还可以"代表"，而个人只有对北碚才熟，而且这几年因少过问北碚的事情，连北碚也不甚熟了。此外，则熟的问题太少，懂的也太少。诚然自己因为航业关系，与各方接头的颇多，但因为接头多了，也就很深刻。所以一得到被推为出席代表的消息之后，自己很恐慌，便赶快准备，赶快搜求问题。本来中国工商业还未进入世界商业之中，除有一小部分出口业与外国有关外，很少与世界商业有接触关系，故要了解问题的全部很难。尤其今天是在战时，比平常更难得到消息，所能在报章杂志上获得很少一点材料，实在太不够。同时也想请托现已经在美国的代表和顾问，探讨发起人或其他国家的意向如何，但是结果只得到这样一个回电："发起人不在，其他国家代表还未来。"所以不得不提前去，希望多能用些力量于会议之外，或于会议之前。不过自己实在了解太少，当然成功也将很少，不足以符诸位的期望。

中国人不可以有一个乞求人的态度，孙恩山先生谈："上海有一外国乞丐，常常伸手向人要钱，成了习惯，因此这只手便也常常伸起，再也收不回来了。"要知世界上绝无便宜的事，也绝无便宜可得。任何国家，第一总是先顾自己，第二才帮助自己以外的友国，绝没有例外。前回在重庆，即有人间接的或暗示的提出，仅为其本身事业（要求）援助的问题，代表同人即当场一致声明：这不是这种性质的会议所可解决，更不能在这个会议时候解决的。

二、如何促进国际了解

中国的困难，需人了解，事实上也须得帮助才能解决。促进中外的相互了解，这是必要的，不然，不仅是中国前途的不幸，也是国际间很大的不幸。章

先生①说："在国际外交上说话很困难。"就是说得使人了解也很难。像我这样不会说话的人去到国际上说话，尤其困难。但自己绝不减少勇气，也曾利用过机会及时间去和纳尔逊先生晤谈，和美国大使馆的执事及驻渝的美籍朋友晤谈，甚至也和英国大使馆的人士晤谈，虽然未能完全说服，至少已使他们对中国的真正问题有相当的了解。

首先要使明了的，中国自然是一个很困难的国家，其困难是一向都如此，并不是抗战后或最近才如此。性急的美国人来不及看清楚全面和前后，只就现在观察得的局部情事来作推断，这是很错误的。原来在太平洋战争前，中国抗战四年多，未引起世界的注意，美国亦未注意到中国的艰难及其支持的力量。一直到珍珠港事变发生以后，日本不数月而席卷了南洋，囊括了荷印，掠有了缅泰，直叩印度之门，英美遭受了惨重的打击，才尝到日本进攻的力量！才推想到中国抗战的力量如何能支持这样久？把中国敬佩的了不得。尤其美国人突然起了很大的惊异，以为中国一定是一个非常神奇的国家，以为政府或社会各方面都一定非常之好，就可以值得立刻去帮助它。

本来这种太敬佩、太惊异就是一种错觉，实地来到中国一看，才是各方面都不如想像那样令人满意。在大的惊异之后，遂来了一个大的失望，由失望而产生许多哲理，"认为中国不值得抬爱"。便以这些错误的观察为事实，自然，我们也不能否认这些不是事实。例如走到重庆来看，有几条旧的街道有点不清洁，还有来访问的中国人很多，听中国人说的话也很多，而所说的话都各是一套，各不相同，没有共同的见解，没有共同的主张。中国人最喜欢批评，外国记者的新闻材料，也许就是从中国人的口头上得去的。在外国报章杂志上发表的批评，也许就是中国人自己的批评。例如：四川人就最会讲四川人的坏话。有一次，一个家庭请了十多个人在一个纪念的日子吃饭，我和另一位四川朋友也在座。这位四川朋友就在席间大发感慨地说："有十几年未回四川来了，这一次回到成都，感觉到成都非常之腐败。"我问："何以见得呢？"他说："有的人还在戴着一顶瓜皮帽，有时将瓜皮帽脱放在桌上，用长而黑的指甲，搔着头皮

---

① 章友三，时任复旦大学校长。

乱飞。"我说："这固然是腐败。"他又说："有的朋友脚上还踏着一个灰笼。"我说："这尤其腐败。但是，你看见好的方面没有呢？成都深夜还有打锡箔的声音，缝纫（机）的声音，黎明就有卖豆腐的声音，卖豆芽的声音，……你听着没有呢？"答说："我没注意。"我继续说："又如，天一亮，所有的店铺门都开齐了，你走到长江下游任何地方，商店开门都没有这样早。成都的许多家铺子，外在是商店，里面便是工场。上海的大百货商店，一匹一匹的绸缎，五光十色地扯得很长，但很少是自己织造的。有一次在成都同晏阳初先生驱车出城，到处看见都是水头，凡水头都有水磨，凡水磨都在转动。这些，你看着没有呢？"他说："也未注意。"

"还有，成都终年无一片闲土，一出城遍地都是黄金，因为那时的地里，种满了油菜和粮食，而油菜花较其它作物为高，所以便只看着一片黄色的菜花了。我说：'我们是到了黄海！'晏先生说：'我们是到了金海！'这些，你看着没有呢？"他说："也未注意到。"

我便说："因为你只注意到腐败去了，所以从头上到脚下，看到的便都是腐败。如果你换一个镜头，从另一个立场去观察，则你所见所闻，即有很多好的事实，值得你称羡，值得你快慰不止的。"旁座的人都说："四川倒需要像你这样一个宣传家！"其实，不过他提着成都，随便就成都举几个例子。至于四川，值得说的当然更多。例如：四川人种地，一直种到山顶上去了。省外的人对山坡地都放弃不种。所以我说："外省的种植是计平面的，四川人的种植，已由平面进到立体了。再有，对中国抗战的支持，四川是尽了主要的力量。机器、物资的抢运，民众的撤退，都是靠四川的轮船搬运进来的；兵源的补充，军需的接济，也是靠四川的轮船输送出去的；迁到重庆的许多工厂、学校，还靠重庆原有的电力，驻渝的机关商旅，还饮用重庆原有的自来水。如果没有四川的原有基础和努力，连你今天想回四川，也难能了。所以，四川人需要认识四川，中国人尤需要认识中国，万不可鄙薄自己，只批评自己的短处，而不去发扬自己的长处，更不去改善自己的短处。我这次出去，虽然积极的保证没有，但消极的保证却是有的，就是：'绝不说自己的坏话'。"这还不够，更要促进相互的了解。而了解的促进，不是多请几次客或以口头上、文字上的宣传，可以奏效

的，而是要多看看实际作出来的事迹。例如：有些外国人到了成都飞机场，看着那样伟大的工程，是完全凭着人力，在那样短的时间内做成的，无不惊佩的了不得。又如：美国的新闻记者到北碚来看着北碚的复旦大学、江苏医学院、地质调查所、中工所的实验厂或中农所的农场、天府公司的铁路和矿厂，都非常惊诧。甚至惊诧到何以到中国来这样久，还未看到这些东西呢？有的人说我很会替北碚作宣传。其实，我从未替北碚宣传。北碚到现在连一本完整的介绍印刷品也还没有。我也未宣传自己，你在北碚任何地方，找不出"卢作孚"三个字。但因为北碚在作事，他应能把他所作的事说得明白，所以也阻止不住他的宣传。

抗战以前，四川人与省外人多不互相了解，我们即曾作过这样沟通工作的运动：即促起四川人多到省外去，促起省外人多到四川来。自己就曾先后率领了几个团体到上海，到青岛，到东北去考察。也曾首先促起一个科学团体到四川来举行一届盛大的年会。以后即随时欢迎各方面人士到四川来考察。今后更希望促进国内外人士多多相互往还。我们不怕美国人来，更欢迎美国人多来，欢迎世界上一切国家，尤其是各种物质文明比较先进的国家的人士都多来。中国人虽然还未把现代的技术，现代的管理方法学会学好，然而还是一个刻苦的、勤奋的、有希望的民族。现在总是在往好的方面学，往好的方面变，而且证明是可以学得好，可以做得好的。同时，另一方面，还须促成中国人多到外国去。但不是像以往那样，把刚毕业甚还未毕业的青年，大批大批地送出国去，而是要促起成熟的人多出去，促成头脑中问题装得更多的人、事业上负责的人多出去，这些人出去，自然思想、品行都不会有问题，然后可取得对世界的相当了解，可以增进多少认识。盼望大家都促成这个运动。只要人多往还，多研究，便不难作成中外的沟通。自己便是以这种的意义出国去，并盼望在这次出去的机会中，吸引更多外国人到中国来，真正地看看中国的情形，不要匆匆忙忙地来一两天就走了，便认为这就认识了中国。记得十几年前读严复译的《群学肄言》，当中有一版，记述一个外国人到伦敦去住了三天，就认为了解了伦敦，要想写一本伦敦的书。但提笔的时候，觉得还有些问题未弄明了，又住了一星期，觉得不明了的问题还多，再住一个月，觉得问题更多。等到了三个月之后，他说：我这本伦敦的书写不出来了。所以必须有较长久的时间，了解才能越深切。这次出去，还有一个须得国际了解的问题，便是中国需要一个国外的市场。外国人也很了解，一个国家要是没有出口货的时候，也不会有进口货；出口货不多的时候，进口货也不会多。国际间的帮助，即使再深切的友谊，也绝不是无偿的救济性质。如用钱帮助你，必需拿钱还他，而且要拿他的钱还他。用机器帮助你，也是卖给你，还是合成钱，需要用他的钱付他。但如何才能取得他的钱呢？就必需拿东西出去卖。拿东西到哪里去卖呢？就必需要一个国外市场，这是第一个前提。第二，中国多拿什么货出去卖呢？这些货如何多起来？以前出口的大宗是生丝、桐油、茶叶及一部分特种矿产原料，现在生丝已为人造丝所代替，桐油美国自己种植了很多，茶叶非所需要，此外农畜产品如粮食、鸡蛋……这些东西到底能增加多少呢？是无法增加多少的。而且鸡蛋、肉食之类，并不是自己生产过多而输出口的，而是自己省下不吃才输出去的。再如矿产，较大宗的是钨砂，一年也不过换几百万美金。

中国需要工业化，需要大量的机器。只有利用大量的机器，才能增加大量的生产，也才能建设现代的完整的国家。如果只靠农产品或矿产品来掉换机器，是无法解决建国中庞大的需要的。故必需输出大量工业品，以掉换外汇。但如以我们幼稚的工业品去和欧美先进国家的工业品竞争，根本就不可能，所以研究到只有南洋还是一个出路。南洋以往是日本的市场，日本战败之后，为防止其再度侵略，必得灭除他的军事力量，也必得降低他的经济力量。要降低他的经济活动的力量，即必得紧缩它经济活动的市场。日本原有的这部分南洋市场，就应得让中国去填充。则以后中、南（洋）、美的经济活动，就有如兜圈子一样，中国买美国的机器，美国买南洋的橡胶或锡，南洋买中国的布或工业品。因为这个关系，美国人纳尔逊便认为中国应该取得南洋的市场，甚至许多英国人士也有这样认识。这次出席国际通商会议，当利用机会，用尽方法去取得了解，并取得国际上大家共同的承认。但还得自己准备，谁快谁就取得，机会绝不会为我们保留。所以，还须解决另外一个根本问题，就是，建设成功一个现代化的国家。

三、中国建设的前途

我们希望中国能够建设起来，先曾以北碚这个小小的地方作一度经营的实验，悬出了一个理想，叫做"将来的三峡"。最初进行起来颇困难，但毕竟能建设成功一个这样的局面。尤以迁建事业机关的帮助，两三年内完全实现了原来的理想，甚至超越了原来的理想。从这小小地方的经营，可以证明：中华民国是可以建设得起来的，是能够建设得起来的，使别的国家也认识中国，必决有希望，有前途。

自然，以少数几个人来作建设中华民国的运动是不够的，但是许多人来作，即一定可成功。何况中国又有这么广大可爱的领土，有这样众多可爱的人民，有这样良好的际会，而又不像苏联建国初期那样孤立呢！

我们如何建设成功一个令人满意的国家？我最近在一本《战后中国究应如何建设》的小册子里，即引叙了这样一段："英国工业进步最早，大约有二百年，美国立国以来，仅一百七十余年，日本维新以来，仅七十余年，苏联革命以后重新建设，仅二十余年，越是进步最迟的国家，一旦觉醒，其进步则愈快。"即因其善为运用了前人的经验，原应用于工商业的新的科学管理方法，今天已应用到整个国家建设上去了。最显著的莫过于战时的美国，尤其莫过于美国的制造轮船，过去几百天始能造成一只轮船，现在几十个小时就可以造成一只轮船了。将整个轮船的各部零件分配到若干工厂去造，再将若干个工厂的制件，送到一个大的装配工厂配合起来，便成为一只轮船了。我们更可进而用这种方法，把整个国家的一切建设，一切事业，配合起来，便很快地建设成功一个现代的国家了。只要有计划，有确定的办法，善于运用先进国家的建设经验和他们的物质援助，其发展且必比苏联更易而更速。

美国人对于国家经济计划最感觉头痛，这是颇费解释，而很难令其彻底明了的。美国人认为一桩事业可以有计划，而一个国家却不可以有计划。国家有了计划，即事业有了管制。有了管制，会发生弊害。他们认为战时才应有计划，平时就不应有计划，因为战时转变急遽，故必须有计划。殊不知在平时建设，经济情况转变得快的时候，也一样的须有计划。我举几个例：例如长江的重庆

三、战时经济发展

汉口间,原有一千只木船行驶,每船平均以二百工人计,即有二十万人靠这一千只木船生活。如以间接依赖的家属合并计算,当在百万上下。单是青滩一处拉纤的人家就是好几百户。自从行驶轮船之后,便代替了木船,原有靠木船为生的人,通通被消灭了。自己就曾亲去调查青滩这几百户人家的生活,有少部分改业,大部分沦为乞丐,有的甚至冻饿以毙,情况非常之惨。又如上海地方,原有许多手工织袜厂,南通一带有许多手工织布厂,现通通已被大的电力机器织袜厂或织布厂所代替,所消灭了,近如璧山原来就是一个大的土布厂,现在亦通通被洋布抵倒了。所以如果只创办新的现代事业而没有整个妥善的安排,即易发生很大的弊害,引起整个社会的不安,尤其是中国的建设,更不能没有一个确当的计划。又如,近拟利用长江水源,正筹划创办一个在世界上都空前甚或绝后的大动力——一个最大的发电厂,可以发到一千零几十万千瓦的电力,(输电)直径一千哩(也许还不止,据翁部长①谈:可到一千二百哩的区域内),都可用电力实行高地灌溉,用电力实行农产加工,则对农村的改变,是何等重大!还不止此,这样大的电力,如何利用,如何分配,还必须有一大群产业来配合它。有若干交通线配合它,(还)必须改革长江中下游一带航路,使最大的海船几能直达重庆。又如假定四川完全用化学肥料,只需一百到一百二十万吨,如拟以五百万(度)的电力来(办)一大的肥料工厂,则可年产六百万吨的肥料,不仅可以供本国自用,而且还可以之出口,以之掉换外汇,以还外债。这一切一切,如何可以不要计划?不要整个的计划?如果没有计划,像这样大的动力事业,即会支持不了。

还有,像这样大的计划,恐怕中国人作不了,其实,计划何必一定要中国人作呢?更何必一定要政府作呢?像上面说的这个水力发电计划,就是一个美国人,一位世界上第一流的水电工程专家萨凡奇博士作的。但定计划的时候,政府必须参加,还不止政府,凡有执行关系的事业上的负责人都必须参加。只要计划决定了,不论谁来做都可以。政府做可以,人民来做也可以,中国人做可以。外国人来做,还是可以。昨天同主席(指章友三)在船上谈:将来中国

---

① 指翁文灏。

政府的资力，一定放在几个主要的事业上，如海港、铁路、电厂，其余的事业即放手中国人来作，甚或外国人来作，只要在国家整个计划之下。（促起美国朋友参加上述的若干事业，亦为此行希望之一。）

此后，国家只须控制两个武器：第一是法律，第二是计划。两者都是维持秩序，法律从消极方面规定了人民行动的范围，计划更从积极方面规定了人们行动的方向和途程。有鲜明的目标，有前进的道路，有光明的前途，不仅鼓舞了中国人奋斗的力量，也鼓舞了外国人帮助的信心和同情。我想中国的十年计划，必比苏联的几个五年计划，规模更大，进步更（速）。例如苏联三个五年计划才建设成功六七百万千瓦的电力，而我们一着手建设，便是一千零几十万千瓦的电力。

四、结论

世界上要得永远地和平下去，必得要没有侵略的国家，同时更得要没有可能被侵略的国家。至少中国必须有足够的力量能保证自己的安全，乃能保证远东的安全；必须有力量能够维持远东的和平，乃能联合世界上爱好和平的若干强大国家，维持世界上今后永久的和平；才能不辜负这次战争，才能保证这次战争的功绩和无限代价的勋劳。

现在大家都有这种热情。如这次运动能促起美国人士甚至英国人士的了解和兴趣，也许对中国有所帮助。至于成功不成功，力量如何渺小，这是另一问题了，当尽力鼓起热情，勇气，努力去做。就这做的本身来说，也可多少答谢各位这番盛意。

（文献选自《卢作孚集》，华中师范大学出版社，1991年版，第452—462页）

中国工业化与民主是不可分割的
1944年12月22日在重庆星五聚餐会演讲

马寅初

一、人力与物力

昔拿破仑曾论维持战争之要件，其言曰："战争之第一要件为金钱，第二件为金钱，第三要件亦为金钱"，世人咸奉为今古不磨之名言。近人复论维持战争之条件有五：即（一）资源（Materials）或物力；（二）人力Man或兵士；（三）心力Mind或精神；（四）财力Money或金钱及（五）军火Munition或火力。换言之，战争之五个条件就是五个M，或谓其中最重要者却为财力，此言与拿氏之口气如出一辙。推其含义，无非物力、人力、心力与经济力，必须经财力之过程而获得也。其实不然。设例以明之：譬如统制外汇固属目前财政上首要之图，其目的在如何获取巨额外汇以充军需资金，对于输入物资所需之外汇，作严密的规定与监督，借以减少资金之外流，对于输出物资所得之资金，予以有利的汇率与条件，借以吸收海外之资金。凡此洵属战时财政必要之措置，但严格言之，统制外汇，只能调整外汇，不能增殖外汇。今日吾人所应特别注意者，系在如何增殖海外之资金也。欲达此目的非配合物力与人力不可。如开发矿产，移民垦殖，建筑铁路，修理船舶，无一非物力与人力之配合。配合的结果，生产增加，国富自增，于是军用物品，不必再皆须仰给外洋，输入自然减

少，输出自然增多。若于此之上，再加以物产丰饶，资源充足，人口众多，技术精巧，不但战时财力源源不绝，即平时建国计划，亦可于此奠其基矣。由此观之，以上所述五个条件之中，其最重要者非财力，乃财力所由生之物力与人力也。可知物力与人力之贡献，即为财力之来源，故力之生产，有贵乎国家之扶持。今后吾国长期建设计划中对于物力之培养与民生之改进，当特别注意，庶不致物力枯涸，民生凋敝，而影响建国之前途。

中国对日抗战，不知不觉已将近八年。在抗战开始之际，敌人咸以为中国的财力不能持久抵抗，三个月后结束战争，自不成问题。迨至今，因战局之演变，抗战已经长期化。试问中国所用之钱从何而来？照日人的估计，中国早已民穷财尽，但至今日，吾人仍能抗战如初。日人之估计已不攻自破。日人之梦想，业已粉碎无余。考其所以能不竭不疲者，稍加研究，即知此中三昧并非出人意料之事。资源的蕴藏量与人民的开发力，实司决定之枢纽。虽不克与先进各国并驾齐驱，但在运用上，仍自左右逢源，头头是道。

设以棉花棉纱织布为例：棉花棉纱共值百万元，由五千工人以一个月之时间织成布匹，每人每月工资为一百元，五千人每月工资为五十万元，资本家设备、机器、厂屋、出售布匹所得之一百万元中，除掉五十万元工资之外，亦净得五十万元，其出品之价值以货币为代表。故货币（钱）之背后，必有布匹之实物。先有实物而后才有货币，非先有货币后有实物。货币（钱）必有实物为后盾，否则货币成为空头支票。由此可知钱并非主要之物，吾人应注意者是站在钱后的这实物（布匹），而实物是以人力与物力造成的。吾人分析资本家的机器之造成，乃由钢铁加工。钢铁之造成乃由熟铁加工。熟铁之造成，乃由生铁加工。生铁之造成，乃由铁砂加工。铁砂之开采，又由人力与机器完成之。从此可知无论何种实物，无不可分析为人力与物力。故一般人以为维持战争与平时生活之条件为五个M，非也。吾人只须着眼于两个M，即人力Man与物力Materials是也。至于拿氏第一条件是钱，第二条件是钱，第三条件是钱，则离实际更远。第一次世界大战中之欧洲军阀与政客们竟袭拿氏故智，增税举债，滥发纸币，以致物价飞涨，民不聊生。结果钱愈多而物愈少（由于囤积），适与所期者相反。

二、工业化之后，人力物力之效率如何？

中国工业化之后，必呈现几种物征。以电力为例：中国电气化之后，（一）必充分将人的智慧移转至机器，使机器代替人工作，（二）必以天然动力来替代人力。这就是说明了工业化以前工业的基础是在人力，而工业化以后工业的基础是在机械动力。使用天然动力的结果，不但生产量大大增加，即每一单位人力之生产效率亦大大地提高。产品的成本大大地减低。以美国为例：美国在一九〇〇年每一工人平均摊到之动力为两匹马力，至一九四〇年则增至六匹马力。每一机构马力至少等于六个人力。则每一个美国工人其力量就等于三十六个人力，比较寻常一个工人的能力大三十六倍。至于中国，则每一个工人的人力尚不及半匹马力，只等于零点四二匹马力。无怪中美两国贫富之大相悬殊也。各种工业无论是化学、冶炼、机械或燃料，无不需要动力。电力之能增进一国的生产能力，于此可见一斑。

依照美国水利工程师萨佛奇博士的扬子江水电工程计划，在宜昌峡口建设一水电工程，电厂设在山洞内，不致被炸中弹。内装机器九十部，每部十五万匹马力，约其一千五百万匹马力，发电一千万零五十六万瓦，比较美国最大的大苦力（Grand Coulee）水电厂约大五倍。此项大工程不但可以吸收扬子江一万年一次的洪水，使武汉一带永无水患，且可灌溉农田六千万英亩，并设立船闸为水升降机式，可使万吨的海船从上海直达重庆，使运量大增，运费大减。而扬子江水电厂供应电力，以宜昌为中心，东运南京，西至宜宾、成都、南通、贵阳、桂林，北到天水、太原。中国的工业化要在这样一个大电气网中发展开来，但欲完成这个大工程，非利用十四万万美元的外资不可。而此笔大资金只有美国可以供给。可以五百万瓦的电力生产肥料，作为还本付息之用。十五年内就可以清偿。其余的五百零五十六万瓦的电力，作为发展各种工业之用。足见中国电气化之后，人力物力之效率将大大地增加。

三、中国工业化对于先进国家的利益

中国工业化之后，中国巨大消费潜在力将转化而为实际的市场，尤其是工

业商品和服役的市场。只要我们的社会思想转移，经济组织强化，政治作风改变，不难于短期内收获极大的效果。西方资本主义已经陷入绝境，因为它的生产力超出了有限市场的消费力。在今天全美洲的人民都在预期战争的结果。他们确乎相信在一两年之内，胜利必属于他们。但在他们中间，大多数人对于战争胜利之后，职业、销路以及工业等等的前途，不无忧虑的感觉。他们还能记忆在战前十年的惨淡时期中，大批的失业和普遍的贫乏，十亿元的赈济费和百万件救济事项。因此所有美国人无论在工厂中，在办公室里，在海上，在造船厂，在田庄，在军营，或在差假中，都在扪心自问："停战会不会带走了职业和繁荣？""和平的重见会不会就是经济灾难的重来？""战争的结果是否表示战后长期不景气的开始？"他们这样殷切的怀念着战后经济状况，故于一九四三年全国制造者协会举行总投票，结果百分之九十二的美国工人主张立刻作战后时期的计划。他们知道没有就业机会就没有满足，没有繁荣就没有和平，他们感觉要维持一种经久的和平，美国的经济前途非常重要。

（甲）悲观的新哲学在这种环境之中，产生了一种关于经济的新哲学，其中主要人物有哈佛教授汉森氏 Prof A Hansen，现任联邦准备局理事会与全国资源计划局高等经济顾问，助理国务卿白理氏 A.A Barled 及著名的经济记者司徒且斯 Stuart Chase 等。综合他们的新说，其与本篇主旨有关的不外下列两点：（一）美国经济的发展已达到饱和点，私人资本已失其推动力量。（二）社会积储有过剩之患，必为之寻求投资的出路。他们以为世界主要国家之工业设备皆远超出其生产所需之限度。仅以交通一项而论，美国铁路线之长，与其生产品的增加成一反比例。俄国一切重要铁路线已经完成，德、奥二国铁路网之密布，意、西两国要津之有铁道通达，英、比、法三国所需一切铁路与运河之建筑，荷兰巨大工程之完成，阿姆斯特丹通海工程之告竣，比利牛斯、阿尔卑斯二山地下隧道之完成，苏黎世运河之筑成，海陆电报线之敷设，所有港口，河流之完全开发……一言以蔽之，国际交通之已经成立，皆是今日有目共观之事实。此外如仓库、水电工程，以及电车道之设备、商船之改用钢铁等等，尤为显著之事实。此种经济建设在过去半世纪中之过度的发展，为战前经济不景气之主要因素。

以上所述已足以表示私资积储超过投资所需之现象，亦即表示美国经济发展已达饱和点之现象。设因人口增加率亦停止，以致更进一步扩充私人投资为不可能，则人民之经常积储将无法寻求投资之出路。即使饱和点尚未达到，财富之储积，仍可超过投资之所需者，无论如何，此后资本积储或将永远大于生产事业之投资。因此新哲学派主张由国家举行公债担任一切公共建设事业以救此弊。所谓公共建设事业，包括（一）农村复兴计划，（二）大规模建设计划，（三）百分之四十的人口营养计划，（四）公共卫生计划等等。一旦战事停止，假设经济复员不能如经济动员这样的成功，则前途之黯淡可以预料，甚至引起革命。

（乙）乐观派的说法，以上新哲学派以为全世界的经济建设已经完成，再无新路可开。他们虽承认新兴工业不致中断，并有补救经济不景气之效，但巨额的投资终不能获如以往生产事业报酬之丰富，黄金时代已经过去。不过这帮观察家未曾预料到战后汽车，电气，无线电等工业发达之巨大影响，亦未预料到战后人造纤维者、人造树胶、航空运输、无线电传真、玻璃工业之可以大量发展。不特此也，此后的经济问题不能仅从欧美一方面求得解决，应以亚洲为解决大量生产力的对象。伍德教授与澳洲国际问题学会于一九四二年十二月四日至十四日在加拿大之魁北克太平洋学会曾提出论文，主张以亚洲为消纳美国过剩生产力之尾闾，以为在东南亚细亚，包括中国、印度、菲律宾，和荷印，拥有世界十八万万人口的一半。他们的消费水准，只占北美，欧洲人民平均消费的小部分。倘能使这九万万人口的生活水准提高，美国过剩生产力的问题就得解决，永久和平几能建立。第一步手续要考察亚洲在现代世界的需要，考察如何能以设备与装置供给亚洲人民，先使亚洲的人力与欧美的机器配合起来，以提高其生产效能，因而产生巨量之购买力。所以北美和欧洲大工业化国家的问题，在于如何处理欧美过剩的生产，和提高亚洲人民的购买力，把世界的供求归纳于一种合乎理性的经济制度之中。庶几甲地有丰富的贮藏而乙地反有普通的饥饿之不合理的现象，可以完全消灭。所以先进的大工业国家对于落后的亚洲，必先供给各种各类的资本设备。从铁轨车头到灌溉工具，而后他们的消费商品从汽车、收音机到冰箱、电扇，方有广大的销场。假如先进国家能够转变

亚洲的消费水准，所有国家的经济便会活动起来，只要把亚洲各地的水准提高到澳洲的生活水准，则以后的生产额必三倍于战前的生产额，十四倍于现时世界的输出过剩。而美国工人所忧虑的失业问题，不亦完全解决了吗？所以这一派以为只要亚洲能够早日工业化，欧美便能达到维持繁荣的目的，决不致误认为白种人的优越地位将告终止的开端。倘世界各国能在贸易政策上真正合作，一种基于国际需要的新投资理论是必不可少的条件。此派的主张持之有故，言之亦成理，且充满着乐观的思虑，在论坛上已占优势。但近来韩森教授似乎加入了这一派，抛弃了他悲观的主张。所谓新投资理论，就是在观念上作一番根本的变化。在十九世纪资本主义国家中所流行的观念，是在"欧洲保护之下，白人对于落后民族之负担"的观念。这个观念带有帝国主义的气味，似应重加解释——不是在欧美保护之下，而是根据种族平等的原则；不是白种人的负担，而是民族的合作。这样的说法可以使世界民族有建立持久和平的可能。

四、中国工业化之先决条件

德国纳粹党只知一党利害，忘却社会中之各部，如家庭，如学校，如社团之利害。换言之，只知养成党员，不承认国民的人格。如有人批评政府即认为不忠于领袖，即亲生的子女，亦有向警察报告之责。把亲爱的子女变成家中奸细，使快乐的家庭从此中毒而涣散。人民无言论集会的自由，警察与特务满布于全国，如蜘蛛之结网。每街、每厂、每宅以至于每家之内皆有侦探督视各人之行动，使人民不敢反抗而彼乃得以为所欲为。至其教育方针无非在为养成纳粹党员而已。其尤所注重则为种族说，所以勉人民以德族之优胜，应取得较大空间以为称霸之计。最近十年来的纳粹教育，产生了一种叫全球感觉可怕与危险的精神本质，使全世界人民不得不于战争结束后要对德国教育加以管制。普鲁士的学校教师对于德国军队的重要性，比普鲁士的队长还要大。普鲁士教科书的价值比军火还大。受过训练的夺取权力的意志，以及认战事为夺取权力的方法之信心，使德国军队成为可怕的工具。欧美人士所以竭力反对这种训练的原则在此。他们认为凡受过训练的人，其精神系统已中了毒。

希特勒复利用教育制度来引导德国青年男女支持他那征服全球的阴谋，他以他称为"领袖的理论"来训练德国儿童,这个理论认为在世界上天生有一种强者和弱者的永远的斗争。"萎靡"的民主国家已注定溃败于纳粹的优胜权力之前。欧美人士咸认为此次大战,实纳粹之专政制度,种族学说以及教育方针有以酝酿而成之。为日后消弭战祸计,法西斯主义决不能任其复活,必须以教育的方法矫正之。

这种威胁在战后的中国是不致后生的,因为中国现在的领袖们对于整个的世界,曾屡次的比盟国的政治家,表示更大的诚意和更深切的关怀。这些威胁亦不会从中国的人民中产生,因为他们亦像其他的民族愿意在和平中生活和工作。

在此次战争结束以后,英美等国的资本将涌入中国,技术人员与各式各样的机器和工具将随之而来,把中国当作驰骋的猎场。中国的工业化终将实现。美国著名的评论家与作者——李普曼氏(Walter Lippmann)著《美国外交政策》American Foreign Policy(载一九四三年七月《读者文摘》reader's Digest)这篇文章,一经问世,即在读者界中获得显著的成功,可与威尔基的《天下一家》相媲美。李普曼的中心观念,是建立"核心同盟",使中苏美英相结合。此四国是击溃轴心大同盟中的四大柱石。"核心同盟"作为美国外交政策的基础,不能说是不合理的。不过别的评论家以为李普曼的理论有被"权力政治家"利用的危险。若不以法律下的自由给予其他国家,他的理论是不健全的,而这个同盟不久就要瓦解。欲使这个同盟持久团结,第一个要件是使国内政策与外交政策有机地关联着。英美苏三国今日抗德的结合所以存在的理由,不仅是因为这三国为国家的生存与独立而战,亦由于他们是进步的反法西斯国家。所以中国若欲为这个"核心同盟"的盟员之一,必须于和平会议之前,结束训政,实施宪政,还政于民。

李普曼认为当中国成为一个大国时,应为"核心同盟"的第四位成员。但据英美若干人士的意见,中国欲达到这个目的,必须受三个较强国家的援助。在战后世界中,新中国需要技术上、财源上、工业上的种种援助,始能配得上李普曼所憧憬的成员地位。但欲得援助,中国必须与英、美、苏三国站在同一的立场,必先建立一个真正的民主国家。

五、余的意见

<略>

此次战争，是不得已的事。但做这不得已的事之人为谁？吾敢答曰农民。看在战争中，其断肢折足，或流血阵亡，或死于饥饿、疫病，或辗转于沟壑者，十之八九为农民的子弟。我们若以"真正的民族英雄"这个头衔给予农民，他们定可当之而无愧。我们站在大后方，既吃农民的米，又抽农民的子弟去拼命，吃的是鱼肉，穿的是丝绸，住的是高楼，坐的是汽车，扪心自问，觉得卑鄙不堪，有何伟大之可言？其不肖者反当存亡危急之秋大刮民财，大事囤积居奇，狼肺狗心，可恨亦可杀！战争是不人道的，但眼见一般农民与一般难民之困苦颠沛而不集中全国力量快快设法去救济，反惟一己之私利是问。这种念头是更不人道的。

六、实业界当努力于农业改革

提高农民生活水准，不但为国民党革命主旨之所在，亦当为国内实业界巨子所切实努力的。农业不振兴，实业亦决无发展之可能。如等于人口百分之八十的农民无购买能力，试问实业界所制造出来的商品，谁来光顾购买？贫困的农民徒有欲望 Want，苟无购买能力，则欲望不能成为有效的需求 Effective demand。有供而无求，是经济恐慌之所由来。美副总统华莱士谈及中国工业化的基本问题，亦说："中国应工业化，但任何工业化，必须以农业建设及土地改革为其基础。盖中国主要为一农人之国家，余于访华期内观察所及，彼等乃善良之农民，但彼等需要一更生之机，此即新政是。"

不观乎日本因国内供求之不平衡，而不得已采取侵略的方法以找寻市场于国外乎？中国的工业出产品如无消纳于国内，势必步日本的后尘而销售之于国外。试问中国自甘放弃数千年来的和平美德而踏上帝国主义之道路乎？日本在明治维新以前，谈不到工商业，维新以后奖励工业，于是日本工业突飞猛进，产生十五个大家庭——如三井，三菱，住友，安田，籐田，古河等。日本工商业资本的百分之七十五都在这十五个大家庭手中，而银行资本的百分之五十以上却操之于八个大家庭手里，统治着整个日本的经济。这种大家庭的产生，自然是一种畸形现象。因为日本除了几个大家庭之外，大多数的农民都是贫苦不堪，酿成革命，非不可能。日本的农民既然如此之穷，当然缺乏购买力以消纳日本工厂所出的产品，于是日本的十五个大家庭不得不在外国实行其倾销政策，一种帝国主义的政策，将其他各国的工商业压倒。例如日本棉纱运到一个地方，便要将该地方的外国棉纱压倒，故意将售价压低，以与外国棉纱竞争，使它不能立足。但是在没有敌人经济势力的地方，便抬高市价。日本为了争夺市场，所以在他国推销日货，有时还比日本国内卖得贱。所以他要造成一个东亚共荣圈，工业的日本，农业的中国，以致酿成此次空前毁灭文化的惨剧。吾国实业界取法乎日本而蹈它的覆辙，则第三次大战将不可免，尚能维持永久和平乎？故日本的侵略政策非我国实业家所应效法。我们要先增进农民的福利，而后国内的实业方可向康庄大道迈进。

假定我们把水利工程师萨佛奇氏之三峡水电工程计划立即实施，则三万六千万华亩的田地就得到灌溉，再以若干万瓦的电力制造肥料，以半数作还本付息之用，以半数留在国内自用，则土地生产力之增加，就是农民收入加多，其购买力当然随之而增高。有的要建筑新屋购买砖瓦钉钩，有的要多制新衣服购买棉花布匹，所以砖瓦厂、布厂、纱厂、铁厂，以及运输机关等等都要扩大生产，多用工人。这些增多的人工，叫做主要就业。这些人工大都是从农村中来的，他们得到了工作，收入增加，对于衣食住行的享受又必较以前增加，或多送子女入学，或订报看，或多买袜衣皮鞋，或多买鱼肉。如此一来，消费水准便提高了不少。至于一般公司，工厂的股东以及办事人员因生产事业有利，多赚了钱，也扩大他们的消费，于是设置收音机，购备汽车、自行车，建筑高楼，自备照相机。于是汽车制造厂，建筑公司等生意兴隆，扩大营业，多买材料，多雇工人，结果是加大了消费市场。这种增加的工人，叫做附从就业。推而广之，糖厂必多制糖，纱厂布厂必多纺纱织布，油厂必多榨油，面粉厂必多制面粉，绸厂必多织绸，一言以蔽之，所有轻工业蓬蓬勃勃接二连三地发达起来，于是各厂必向农人多买甘蔗，棉花，豆，小麦等农产品，而农人又获了利，农民的生活水准又提高了。如是因果相循，彼此相互刺激，周而复始，推波助澜，

增加了社会上各阶层的收入，达到了皆大欢喜的境地。不特此也，轻工业既然崛起，就需要各种各样的机器以及工具，则制造机器，钢铁的重工业方有出路。轻重工业能立足，则国防工业方有基础。平时制造天然丝织品厂，在战时可以改造降落伞。平时之人造丝工厂在战时可以改造炸药。平时之汽车工厂在战时可以改造飞机与战车。平时之硫酸厂在战时可以改造炸药。平时之锯木及制造家具之工厂在战时可以改造子弹箱。美国之所以能于极短的时期之内完成如此强大的毁灭能力，其故在此。

七、结论

由以上所述，欲谋中国之独立与生存，必先使之工业化；欲使之工业化，必先利用外资与技术；况提高农民生活水准，为中国工业化必不可缺的条件。实业界巨子与金融界领袖必抱有同一的见解，真所谓人同此心，心同此理，则于世界和平会议以前实行宪政，似当为全国一致的要求。

（文献选自《民主与科学》，1945年第1卷第1期，第3—9页）

苏联工业现状及其成功之关键
1945年9月14日星五聚餐会演讲

郭沫若

主席、各位先生：

今天承邀出席报告苏联工业现状及其成功之关键，自己感觉惭愧深恐不能满足诸位的希望。因为自己既非工业人员，而在苏联的五十多天，大部分时间又并不全花在参观工厂调查工业上面，所得的感想与影响，当然不能如诸位去参观时的深刻，现在先就个人在苏联参观的几个工业情况简单报告，然后再说明其成功关键之所在。

本人于六月二十五日抵莫斯科，七月九日由苏联对外文化协会派机飞往斯大林城，观察此次大战苏联由失败到胜利的转折点。在斯城住了三天参观两个工厂。一个是列宁工厂，一个是托拉基工厂，斯城位于伏尔加河两岸，沿河长六十公里，宽自一至七公里，经过此次斯城保卫战后，真是遍体鳞伤，全城没有一所完整的房屋。我去参观的两个工厂即是在此环境下复员的，据说在战争的时候托拉基工厂改为坦克车修理厂，现在又恢复原状制造卡车。

离斯城即往塔什干[①]，塔城是中亚细亚共和国的首都，距我国新疆甚近。这个地方未受战争影响，当地情形与战前，并未改变。在那里住一星期参观两个

[①] 塔什干是苏联第四大城市，仅次于莫斯科，圣彼得堡，基辅，今为乌兹别克斯坦首都，塔什干州首府，中亚地区第一大城市和重要的经济和文化中心。

工厂。第一个斯大林纺织厂规模宏大，内分一二两厂及附属工厂。第一工厂内部又分六个部门（一）棉花弹成絮（二）打成棉条（三）纺线（四）沿长（五）接头（六）织布。值得注意的，是这个纺织厂的所有各种机器，都是苏联自己在列宁机厂制造的，全部机器都用电力开动，因此工人不多，其中女工占百分之八十以上，每一女工管理三十六台布机。机上经线断后，这一台布机自然停织，以红灯表示，经女工接好，继续开动。据云这种布机由英人发明，最初由日人试用，现在苏联正在普遍制造应用。一二两厂的生产总量为二十五万公尺。附属工厂计有漂白印花零件等工厂。第二个是化学工厂制造人工肥料。这个工厂由四个工厂组合而成。第一厂用电分解水制造"氢"，第二厂自空气采取"氯"，第三厂化合成为氯化氢，第四厂制造硝酸。中亚细亚一带原是半沙漠地带，全靠人工肥料施肥。使当地农作物的生产量增加百分之五十。现在塔什干已成为产棉区，其产量占全苏产量百分之五十五。

自塔什干回莫斯科后，参观斯大林汽车厂，该厂系三十二个部分组合而成。战前制造大卡车小客车，战后即停制小客车，复员后又计划在九月中添造9110式小客车。一九四一年德军侵近莫斯科时，该厂曾迁至乌拉尔区，此次复员乌拉尔厂继续存在，并在莫斯科原厂址重建新厂。该厂工人女工亦占百分之八十以上。苏联工厂女工超过男工，半由于男子服兵役，半由于苏联重视女权。在苏联不仅工厂多女工，即是一般社会上女子活动的范围非常广泛，站岗的警察，管理交通的指挥都由女子担任。苏联各大都市的汽车都是由女子驾驶。

就这次战争的事实论，苏联可以称得起一个工业国，何以苏联在这二十年工夫中能有此成就，其关键何在？现在就个人的观察，分述于次：

（一）社会主义国家

苏联是社会主义国家，所有生产事业都由国家有计划有组织有一统经营的。任何工业都在一个计划下进行，而且其平时生产计划一定与人民生活相配合。例如人民需要衣服穿着，国家便设纺织工厂。纺织工厂需要棉花，就设实验所研究土壤棉种，以及开办化学工厂制造人造肥料。在这样一个分工合作有系统有组织的计划下全体动员，其成功是当然的。再如托拉基汽车厂的改为坦克车修理厂都是配合国家战时需要，将所有生产力量都集中在一个目标，一切为战争。其他许多本来制造民生日用品的工厂,也都改造军需品,以供应前方的需要。我在塔什干想买一只皮箱装各方赠送的书籍,走遍全城无处买,后来在莫斯科也是如此,这是苏联政府有计划的停制各种平常生活所必需物品的结果。列宁格勒、莫斯科各大城的平民,战时的衣着实在是马虎,十八九岁妙龄女郎,正是爱好修饰的时期,然而大多是穿着破鞋破袜的。这是证明苏联人民在政府有计划之下全体协力同心,真正达到了前线第一军事第一的目的。在战争进行的时期,凡非前线以及非军事上所需要的一律都停止制造。现在战争结束了,立刻可以恢复原状,逐渐开始供应人民生活的需要品,我想半年以后,苏联人民的生活一定可以改观。苏联过去二十年工业的成就赖于此,今后的复员亦赖此。人民的要求与欲望无止境,人民的劳力无用尽,又以政府所计划的在都为改善人民的生活,所以苏联不全有劳力过剩生产过剩的忧虑。尽管此次战争苏联的所遭受的损失重大,然而战后苏联的复员必然能在短期内完成,苏联是一个社会主义国家,这是她所以能在短期内完成工业建设的一个大因素。

(二) 农业生产的工业化

除了苏联是一个社会主义国家外,第二个主要因素是:苏联农业生产的工业化,促成了工业的进步与成功。苏联农业生产工业化的工具是集体农场,集体农场有两种:一种是国营,一种是民营。国营集体农场的规模更较宏大,一切工具都用机器,布种耕地收割等工作,无一件不是用机器的。据说将来还可以用飞机造雨以防旱灾。塔什干民营集体农场,规模较小,其机械化的程度不高,以其为集体农场,所以能割分地区,分类种植。棉花区,全部种植棉花,洋葱区,则全部洋葱。就事实说,也只有苏联这样国家才适宜这种办法。他全国是一片平原,从列宁格勒、莫斯科到塔什干的中途,看不到山地,全是平原。有此平原,才能在短期内农业工业化,惟其能农业工业化,农民的生活才能提高。参加集体农场的农民,其生活之较帝俄时代的不可同日而语。现在苏联一个农民可以单独捐献一架飞机,并可在飞机损失或失效时重建一架。苏联自革命成功以后,对外贸易为数有限,国家经常开支,全赖国内经济维持。为谋国内经济之发展,则非农业工业化不可,这是苏联能在短时内完成工业建设的又一原因。

(三)学术研究与生产配合

苏联各种学术研究机关,不是空洞的衙门,而是研究和解决实际问题的场所。各学术研究机关,一切研究实验都以人民的生活,生产的改良为出发点。例如塔什干最大工厂是纺织厂,纺织厂的原料是棉花,所以在塔什干各研究机关,凡与此有关的,均集中力量研究棉花种籽的改良,棉花的增产,如何使土壤更适合于植棉等问题。这些问题,经过几年的研究实验,均获有良好结果。以棉种说,塔什干区农场原采用美种,其优点在织维长,缺点防病力量薄弱;后来兼采防病力量较强的埃种棉花,加以交配,获得新种兼育美埃两种之长。此外各实验场试种各种色棉,现在已试验成功的有黄色、草绿、淡红几种。他如小麦种籽的改良,已有多年生的新种发现,寒带种植热带水果的方法与方式,试验成功,凡此都是助长农业的发展与工业的进步,而其发展与进步之目的,都在人民生活的改善。自从原子弹发明以来,各国都非常注意原子能的问题,苏联对此问题也在集中力量予以研究,莫斯科大学特设原子核心科专事研究。破坏原子利用其原子能问题的研究原不自今日始,当我们在大学读书时已经成为问题了!不过现在所制造成功的工具只是用在破坏方面的,还不能善以管制原子能使其应用于积极的建设方面去。我们希望全世界科学家集中力量研究设法原子能应用于生产,颇有人以为在苏联工业国家化的优越条件下,方能适合于应用原子能。在英美资本家操纵下的工业,必然会遭到资本家的阻挠,正如电气发达以后的英国工业的情况。所以将来首先应用原子能机器的是苏联不是英美。由此也可以断定苏联成功工业的前途。

以上所述是个人在苏联参观五十天中所得的感想。苏联经过了此次大战,人民牺牲千万,物资损失更大,他为了与民休息以及提高人民生活,需要长时期的和平,所以他现在正在尽力争取和平。

(文献选自《西南实业通讯》,1945年第12卷第1/2期,第16—18页)

中小工业与西南实业建设
1946年在星五聚餐会演讲

黄墨涵[1]

近年来政府对于一般中小工业采取放弃态度,任其自生自灭,不予资助,故有多数中小工业,不能继续经营,趋于倒闭之途,甚为痛惜!今以经济观点言之,中小工业应否维持?政府对于此种工业应持何种态度?本人认为中小工业应该维持,且需政府助其发展,理由如下:

一、我们原属农业国家,如欲建设使其进步至工业化之阶段,则非维持中小工业以为桥梁不可,盖农产品之初步改良,尚处处有赖中小工业之存在,如代汽油使用之酒精,系由高粱制成,可以取用不竭,汽油则有用尽之日,美国人尚认为有注重酒精工业之必要,而我国之酒精业却已倒闭。抗战胜利后,外来汽油日多,如政府能维持酒精业存在并加改良,岂非甚佳?

二、从社会方面言之,我国务农者占人口总数百分之八十以上,中小工业及手工艺者次之。最近外货源源涌至,充斥市场,非但手工业者无法存在,即中小工业亦无法竞争,结果失业人数激增,势将造成社会问题,近日外人于我

---

[1] 黄墨涵(1883—1955),重庆永川人,1924年任四川省财政厅厅长。抗战时期曾任久裕银号总经理,以川康地方金融家的身份积极从事民主运动。1945年底发起筹组"中国民主建国会",被选为常务理事。新中国成立后历任中国人民政治协商会议全国委员会委员、四川省政协委员、重庆市政协副主席、四川省人大代表、重庆市人大代表等职。

国组织福利投资,甚赞成维持我国之手工业,外人既认为我国手工业应予维持,则中小工业更有维持必要。

三、抗战期间,中小工业对国家之贡献最大,现以民国三十二年至三十三年中小工业之主要产品数字统计为例,煤之产量达214万吨,布匹(宽窄两种)达三百亿匹,皮革十万张,军用皮件八十万条,造纸业□纸二万八千四百百吨,植物油产量六百万加仑,机器油4万加仑,他如酒精之产量亦极丰富,此种调查仅属一部分之中小工业,然已甚为可观,足见贡献之大。今值抗战胜利,依情理言,政府不应采"狡兔死,走狗烹"之办法,而应奖励扶持其继续生产,以备将来之用,然事实上政府反向外国购货,不知扶助本国工业,以求自给,此诚可叹。

至于中小工业本身,亦应自求生存,不应处处仰赖政府维持,其改进之途径如下:

一、联合组织——如苏联之工厂,即有集体组织,系由小工厂组合为大工厂。我国中小工业如有联合组织,并就原料产地设厂以减省运输费用,则其经营可望由小工业改进成中等工业,再由中等工业改进成大工业。

二、改良技术——如我国之皮革业,原料不足,品质不佳,设有集体组织,共同改进,则其力量较大,发展亦易。又如我国之桐油,进销美国,外人将其改良制成油漆,转销我国。然我国万县为四川桐油之集散地,政府可向美国购买新式机器,而于该县设立制造厂,将桐油加以改良。他如四川之猪鬃,纺织业等均可加以改良,以纺织业言,中小工业之棉纺产品,往往不及大工业之优良,本人认为四川产棉,中小工业可以改纺棉纱,此亦自谋生存之道。

三、设备现代化——采用新式机器。

四、管理科学化——现各工厂管理方法,殊欠完善,故宜加速制造此项人才。如沪地申新纱厂棉纱每包成品之管理费,较之日本纱厂每包多费几元,此即管理不良之例。

五、资金——厂房资金及流动资金应由厂方自筹,而购置新式机器费用,则可借之于政府,可以十年贷期,分期偿还。

以上均为中小工业之自身问题,以下则为其与西南实业建设之关系,西南系指川滇黔诸省，今以四川为例，切盼四川省府办理下列诸事：

（一）动力——如灌县、长寿等地之动力，可由政府办理水电厂供给中小工业使用。

（二）交通——如成渝、成嘉、渝昆铁路均需立即建筑。

（三）设立大规模之机械厂，制造机械，中小工业所需用之各种零件，亦可于此厂购买。

（四）改良原料——如改良棉花品种，改良蔗糖等，内江之糖，品质并非不及台湾南洋之糖，乃因成本过高，售价亦贵，故近日有台湾之糖输入，几使内江糖业无法生存。又如四川毛纺业所用羊毛，一部原为万县出产，一部则为甘肃出产，制成之毛织物，不及英国产品之优，故盼政府设法购买澳洲羊种，以求改良羊毛原料。

（五）设立奖金制度——奖励优良出品，如台湾商业销售市场之广，即为日本政府奖励所致，故我国政府如能仿此，对工业出产特佳者予以优待，事实并非损失，盖可阻止外货入口也。四川省府亦望注意及此，至于中小工业之原料选择，亦应以四川所产为目标。

最近报载政府订购美货甚多，如钢铁二十八万吨，洋灰三十万吨，棉花一百七十余万担，我国四川水泥公司原可供给此项需用洋灰，因有外货入口，已经无法维持营业，钢铁棉花，本国亦有出产，何不自求改良以供应用？今日《大公报》载四月份入口货总值达一千四百五十六亿余元，其中棉花一项，竟达八百六十七亿余元，占进口总数百分之五十九点五，而外汇基金仅为五亿美元，此数恐于五月份已用清，似此外货入口日增，外汇资金有限，经济崩溃现象日趋严重，西南实业协会同人应见及此，督促政府协力，共谋解决中小工业目前所遭遇之一切困难，否则中小工业者亦当自为奋起，力求更生！

（文献选自《西南实业通讯》，1946 年第 13 卷第 3/4 期，第 17—18 页）

四、战时文化教育

中西文化的差异：应发挥我们人生向上伦理情谊两种特殊精神

1937年6月26日在北碚温泉茶话会上演讲[1]

梁漱溟[2]

一、中国政制决不能跟着西洋走

一般迷醉于西洋的物质文明及政治组织者，莫不想现成地把它搬运过来，以维持中国社会崩溃的情势，这不但是不适合，而且也决不可能，因中西文化发生的背景，逾有差异之故。

西洋人团体生活，有两种主义：一是个人本位，一是社会本位，这两种潮流，完全是两个时代社会生活之反映。

在中古时代，西洋人的文化纯在宗教的迷信里禁锢着，一切行为是以"罪""福"为标准，严守着教条的规定，于是人的理性被蒙蔽，人的行为被约束，养成有组织性、机械性的团体生活。然而人心怎能长此禁锢呢？所以在中古之末，就发生"宗教革命""文艺复兴"的运动。于人生观遂有极大的转变，与以前绝然相反。中古的西洋人，是否定现实的，只希望着修来世，升天堂。近世的西

---

[1] 1937年5月底至6月底，梁漱溟在重庆、成都两地作演讲达30余次。该演讲是由梁漱溟与嘉陵江三峡乡村建设实验区署各主干人的一段谈话整理而来，当年发表时未得梁漱溟改正。

[2] 梁漱溟（1893—1988），字寿铭，祖籍广西桂林，出生于北京。中国著名的思想家、哲学家、社会活动家，中国民主同盟主要创始人之一，是现代新儒家的早期代表人物之一，有"中国最后一位大儒家"之称。

洋人，则是肯定现实的，追求目前实际的幸福，一切行为是以利害为标准。在政治方面，为保障个人的权利，而图谋团体的幸福，为抬高个人的地位，参与一切权利的竞争，要求团体对个人的自由权及个人对团体的参政权，这就产生近世民主政治的体制；在经济方面，亦讲唯利是图的实利主义和功利主义，绝对保障私人财产，主张放任自由竞争，形成近世资本主义的文明，这种以权利为出发点，个人本位的自由主义，完全是因长时期宗教的禁锢而反动出来的，近世文明的大大进步，也确是因这种刺激的影响，而得以发展。

可是自由竞争之结果，不到五十年、一百年，却处处发生流弊，尤其互相竞争愈趋剧烈，对团体组织愈要求扩大，对团体力量愈要求增强，所以到现代，又一反从前，主张社会本位，以社会团体的要求为最高鹄的，完全看轻个人的自由，要求一切由国家统制，由一个党派或一个阶级专政，实行独裁政策，不管左倾的政府或右倾的政府都是这样。

我们需不需要走西洋的路呢？我们有没有走这样路的背景呢？这在中国人没有经过严格的宗教团体生活，也没发生过剧烈的自由竞争。自然不能产生个人本位的社会或社会本位的社会，然则中国社会文化的背景究是什么呢？

二、中国民族的特殊精神

我所谓中国民族固有的道德，是指两点精神而言：

第一是人生向上。

中国人是最讲理的，俗话所谓"有理讲倒人"，即是你所作的是对的，就可使人折服。"有理走遍天下"，也是只要你讲道理，就可处处受人尊重，得人同情，一切行为均以是非为标准。凡是道理上讲不过去的，就知为"非"，就不敢乱为，并不是怕死了要受罪，如果真理正义所在，只要认为"是"，更不惜牺牲一切以赴之。这种理性是向内的，所谓凭良心判断，是在反求诸己，如宰我问"三年之丧……"孔子答以"食乎稻，衣乎锦，于汝安乎？汝安则为之。"故思想的空气非常自由，因理性的开发，更注重精神生活之开拓，四书上有句老话："食无求饱、居无求安"，即是人不仅为穿衣吃饭而生活，还有他更大的意义，所以下句接着又说："答有道而正焉"，是即"人生向上"或"人生向善的崇高精神",此为西洋所不及。如果西洋人叫他饭也不吃饱,居也不求安,那他对什么事情就不想动了。

第二是伦理情谊。

我们决不能离开人而生活,人生必有其相互关系之人,如父子、兄弟、夫妇、朋友……是即天伦,并认识人生始终在相互关系中,而且在这种关系中必互以对方为重。父慈、子孝、兄友、弟恭……即是互相看重而来,最好的朋友,也就是最能为朋友的朋友。由天伦骨肉乃至一切相关之人,莫不自然互有相互之情谊,亦莫不自然互有其应尽的义务,伦理关系,即是义务关系,父"慈"是义当慈,子"孝"是义当孝……为了对方而忘了自己,这是从感情出发而非从权利出发的。

如果人类在欲望中,即各以自己为重,西洋人即是发展欲望,处处从自己权利出发,故看出来人与人间有相对之势;如果人类在情谊中,即互以对方为重,中国人即是发挥情谊,处处从自己义务出发,故看出来人与人间有相与之情。

中国几千年来的社会秩序,就完全是"情""理"维系着,将社会标准放在各个人的心中,惟因各自消极节制,彼此调和妥协,缺乏团体生活,故发生"散漫"与"被动"两种毛病。

三、怎样解决两种毛病?

现在谈建设乡村,最重要的是组织乡村,但是怎样让中国人能有力的参加团体生活呢?如果学西洋的民主政治,则这种个人本位的自由主义,是离心力的,只有愈使中国社会散漫,愈无组织;如果学西洋的独裁政治,虽是向心力的,然而却愈加深民众被动的习性。

故要增进中国社会的组织,必须根据中国社会的习惯背景,发挥中国民族故有的道理:以伦理情谊的精神,互以对方为重。个人要尊重团体——先要有个人对团体的义务,以提高团体的地位;团体亦要尊重个人——凡是团体的事情让大家自己来干,发展人生向上的精神,使大家自觉地积极参加团体的一切活动,故个人尊重团体,可治散漫的病,团体尊重个人,可治被动的病。

邹平乡学村学的宗旨，便是齐心向上求进步，使你明白你对于大家是离不开的，大家的好坏，对于你的影响，非常之密切，你必须认识这种社会关系，尊重这种社会关系，我们要求个人及社会的向上，就必须将这种社会关系，更加密切起来，所以就必须组织团体。也只有团体组织的力量，才能解决各项问题。如果我的儿子不赌博，不是单靠严厉的打骂所能禁止，必须商量村众全体，取消赌博场合。如要消灭土匪，亦必须大家联合起来才容易。又如，开会一定要到，人家说话一定要听，有了意见一定要发表……这些都是对团体应尽的义务，不尽义务，就是没有道理，便不应该，这些通通是发挥伦理的观念。

所以我觉得，除了"人生向上"、"伦理情谊"这两点外，在中国老道德里就难找出更好的东西了。所以我们应该发挥这两种精神，来组织团体，运用科学，以创造新文化，建设新社会，自然人生幸福也在内，然而我们的目的却不只在幸福。

（文献选自《北碚月刊》，1937年第1卷第12期，第5—7页）

从沟通汉藏文化说到融合汉藏民族
1938 年秋在汉藏教理院[1]演讲

喜饶嘉措[2]

太虚大师致词：

今天，本院欢迎喜饶大师，同时，还有格桑委员及与喜大师同来的根桑格什、杨质夫先生[3]。对喜大师，我们全体员生同有着深的敬仰！因为喜大师在西藏佛法研究上，修持上，是一位藏中很有地位和权威的老格什。为近来内地的佛法上有信仰和研究者，无不众所知识。

去年，喜饶大师同受中央为五大学聘作学术上的演讲；顷又为国民参政会之参政员。这次到本院来游览参观，因得欢迎为全体员生演讲，的确是很有殊胜的机缘。这，也就是欢迎喜大师的缘起。

本院名汉藏教理院，固在专门研究佛教学理，而同时还含有沟通汉藏文化和联络两民族间感情的意义，然实际还是在沟通汉藏的教理上工作。以佛法讲：大概分为"教，理，行，果"的四个阶段。"行"与"果"是以"教理"为基本

---

[1] 1932 年 8 月，汉藏教理院在重庆缙云山缙云寺正式创建，是中国近代佛教史上第一座汉藏并设、显密兼习的新型佛学院。

[2] 喜饶嘉措（1884—1968），藏族，青海循化人，中国佛教界卓越的领导人，1955 年 8 月，当选为中国佛教协会会长。毛泽东、朱德、刘少奇、周恩来等国家领导人多次称誉他为"爱国老人""藏族学者"。

[3] 杨质夫（1906—1961），本名杨文，字质夫，青海省互助县红崖子沟人，藏语文翻译家、藏学家。

的。所谓教者，即是从释迦如来以及三乘圣者果海中流出的教典。在平常大约把教典分成三大系统，即巴利文，汉文，藏文是。在此教典的系统上，或此有彼无或此无彼有，所以都有必须沟通的意义。不过，现在于藏文移译为汉文的，移译风气，今本院等在内地已大打开。但，有些从印度传来很重要的经论，在汉文是有，而为藏文所无。现在还少有人从事译汉文为藏文的工作，且在西藏连这种风气还未有人提倡。这是要希望以喜大师在西藏的资望，把它提倡起来的。这是关于"教"的一点。

所谓"理"即汉藏彼此向来各别所宗尚，所阐扬的佛法上重要道理。近来关于西藏的，如菩提道次第义中观月称义及理等，也都有人在注意研究及翻译讲习了。在这种意义上，内地所有的禅台贤各宗义理，有许多已经是喜大师知道的，也希望将此种带到西藏去阐扬，以开拓西藏向来所传的风尚。

每个民族文化，因地域、时期，皆有一种风俗习惯上的范围。从好的方面说，往往由此能达到人心统一；从坏的方面说，有时也因此而滞塞，拘泥。内地从本人在武昌办佛学院作一般的佛学研究之后，将中国各宗向来的成见，已使之打开。喜大师此次到内地来，固然一方在宣扬西藏文化，同时也能观察到内地的风俗环境与佛学思想，希望将来能使西藏也在向来传统的束缚上解放出来，这样才能做到汉藏教理的彻底沟通，同时也澈底做到了汉藏两民族文化和感情的沟通！！这就是今天欢迎喜饶大师的特殊意义。

喜饶嘉措致词：

今天承贵院开会欢迎，非常荣幸。刚才，太虚大师的欢迎词，由法尊法师译为藏语，我已完全懂得了。

太虚大师与法尊法师所说的话，以及对整个佛法所抱负的——尤其是沟通汉藏文化，负很大的责任和使命，在政治上，文化上，皆是有重要的意义底。今天欢迎本人，要在教理上与大家说一说。虽然本人研究佛法的过程，是有三四十年，然而所知道的究竟很少，以一个平凡人的智力，想知道所知的一切境界，是不可能的，除非是一切智的佛陀。以平凡人的智力想穷究一切所知，譬如兔子望着大海一样。就是刚要成佛前的一刹那前的等觉菩萨[1]，地位虽很高，也不能算作一切知。现在要我来与大家说说，个人非常的抱愧，不是与大家说客气话，的确是这样。不过本人在藏曾经住过三四十年，所有经论虽然不能阅尽，但多闻薰习，也可以说有一点。现在既然承太虚大师要我来说，就仅以我感想所及的意思，随便与大家说一说吧！

太虚大师的名字，我们在西藏已经是知道了。尤其是达赖喇嘛圆寂以后，中央的黄慕松[2]专使来到西藏，关于虚大师的一切，我们更知道得多。一个人的名誉，并不要自己来说，如香花在深山生长，它的香气自然会被风吹到四方去的。法尊法师的名字，也早就知道，他在西藏学法时，我有个弟子黎丹，有一天曾与我说过，法尊法师译有菩提道次第论，当时我就很注意他，但是没有见过面。此次来到重庆，便与两位见面，非常欢喜，此次尤其是在贵院团聚，更觉得是殊胜因缘。

贵院名汉藏教理院。一闻到"教理"的名字，我就非常的欢喜。因为穷究"教"和"理"，才算真正研究佛法！什么是佛法？世亲菩萨说："佛法唯有二，谓教及证"。"教"即是佛所说的一切经咒；"证"是通达教义后依教修证的意思。可知佛的教理，除此而外，更别无有了。世亲菩萨在印度有第二佛的尊称，他最初学小乘萨婆多部及经部，后来又学大乘的唯识，在印度地方，是很著名的菩萨。据说十万颂的经论，他能背诵九十九部。像他这样利根的人，还要依着教理慢慢研究，由小乘的萨婆多而经部乃至大乘唯识，都是切实闻思，还没有得到中观见，这完全是印度人诚实不欺，知之谓知之，不知谓不知。不像现在的人，完全以欺诳骗人，无知言知，不了谓了，甚且说我已得了神通，我已到了某某境界云云。这些尽是虚伪的骗人的话。汉藏教理院，在此时产生，要从教理上作佛法的探讨，可以纠正一切错误。我很希望贵院一切事业蒸蒸日上。现今无论何处总是邪说横行，正道反而淹没，实在可叹！西藏谚云："中国作经，西藏作咒，印度作论。"这个原是说内地和西藏学人，都不诚实。内地很有

---

[1] 原文为"菩莎"，下同。
[2] 黄慕松（1883—1937），广东省梅县人，曾任国民党中央执委，后任国民政府军委参谋部次长等职务。1933年起奉命主持边政，先后到新疆、西藏等地区，任国民政府蒙藏委员会委员长。

些人，假托佛意而自己伪造经典。同时西藏也有人假托金刚持意而伪作陀罗尼的。但在印度人总是老老实实地，不喜假托，只依佛所说的，造些释论议论等等罢了。现今颇有些人，专门欢喜传秘密法，把秘密法的功德胜利，说得天花乱坠，赐福赐财，增禄增寿乃至成圣成佛，无不能办，甚且谓自己已有神通，已得某道等等。这样，很多人于是对密教很喜欢学，殊不知密教固然是至高无上的教义，功德胜利固然极大，然若不拿共同道的次第作它的根基，如不一层一层的按次去学，那是危险的！譬如有一座数层的楼阁，其顶层极为庄严舒适，想要享受这顶层楼阁，必须要由梯阶一层一层登去。如果没有阶梯就不容易上去即便勉强爬上，一不小心，掉下来就会送了性命！这顶层楼阁和一切智的佛位一样，楼梯同共道次第一样，无楼阶梯而勉强爬上就和没有共道根底而修习密法一样，大家细细玩味就可以明白。现在内地也很有些人注重西藏显教。譬如在上海也有人译过菩提正道论，此地也译有菩提道次第，这是宗喀巴大师所造的，是入密教的基础。要拿这些作根基，然后再学密乘，才算有路可循，不然便算躐等了。其次学密宗要为救度众生而发殊胜大心，这心是很不容易的！如果为了个人的福禄寿财，或者只听到密教的功德胜利，就恨不得把它马上学成，这简直是贪心！那里是殊胜发心？我们并不是谤毁密宗，乃是尊崇密乘。但是，要照着次第去修学，才能很快地成佛。如果不管次第，躐等去学那就等于勉强登上去高屋一样，很难免不坠下来，的确是很危险呀！佛经上有好几个譬喻，说密咒如毒蛇顶珠，如毒果等。这就是说毒蛇顶有宝珠，为稀世至宝，然若无制蛇的能力，要想取它，不但不能得到，反有性命之忧。再则有一种毒果，孔雀吃了，能毛色娟美，这因为它肚里有化毒之机能，如果一般人吃了它，那就会至于毒死，因为他没有化毒的能力。密咒也是这样，如果不依次第，不立基础，不审根器，躐等盲目地也去学，不但学不到家，还反能损害自身。又如烈性的马，如果能够驾御的人，骑了它就会日行千里，如果一个毫无能的小孩去乘骑，那能不发生危险吗？这种譬喻还多得很，也不必再举了。关于密乘，中国正隋唐之际虽然译了不少，但是没有传过，晚唐间虽有传承灌顶等等，但不久也断了。元明清三代，虽传入西藏秘密法，然不普及于民间，我想这也是为了慎重的原故。

刚才太虚大师说要把汉藏两地的经论互相移译沟通，在本人觉着是很需要的。现在两方面的经论如汉有藏无，或藏有汉无的，都是很多，尤其汉文经典比藏文所有的，听说要多九种目录，多的时候有二千多部，就是明清时的藏经也有五六百部，比藏地多几倍。这里面的要典都应该译成藏文，同时藏文要籍也应该翻成汉文，以供研究资粮。这是汉藏学者应注意的事，也就是汉藏教理院的工作了。

其次太虚大师说要借以沟通汉藏感情，这也是很要紧的！关于联络汉藏感情促进汉藏和好的说法很多，我以为人与人的相好相近，全在乎心，并不在身体接近，形式亲近。西藏整个民族的心，就是一个——信仰佛法，不但上流社会和普通人，都晓得皈依佛法信奉三宝业果等，就是一个屠家虽然他操的是屠业，但他无时无刻不觉到他因为福太浅，为生活所迫，不得不操此不善生涯！并害怕将来再在恶道中受种种大苦哩！可知藏人的心，除了对佛法外，别无所思了。所以我们要求感情上的联络，也须要从佛法着手。佛法在中国有二千余年的历史。然在西藏除了少数人知道外，其余底多不大明瞭，以为内地没有佛法。假如把内地佛法情形都使他们明白，那他们一定乐于接近的。譬如贵院名汉藏教理院，藏人听到教理两个字，如能把菩提道上谓的三士道的次第从人身难得，生死无常，乃至止观双修，都完全瞭解，知道三士道以后，再次第修学密乘，从教理上一步一步的研究，又把内地译师罗什，玄奘，义净等先哲译经情形及唐不空三藏、宋施护等宏扬密法，是如何传承、如何的修学情形，又各宗先哲——如法相宗的玄奘窥基等，天台宗的智者等，禅宗的菩提达摩等，如何宏法利生的情形，都传播到西藏去，使西藏人知内地也是崇信佛法，佛法在内地有悠久的历史，那两方面的感情，就不联而合了。且汉藏的关系也有几千年的历史，前清一代尤为密切。不过到了满清末年，有些内地住藏及征康的不肖官兵，不但是对一般藏民蹂躏，并且杀僧伽毁寺庙，把许多胜地和僧侣都糟蹋了！在藏人心中，蹂躏民众还是小事，最令他们伤心的，即是烧庙毁像，仇视佛教，所以使他们不能忍受，引起了使他们仇汉的心理。二十余年来汉藏感情的疏远，其原因在此。现在汉院的成立，责任很大！以后如对汉藏佛学作深切的研究，是非常的好。在座济济一堂的同学，我希望个个所学有成，不久的

将来，内地到处都有类似汉藏教理院的学院成立，研究西藏教理及各种学问，同时藏人也可以来内地求学，不但要学佛法，即使儒家学说及新学识，都应该使藏人知道。儒家虽未说出世法，然而在世法上是很可值得研究的。新学识更是时代所必需要的。这几点讲沟通汉藏文化的人们，应该特别注意！

今天将自己的感想已略略讲完。本人来到贵院，从昨天到今天，虽然只过很短的时间，但是对于贵院的首领、教师乃至学生，却一见如故，感情融洽，好像多年相交的朋友一样。这也是同道的原故吧！我很希望汉藏打成一片。自己在沟通汉藏文化上，也很愿意为贵院之助。因为我们都是佛弟子，在法事上都如兄弟一样。世间上有点头之交，有对付之交，甚至还有口是心非及至不睬不理的。我们需要的是真诚的友谊，实心的互助，真正的联合，不是虚伪的对付！

今天说话的时间太久了，就此完结吧！希望大家注意！本人素不长于言词，有不对的地方，还请诸位原谅！

（文献选自《海潮音》，1938年第19卷第10期，第3—6页）

战时文化工作
1939年1月17日在重庆文化座谈会上的讲演

郭沫若

各位文化界的朋友：

今天是各位朋友要我讲"战时文化工作"，这个题目的范围很广阔，不很容易讲，同时没有很多的参考资料，所以只是把我的经验与一点意见，贡献出来。

我们大家都知道文化是有进步性的，文化是随着人类的进化而向前进展，我们的抗战是为着自由和平的战争，则其进步更迅速。我们的战争是进步性的，那么我们的文化也一定是进步的。

当前，我们同日寇所进行的战争，是保卫人类文化的战争，所以，我们的战争是跟了文化而进步的。同样，我们的文化界是跟着战争而进步的。敌人呢？他是野蛮的、退步的，他是破坏与毁灭文化的，不仅破坏了摧毁了我们所手创的文化，而且也毁灭了自己的文化。

自"九一八"以来，日本就加速的在退步，日本的民众思想完全不能得到自由，他们没有一切言论的自由，所以各种各样的言论机关，都受到了统治与压迫，连他们自名为自由的"大学自由"，也不能得到自由。从去年，大概是七月后，日本文化工作者在军阀的铁链下，过牢监生活的有一万人，敌人所进行的战争是侵略的退步的，所以日本文化只是受束缚，没有发展的可能。事实很明白的告诉我们：我们战争的文化工作得进步，文化工作者很踊跃的参加到抗

战里面去。

在抗战前，我们中国的文化仿效欧亚的文化，脱离不了"翻译"文化的状态，文化的水准虽相当高，但高的文化同低的实际要求不能融合。比如：欧亚文化一到中国来，同中国的要求水准相反的高度的文化，每每不能实用；而一辈的文化人，因社会的实际需要不能配合，因此文化人同社会"游离"。这个情形，可以说是中国过渡时期的文化现象。抗战以来，消灭了这种文化现象，切实的同抗战配合起来。

我还是小孩子的时候，就听见四川人要造川汉铁路。二十几年前，有一部分人来发起造铁路，是相当引起了注意，可是到现在，四川找不到半寸铁路。但大家知道湘桂铁路，却在无声息中造成了，发生了在抗战中运输的伟大作用。这就说明了，抗战促进了文化的发展。

我们抗战已有一年另六个月了，我们文化工作者在战时要做些什么，是一定要考虑且必需要切实知道的。抗战文化是什么，这种战时文化即是平时文化的促进。因此我们战时要加紧生产，我们战时文化也就是平时生产的促进，所以我们的战时文化工作的中心，是怎样增加抗战的力量，可以说是唯一的原则。我们战时文化工作是精神总动员的工作，我们战时文化工作应该是增加抗战力量，要怎样才可以达到这个力量的增强？一定要提高民众和士兵的同仇敌忾的精神，获取我们真诚的精神团结，这是在内部第一方面的工作。文化工作的对外工作是不低估敌人轻视敌人，而是要怎样来减少敌人的力量，来瓦解敌人的力量，来争取国际上对我援助的力量。

我们可以说，我们的工作是相当成功了的。第一期抗战里，因为许多文化工作者团结起来，比平时更切实更通力合作，促进了我们的文化，产出了战时文化的相当丰富的成果。对于提高民众同仇敌忾，提高民族意识，增强士兵的战斗力，对敌方面，敌军厌战反战行动多少是对敌文化工作人的力量，虽然没有达到需要的程度。

可是更具体的来讲，我们那时的工作偏向城市，我们的文化还只是从这个都市移到别个都市。在东战场战事激烈的时候，提出了"文化人向内地移"的口号，由于客观的迫促与主观的努力算是做到了。文化人在战时内移，在战时文化的开展上有莫大的效果。我们要增强民众同仇敌忾的神情，要使前线将士斗志坚强，做"马路工作"是不能达到的。文化人向内地移，且同相当落后的民众武装同志去接近，这是主观努力与客观促使的一个收获，一个相当丰富的收获。同时，文化工作切实的把文化水准降低下来，适合一般民众的要求，而再逐渐提高水准，这个就是说：我们文化人切实的到了"大众化"的程度。这也是一个相当重要的收获。

在战前，有志的同志们要求"大众化"，抗战发生后都是在"大众化"的要求下，切实地共同工作起来。这点是可以快慰的，同时可以说是抗战与文化融合的产品。

一期抗战中，我们文化界走的路线是正确的，成绩是相当的，现在抗战进入了新的阶段——第二期，我们回顾到前期结果后，我们要估计到二期抗战中的文化工作。前期的成功，我们绝不满足，因为抗战同文化配合起来，所以促进我们正确的动向。到了二期抗战的目前，却要用主观的努力来把握住动向，不仅把握，而且还要扩展。我们前期要求文化人内移，文化人相当内移了。但有一个缺憾：我们文化人没有真正到乡村里去，所以内移这个行动是不彻底的。我们应该加以推进，要内移到后方的乡村。这是二期抗战里要文化人主观的努力来推移。

我们现在更要求文化之外移，留在敌人后方的土地很广大。我们第二期的战略是：游击战重于正规战的战略，要把三分之一的武力放在敌人后方，三分之一的力量正面抵抗敌人，三分之一的力量在后方不断训练和补充。我们的工作是努力在敌人后方充分发展我们的游击队，能使敌我成为相持，并且可以很快的向敌人反击。比如：我们一个游击核心，可以牵制敌人三四个师团，有十个游击核心，就可以牵制他三十个师团。我们把五台做例子，日寇要"扫荡"五台地方的游击队，经了长时期的准备，用三个师团兵力，结果死旅团长一，联队长三，形成了溃退，丢弃了他的五百多伤兵，所以不仅能牵制，而且歼灭了他三个师团。

我们要建立游击核心，不仅要号召、策划，并要实际到敌人后方去，进行各种工作，开辟文化的大地，所以我们的口号是："文化人外移"，要使文化普

及发生力量，一面要移到乡村里去，一面要移向敌人后方。这是二期抗战应该注意的。

还有，在一期抗战中的"大众化"工作，没有达到我们需要的程度。去年九月，我到第九战区去慰劳，带了《热血忠魂》、《保卫我们的土地》、《八百壮士》、《抗战特辑第五辑》，这种影片已算是够"大众化"了。可是出乎意料，可以用眼睛看，发音，变化的影片，乡下的百姓对它完全两样，一点没有兴趣。当然这就是教育太不普及，他们不能够得到教育的恩惠。我们要发动民众，唤起民族意识，发动认识敌人，增加同仇敌忾，但是这样的同胞是占着大多数，这样的同胞是抗战的主力军，要动员这些民众保卫我们文化、保卫我们祖国、保卫我们民族，就是说，我们要增加抗战力量，我们的文化工作还要切实做"大众化"的工作。要少用花样，少经过变化，将故事简单化，老百姓就看得懂了。

文化工作者还没有把所需要的对象作对象。我们第三厅的绘画同志，他们可以集体的画很大很大的画，他们集中几十人的画，这也是画家同抗战配合。本来画大腿小腿的，抗战后作风改变，这个是进步的，可是还是不够。所以我们努力的方向正确了，可是我们没有用人为的意识，加以多画连环画，故事画。我们文化工作者，应该多量的生产，努力于通俗化大众化。

二期抗战中加紧通俗化大众化的工作。要动员大众，要以民众士兵为对象的时候，必须深益求深、精益求精的切实的做，而绝不能不顾文化一切的必要，而口头高喊提高文化。老实说，你要做战时文化工作，你就要向民众学习生活、语言、习惯，这样产生的文化是有根蒂的文化，而不是像在亭子间里写叫什么什么的，是水面的浮萍，是寄生的文化。所以，要提高国民的文化，必须要真正建设大众化通俗的文化。这是二期抗战中"大众化"的正确的路。

还有一点意见，我们抗战的最高战略是持久战，能作长期的抗战，支持民众士兵很强旺的敌忾心是必要的，另一方面技术学习是必要的。我们要能巧妙的使用枪炮，发展武器的固有的力量，当然需要技术，就是要加强我们交通，增加生产，非有切实技术是不能成功的。我们文化工作者，要提高我们的研究，使一般青年，在二期抗战里，努力增进他们自己的研究。委员长说："机关即学校",就是要我们加紧研究工作,加紧每个人的研究工作。

外国人说"中国人都是天才",就是讽刺我们研究性薄弱。我们应把人生当作学生时代,我们可以说是有史以来,展开在我们面前的,用有限的智力与生涯,成个研究时代。所以我们要在任何地方,下苦心研究,一面可以增加知能本领,完成我们的使命。技术一方面:怎样发达生产?充实国力?怎样发达交通?我们文化人要加紧鼓舞促进指示的工作,要站在自己的岗位上,特别是一般青年能增强研究,养成救国的本领。

最后,我不多讲。现在的文化工作者,所差的一点就是实践,所以我的最后一点希望,就是克服自己的缺点,走向实践的路上来。

(文献选自《中苏文化杂志》,1939年第3卷第6期,第7—8页)

育才学校创办旨趣
1939年7月20日在重庆育才学校开学典礼上的演讲

陶行知[①]

我们在普及教育实践中，常常发现老百姓中有许多穷苦孩子有特殊才能，因为没有得到培养的机会而枯萎了，这是一件非常可惜的事情。这个民族的损失，人类的憾事，时时在我的心中，提醒我中国有这样一个缺陷要补足。

抗战后，从国外归来，路过长沙汉口时，看到难童中也有一些有特殊才能的小孩，尤其在汉口临时保育院所发现的使人更高兴，那时我正和音乐家任光先生去参观，难童中有一位害癫痫的小朋友，但他是一位有音乐才能的孩子，不但指挥唱歌有他与众不同的能力，而他也很聪敏，任光先生给他的指示，他便随即学会。

又有一次，我在重庆临时保育院参观，院长告诉我一件令人愤愤不平的事。他说近来有不少的阔人及教授们来挑选难童去做干儿子，麻子不要，癫痫不要，缺唇的不要，不管有无才能，惟有面孔漂亮，身材秀美，才能中选。而且当着孩子的面说，使他们蒙上难堪的侮辱，以至在他们生命中，烙上一个不可磨灭的印记。

以上三个印象，在我的脑子里各各独立存在了很久。有一天，忽然这三个

[①] 陶行知（1891—1946），安徽歙县人，伟大的人民教育家、思想家，著名的爱国民主人士，中国人民救国会和中国民主同盟的主要领导人之一，被周恩来誉为"一个无保留追随党的党外布尔什维克"。

意思凝合起来了，几年来普及教育中的遗憾，须求得补偿。选干儿子的做法，应变为培养国家民族人才幼苗的办法，不管他有什么缺憾，只要有特殊才能，我们都应该加以特殊之培养，于是我便发生创办育才学校的动机。当时就做了一个计划，由张仲仁先生领导创立董事会，并得到账委会许俊人先生之同意而实现，这是去年一月间的事。

创办育才的主要意思在于培养人才之幼苗，使得有特殊才能者的幼苗不致枯萎，而且能够发展，就必须给与适当的阳光、空气、水分和养料，并扫除害虫，我们爱护和培养他们正如园丁一样，日夜辛勤的工作着，希望他们一天天的生长繁荣。我们拿爱迪生的幼年来说吧，他小时在学校求学，因为喜欢动手动脚，常常将毒药带到学校里来玩，先生不理解他，觉得厌恶，便以"坏蛋"之罪名把仅学了三个月的爱迪生赶出了学校。然而他的母亲却不以为然，她说她家的蛋没有坏，她便和她的儿子约好，历史地理由她教他，化学药品由自己保管，将各种瓶子做记号，并且放在地窖里，他欣然的接受了母亲的意见。于是这里那里的找东西，高高兴兴的玩起来，结果就由化学以至电学，成为世界有名的大发明家。虽然那三个月的学校教育是他一生仅有的形式教育，但是由于他母亲的深切的理解他，终于有此造就，像爱迪生母亲那样了解儿童的精神，是值得我们学习的。假如他的附近有化学家电学家特殊的帮助，设备方面又有使用之便利，则可减少他许多困难，我们这里便想学做爱迪生的母亲，而又想给小朋友这些特殊的便利。

我们这里的教师要有爱迪生母亲那样了解儿童及帮助儿童从事特殊的修养，但在这民族解放战争中，单为帮助个人是不够也是不对的，必须要在集体生活中来学习，要为整个民族利益来造就人才。因此，我们要引导学生们团起来做追求真理的小学生，团起来做自觉觉人的小先生，团起来做手脑双挥的小工人，团起来做反抗侵略的小战士。

真的集体生活必须有共同目的、共同认识、共同参加，而且这共同目的、共同认识、共同参加，不可不以由单个的团体孤立的建树起来，否则又会变成孤立的生活、孤立的教育，而不能充分发挥集体的精神。孟子说："先立乎其大者则其小者不能夺也。"我们中国现在最大的事是什么？团结整个的中华

民族，以打倒日本帝国主义而创造一个自由平等幸福的中华民国。我们的小集体要成了这个大集体的单位才不孤立，才有效力，才有意义。与这个大集体配合起来，然后我们的共同立法，共同遵守，共同实行，才不致成为乌托邦的幻想。

我们的学生要过这样的集体生活，在集体生活中按照他的特殊才能，给予某种特殊教育，如音乐，戏剧，文学，绘画，社会，自然等。以上均各设组以进行教育，但是小朋友确有聪明而一时不能发现他的特长，或是各方面都有才能的，我们将来要设普通组以教育之。又若进了某一组，中途发现他并不适合那一组，而对另一组更适合，便可以转组。总之，我们要从活生生的可变动的法则来理解这一切。

但是，育才学校有三个不是，须得在此说明：

第一，不是培养小专家，有人以为我们要拔苗助长，不管他的年龄和接受力及其发展的规律，硬要把他养成小专家或小老头子，这种看法是片面的。因为那样的办法也是我们极反对的，我们只是要使他在幼年时期得到营养，让他健全而有效的向前发展，因此，在特殊功课以外，还须给予普通功课，使他获得一般知能，懂得一般做人的道理，同时培养他的特殊才能，根据他的兴趣能力引导他将来能成为专才。

第二，不是培养他做人上人，有人误会以为我们要在这里造就一些人出来升官发财，跨在他人之上，这是不对的。我们的孩子们都从老百姓中来，他们还是要回到老百姓中去，以他们所学得的东西贡献给老百姓，为老百姓造福利。他们都受着国家民族的教养，要以他们学得的东西贡献给整个国家民族，为整个国家民族谋幸福，他们是在世界中呼吸，要以他们学得的东西帮助改造世界，为整个人类谋利益。

第三，我们不是丢掉普及教育而来干这特殊的教育，其实我们不但没有丢掉普及教育而且正在帮助发展它。现在中国处在伟大的抗战建国中，必须用教育来动员全国民众觉悟起来，在三民主义抗战建国纲领之下，担当这重大的工作，所以普及教育实为今天所极需，是继续不断的要协助政府研究普及教育之最有效之方法，以提高整个民族的意识及文化水准。育才学校之创立，只是生活教育运动中的一件新发展的工作,他是丰富了普及教育原定的计划,决不是专为这特殊教育而产生特殊教育,也不是丢掉普及教育而来做特殊教育。

(文献选自《战时教育》,1940年第6卷第1期,第1—2页)

一段错误的经历
1940年2月5日在国民政府交通部讲习班演讲

卢作孚

今年本人四十七岁，回想由十八岁起在社会上奋斗的历史，可以分为几段来说，最初是做教师与新闻记者，但其间又穿插其他工作，并不十分衔接。

教师应以活的学问教给学生

做教师的时代，是先教数学，后教国文。本人对于数学，极感兴趣，以为数学，不仅是数目字的学问，量的学问，同时可以训练我们的思想，使紊乱的思想，变为有条理有次序有系统的思想。所以唯一的施教方法，就是教学生如何去思想，并且如何把思想活用到数学上去。譬如四则，由加法起，一步一步都要使学生去思想，甲加乙为何等于乙加甲？甲减乙加丙为何等于甲加丙减乙？五乘三为何等于三乘五？六乘三除以二为何等于六除以二再乘三？他的原因何在？必须都要明了，都要透彻。不但是知道如何做，而且要知道为何如此做。要做到这个地步，并不困难，只要告诉学生五个秘诀：（1）看清楚，（2）听清楚，（3）想清楚，（4）说清楚，（5）写清楚。这样，使数学上的一字一句，都弄得十分明了，十分透彻，不许有丝毫模糊，将来应用于做事也能如此，自然是事半功倍。记得那时是在一旧制中学担任低年级数学，学生对于四则均极清楚，偶有问之于最高班次之学生，或瞠目不能答，因为他们学数学没有这样的可靠基础。试举一例：

在宣统元年冬季，当时本人未满十七岁，曾去成都投考四川陆军测绘学堂插班生，与考者共七百余人，以年龄论，本人年纪最幼，以学识论，许多投考者皆为四川高等学堂或优级师范学堂或铁道学堂学生，私自忖度，定是名落孙山。但结果，录取四十名，而本人已名列其内，许多留学成都的老前辈倒没有名字。因此可知弄清楚之力量，最为可靠。

有一次记得是教"单位"，就以温度举例，温度有华氏摄氏列氏三种不同计算法，三种表的冰点各如何？沸点各如何？华氏化为摄氏或列氏如何计算？摄氏化为列氏或华氏如何计算？学校内有寒暑表？附近医院有体温表，染织厂有染色用的温度表，理化研究所有化验用的温度表，要他们课余去亲自观摩试测，大家觉得异常兴趣，果然个个去试验测量，结果发现一个学生温度太高，已患病了。

后来在一女学校教国文，当时不但教，并且帮另一班改作文。记得有一次作文的命题为"欧化文体，何以不适宜于中国文学？""欧化"二字根本就欠妥，因为欧洲文体有法国、英国、德国、意大利等等，究指何国文体，一般学生未尝一一学过，自然无法解答，仅有一个学生，做了几句极妙的文章，他说："我自顾我的能力，绝不能解答这一个问题，但是先生既出这一个题目了，没奈何也要勉强敷衍这一篇文章。"我看了这几句话，认为极好，因此批请学生传观，不但是请学生传观，并且请教师传观，大家引为笑柄。其实教国文犹如教说话，说话通畅，写下就成好文章。我认为教几十年国文，使学生说话不通，责任应在教师身上。

我教国文时，不用教科书，大家已引以为奇；作文时又不出题，大家觉得更奇。于是以前的国文教师要求来看我的教法，因为我觉得，文章易写，题目难做，所以作文时只要学生作文章，把文章内最精彩的一点，或一句话作为文题即可，学生对此方法，起初认为困难，但我对他们说：大家一定有文章可写，并且最好的文章。本人准备分几个时期来教：

第一时期，专教他们写描写的文章，把自己最感兴趣的一点写下，最感兴趣的一点以前不要，最感兴趣的一点以后也不要，只要抓住最感兴趣的一点，

作为描写的范围。过去何者为最感兴趣或最感刺激，写下即得。并由现代文章，选到五经诸子，均选描写文章，给学生课外阅读，使他们生活状态如何能变为一段文章，大家兴趣提高，随时随地都写成文章。

第二时期，教他们要有系统的记载，将繁复的事项，提纲挈领，整理成系统。

第三时期，为分析问题，例如教育分为学校教育，社会教育。学校教育分为专门教育，普通教育，普通教育分为中等教育，小学教育。生物分为动物，植物。动物又分为脊椎动物，无脊椎动物等等。

第四时期，为如何推证一个事理，由原因推论到结果。

中国人做文章，犹如四川有一名俗话，所谓"大脚板裹脚"，又臭又长，说得天花乱坠，结果不知所云，这是文章没有内容的缘故。所以文章不应求其量的漫长，而应求其质的精警。有一次在四川公学讲演，题为《如何说话》，说话可分个人接谈，与公众讲演。就以开会时来宾演讲来说，开始总有一套客气话，这套客气话，颇不简单。例如："今天承某先生约兄弟到此来讲话，兄弟觉得非常荣幸，但兄弟没有学问，又没有经验，又不擅于讲话。并且又没有预备今天讲话，不过兄弟既然到这里来，某先生又一定要兄弟出来讲话，不得不与诸位讲几句。"这几句话，也许需要费时一刻钟，第二人则又来一套"今天能到此地来与诸位讲话，兄弟感觉非常荣幸，刚才听了某先生所发表的言论，很为佩服，一切好的意思，都被某先生说完了，兄弟再没有什么可以说的，不过某先生一定要我出来说几句，只好出来补充几句"。虽说补充几句，又延长了一刻钟，补充了不可以数目字计算的语句，他却说只有几句。至于第三人所讲的，又是这第一套，使听讲的人实在感到乏味。

隔一星期，该校开校友会的成立大会，先是校长报告，后是杨督理演讲，再次就是我自己讲，——那时我任该校副董事长，接下去的第四位先生开始讲的时候，就不折不扣的来了一套客气话，什么"……荣幸……佩服……补充……"未及终词，登时引起全体同学的哄堂大笑，那位演讲的先生，有点莫名其妙，瞠目半晌。殊不知是受了我上面的话的影响所致，这不过是一个说话说不清楚，敷衍时间的例子。

新闻记者的任务并非写文章

教书的时期已说了不少，再谈本人如何当新闻记者。新闻记者的任务并不是做文章，而是要采访新闻。一般采访的方法有三种：一种是看新闻，就是到壁上去看新闻；一种是听新闻，就是听人家说新闻；还有一种就是问新闻。就是问人家有什么新闻。但是真正新闻记者必须懂得新闻中所有的一切问题。譬如懂得经济，才可以采取经济新闻；懂得政治，才可以采取政治新闻，懂得教育，才可以采取教育新闻。

一个新闻记者，能够随时随地注意新闻，则随时随地都盯得到新闻，问题是在新闻记者本身会不会去采访，譬如今日有友人陈某来访，谈及伊奉贸易委员会命令，派赴松潘改良羊毛：（问）松潘年产羊几头？（答）一百万头。（问）年产羊毛几担？（答）约三万担。（问）本国羊毛出口可制何物？（答）大多作毛毯原料。（问）中国羊毛以何处出产者为最佳？（答）青海羊毛最佳，松潘羊毛差一些。（问）此次前去松潘拟如何计划改良？（答）使羊之产量一百万头变为三百万头，羊毛年产三万担变为十二万担。……以上就是一段关于本国羊毛产量之极好的经济新闻，只要分析问题，将答案写下，就是很好的新闻材料。

有一次本人在成都的一家汤圆店中，知道汤圆四个钱一个，记得宣统元年时，则为四个钱五个，由此《十年中成都物价之变迁》，就以汤圆的价值来作引证，已经五倍起来了，岂不又是一段极好的经济新闻吗？

几点改良教育的理想和经过

民国十年，本人任川南永宁道教育科长时，对于教育上有两种理想，第一为改革学校教育，第二为建设社会教育。学校教育打算从改革川南师范着手，为使他人了解或博得他人同情起见，乃召集川南师范各教员，提出自己的教育理想，第一打破教科书，即不用教本，最低限度亦只能选择教本当中一部分适当的教材，作为一部分的教材，其余自学生环境中选出来。第二打开校门，使学生日常能与自然和社会接触。不但要让学生到自然界或社会里去，并且要让社会的或自然的教材到学校里来。此种教育理想，一经提出来，各教师默无一

言，则再将理想具体化的解释一番，始有教员答以教书有十余年的经验，却没有此种经验，如此显然可见各教员尚未明了此意，更何能博得其同情？但为教育理想起见，不能改换教师的思想，则决定改换教师。当时北大南高师都曾受新文化新教育的洗礼，就去请一批毕业生来施教。结果学校的设备变新了，学生的行动变新了，进步诚不少，但教育的根本方法仍未新，仍不得不认为是办教育的失败。

当时每县教育经费支绌，本人主张应当大量增加，因此增加捐税，经费比以前加倍，大家都极高兴。按照理想，经费既已加倍，而成绩亦应加倍，但此主张又属错误。因各县分配，未尽妥善，教员月薪较多，闲暇时间之消遣活动亦加多，反有不良影响于其所任教课，教育成绩反而退步。

后来对于教育再图改革，即派各县教育局长和各中学校长赴各省考察，其后归来，一派骂川南教育太新，另一派又骂川南教育太旧。以前研究社会问题的人说，最讲理性的应莫过于学者，必须先有根据，然后始有判断。实则常常是先下判断，然后寻求根据，然后寻求可以掩护其判断的根据。这次考察人员，亦犯同样毛病，每派人都先对川南教育下了判断，然后在考察时间去选择可以掩护其判断的良好根据。合于判断者取之，不合于判断者删之。故新旧之说纷纭，莫衷一是。那时自己已离开川南，川南教育考察结果，依然如故，并未因此确定改革之大计。

因为各种方法皆无把握，故曾确定每县教育局长之三年训练计划，先使学习文书会计出纳统计等等，作为处理事务之基础，然后再学学校如何设置，设备如何充实，经费如何筹措，教师如何培育，教材如何选择，教育方法如何改善等等，不但研究清楚，并且还要实地考察练习，俟成熟后，分发各县任用，定能胜任愉快。正拟将此计划付诸实行时，因政局发生变化而中辍。

莫嫌事小抱定一人一事主义

明年杨子惠先生电召赴蓉办理教育行政，本人辞而不就，宁愿由小而起。故决意由办理通俗教育着手，成立通俗教育馆，聘请专门人才，如音乐，体育，艺术，工程，古董，医学，戏剧等等人才无不搜罗尽致，一切设置，管理与范围,均由简而繁,小而大,近而远,故当地人民无论男女老幼,均感兴趣。办理之成绩,于本人离职时始知,因为于离职的一天,无论老幼无论文人武人,一致挽留,于此始知小事比大事妥当。

在成都办理通俗教育的时候,亦曾与华西协和学校校长合作督造桥梁,以二夜一天的功夫造成,又将四个陈列馆的陈列品,以一晚功夫,完全变更,人民极感兴趣。又曾开一运动会,二十个学校单位,都有团体表演,共费时二小时半,结果分文未化。由此许多经验而得一句格言:"做事莫嫌小,愈小愈做得好"。

当时在成都尚拟成立一动物陈列馆,一植物陈列馆,各包括一动物园与一植物园,经费预算为四十万元。合办者有成都高等师范,华西协和学校等。但正拟成立间,又为它事所羁,而作罢论。

所以想到吾人对于一种事业,必须要继续不断的努力,然后事业始有进步,始可成功。所以竭力提倡"事业中心论",无论是新闻事业,是教育事业,是经济事业,都得集中吾人一身之全副精神与心力,去发展一个事业,则此事业庶对社会国家,可得到很大的裨益,很大的力量。本人所办的民生公司,就是一种经济事业。当时曾刊印一种小册子,即为《一个事一个村》,事即以创办民生公司为试验,村即以建设北碚为试验,建设北碚就是一种社会事业,是继续不断的一种社会事业。

我们中国对于努力于一种事业的人,因为他具有许多的经验,这种经验是宝贵的,丰富的,精彩的,能够裨益于社会国家,就应当对于此人加以保障,无论在积极方面,消极方面,使此努力于事业的人,不感受任何困难。国联议决案说:"1.各国不要采取任何行动,以妨害中国的抗战;2.要每一个国家考虑,如何积极的帮助中国抗战。"所以我们对于努力事业的人,也要仿照国联的议决案说,不要消极的妨害他使用其经验,并且要考虑设法积极的去帮助他、促成他。恶意的攻击(如你做得好,倒掉你),好意的攻击(如你做得好,再做一件),都不行,其错误是一样大。所以近年来,本人提出一种主义。就是"一人一事主义",每一个人,无论在一个空间在一个时间,集中心力专做一种事业。

前奉故刘主席电召，要本人出任川省建设厅长，当时我认为建设一区（北碚）所对国家的贡献，比建设一省的效力来得更大。而建设一区所得的经验，若不加以培养，则比本人不主持建设川省所对国家的损失，来得更重。但终以固辞不获勉为担任，而事实上本人所贡献的，实在比致力于北碚的，要少得多！

以上就是本人过去的一段经历，这些经历，本人很觉惭愧；因为不是错误，就是失败。

（文献选自《抗战与交通》，第 36/37 期，第 706—708 页）

建设中的社会教育

1940年在教育部[1]各省民众教育馆馆长训练班讲

陈礼江[2]

诸位在两月以来所听教社会教育之知识已甚复杂，然头绪万端，莫衷一是。故本人在今天，将社会教育作一系列之介绍如次：

一、确定社会教育的理论

（一）何谓社会教育

所谓确定社教理论，亦即先应建设社教的理论是也。何谓社会教育，即学校以外的教育活动是也，如幼稚园，小学，中学，大学等均为学校教育，他如图书馆博物院体育场等均为社会教育。简言之，凡国家为欲使教育权力大众化，使教育内容生活化，在学制系统以外，用各种各样方式来办教育，使失学民众得有补习教育之机会，使学校毕业之民众，得有继续受教育之机会，此种教育活动，谓之社会教育。

（二）确定社会教育之对象

依上之定义而论，则社会教育之对象，应为全体民众，除幼稚园小学中学

---

[1] 抗战时期教育部由南京迁往重庆，设立于巴县青木关。
[2] 陈礼江（1896—1984），字逸民，江西九江人，现代教育家。抗战期间在四川各县设民众教育馆，通过灵活多样的形式，开展抗战救亡宣传活动。1941年创办国立社会教育学院。1950年由美回国后将社会教育学院移交人民政府。1981年被选为江西省九江市政协委员。

大学学生以外之国民，均为社会教育之范围，故又称为民众教育。盖依施教之范围而论，固可称为社会教育；若以施教之对象言之，则可称为民众教育。社会与民众，实为二而一一而二者也，只看其措词若何而定；有人称成年失学民众补习教育为民众教育，其实仅为民众教育之一部分而已。故社教之内容为人生的，对象为全民的，生活为各种的，时间为一生的，场所是无限的，方式为活动的。此五个概念，为基本特性，不可忽也！

（三）社会教育之时代性

目前抗战建国时期，训练民众之最好方法，莫过于社会教育。革命以前，军阀无立宪诚意，仅教育民众，而不使之促成，致酿成革命运动；及革命成功后，为欲训练民众，以为立宪之基，其最好方法莫过于社会教育。现在对外战争，对内立宪，故训练民众工作，更属主要。吾人今日从事社会教育工作，实为最伟大之事业，吾人果能将大部分无知无识之民众，训练成一近代之公民，则施行宪政始可有成功之望也。

（四）社会教育之任务

社会教育之任务有四：

1. 协助学校训练儿童与青年

无论任何国家之社会教育，均以此为其重要工作，例如学校里教学生"诚实"；及学生到社会后，受到相反的教育，比如其家庭或环境，鼓励其虚伪偷盗，则儿童仍受其影响，而不能诚实矣。比较言之则家庭之势力，大于学校之势力，教育仍归失败。故学校教育与社会教育，家庭教育，打成一片，结果必收很大之效果，即社会教育应将各种设施，加倍于学校之设施，以为其助力！

2. 使已受教育者继续受教

已毕业于大学或中学之人民，若不继续研究，则一切科学之进步的发明，无从知道，势非以社会教育方式补救之不可。举凡图书馆、讲演会、补习学校、体育场、运动场、德育会、进德会、艺术研究会等，社会教育设施，均可以补助学校教育之不足。在外国，成人补习教育已达到中等程度，此在吾国尤不可忽也！

3. 协同社会其他力量改进社会促进民族向上

例如赌博为不良习惯，除以警告取缔外，继之以舆论制裁，终之以法律宗教等力量，此皆为消极的取缔，莫如养成其良好德性，培植其优良的环境等，用积极方法，以代替其不良之习惯，再协同消极力量进行，其可使社会改进，民族向上，实无疑问。

4. 给予成年失学民众以补受教育之机会

丹麦有高级民众学校，即为继续民教之先例，中国有此大量的失学民众，故必须注意此点。

二、建设社会教育之系统

过去中国社会教育，视为配作，可有可无。如民众学校，可设可不设，方式可随意变换，亦无足轻重。如四川全省有三个大学，而无一个省立图书馆，全省人士竟不以为奇，实为可笑。故必须确定其社会教育之系统，使一般人民知制度之规定，而须要设立何种社教机关。

如每保[①]均有民众学校，及国民学校成人部，每数保有一中心学校，每县有一民教馆，此为综合式的系统，若经费充裕，更分设图书馆，博物馆等。有此系统以后，任何国人，均可据以力争，较之无系统之规定，实有莫大之裨益，以上为制度概要之说明。次论各级机关之添设，如某省对于应有社教之基础设施如缺设或空虚者，则由部设法添设，或充实之。每一社教机关，必须规定其工作大纲，而每一机关，又必须于每年度开始之前，自拟一工作计划，按期实施，每月尤须报告一次，由部并派人员督促转导之责。

虽然，仅有形式而无实际之工作，尚不得谓之圆满也，故有如下述：

三、社会教育行政之建设

（一）社教之辅导专业

过去督学视学，仅看学校而不看社教，实有未当。故教部近已特派社教视导员数人，赴各省切实督导。省府方面，将来亦须添设视导员，所谓辅导，即

[①] 国民党政府施行的县以下基层行政组织制度。以户为单位编组，设户长；十户为甲，设甲长；十甲为保，设保长。

县民教馆应辅导学术机关，兼办民众教育，省立民教馆，则辅导各县馆，教部则有辅导图书之印发是也。

（二）充实社教行政机构

教部在社教方面，已添设许多委员会，罗致各种专家，如音乐，电影，等是。社教行政之机构，已较充实，至各省教厅，至少亦有一科，专管民众教育，比如某省教厅行政机构不充实，致向教部领取收音机，遗笑甚多。目前各省均已渐添设，县府一般组织，多系建教合科，未能专做社会教育。今后应设法做到建教分科，再使教育科有专人注意社教实施，各民教馆亦应随时协助行政力量之不及。

（三）充实社教行政经费

教部过去并无社教经费，在二七年度，有一百一十万，二八年，有一百八十万，在本年度则为二百万，在各省则应依照规定为百分之三十。至经费使用方法之大部分，则为辅助各省，如电影机图书仪器等。

（四）社教人员之训练与培养

天主教有一教育家说，你给我一小孩，受我五年训练以后，使离开教堂，你如能以威吓利诱使其反对我天主教，我愿将世界天主教堂烧毁。此言训练效果之伟大，有非吾人所能想像者也。迩来视社会教育为教育失败者之救济场所，殊为不可，吾人必须纠合专心服务社教之同志，予以训练，使有进修之机会，如办理国立社会教育学院即为社教人才之训练也。

四、社会教育应有之事业

（一）扫除文盲实施成年失学民众补习教育

目前中国尚有一万万五千万文盲，急应设法肃清。其办法即每一保国民学校均须附设成人班，妇女班，各机关学校亦应附设民众学校，而民教馆除自己办理一班，以为示范外，应注意辅导研究工作。

（二）民众读物之编印

民众读物分两种：（1）为民校课本，（2）为民众补充读物。课本约印二十二百万部，为数已不少，经几次修正，缩为两种，甲种二册，乙种四册，乙种已出二册，余尚在印刷中。算学唱歌均已重新编定印行，将来拟专为各种民众补充课本。民众读物，则根据民校毕业之程度而编成，歌曲，图书，现已编成百余种，每种各印一万本，各地均纷纷来取用，各省各县可根据《民众读物法》令自行翻印。

（三）电化教育事业

电化教育系于民国二十五年开始创办，如电影，播音等，均为电化教育事业，举凡历史地理等科，均可以实地摄制之影片教之，故今后规定每县均应有一教育电影放映厅，配以收音机、扩音机、留声机，此计划拟于几年内做到每一专员区，有一放映处；现已完成一百三十区，本年可增二十区，将来希各省自己去做，收音机之设施，亦欲做到每县都有一部。

（四）艺术教育毕业

社教注意德育，德育则需感情，而艺术纯为感情的，故极为主要。艺术教育之设施，分三方面，即音乐、戏剧、绘画三者，音乐则将设国立音乐院、歌诵队等，戏剧则将设国立戏剧院，而最有效者，莫如戏剧施教队，成绩最优。民教馆今后应尽量利用戏剧以施教，绘画亦有莫大之效力，望民教馆亦须注意及之。

（文献选自《民众教育》，1940年第2期，第3—6页）

悲剧的精神
1942年2月在重庆储汇局同人进修服务社讲

曹禺[1]

今天要讲的题目是:"悲剧的精神"。我所以选择它作为我的讲题,就是因为我见到我们这个民族,一向都是在平和中庸之道中活着的,平时就不喜爱极端,自然也不喜爱悲剧。我们晓得那个人不想避开眼前困难,以谋他的升发之道,最低限度他也可在小我范围中求得他的安乐,反正依着一种平坦不偏不倚的路向前进就是了。

我这里所要讲的悲剧有两个构成的要素:第一是抛去个人利害关系的。一个真正的悲剧绝不是寻常无衣无食之悲。比如一个小公务员,固为当前物价日高,家庭负担日重,以至发展到无法维持生活的阶段而沮丧失望;又如一位青年追求爱人,一再进行都被拒绝,于是最后宣称我要跳江了,这些都能称为悲剧吗?在我们看过悲剧的人看来,这绝不成其为悲剧,因这只局限于个人的不幸。真正的悲剧,却要深刻深沉得多,它多多少少是要离开小我利害关系的。所以这种悲剧不是每个人都能做到的,即令每个人都想这样做,而结果也只有

---

[1] 曹禺(1910—1996),原名万家宝,湖北潜江人,中国现代戏剧的泰斗和戏剧教育家。1949年后历任中央戏剧学院副院长、北京人民艺术剧院院长、中国文联主席、中国剧协主席等职,中国作家协会书记处书记。全国第五、六届人大常委,全国第七届政协常委。其代表作品有《雷雨》《日出》《原野》《北京人》等。

少数有秉赋有天才的人才可做到。

构成悲剧的第二个要素,是要绝对主动的。我们要有所欲,有所取,有所不忍,有所不舍,即如圣贤所说,要"所爱有甚于生者,所恶有甚于死者"。有这种精神的人,才配演悲剧,不然即表现无能,无能的行为,反映到文章上容易变成一片号悲诉苦的滥调,不能使人发生丝毫崇高的情感。即如有一个公务员因不能维持生活坠楼而死了,固然这也是在反映着社会的不安,但你能说这是悲剧吗?照我们从事戏剧工作者的眼光看来,我们是不叫它作悲剧的。因为这样的人,从未在改造现实这方面努力过的,他是一再接受着人家的捶击,从未想反过鞭子来对抗一下,从未有过任何的反抗意志,他像一只永远不见阳光的耗子,我们固然觉得他可怜悯,但我们仍然要忍心说:"这不是悲剧。"因为这种人像一堆棉花,打下去根本不起一点反应,我们还怎能从这里面看出悲剧来呢!

现在我想再举几个实际的例子来谈谈,大家就可以知道什么是悲剧了。

罗马在纪元前一世纪,是一个共和国,当时人民的一般教养风气,都知道他们是为罗马共和国而活着,是为罗马市民的自由而活着,共和思想被认为一种神圣的法律。恺撒大将在当时是位有数的政治家和军略家,小小的罗马经他南征北讨的一番经营后,就俨然变成一大帝国,威风凛凛,无人不晓。国内人民更是把他奉为半神,属下都以为他是有着不可测的野心的。当时恺撒有个好友叫作布鲁特斯,这人是抱着一个崇高理想做事的,以为不管什么事,就是我亲生的老子做错了,我也要把他指正的,这自然和孔夫子的所谓"父为子隐,子为父隐,即在其中矣"大异其趣。他还有着坚决的信仰,以为什么好友都可得罪,而罗马却必须永远的共和,罗马的人民却须永远的不成为奴隶。鉴于罗马当时的情况,于是布鲁特斯就去忠告恺撒,叫他要适可而止,不要一发而不可收。可是恺撒丝毫也不感到这点。当时又有一位叫开达的,这人自己有着满腹野心,所以嫉妒以至想把恺撒打倒。于是他去结识布鲁特斯,他是知道布鲁特斯有正义感的,所以当他见到布鲁特斯时,他就说:"你必须听我的话,因为我并没以利诱惑你。"他又知道布鲁特斯是最讨厌人家以小人充君子的,于是他又说:"只有你才不受人愚昧",结果布鲁特斯就和开达变成好友。

此外又有位叫安多尼的，是当时恺撒手下副将，也早觉得罗马当时情势对他们不利。某次恺撒要到元老院演讲，安多尼已预知有人要行刺他，便阻止他去。可是恺撒以为他们的权势是神给他的，他的威信可以慑服一切，对安多尼的话便绝不听信。但是到了元老院时，果不其然，由于某人提出一个要求而恺撒坚决不肯，以至突然有人喊出"打倒暴君"的口号，所有的人都为之骚动了。恺撒也不仅是个军略家，他还是位健壮有力的武夫，便和群众厮杀起来。可是正当打得热闹时，恺撒却瞥见了一张熟悉的面孔，再定眼看时，原来就是布鲁特斯，以致不禁喊出："啊！连你也……"话还没说完，冷不防就被斜里一刀刺死。于是全城大愕，都以为罗马的基础要推翻了。这时布鲁特斯却拉着恺撒的尸身，登高向群众宣称起来，他说："诸位罗马市民，请听我讲。世界上再没有人对恺撒的情谊比我更崇高隆重的了。我爱恺撒，恺撒成功了，我庆祝。恺撒每打一次胜仗，我就为他的辛苦而流泪了。可是他要成为暴君时，我也要第一个刺死他！试问你们愿意让一个人做了暴君，而大家变成奴隶呢？还是愿意让这一个人死了，大家可以得到自由解放？这里我不多说了，是非都请大家批判吧，不满意我的可以即时提出抗议来！"其实他是知道安多尼要不满意他的，而他竟肯让安多尼在这种场合发表他的意见，这真是不无危险的，可是在这里也就十足的表现出他的悲剧的精神。以为我只是做得是就是了，让反对我的人来讲讲话也无妨。果然安多尼出来讲了，他说：

"我到这里来讲话，绝不是为的要和布鲁特斯辩解一下，只不过看到一个人死掉了心里有点难过，想站在过去朋友立场上说点话。还要声明的是，恺撒生前确有野心，这次他也该被杀死。请诸位放心，我绝不为恺撒作任何辩解。"

由于安多尼知道群众心理早已倾向于布鲁特斯了，所以开首时他只好这样讲着，接着他又说道：

"但人心总该有点是非的，我曾亲见恺撒耀武扬威地在罗马凯旋门下走过，因之许多金银财宝也带进了国库，无限的光荣也充满了每个国民的心头，就是不久前我们大家还在喊着，'恺撒是我们的教主'。当然我提出这些来对大家讲讲，也不是有什么特别的用意的，布鲁特斯是一位正人君子，我想他不致错会了我的意思，虽然这次变动中，布鲁特斯也曾参与其间，可是恺撒生前爱他的程度真如春风拂面，吹得再大一点或小一点都会不恰当了的。不过像这样的一个人如果把他的好友如恺撒者也杀掉了，那么这个人还靠得住吗？当然布鲁特斯是位正人君子，这里我不想，也不能攻击他。"

群众有些小骚动了，安多尼也知群众心理已在慢慢移向自己这边，于是他便用着沉重的步子走近恺撒尸边，垂下头去说道：

"我看到了这个人就要哭"，却真个哭起来了。"五分钟前还是叱咤风云的恺撒，想不到转眼竟会变成这样灰土不如的东西。看他这红袍，几个月前跨在马上曾被我们崇拜得偶像似的，那又是一个什么样子，我真不忍再想当时的情况了。以恺撒这样的健壮体魄，刚才他绝不是无力抵抗他的对手的，可是当他见到布鲁特斯这样的好友竟也参与其间时，他的心该比被十万把刺刀刺入还难过吧！心究竟不比木石，你们看他身上的每个伤口似乎都要长出舌头来说话：'你们要给我复仇啊！'"

安多尼是越讲越激昂，使得大家都要动作起来时，却又故意做一顿笔：

"不！大家却先慢一点，我还有一件事没有告诉大家哩。如果大家事前知道这件事，那就可以知道恺撒生前是这样的好，或许也就不忍反叛恺撒了。唉！恺撒是这样的英明勇武，想不到一旦竟毁于阴谋家之手。我所要对大家讲的这件事就是，恺撒生前曾留有一篇遗嘱，这个遗嘱始终装在他的宝匣，上面说：他要给每个罗马市民一百五十块钱，他要把他私人所有的花园财产都变为公产。"

"啊！仁慈的君主！"听到这里，大家不禁轰动起来，竟一口气把布鲁特斯的家烧掉。

布鲁特斯情知不妙，匆忙逃出罗马，和他的侄子另组新军。自此罗马就分为安多尼和布鲁特斯两派，时起战争。起初布鲁特斯屡战屡胜，而开达就屡劝他凡事都要稳健，可是布鲁特斯不听，以致某次交锋大败，开达竟也战死，从此一蹶不振。布鲁特斯一生为了争取罗马的自由，这时才想到不该杀死恺撒，可是错已铸成，大势已去，羞愤下没奈何，拿了把刀请其部下把他杀死，部下不肯，于是他只好把刀插在墙上，头横冲过去自刎了。

听完这个故事，我们可以知道布鲁特斯才真正有悲剧的精神。底下我想再

举几个例子：

屈原是有悲剧性的，他忠贞于楚怀王，始终抱定忠君报国的思想。可是楚怀王听信谗言，不能重用，而他也一直不舍，一有机会就要找楚怀王作忠贞之谏，而王也始终不听。后来楚怀王质押于秦，其子继位，小人因更得势，而屈原和恶势力奋斗的精神也越高涨。终至各路都被走绝，不得已写完离骚后，就投汨罗江而死。这一段事实也完全是悲剧精神的表现。

更如诸葛武侯，也是带有悲剧精神的，也惟有他在政治上的发展才算是一种崇高的表现。试想当时昏君阿斗已是无法扶持的了，可是他始终觉得要把别人托他的事尽力做到，不怕吃尽辛苦，也要负起使命。当时蜀国家事是这样难于料理，而对外还须应付吴、魏，这都是他煊赫一时之功。诸葛武侯可谓兢兢业业，劳苦终身。我们从他前后出师表"鞠躬尽瘁，死而后已"的两句话里，就已可十足看出他的悲剧精神。在他行动上表现出的可谓全是一条直线，不管前面有多少困难，而他也要不变宗旨的往前干，干不通了就用命拼。历史上像这样的人物自然还有，譬如岳飞、文天祥等都是。

这里再讲一个悲剧的人物是怎样形成的？是一种什么样的精神在支持他？一种什么样的精神可以使他成为悲剧的人物。

第一，一个悲剧的人物，首先要富有像火一样的极端的热情，一个一味冷淡的人是休想做什么悲剧的。所以我们想到"聪明"该是件可怕的事，因为这种人可以"不滞于物"，这在他个人的修养上固觉可贵，可是这种人一多了，整个民族也就觉得可危了，因为大家既然什么也可以看得开，自然便什么也不愿有所为了。不过真正有智慧的人，须得又当别论，即如诸葛武侯、屈原、布鲁特斯等，他们不但有热情，并且有"至性"，所谓真正男子汉的性格。他们有着自己崇高的理想，渴爱着这理想，愿为这理想的实现而奋斗拼命。就如屈原那样勤勤恳恳的讲："余固知謇謇之为患兮，忍而不能舍也。指九天以为证兮，夫为灵修之故也。"[①]惟有有热情的人才配悲剧，"热情"可以称为构成悲剧精神的

[①] 出自屈原《离骚》，"謇謇"指忠贞正直，"灵修"喻楚怀王，句意为我本来就知道忠贞正直会招来祸患，但我忍着内心的痛苦不能改变我的本性。指着苍天起誓，让天作证啊，我的忠诚只是为了君王的缘故。

一大要素。

第二，要绝对不为中国固有生活态度所影响，遇事绝不采取平和、中庸、妥协的办法。凡事须有所知，而后以全力赴之，宁可走极端，也不中途而废。不能说"我革命不成，做官也罢，就乐得变成一个小喜剧也算了"，这种态度最要不得。我们硬是应该有一种极端的表现，我们应该学屈原《渔父》里所讲："众人皆洵我独有，众人皆醉我独醒"[①]的风格，这是多高的自负！我们应该有自己绝对的喜怒，不能对任何事情，说喜欢吧，也不见得，说不欢喜，倒也还过得去，这完全是一种灰色的不生不死的态度。

第三，要讲下一个崇高的理想，不断的为它努力。这个理想的构成，是舍开一己的利害是非的，是越出了小我的范围的。前面讲的诸葛武侯、屈原等几个例子，便都能做到了这点。

第四，最难办到的就是还要有一种气魄，譬如离骚的味道就不是那种萎靡之音。从前一位叫贝多汶的音乐家，某次在宫廷里演奏音乐，于是一些贵族侯爵伯爵以及他们的夫人们，都来听奏了。当时的风气是这样，他们觉得这次音乐很动人，大家就流下眼泪，乃至贝多汶演奏完毕，他们便都举起了擦过眼泪的小手巾向他摆动着。贝多汶见到这种情景，立时跑出宫廷，碰到了他的朋友他才说："我的音乐不是演奏给这般哭哭啼啼的人们听的！"悲剧也是这样，他也不是只会哭哭啼啼的人们所能完全领会的，悲剧是男性的。宋玉某次陪伴楚襄王在大殿中观看风景，这时正是秋天，忽然一阵大风吹来，吹得襄王满身舒服，不禁讲道："大哉风乎，而吾与庶民共之。"宋玉却立时答话："此大王之雄风也，庶民安能与共哉！"当时楚襄王对这却没能十分了解。其实宋玉也就是说，世界上有一种不可以解释的气魄，无以名之时我们就叫他做雄风。前面举的几个例子，譬如诸葛武侯、屈原、布鲁特斯等人的精神都是雄风的表现。现在我们每个人确是需要学习这个雄风，诸位如能多看悲剧，就可体会这一点了。不过，现在悲剧这一名词也太滥用了，就如滥用"摩登"两字把胭脂也叫做"摩登红"一样，以致悲剧真正的意义倒失掉了。我们看看现在重庆的话剧，可

[①]《渔父》中原文为"举世皆浊我独清，众人皆醉我独醒"。

知一切的气魄、修养、演出技术、演员技术，虽日有进步，但真正能代表中国民族性格的悲剧还没产生。如果把一般哭哭啼啼的这套玩意儿认作中国的"悲剧"，那么中国话剧界倒是一个真正的大悲剧了。

我觉得中国的文化太好讲究超脱了，尽管在台上信奉的是儒教，下台后也可以讲讲道教；尽管在朝时还相当积极，而下野后便定要作得潇洒摆脱，一切怡然自得了。使自己的生活环境能有调剂，固然未始不好，不过这其间总觉得缺少了点中心意识。最懂得生活，最能把生活安排得如意的，莫如晋朝陶渊明了，他是真能摆脱一切，怡然自得其乐的人，那种超逸而淳厚的诗境是后人无法学习的。不过中国的历史如能真个永远停留在晋朝那一时代，那么能够安排出那种享乐时，当然也可真算是人类表现出的绝顶智慧了。可是现在这个时代怎能妄想那些享乐呢！每当我们想到物价指数日高，所得生活津贴不足维持时，我们还能顾及那些轻松的事吗！我们不该也不能避开现实，我们要找出自己的雄风之路。

今天我所以找这么悲剧的题目来讲，就是因为我见到戏剧上有个不好现象，也就是一般人不大爱好真正的悲剧，或者也可以说根本不了解悲剧。我们确该时常想到，一些失败的人物中不少也是伟大的，"成者王侯败者寇"的观念根本应该推翻，因为这种观念形成的基础，只着眼于成败，而没有是非，这怎能成为一种发扬真理的观念呢！真正依据真理干的人，须得他不是为了自己做好做成功后带来的荣耀，而是他自己觉得这一件事根本应该这样做。所以依从成功的人去学习，那是件轻而易举的事，至于说叫谁去依从失败的人去学习，那就很难办到了，不过这也是最伟大的，这种人物也惟有在悲剧当中才能找到。他们抱定理想往前干，失败尽管失败，绝不气馁妥协，这就是正因为他们有了一个美丽的，不为成败利害所左右的人格的缘故。他们的失败，当然不是由于他们走错了路，而是由于当时种种环境的限制。只要从事者能继续不断的努力，困难的路子早晚总有走通的一天，而事实上即令终于不能走通，但他也不惜按既定目标硬干到底。这就是古今一些大哲学家、文学家、科学家能以成功的道理，他们对于一件事业，当能继承数代传流不息的干到底。自然悲剧的精神，也不是说就可全部变成了成功的精神，不过我们要常能从失败处着想时，是非才可辨别清楚，不然中国的社会将永远脱离不了这样的一个混沌局面，所以我想大家每人都该抱一种悲剧的精神，这样才可以得到一个活着努力的方向。

  我不知道我所讲的这些话是不是对，或者我所列举的比喻太多太乱了。笨拙的嘴舌，是不易发挥明白这真理的。不过巧妙的言词不见得就是一样好事，常有人说："巧妙的言词是一面窗帘，可以算是一个美好的装饰，但却把阳光遮住了"，所以说真正的精神是在言词之外的，言词本身时常是件靠不住的东西。今天我所讲的一大篇也还不外是言词，至于精神的部分，却是要大家去体会的了。

  （文献选自《半月文萃》，1943年第2卷第2期，第40—45页）

国民对于科学研究之自信
1942年3月17日在国民党中央宣传部文化运动委员会[①]第二次文化讲座上的演讲

吴有训[②]

各位先生:

兄弟素来不大敢作公开演讲,最大的原因,就是科学是要注重实际研究,一谈便将流入空洞。不过今天却很愿意向各位来报告一点关于国内科学研究的情形。大家都知道,我们国家吃亏最大的是科学落后,无论是纯粹科学或应用科学,都没有将他发展起来。科学的重要,胡先骕先生[③]随后将向各位说明,我现在则是要列举一些事实,来鼓励大家对于研究科学有更多的自信和兴趣。

说到科学,大家不要以为怎样了不起,科学的历史和我们历史相比,真是短得很。中国有四千年的历史,科学历史,也不过三百多年。我国文化在古代本极辉煌发达,现在所以落后,也不过是缺少科学的文化。这种落后起源明末,因为在这个时候,现代科学的祖宗意人伽利略开始在斜塔上作了他有名的实验,是为现代科学发展的蒙始,时间是在十七世纪初期。可是差不多在同一时代,

---

[①] 国民党中央宣传部文化运动委员会,1941年2月7日成立于重庆,下设文艺、新闻、戏剧、音乐、电影、科学、哲学、宗教等组与设计委员会,负责加强对文化运动的控制和管理。

[②] 吴有训(1897—1977),字正之,江西高安人,中国近代物理学研究的开拓者和奠基人之一,新中国成立后任中国科学院副院长,1955年被选聘为中国科学院学部委员(院士)。

[③] 胡先骕(1894—1968),植物学家和教育家,被称为"中国植物分类学之父"。

我国的徐文定公光启,他介绍了西洋科学过来,但徐文定公的介绍西洋科学,对于我们的影响非常小,所以成了我国三百多年来的科学文化的落后。

并且事实上近代科学文明的具体发达还是近二百年的事。譬如蒸汽机的发明,至今不过一百六十多年,发电站的原理,也在一百一十年前才由法来第所发明,至于无线电波,不过在七十二年前,由马克司·威尔①所发现,再后二十年始由赫兹所证实。而内燃机的发展,更不过三十年左右。只是科学的历史虽短,进步却一日千里,而且将来的发展正无限,也许五年十年后整个世界,又要因科学的新发明,而变一个新面目。我们有四千年的文化历史,很值得我们骄傲,可是我们对于科学的非常迅速的进步,也必须同时注意,以求迎头赶上,然后我们才能够保持住我们几千年的文化历史,使我们的国家民族,在今后的世界中,能与其他各优秀国家民族共同存在。

本来我国开始注重科学,亦已有五十年左右,如我们大学中最早的北洋大学,成立到现在,已有四十五年。不过在从前国人对于科学的研究,多不切实际,这是造成我国科学落后的最大原因。我以为这五十年来一般国民对于研究科学的态度,可分为三个阶段。

第一个阶段,为"妄谈科学"的时期。为满清末年,政府派一些秀才去到日本留学,他们有些入了那边的速成班,有些则请私人教师授课,可是他们有许多根本没有学会日文,上课得请翻译,而那些翻译甚至一点科学知识都没有,随意翻译一番。因此这一时期的留学生虽有学习科学之名,实际并没学到什么。只是妄谈科学而已。

第二个阶段,为"空谈科学"的时期,妄谈时期过去后,大家似已能认真学习科学,可是他们所学,依然是很空虚。譬如学博物或生物学者,一年可以读完一本很厚的教科书,但他们从不到野外去观察一草一木,更谈不到作其他较好的实验,同时一般学生都爱高谈玄妙,把科学也看成谈论的资料,所以那时有人说以我国的大学生和外国的大学生来比,中国学生这种高谈理论的程度,简直可作外国大学学生的先生。故这一时期他们虽一天到晚都在研究科学,实

---

① 马克司·威尔 1865 年提出电磁场场理论的数学式,预测了电磁波辐射的传播存在。

际离研究科学,还差得很远。这种空谈的痕迹,我们现在还在有些学校中可以看得出来。

第三个阶段,为最近十五年来这一时期,我们可称之为实在工作时期。从这时起,我国的科学研究工作,开始自己有了独立的路线,能独出心裁自己规划研究工作的程序。研究的成绩也得到世界各科学家很多的赞许。其最先表现出成绩的是关于地质方面与生物方面的科学,因为这两种科学比较有地域性,工作比较值当。到最近十年,则物理化学及数学等学科也都有很多的收获。有人说这十年来我国科学研究工作的进步,比以前二十年都大,这一点不是过分之言。

为什么我国对于科学的研究,近十年有这样大的进步,就因为近年有许多从国外留学归来的,能认真专心埋头于研究工作,于是每一门科学,在国内都差不多有几个中心树立起来。此所谓中心,就是在这些要点,对于某些一门科学的研究,树立了基础,而且很有成绩表现,如各种科学研究所及各大学的科学研究机构便是。

就一般而论,我国科学研究的进步,可分两方面来讲:一是学校方面,十年来许多学校非常注重实际研究,研究的设备大为增加,实验等于理论。本来科学是一种实验的产物,研究科学的人,双手必须经过相当训练。譬如说,研究科学的人要会吹玻璃,因为有许多实验用的玻璃管外面买起来极贵,且还不尽合用,只有自己动手制作。过去大家研究科学,手的训练不注意,现在则手、眼、耳和脑的训练同时并重,理论与实际得相互配合。记得有一个笑话,十年前有个在外国的留学生,有人请他制一根无线电的地线,外国的地面多是水门汀[①],这个留学生便挖开水门汀的地来制地线。他不知道只要把地线接在自来水管上就成了。这种笑话的产生,也即是说明了他们太极少实际训练之故。现在许多大学差不多都自己附设有小的工厂,自己能制作实验品。受了这种训练的学生,他们的科学研究工作,当然切实得很。

其次,一般青年科学家的努力也真了不起,以前我兄弟这一辈到外国花三

---

① 指水泥地。

四年的功夫，才能作好一篇论文，而且那时的国内大学生到外国去，要进人家的实验室就不容易。可是近年到外国去的求学的我国青年科学家，常常一年半年就能作好一篇论文，他们也能直接进入人家的实验室去研究，不致为人所拒绝。又如我国留学生从前在法国考取国家博士者极少，现在则得到这种荣誉学位的人相当多，在德国有许多我国留学生于两年内就取得学位。世界最有名的大学是英国剑桥大学和牛津大学，牛津以人文科学著名，剑桥则以自然科学著名，我国学生从前入剑桥大学，照他们的规矩是满三年才能参加学位考试，可是近年他们看见我国学生的成绩实在很好，就准许将原在国内研究院的一年成绩算在三年的期限内，使我国留学生只要两年就可参加学位考试。这一种光荣的收获，也正可证明我国青年科学家近年来成绩的优良。

从这种种事实，可知我们国家虽然吃亏在科学落后，就近年由于各方面的努力，科学的研究已经大有进展，其种种优良成绩的表现，在均足以证明我们的民族具有极易接受科学的性能。只要国民大家对于科学研究有自信，努力于实际的研究探讨，自然可以在短期内迎头赶上。只是我们要注意的一点，就是我们研究科学，必须具备科学的精神。所谓以科学的精神来研究科学，是要以一种经久不懈的努力与恒心来毕生从事于实际的研究。我国人常有种毛病，当他没结婚之时，很肯努力，很积极，一到结婚有了小孩后就以为自己老了，而不再努力，都把希望寄托在他儿子身上。这种没有出息的思想是与科学的精神绝对违反的。所以我们今后要革除这种不长进的心理，确立对于科学研究的自信，大家皆遍地共同努力于科学的研究，则我国科学研究的前途极为光明，而这也就是我们国家民族前途的光明。

（文献选自《文化先锋》，1942年第2卷第21期，第3—4页）

中国战时的文学与艺术
1942年5月27日在中美文化协会[①]上的演讲词

郭沫若

中国抗战转瞬便要满五周年了,这战争是酝酿很久的,至少可以说是"九一八"事变时已经切实的在酝酿,在战争快要爆发前的一两年间,有好些关心文学艺术的人,曾经忧虑过,以为战争万一是爆发了,中国的文学和艺术的活动,要遭受莫大的打击,或者会至于停顿。这忧虑的根据,是战争的本身带有猛烈的破坏性,文艺艺术的本身,对于战争,不会有多少直接的帮助,而且有良心的作家和艺术家们,会抛掉了自己的笔,或雕刻刀,或指挥杖,而参加爱国的战争了。然而中国的抗战转瞬就要满五周年了,五年的抗战,却完全打破了这些战前的忧虑,证明了这些忧虑的根据是不尽正确的。

战争的破坏性固然很残酷,但我们在这儿有一件事情不好忘记,便是战争有两种(类)型,一种是侵略战,另一种是反侵略战,以侵略为目的战争,不用说是专以破坏为能事的,它不仅尽要破坏被侵略者的文化设施,而且也要破坏侵略者自身的文化设施,把一切有用的人力集中到毁灭的一途。这是人类文化的叛逆,人类历史的叛逆。反侵略性的战争,它的精神便和这是两样,它根本是反对侵略者的破坏,以保卫自身的文化,保卫人类的文化为其使命。故有

[①] 中美文化协会于1939年2月22日在重庆成立,旨在加强中美两国间文化交流。

进化性的战争,有退化性的战争,前者促进人的理性,后者鼓励人的兽性,鼓励兽性的侵略战,在人类历史上从来不曾有过获得了最后胜利的先例,故而战争的趋势不一定是终于破坏,在破坏的一面,有促进着理性创造的动力,每于一时性的破坏之后,而有更高一段的文化产生。这种关系,我们不少看过的。

一般地说来,反侵略性的战争,使人类的创造精神,和文学艺术活动合拍。人类的文学艺术活动,在他的本质上便是一种战斗,是对于丑恶的战斗,对于虚伪的战斗,对于横暴的战斗,对于破坏的战斗,对于一切无秩序无道理无人性的黑暗势力的战斗。因此在进行着反侵略性的保护战的国家中,即在战争的期间,必然有一个文学艺术活动的高潮。战争要集中一切力量,而这些活动根本就是战斗机构的一体。战争即是创造,创造即是战争,两者相得益彰,文学艺术便自然有一段的进境。把这层关系认识清晰的文学家艺术家们,我知道他们也决不会忘记了自己的使命的神圣而轻于放弃他们的岗位。

自然,在进行着侵略的国家,他也可以,而且必须驱策着它的作家们去讴歌侵略,粉饰兽性,使谬思①成为一群兽首人身,或人首兽身的怪物,这根本就是对文学艺术的冒渎,不仅要招致文学艺术的破产,而且要招致创造精神的破产,所以侵略国它不仅是毁坏了别人,而同时更进一步,也毁坏了自己;反侵略国家它不仅保卫自身,而同时更在保卫侵略国的人民和文化,这正是反侵略战之所以为神圣的战争。我现在更想定出一个新名词,便是"艺术性的战争"。

我们中国所从事的,不用说就是这种神圣的反侵略战,这种战争的艺术性或创造性,集中了人民的意志和一切的力量,特别是对于文学家艺术家们,使他们获得了一番意识界的清醒。认清了自己所从事的文学艺术的本质和尊严,在和平时期对于文学艺术的曲解或滥用,冒渎了文艺艺术的那些垃圾,在战斗的烈火中被焚毁了。为文艺而战斗,为战斗而文艺,成为了一而二、二而一的东西,作家们增进了他们的自信自觉,这些精神便是可能产生高度艺术作品的母胎。所以有人说,中国自七七抗战以来,才真正到了"文艺复兴期",我认为是很正确的。

---

① 即缪斯,是希腊神话中主司艺术与科学的九位古老文艺女神的总称。

基于文学家艺术家们的共同的自觉，故自抗战以来，凡是优秀的作家，都一致的表示了对于国家民族的忠贞，始终服从着国家民族的号召，为抗战尽着自己最善的努力。作家意识和感情间，平时所存在着的沟渠或门户之见化除了，整个的文艺界形成了一个总的大团结，各个文艺部门也个别的形成了分的总团结，大家的笔杆和工具，都集中于共同的目标，不必要的内部斗争灭除了，节省了无限的精力，同时也就是丰裕了创造力源泉。文艺工作者由于互相接近，增进了互相的认识，互相的观摩，互相的鼓舞，因而养成了一个比较公平无私的互相批判。文艺作品的美，不纯为派别意识所左右了，大家和衷共济，通力合作，由一向的"文人相轻"转化为"文人相爱"，这是抗战以前所极难期待的现象。作家们有自尊心的亢扬，有自信心的高涨，所以无论在怎样艰难的环境里，都不放弃自己的岗位，都不放弃自己的武器，不屈不挠地向着侵略者斗争，向着猖獗的兽性斗争，优秀的作品必须且必能自己产生，（击）中要害的打击敌人，发挥它的武器的力量，这是大家的共同心理。抗战以来，文艺作品的风起云涌，便是这种共同心理的说明。抗战以来文艺界中绝少汉奸出现，也就是这种共同心理的反证。

　　在文艺界的圈子里面，比较有名的作家，投降了敌人的，北有周作人，南有张资平，这些没有骨气的民族的逆子，艺术的反贼，他们的投降不仅葬送了他们自身，也葬送了他们的文艺，他们是永远也写不出人样的东西出来的。"一薰一莸，十年尚犹有臭"，这是正义战争的无情的人为淘汰，抗战对中国的文艺界起了一番净化作用，这也是很可宝贵的战果。

　　中国的新旧文艺，在抗战前可以说都是和生活现实脱了节，旧的文艺局限于古代作品的摹拟，老早封闭了它的生命，新的文艺也局限于外国作品的摹拟，都是一些纸糊泥塑玩具。新旧的作家们同样也和生活现实脱了节，他们不是集中在上海北平等少数近代化了的都市，便是锢闭在书斋画室保守着自己的"象牙之塔"，无论新旧左右，一律都是高蹈，一律都在卖弄玄虚。然而抗战的号角，却把全体的作家解放了，把他们吹送到了十字街头，吹送到了前线，吹送到了农村，吹送到了大后方的每一个角落，使他们接触了更广大的天地，得以吸收更丰腴而健全的营养，新的艺术到这时才生了根，旧的艺术到这时才恢复了它的气息。新旧的壁垒到这时也才逐渐的化除了。要有生命才算是艺术，无所谓新，无所谓旧，有生命者，万代如新；无生命者，当日即旧。过去的遗产因而增加了光辉，今后的道途也因而减少了障碍，像这样由玄虚高蹈走向切实的现实主义的路，这就鼓励了战时文艺的勃兴，也预兆了中国新文艺的伟大的将来。

战争对于各个文艺部门的个别的影响，也是值得叙述的。先就文学来说吧，诗歌最受着鼓舞，因为战争本身的刺激性，又因为抒情诗人的特别敏感，随着抗战的号角，诗歌便勃兴了起来，甚至诗歌本身差不多就等于抗战的号角。抗战以来，诗人之多，诗歌产量之丰富，是超出于其它各种部门的，人们对于诗也表示着特别的欢迎。在抗战前"诗人"有一个时期成为骂人的名词，诗歌作品被人拒绝；抗战以来，诗人有了机会，诗歌杂志如雨后春笋，且其销路亦打破了从来记录，这是一种惊人的变易。虽然在质的方面我们还不好说有若何伟大的成就，但如艾青的《向太阳》，老舍的《剑北篇》，尽管是两种不同的作风，都不失为是时代的乐谱。

小说的情形便和诗歌不同。在战争中小说是比较衰歇了，理由是容易了解的。小说的制作需要有更多的静观，小说的阅读也需要有更高的耐性，在战时生活中，这双方都不容易获得。特别是抗战的初期，一般的兴奋最强烈的时候，小说的生产是最为消沉。除掉有若干短篇值得我们记起之外，小说的地位差不多都让给战地速写之类的报告文学去了。这并不是小说家的不努力，而是小说家在那儿储集题材，涵养着心境的平复，随着战争的长期化，初期的刺激性减衰了，大家心境都逐渐镇定了下来，因而小说也逐渐恢复了它的地位，新作家姚雪垠的出现，和他的短篇《差半车麦秸》，是值得我们提起的。有好多成名的作家，近来听说都在从事长篇的写作，假以时日，我相信目前的大时代，终会由小说家们把它凝铸成不朽的丰碑。

戏剧运动的发展不亚于诗歌，由于戏剧是宣传教育的利器，因而抗战以来在各战区和大后方都有不少的演剧团队的组织和派遣，演出次数之多和吸收观众之广，为任何其他部门所不及，戏剧文学也因而受着很大的刺激。一方面虽然时常闹着剧本的饥荒，另一方面比较有重量的著作，却以这一部门为最多。

例如老舍和宋之的合著的《国家至上》，曹禺的《北京人》，阳翰笙的《塞上风云》和《天国春秋》，夏衍的《一年间》，是值得我们推荐的。假使也容许我提到我自己的作品的话，我在今年所接连写出的两个剧本《屈原》和《虎符》，比较我以前所有的作品，是较为可以过意得去的奉献于国家民族的礼物。

文学以外的其他的艺术部门所受的战争影响，也各有不同。音乐的进展和诗歌一样最为迅速，抗战歌曲的声浪，弥漫了中国的领空，近来比较大规模的歌剧如《秋子》，也如彗星出现般地在战时的陪都演出了。有好些音乐家和诗人们，正在努力着新歌剧的继续生产，利用旧歌剧形式的剧本，如田汉的《新儿女英雄传》和《岳飞》，我觉得比他的话剧制作还有更高的成就。至于西乐的融化，与遗产的接受，准备接合成新国乐的努力，目前正成为音乐界一般的倾向了。

绘画的情形似乎也同小说一样，因为这是侧重静观的空间艺术。在这儿以漫画和木刻有惊人的活跃，也如报告文学之夺了小说的席。但画家的精神，和战前已经有两样，无论国画和西画，都渐渐在脱离前人或外人的窠臼，而追求生命的表现，独立自主的创造。国人对于画家的观感，也改变了，从前只视为匠人或神仙者，现在是作为可尊敬的人看待。画的销路也特别惊人，近来有几次个人画展，把全部的画都卖完了，还有复制的额外追加。这对于画家应该是一个极大的鼓励，绘画我相信在不久的将来，也会迎来一个百花烂漫的时代的。

雕刻和建筑，在战时最受着限制，但在战事结束以后，必定要来一个高潮，那也毫无疑问。舞台艺术方面，前面已经提到，是有长足的进步的，有不少经验的导演、演员，及舞台工作人员，集中在陪都，如是在苏联，我相信有好些朋友都是可以博得勋章或"英雄"的徽号。主要也就靠他们的努力，促成了戏剧运动的展开。无论史剧、时代剧、外国剧，在陪都舞台上近来都获得了惊人的成绩。本来中国的舞台艺术一向是比较落后的，不管从历史上或技巧上来看，都是一样。然而在近年来，特别是自抗战以来，中国人的戏剧天才，似乎来了一番民族的觉醒。和舞台艺术相联，令我们想到的是电影摄制，这在抗战的初期，也曾经活跃一时，但因器材缺乏的关系，逐渐地减衰了它的活跃性，电影摄制的减衰，却又助长了戏剧运动的发展，我们认清了这种动向，对于戏剧运动或舞台艺术，是应特别加以保护，方合乎正轨，为了民族的利益，为了艺术的进步，我们应该时时加上滑润油，不应该老是发挥掣动器。

以上是中国战时的文艺与艺术的一般的情形，五年的发展，抵得上抗战前的二十五年，这是反侵略战的进步性，与艺术本质的战斗性合拍了的结果。自然由于战争的破坏，我们也受着了莫大的损失和限制，在沦陷区里面，我们有无数的文艺艺术的成品，为魔鬼日寇所毁灭了。我们在器材上、印刷上、交通上、生活上都感受着无限的困难，我们和外来的精神食粮也差不多等于断绝了流通，失掉了刺激和观摩的机会。但无论在怎样的困难条件之下，我们的创造精神是要亢扬着的。我们要忍受任何的困难，克服任何的困难，向着肃清魔鬼，扫荡兽性，美化人生的大业前进。

（文献选自《半月文萃》，1942年第1卷第3期，第26—29页）

从团结抗战中发见伟大的中华民族遗传性

1943年5月13日
于国民党中央宣传部文化委员会文化会堂演讲

黄炎培

诸位：

今晚是很好的机兆，我们要忍耐，隔十几分钟，这黑暗世界，大放光明了。（电灯忽然熄灭，不一会送汽油灯来。）我们每一个人对于前途的光明，对抗战胜利建国成功的信念，也要找出一种合理的原则。抗战到现在已经快足六年，我们为了正义，为了全人类和平的期望，我们有优秀的民族，和英明的领袖，这都是抗战必胜的因素。有别的条件么，还得想想。诸位记得九一八事变发生时，全国情形怎样？后来日本侵占华北时的情形又怎样？到民国二十六年七七事变发动，全国一致团结，像中国共产党，也发表了八条信条。

中国历史上每次事变，结果总是统一。蒙古侵占中原不满一百年，五胡乱华也不到三百年，后来却被汉族同化统一。自国父领导革命，到辛亥国成立，全国民众一致如醉如狂地热烈拥护，民气激昂到极度，这些表示什么呢？上星期四在本会堂开会时，听到访印团报告印度苦于种族复杂，不能团结。印度的种族复杂，中国的种族也复杂，印度土地大，中国土地更大，但是中国能够团结。中国合五大民族为一国，此外还有许多小民族分布西南西北各省山间。例如四川在二千年前有无数小国——庸、蜀、羌、髳、微、卢、彭、濮。七星岗附近，有一将军坟，是当初巴国蔓子将军的坟墓，几千年这般复杂的情形，结果都能统一。这回敌人重视我抗战，最怕我团结一致。他们侵占了我们的土地，还担忧到少数日本人夹在多数中国人中间，结果将被同化，所以日本唯一的政策，时时想分化我们。有一回，日本板垣征四郎到上海，汉奸开会欢迎，板垣公然称："……灭人家的国不容易，如不得其法，反被人家灭掉；尤其是以小灭大，这件事我千思万想，只有一法，就是用'分化政策'。因为日本占领全中国后，日本人是少数，中国人是多数，数百年后，一切风俗习惯等，都会给中国同化，要灭中国，必定要把一个中国分为无数小国，使各小国间互相残杀，因此要借重诸位在南京、华北、华中、东北等组织许多政府，就是这个意思。……"（这是一位老友亲口报告，民国三十年我在香港听到的）但是西洋镜被识破了。我们中国不上他当，有许多沦陷区朋友来报告，那边人民都在热烈渴望着，依赖着祖国抗战胜利，就是伪军暗中也在处处帮助同胞。这些都表示什么呢？

中华民族几千年来，好多次由不统一而统一，就因为中华民族有同化他族的天赋本能。好像烟花飞到火炉里，什么民族，与中华遇便同化了。胡汝麟①先生研究中国民族，说汉族就是夷、蛮、氐、羌、匈奴、狄等同化而成的民族。我们该进一步研究，所以能融化这许多的民族的是什么？

这不得不从中国固有文化上研究，中国一百年以来渗入西洋文化了。东汉魏晋以后，渗入印度文化了。欲寻纯粹的中国文化，只有回西周秦以前去搜索。一位李耳先生（也称作老子），是二千五百年前与孔子同时的。一部道德经：就是代表他的思想，中间引用许多成语，可以说代表春秋以前的思想。这倒是道地不过的固有文化结晶品。我在这里愿意首先提出它所说的三宝：第一，是"慈"。今人好称爱，例如两性相爱，它的动机是起于自己的，是有所为的。所谓慈，意义比爱要高一层。譬如父母对子女，处处为对方着想，绝对没有条件，这才配称慈。道德经的意思，认为人与人间，须和父母对子女一般，所以定为三宝之一。第二，是"俭"。粗浅说来，就是现时所称"节约消耗"，但"克勤于邦，克俭于家"。四千年前即有这种教训，意思还包含着几点：（一）俭约的

---

① 胡汝麟（1881—1942），河南通许县后城耳岗村人，字石青。近代著名教育家、实业家和社会活动家。

结果，物资的享受降低，人格的修养加高。摆在眼前的事实，贪官污吏，以及一切犯罪行为的造成，大多数是由于生活奢侈。（二）俭约的结果，物资的需求减低，物质的争夺减少。人群生活容易相安。即以个人论，要是处处俭约，对人对己都很谨严，他的地位自然容易站得住。第三，是"不为天下先"，中国自来教民谦让，国与国间，民族与民族间，不侵略，人与人间，不斗争。都是不争先心理所造成。但不是消极，参看道德经的结语，"圣人之道，为而不争"。为还是为，你走这边，我走那边，避免彼此冲突，但走远是走的。孔子的为人，他的门生称他"温良恭俭让"。所谓让，就是不争先。这是中国的古训，也是三宝的一宝。

中国古时，就靠这种不争先精神，使此群与彼群之间，虽尚免于了战争，结果还是同化。孟子提出"以大事小，以小事大"口号，说大国小国要如兄弟一般，哥哥爱护弟弟，弟弟服从哥哥，这才是道理。实行这种主义的，周文王就是一个。他以"西伯"地位，取得八百侯的欢心，弄到自西自东，自南自北无思不服。纣王大吃其醋，将他监禁起来，风潮越来越大，结果商灭周兴，这是很显明的例子。后来汉文帝对南越王赵伦，送一封很客气、很谦让（自称侧室之子）的书信，使得风平浪静，俯首服从。这也是行之而有效的中华文化的结晶，就是以中庸代极端，以节制代纵欲，以共存代独占，以和平代斗争，以"大事小，小事大"精神，代殖民侵略，许多民族相安而同化，也是靠这一点。可是不是非战，不是不设防，不是废弃武力，只是不轻用，只是用法不同。即如道德经，何尝反对战争？它说："莫柔于水而莫能胜"，说"强梁者不得其死"，说"善战者不怒"，说"抗兵相加哀者胜"，说"以奇用兵"，说"天之道不争而善胜"；它的用意，是欲"以天下之全柔，驰骋天下之至坚"，至于武力，何尝主张绝对不用？一部《周易》，一物而刚柔两面，文王用其柔，使天下归心，武王用其刚，使政权统一，并没有用刚而废柔，或用柔而废刚，只是因时制宜，这就是中华古文化精义所在。

欧洲文化倡导斗争，经过了三十年来两次世界大战，怕今后必有人渐渐地觉悟到主张错误了。因为暴力斗争的结果，弱者给强者灭掉了。但强者还有更强者，成为"一强世界"，以后，还是内部分化，照旧演出强与弱，或强与强不断战争的老戏文，生命丧失了无量数，问题丝毫没有解决。国父中山先生三民主义演讲里，提出"忠孝仁爱信义和平"八个大字，临终还留下"和平，奋斗，救中国"三句遗训。蒋委员长在最近三民主义青年团代表大会里，提出"以仁爱代残酷，以谨严代放纵，以利他代自私"，这都是一面接受世界文化，一面发挥中华文化，也可以说一面适应环境需要，一面发扬民族固有精神。吾人记得，对内是要以相爱相信相让相助来取得团结，靠这团结的力量，去抵抗外来暴力，这就是伟大的中华几千年遗传下来的民族特性。所谓抗战胜利，建国成功，这才是合理的原则。我们必须认识清楚，必须把握正确。还有一点，诸位记着，如果把这种为而不争精神，用之于个人行为上，我也敢保证绝对有效。

（文献选自《国讯》，1943年第337期，第3—4页）

中华民族文化之优点[①]
1943年在重庆讲

顾颉刚[②]

中华民族的文化，的确很优美，的确很伟大。此后新世界中，必定需要这种优美伟大文化的发扬与恢弘。尤其当我们的国家已经得到了自由平等的机会后，我们的文化更加显出其重要性。人家一定要努力设法来认识我们的文化，我们也必得用自力发扬我们的文化，才能确保我们自由平等之获得，也才能用我们文化的优点来策进世界走上新的幸福之途。

但是照目前这种情形，我们拿什么东西给人家看呢？旧有的文物没有整理，系统的文化精神没有揭櫫出来，我们实无颜自夸文化的伟大，并且我们若仍迟迟不自己去整理我们的文物，发扬我们的文化，人家也会来替我们整理，替我们研究，到那时太阿倒持，文化阐发之柄握在人家手里，无论其内容将因隔膜而致歪曲，即使他整理了出来，也是我们自己的羞辱。所以我们学术界文化界必须努力，尤其是后起的青年对于将来恢弘中华民族文化的大责任应当勇敢的担负起来。

[①] 演讲具体时间和地点暂无从查考。

[②] 顾颉刚（1893—1980），字铭坚，江苏苏州人，中国现代著名历史学家，现代历史地理学和民俗学的开拓者、奠基人。新中国成立后，任中国科学院历史研究所研究员、中国民间文艺研究会副主席，中国民主促进会中央委员等职。

我对中国文化的认识，并不是盲目的笼统的夸大，而是从实际上客观地认识出它的优点来，由我看，中华民族文化至少有下列数优点：

一、无狭隘之种族观念

一种文化的伟大与否，决定于他的精神是否宽大宏远。种族的偏见的自我的文化，不过是狭隘的文化，虽有足取，终无大价值。我国的文化，则很早即无种族的狭隘观念，这种精神是由春秋战国时渐渐培养成功的。在以前，华夏和蛮夷的区别甚严，所谓"尊王攘夷"，在春秋前期成为争霸者必须利用的口号。但到后来，这种口号不足号召了，"夷夏之防"的观念日就淡薄，种族的偏见已很少存在，这大约即由于争霸的关系。因为霸主务求扩充自己的势力，只要服从本盟的，就看同华族。所以像陆浑之戎，羌戎，后来都成为晋人，莱夷成为齐人，西戎成为秦人，乃至群蛮百濮之族，皆成为楚人，而楚人亦同于中国，不复自为荆舒之蛮。更后来，如代、中山、赤狄，也都进为晋人了。春秋经里对于野蛮部族的君长最初是没有称号的，后来也有戎曼子吴子等名称出现了。称之为子，表示已看同诸夏，并无歧视。春秋的大义是"中国入夷狄则夷狄之，夷狄入中国则中国之"。所以终由"内诸夏而外夷狄"，进到"诸夏夷狄为一"的地步。有了这种精神，所以中华民族从不以种族之偏见自限，而一天天向着种族融合之途前进。因此，许许多多不同的种族，终能融化为一个伟大的中华民族，来源不同的支派，都成了黄帝一系的子孙。这种精神直传下来，以致像后来的匈奴，也称是夏裔；鲜卑，也称是炎帝裔；因时兴起的小族，无不加入了正统。有了这种精神，所以养成了我中华民族文化的泱泱大风，这应算是中华民族文化优美的第一点。

二、无不相容之宗教观念

人类当原始时，都是信赖神力而不敢信任人力的，所以没有一个种族没有宗教。但是崇拜这一宗教的民族，往往会与他族因信仰不同而酿成血战，造成极惨痛的结果。独我中华民族对于宗教的观念，到春秋时已渐归淡薄，他们并不畏惧神力，相反的，却只相信人力。他们以为只要"尽人事"，便能"人定胜

天"。这种思想是经多少思想家像子产和孔子等鼓吹而成的。在春秋以前,我们也是一种深信神力的民族,所谓"商人尚鬼",现在还可以从甲骨文里看出。但到一班大思想家出来了后,就换了一个局面了。老子说:"其鬼不神",庄子更鼓吹"任自然"。经过了这种进步的思想的洗濯,对神的信念自然动摇,我们也就成了非奴役于宗教的民族了。又由此种观念,表现了两种思想:一种是《周易》的分阴阳之说,一种是《洪范》的分五行之说。这两种思想,在现在看来依然很可笑,但在当时是已能认识自然变化之力量的一种思想,真是一种难得的进步思想。有了这样的思想,才把原来根深蒂固的宗教势力打消,使他不能对我族发生很大的力量,也不会因宗教而阻碍了民族的融合。虽然秦晋楚等国之宗教不同,但除了诸国在政治上发生过战事外,从未闻两国间曾因宗教的争执而发生过战事,这种没有不相容的宗教观念的进步精神,是中华民族文化的第二优点。

三、无严峻之阶级观念

人类社会,在古代总是有阶级存在的,我国在周时便是等级森严的阶级制度盛行的时代。但到春秋末年,阶级观念渐渐打破。及至战国之世,阶级制度几乎全崩溃了。"君子""小人"本是阶级之分,到这时变为贤劣之分了。社会上只"尚贤",而不"尚尊",所以布衣可以立谈取卿相。后来到刘邦能以平民崛起为皇帝,社会上并不觉得他奇异,便是这数百年中陶冶的结果,这是中华民族文化的第三优点。

四、无浓重之拜金观念

重商业的民族,他的种种恶德,人人都能看得出。但我国在春秋前,商人是政府所雇佣的,商人成了政府的附庸。所谓"工商食官",便是当时的情形。到了春秋末期,渐渐有大商人出现。到战国时,商人阶级更大兴,但各国政府对这种趋势都加意防范,纷纷谋抑制之术,孟子有"征商"之说,便是当时社会对于新兴商人阶级加以防止的一种代表思想。因此商人的气焰幸得不泛滥。自汉代以后,重本抑末,即重农抑商。这个政策一直传了下来,所以列代不变的措置，也就使中华民族不至流为重商业的民族。马克思的唯物史观说：封建社会之后，必为商业资本社会。这话用到我国，就说不通了。我们因为有了历来重农抑商的政策，所以不致发生压迫平民的大资产阶级。这是中华民族文化的第四优点。

中华民族文化因为有了这四种特具的优点，所以历史上可以有朝代的更换，可以有政治的变乱，而社会组织迄归安和。可见其文化之确实优美，确实精善。在第一次欧洲大战后，很多欧人研究我国的儒道学说，发现我国为爱好和平的民族。可惜他们只知道我们是爱好和平的民族，却不知道我们爱好和平的原因，即是由于文化上具备了这四种优点。

我们有了这样优美的文化，应当如何尽力去恢弘他？欧人常说，一百年以前的欧洲书籍，一人的力量可以读完，若比起中国一百年前所有的书籍来，真是相差得太远了，不说别的，只说纪元前便有像《春秋》《史记》等这种周密博大的巨籍，岂不是欧洲人望尘莫及的？这可见出欧人对我前此文化的艳羡。他们对于世界上任何事物是不肯轻易放过的，将来一定会大举从事整理研究我们的文化。我们要不愧为这种优美文化之民族的子孙，我们要对得起先民刻苦经营的力量，我们要对新世界尽起创造开拓的责任。那么我们便应当努力在我们手里把中华民族优美的文化更发扬恢弘起来。

（文献选自《沙磁文化月刊》，1943年第2卷第9期，第4—5页）

文化与工业

1944年3月23日
在国民党中央宣传部文化委员会文化会堂演讲

胡庶华[①]

主席、各位先生：

<略>

我们人类是被两种东西所控制：一是精神的控制，一是物质的控制。精神方面就是文化，物质方面可说就是工业。因为创造物质的多半是工业。现代的农业也要工业化。这两种东西——文化与工业是互相配合缺一不可的。中国是个文化的古国，翻开我们的历史来看，所谓黄帝造舟车、作弓矢，在那时我们已有工业，否则我们的文化不会这么早。以后又发明了指南针，火药、造纸及印刷术。我们既很早就有工业和许多发明，何以现在我们还要派人到外国去学工程？这理安在？在外国博物院里可以看出十八世纪以前的东西中外是一样的，十九世纪以后的文化，人家比我们好，以前我们的文化和工业是合起来的，到后来我们的文化和工业脱了钩。因此，我想到今天要讲文化便不能离开工业，要讲工业亦不能离开文化。再补充的说，我们固有的文化所以维持久长的时期，而能立国几千年，自有其好处。但从现在，我们把固有的文化丢了，大家以为

[①] 胡庶华（1886—1968），字春藻，湖南省攸县人。教育家，冶金学家。曾任重庆大学、同济大学、湖南大学校长。新中国成立后，任北京钢铁学院教授兼图书馆馆长，是全国政协第二至第四届委员。

有了科学工业，文化可以不注意，这是一种大错误。今天我想就下面三点来说明我对文化与工业的意见：

1. 文化和工业与国家建设的关系。
2. 文化与工业的相互关系。
3. 对文化建设与工业建设应有之组织。

文化这二个字作何理解，已有许多人说过。我想文化（Culture）与文明（Civilization）这两个名词的意思是不同的。文明是偏重于物质方面，而文化则与历史有关，每个民族都有他的历史和文化，且各有其特点，因而有高下之分。这在各个民族的风俗、习惯、饮食、起居等生活方面可以看得出来，同时，各个民族文化的优劣，从物质建设方面亦能加以判断。因为一切文化是从精神创造的，一切物质也是从精神创造的，然后才能物质的创造。我们过去文化很高，精神方面有很伟大的力量，所以发明了许多东西，到了满清末年，把一般人的精神，全都用在做八股文上面，于是，我们的科学不行，我们的物质建设处于落后。国父孙先生发动革命的目的，就在保持我民族固有的文化和道德，同时，要迎头赶上西洋的科学。我们现在可以说，文化是人类为了适应生活要求和生活需要所产生的一切生活方式的综合的表现。包括一切有形的实物，如衣服、用具、机器、房屋等。与无形的事项如语言、知识、风俗、道德应及社会上各种做事的能力和习惯。所以文化的范围非常的广，可说无所不包。今天所讲的只是文化方面的一部分，就现在的需要而论，工业是促进文化最伟大的一个工具。

科学方面，自从瓦特发明蒸汽机以后，便发生了历史上有名的产业革命，把世界划成二个时代。产业革命以前是手工业时代，产业革命以后是机器工业时代。重工业即在这时候产生的，世界上许多国家，就是古老的国家，也都受了产业革命的大影响。从此以后，工业建设成了经济建设最重要的一项。因此，有人说现在的工业，就是国防。蒸汽机发明了以后，炼铁事业便一天发达一天，大的轮船造了起来，很长的铁路修筑起来，世界交通为之一变，世界上许多矿产，以前无法开采，后来利用蒸汽机都能开采了。现在已经从铜器时代转到铁器时代。总理曾经指示我们要发展实业，亦即努力物质建设以发展国力挽救危

亡，同时，昭示我们要赶上工业国家。保持我们固有文化与发展工业这两件事是始终相配合的，这两件事在中国目前是同等的重要。因为：

1. 物质文化与精神文化没有高下之分。

2. 文化与工业相辅相成，并无抵触。

3. 工业是改进文化的先驱，也是文化力量的代表。

再详细的说：

第一，精神创造物质：我们人类有种力量就是智慧，智慧可以创造许多物质，现在工业方面这些物质如果没有教育，没有训练，不研究科学决不能创造。所以现在的一切物质，都是文化和精神创造出来的。

第二，精神胜过物质：蒋主席曾一再提示我们，这次抗战明知道我们的武器远不及敌人，但我们非打不可，我们所赖以支持抗战的是我们的精神。结果，以我们的精神战胜了敌人优势的武器，这是精神胜过物质一个最好的例子。

第三，物质创造幸福：工业是人类创造幸福，不是来摧残人类幸福的。有人说战争是科学进步以后必然的产物，又因为许多兵工厂运用科学制造飞机大炮及其他作战的武器，所以有人说科学是杀人的武器，而一般爱好和平的人认为最好这些东西都不要，可以避免战争。实则，以前并没有飞机，而战争依然发生，所以战争不是因科学工业而发生的。实在是运用科学不得其道。譬如一支手枪在强盗的手里便是杀人的武器，拿在警察的手里便是保卫治安的工具，日本强盗和纳粹德国所以提倡战争，犹如强盗拿着手枪，不是警察拿着手枪。我们不能因噎厌食，责备科学本身，只能责备运用科学的人用得不当。因此，我们认清科学是发展文化的，也是替人类谋幸福的。

我们提倡精神文化，第一，不要有顽固的脑筋和迷信的观念，否则，就会阻碍人类的进步。第二，我们要相信科学万能，同时要明白功利主义和唯物主义是破坏文化的。日本军阀曾说，战争是文化之母，这真是岂有此理的话。战争只有破坏文化。所谓战争是文化之母，只是指战争中武器有进步的说法，这种说法我们要反对，我们认为工业才是文化之母，至少工业是扶助文化促进文化的，决不是制造战争的。只要我们运用得当，一切科学工业，都会增加人类的幸福，例如现在作战用的许多轰炸机，如果用作运输工具，替世界人类解除交通运输的困难，岂不妙哉！现在作战用的坦克车不去冲锋，移到西北荒地改作运输车运送物资，对我们生活的改善和工商业的发展，自有很大帮助。许多武器除了枪炮以外，一切机器工具，都可替人类谋幸福。同时，世界上有许多幸福是由工业创造出来的。以前没有电灯，现在有了，以前只有木船，现在有了轮船，以前没有汽车，现在有了。这些东西都替人类增加许多幸福和解决许多困难，我们决不能以为工业是发生战争的动力，那是使工业蒙受一种不白之冤。

现在世界上有许多不道德的事情，或可以用工业去消灭它。譬如电话接线生在接话时常不忠实，于是工程师想法发明了自动电话，接线生不忠实的行为因而消灭。再如外国工厂工人上工进厂时签到登记有流弊，现在采用科学方法。在时钟下置一机器，工人进厂时即在机器上用手按一下，名片上即印有时间，便将名片交管理人登记，流弊因而消灭。还有煤矿车运煤车往来次数原由管理人员计算，现已改用机器计算，决无错误。外国银行的保险库，为预防盗劫，有各种科学防御工具的设置，如自动发响声的铃，及捕获或伤害盗贼的机件。还有假的钞票，可放在显微镜下一看就知道。如外国警察局侦查案情多用科学方法求得结果，这是证明工业和科学可以促进人类进化和消灭人类许多野蛮的行为。

我国在百年以前，海禁未开的时候，夜郎自大，自以为一切都比人家好。后来几次同外国打仗，一再败北，又觉得一切不如人家。夜郎自大的态度固不应该，一切不如人家的心理亦不应该。最好我们一面保持自己好的德性，一面要学人家的长处。我们自己好的德性是什么？就是人类应有的公理与正义感，尤其是我国固有的忠孝仁爱信义和平的八德，真是万古不灭，颠扑不破的，它能使我们国家民族亦久生存于世界。

另一方面，物质可以帮助精神，中国古人曾说："仓廪实而知礼节，衣食足而知荣辱。"这就是因物质的充实而使文化随着进步。所以三民主义中最重要的是民生主义。现在还有一种论调，使我们的文化和现代工业不能发展的，就是有些人天天说我们中国以农立国，是个农业国家，这种论调，刚刚中了敌人之计。日本口口声声说工业日本农业中国，希望中国永远是个农业国。他们把我

们的农产品工业化了一次再送回来，把中国作为他们工业品的大销场，使我们永远做次殖民地，无法强盛起来。因为现在的农业必须工业化，否则，只有将原料供给人家，农业经济不能发达，要求农业经济的发展，须使农产品工业化。在我们这次抗战中，物质方面有二大缺点：一是农业没有工业化，二是没有重工业。因为农业没有工业化，生产不能自给自足，于是物价高涨。这是我们在抗战时期所得到的血的教训，又因为没有重工业的钢铁事业，战前许多机器都向外国购买，铁路轮船亦多在国外定购。不仅商人买外国机器，政府也是如此，喜用外国材料。结果自己的工业永远不能起来，以前虽有汉冶萍煤铁厂，因此不得不关门。此次抗战中，敌人把我们所有的出路全部封锁，不但机器材料无法运进，就是作战的武器，亦不能得到国外的接济，使我们作战受了影响。我们得了这次教训，战后一定要建设重工业。《中国之命运》中指示我们要实行总理的实业计划，第一期十年之内要达到多少钢铁的产量，要完成多少长的铁路公路，均有详细的计划。只要我们肯努力，相信战后二十年中，我们的工业一定可以独立，不再依赖人家。如果还不能自给自足，二十年以后的世界是怎样一个局面，各位可以想象得到我们国家将遭遇何种危险的境况。在这次抗战中，我们在国际间的地位是提高了，是被认为四强之一了，但是这个四强之一的名号是空虚的。我们决不能以此自满，因为我们抗战的精神，固然克服了困难，战胜了敌人，但是工业和物质方面向其他强国比较，相差太远。方才所说以农立国与工业引起战争的两种论调，我们必须打破，工业运用得法，正可以防止战争。

再从历史上看，秦始皇建筑的长城，隋炀帝开的运河，以及埃及的金字塔，和罗马的古代建筑，可以联想到那时代的文化情形。蒋主席去年在三民主义青年团第一次全国代表大会中提出一个口号，说"学问以科学为第一，职业以工业为第一"，又说今后的青年要建设成文化经济与国防合一的新中国。可知文化与经济是国防中不可少的。要建设三民主义的新国家，一定是文化、国防、经济三者所融合而成的。三民主义文化的中心，是民生主义。总理说过："建设之首要在民生。"蒋主席也说过："民生之外无文化，文化之外无民生。"由此，可知一部民生主义，就是经济建设和周密的实业计划。今天我是根据总理和总裁所指示的，发挥了这篇讲演的意思。

最后，还有一点意思要说。我们奉行三民主义，除了建设三民主义的新中国之外，最后的目的，是在实现世界大同的理想。如何可以实现世界大同的理想，我以为一定要用我们中国的中庸之道。中庸之道是无过与不及，不偏不倚，至中至正。现在世界上每个民族都是自私自利，都有偏见的。最近，我常同朋友们说：希特勒因为不懂得中庸之道，所以失败，日本军阀也是如此。如果懂得中庸之道，不会有这样的祸害。当希特勒刚并吞捷克和奥地利以后，不应急于瓜分波兰，把英国的张伯伦逼得太厉害。如能休养一时，使并吞的地方消化一下，再徐图发展，尽可做一个很大的强国。那样好的时机控制不住，结果一定是很悲惨的。日本军阀也是不懂中庸之道，欺侮我们太厉害，不能知足，急于并吞中国，结果，一定也是自取灭亡。要求世界真正大同，必须普遍地发扬忠孝仁爱信义和平的精神，使这种道德精神国际化。这次战争中所牺牲的人和财、物质，如果都是为和平世界的建设而用，不知替世界修了多长的铁路，造了多少大的船只，做成多少生产的机器。所以，我说如果要实行三民主义最后目的——天下为公，世界大同，一定要懂得中国的中庸之道。因为中庸之道，刚刚恰到好处，它是求整个人类的生存，是叫人类与宇宙斗争，不是你抢我夺自相残杀。这样，世界上人类的文化，就是世界大同的文化，一切工业整个是为人类谋幸福的工业，不是今天杀人的工业。这是我对文化与工业的一点感想。

（文献选自《文化先锋》，1944年第3卷第17期，第3—5页）

新旧问题

1944年5月7日在复旦大学大礼堂演讲

邵力子

新和旧互相冲突，是个永久的历史问题。这问题，过去存在，将来也一定存在。特别在一个社会在明显地变迁的时候，表现的更普遍，更深刻。这时如果能得合理的解决，社会便可向着幸福的途径发展；否则，"沉沦"便是这个社会的必然的归宿。

苏联有过不少文艺作家，描写过相同的题目："父与子"。他们虽然并未都用"父与子"做书名，像屠格涅夫那样，但所采取的题材却一样。父是一个时代，子是一个时代，父的时代代表旧，子的时代代表新。父与子之间，思想的内容和行为的标准，都有极大的差别。父和子之间的冲突，正是表示旧和新之间的冲突。

这些苏联作家，并非都是幻想之徒，那些作品，并非完全出于虚构。十九世纪的帝俄，是一个农业社会，工业不发达，科学不昌明。但这时的西欧诸国，都已科学昌明，工业发达。历史的潮流，不容许帝俄关起门来落后，旧的社会受了新的文化的刺激，使年青的一群活跃维新；新的文化触犯了旧的社会，又使年老的一群顽固守旧。这是一种冲突，这种冲突是必然产生的。苏联的文艺作家，不过是描写了社会的实情。

在像这样的冲突中，父总是不能了解子，子也总是不能了解父。青年人要维新，老年人要阻碍他。他们也许会有谅解的一天，这诚然是历史的幸运，社会的福音。然而，重要的关键却就在这里，这要看他们的谅解的态度如何，程度如何。如果他们态度真诚，保存了旧的精华，也接受了新的潮流，彼此都不难堪，这是真谅解，可以帮助社会人群向前发展。如果他们态度虚伪，抛弃了合理的立场，所谓谅解，不过是比妥协要来得光彩点，这便是假谅解，社会得不到任何好处。至于一个人，当其为子时有维新的思想，当其为父时却又顽固守旧，形式上虽有改变而内容上却和他自己的父亲一样。这样循环往复，永远地打圈子，这就是最可怕的一种现象。生物学中讲"新陈代谢"，人类社会也同样是一个有机体，它的发展的道路，也同样需要苟日新，日日新。

旧的文化中，有先人的学术经验，不能完全抛弃。只要是好的，我们用得着它，自然应该接受保存，省得我们自己多走冤枉路，去绕不必要的历史圈子。旧文化有可贵之处，就在此。但是，旧之所以为旧，又一定有其缺点。自然，新文化也不免同样有缺点，不过新文化的缺点，比较难得看到，一旦看到了，我们也可设法预先防止。像国父二十多年前看到资本主义的劣点一样，建立了民生主义理论，就是一例。唯有旧文化的缺点，我们看得最清楚，应该彻底抛弃，不要有一点残渣留存下来，如果一个社会，保存了旧的精华，对于旧污也同样有所偏爱，这是错误。如果仅仅保存了旧污，而对旧的精华反无所爱，则结果一定更糟。最理想的社会，一定是父的一代自愿保存旧的精华抛弃旧的污秽，同时对于新的潮流，又能加以虚心地接受。倘能如此，我想子的一代也不至有任何反对了。

讲新旧问题，我想特别偏重于旧污方面。一切旧文化，都是古人创造出来的，我们今日所谓旧，古人看来却并非旧；我们今日说有精华与污秽之别，古人看来也并非如此。古人有古人的时代，只有古时代的知识，他们的创造和发明，虽在我们看来相当幼稚，但他们已尽其全力，认为很科学的了，我们不必去责备古人。事实上，古人的创造对于古人的时代，也并无害。我们的责任是评估古代的遗产。如果把已不合时的遗产中的某部分，仍通用在我们的时代，那是我们的罪过。

譬如阴阳五行之说，开始的时候并无坏影响，后代的社会照常采用它，便

只见到流弊百出。又如书法，有人说是一种美术，可以提倡，我并不反对。但这只限于对它有兴趣和天才的少数人，对于一般的青年，他们要做的工作很多，时间有限，便不必务此道，妨碍他们致力于研究学问。而且，古代敬重书法家除了敬重他的书法外，也还敬重他的品格，像我们敬重岳武穆便是一例。至于宋朝的赵孟𫖯书法虽很好，但他在历史上的地位可并不光荣，他是宋朝的宗室，竟在元朝做大官，如果为了他的书法好，竟为他辩护，说他和宋亡无关，在这抗战时期，无论如何说不过去。如果可以这样说，则像郑孝胥之流，他写得一手好字做了汉奸我们也应该加以崇拜了！这是多大的错误！我们的社会没有赵、郑之流的书法，又有什么关系？所以我主张汉奸的书法和传记，都应尽行销毁。今天的社会，不该再去迷恋旧污了！

今天大家讲宪政，实施宪政本须具备两个条件：第一，扫除旧污；第二，培养新力。所以国父在遗教中规定宪政时期之前，须先经过军政时期和训政时期。军政时期的使命是借军事力量扫除旧污，训政时期的任务是以代行民权的方式，培养新力。到了今天，有人说人民的知识不够，应该慢谈宪政，这是错误。但遗教中规定的工作很多皆未做好，这也是实情。现在，请诸位深思一番，遗教中规定的工作究竟已经做了多少？国父是最有革新勇气的，他当选为大总统后，于一九一二年元旦宣布改用阳历，这是一件很有关系的事，可以看出他的革新决心。可惜当时的社会，旧势力仍极大，很少人能了解他，还有许多革新工作，他都没有得到机会去做。北伐时代，军事的进展很快，固然值得庆幸，但也因为快的原故扫除旧污的工作不及做好，训政时期便已开始了。等到南北统一完成，始欲回过头来再做军政时期的工作，已不合时宜了。

因此今日的中国社会，迷恋旧污的人依然极多，但中国的现代史，既然发展到现在的地步，徒然惋惜被浪费掉了那十年二十年，反不如从现在起补做军政时期和训政时期的工作，尤其是扫除旧污。在这一工作中，至少我们每个人自己，应先立志不做旧污的奴仆，因为我们的社会中假如仅有守旧者顽固，事情就很简单，只须二三十年后，这一代的人死去，就可再没有顽固的人了。但假如青年的一代在学校时维新，入社会后却又守旧，这种循环式的顽固，实值得一个渴望进步的社会操忧。

你们中有新闻系的学生，一个新闻记者，需要有旧学识作基础，但根本精神则必须是新的，今日的世界要求政治民主和经济民主并行，可是今日的新闻记者，若干方面的表现尚嫌不够，至少在扫除旧污方面如此，报纸中仅有光明面的记载，能揭发黑暗的罕见。战时的新闻政策固应如此，然而也不可太过。如果太过了，连那些光明面的记载，即使全是事实，也容易使读者发生怀疑，且因为黑暗全不揭载，一切旧污都会乘机而出，渗透到社会每一部门，这更是一个灾祸。拿目前的粮价来说，上涨的原因固然很多，但与旧迷信也有关系。有人说，去年阴历元旦，适逢立春，主荒旱。今年是甲申年，依四川俗言，主灾旱，且有大凶。他们又说，今年阴历闰四月，青黄不接的时期较往年长。这些说法，全是迷信和谣言，但他们奉为理由，说粮价应该上涨，一般人民居然也作如是想，于是造成社会心理的不安，粮价便真的涨起来了。其实，去年阳历五月五日立夏，今年也如此，明年也如此，每年二十四个节令，在阳历上都有定期，纵有不同也差不了几天，阴历闰四月，并没有延迟了节令，说青黄不接的时期较往年长，一点根据也没有。再说，今年川省的春收很好，说甲申年主灾旱，也已证明不确。今后的事不敢说，但即使今年遭灾旱，也和甲申年无关。阴历主月，月亮升降和海潮涨落有关，对于海上生活的人民有用，运用到农事上来，本不适用，所以有二十四个节令来补救。现在就节令说，阳历上皆有定期，堪称农历，但我们的社会，反舍此而就他，说阴历是农历，创造出许多臆说来，贻害社会，真是绝大的荒唐。这类的事，新闻记者，应该在清明谷雨两日，写文揭破迷信，不仅社论中可写，副刊新闻中皆可写。不幸这样做的竟无一人，听任这种旧污贻害社会，这是新闻记者的责任。我是知道了，但我也未写一文，这是我之责，不过我不写有原因在，苏东坡写过《喜雨记》，我想仿效他，写一篇《新喜雨记》，可是太难，我怕没有他写的那样好，所以久久不敢执笔。

你们中又有国文系的学生。文学方面的新旧冲突，二十多年来尤其明显。中国文也许有长处，但中国字之难、之繁，终为普及教育之障碍。

你们中又有法律和政治系的学生，对于扫除旧污这个工作，你们的责任更重大。一个法律学家，永远不应该以为现有的，已经全备全新，草拟法律，无

论根据何种原则，常常前一小时是新的，后一小时已经变成旧的了。社会现象，每每瞬息万变，我们应该严守法律，但也须常常改善法律，使法律永远适合社会的现象，尤其对于危害社会国家的份子，应该判处重刑。我曾在报纸上看见过妓女从良的广告，她说是受骗被卖为娼的。娼妓应否存在，这是可以讨论的问题，但买卖人身有罪，应该无可置辩。法院的检查官，根据这个广告就应从事工作。可是像这样的人，我们社会中竟也没有。诸如此类，我们应该去做的事，真是多得很！我自己虽也很少去做，我愿受责备，但我毕竟还讲一讲。

扫除旧污，是大家的责任。旧污不除，我们便无法布新。我们大家的时间精神都极有限，如果一味迷恋旧污，就永远别想有新的时代。有人说新的一切，总是要闯进旧社会里来的，没有人能阻止住它，这是对的。但我害怕时代前进太快，如果不去追求，只是等候它闯进来，我们的社会进步，一定很慢，一定永远不能和他人争长论短，这是危险的。不平等条约废除了，我们的盟邦在战争中增长力量，我们自己也应如此，然而要做到这点却须先割去一个总病根——一切的旧污。今天还有人歌颂旧时代以及旧时代的人物，我真不懂是什么道理。举例说，他们说清朝的制度好。我要问，如果是真好，清朝为什么会灭亡？这论调真太危险了！他们又喜欢推崇曾国藩，却不知即使今日有曾国藩出现，依然拯救不了中国，最多也不过可以使今日的中国成为曾国藩时代的中国。崇尚旧，不如崇尚新；推崇曾国藩不如推崇国父。国父最有勇气革新，可以做除旧布新的模范。我们渴望一个新的中国出现，我们不能再唱"世风日下，人心不古"之类的滥调，说中国数千年来的一切都是好的，让大家去迷恋旧污！

[文献选自《西北通讯（西安）》（下），1944年第1卷第5期，第1—2页]

一支真正的钢笔[①]
1944年10月1日在邹韬奋[②]先生追悼会上的讲演稿

郭沫若

邹韬奋先生,你是我们中国人民的一位好儿子,我们中国青年的一位好兄长,中国新文化的一位好工程师。你的一生,为了人民的解放,为了青年的领导,为了文化的建设,尤其在抗日战争发动以来,为了争取反法西斯战争的胜利,你是很慷慨地,很热诚地用尽了你最后的一滴血。在目前我们大家最需要你的时候,而你离开了我们,这在我们是一个多么大的损失呀!这是一个不可补救的损失呀!(泣声和掌声)

邹韬奋先生,在你自己,怕应该是没有什么遗憾的吧。你把你自己慷慨地奉献给人民,而你自己已经成为了一个很庄严的完整的艺术品,在你自己怕应该是没有什么遗憾的吧?(鼓掌)要说有什么遗憾,那一定是在目前反法西斯战争已经接近胜利的期间,而你没有可能亲眼看见中国人民得到解放,中国青年

[①] 该演讲稿发表时题为:《邹韬奋先生哀词——在追悼会上的讲演稿》,原编者认为会场宣读时听众的反映情形颇有意义,故予以保留。此稿收入《沸羹集》时题为:《韬奋先生哀词——在追悼会上讲演辞》,收入《沫若文集》时,改题为《一支真正的钢笔》。

[②] 邹韬奋(1895—1944),江西余江人,著名新闻记者,出版家。先后创办生活书店、《大众生活》周刊、《生活日报》、《抗战》三日刊。抗日战争爆发前后担任过中国民权保障同盟和全国各界救亡联合会执行委员。曾与沈钧儒等六人被国民党政府逮捕,史称"七君子事件"。病逝后被中共中央追认为中国共产党党员。有《韬奋全集》。

的无拘无束的成长，反而在弥留的时候，你所接触的是中原失利的消息，湖南失利的消息。（大鼓掌）这怕是使你含着滚热的眼泪，一直把眼睛闭不下的原因吧！这在我们，作为你的朋友的我们，尤其是长远的一个哀痛！是我们的努力不够，没有把胜利早一天争取得来，反而在全世界四处都是胜利的声流中，而我们有日蹙国百里[①]的形势，增加了你临死的哀痛。我们在今天在这儿追悼着你，至少我自己是深深地感觉着犯了很大的罪过的！但是，邹韬奋先生，你是真的离开了我们吗？你是真的放下了武器倒下去了吗？没有的，永远没有的。你并没有离开我们，你还活着，你还活在我们每一个人的心里，每一个青年的心里，千千万万的人民大众的心里。你是活着的，永远活着的，从中国的历史上，从我们人民的心目中，谁能够把邹韬奋先生的存在灭掉呢。（鼓掌）你的武器，你的最犀利的武器，就是一支笔！你仗靠着这支笔！为人民的解放，为反法西斯的胜利战争到来，我们也应该仗着这支笔，为人民的解放，为反法西斯的胜利战斗去。（大鼓掌）

这是一支不折不扣的名副其实的钢笔，有了这支笔存在的地方就有民主存在的地方，没有这支笔存在的地方便是法西斯存在的地方（鼓掌）。像德国、日本那些法西斯国家，它们的笔是没有了，是变了质，变成了刷把（鼓掌）。替统治者刷浆糊（鼓掌），刷粉墙（鼓掌），刷断头台（鼓掌，）刷枪筒（鼓掌），甚至刷马桶（鼓掌）。这样的刷把，迟早是要和法西斯一道，拿来抛进茅坑里去的。（鼓掌不息）

我们中国幸而还有这一支笔，这是你邹韬奋先生替我们保持了下来，我们应该要永远的保持下去。在目前反法西斯战争接近胜利的时候，笔杆的使用是愈见代替枪杆的地位了。枪杆只能消灭法西斯的武力，要笔杆才能消灭法西斯的生命力。邹韬奋先生，你的一生用你的血做了这支笔的墨，我们要继续不断地把我们的血来灌进去。邹韬奋先生，你的一生把你的脑细胞来做了这支笔的笔尖，我们要继续不断地把我们的脑袋也安上去（鼓掌）。我们要纪念你，邹韬奋先生，我们定要永远地保卫这支笔杆，我们不让法西斯再有抬头的一天，不

[①] 蹙：缩；国：国土。指丧失国土或边疆。语出《诗经·大雅·召旻》："昔先王受命，有如召公，日辟国百里，今也日蹙国百里。"

让人类的文化再有倒流的一天。这也怕就是,你用过的笔所遗留给我们的遗嘱。(鼓掌历久不息)

(文献选自《新华日报》,1944年10月2日第2版)

实施民主教育的提纲
1945年春在重庆演讲[①]

陶行知

今天只是提出一些问题作为日后讨论的提纲,希望大家予以修正补充和指教。

一、旧民主与新民主
<略>

二、创造的民主与庸俗的民主

庸俗的民主是形式主义,平均主义,只是在形式上做到如投票等等。创造的民主是动员全体的创造力,使每个人的创造力得到均等的机会,充分的发挥,并且发挥到最高峰,所以创造的民主必然与我以前所讲的民主的创造有关联。民主的创造,是要使多数人的创造力能够发挥。在专制时代,少数人也能创造,但多数人的创造的天才被埋没,或因穷困忙碌而不能发挥,即使发挥也会受千磨万折,受到极大的阻碍。民主的创造为大多数人的创造,承认每一个人都得到创造的机会,这是与专制的创造不同的地方。

---

① 本演讲稿经徽林、元直记录整理后于1945年5月发表。

三、民主运用到教育方面来

民主运用到教育方面，有双重意义：

第一，民主的教育是民有、民治、民享的教育。"民有"的意义是教育属于老百姓自己的。"民治"的意义是教育由老百姓自己办的。例如从前山海工学团时代，宜兴有一个西桥工学团，是老百姓自己办的，农民自己的孩子把附近几个村子的教育办起来，校董是老百姓，校长也是老百姓。又如晓庄学校封闭后，晓庄学生不能回晓庄办教育，而老百姓又不要私塾，所以小孩子自己办了一个佘儿岗自动小学。又如陕北方面提倡的民办小学，也都是这意思。"民享"的意义，是教育为老百姓的需要而办的，并非如统治者为了使老百姓能看布告，便于管理，就使老百姓认识几个字。由此可见有民有、民治、民享的政治，少有民有、民治、民享的教育。

第二，民主的教育，必能办到各尽所能，各学所需，各尽所知，各尽所需，因为经济条件没有具备，所以办不到，但各学所需是可以做到的。在民主政治下，特别是中国有许多人民没有受教育，需要多少教员才能把各地教育办起来？如一人能教四十人，二百万教师才能教八千万小孩。这些教师是师范所不能训练出来的，所以还必须每人各教所知。各尽所能，各学所需，各教所知三点都办到了，民有、民治、民享的教育也就成功了。

四、教育的对象或教育的目的

"文化为公"、"教育为公"是教育的目的，但又不妨因材施教，国民教育与人才教育略有不同。国民教育是人人应当免费受教育，但如有特殊才能的，也应加以特殊的教育，使其才能能充分发挥，这就是人才教育。但人才教育并不是教他们升官发财，而是要他们将学得的东西贡献给大众，所以这也是"文化为公"。

男女也应有平等受教育的机会，目前有些地方，例如南充男女界限分得很严，男女学生不能互相说话，这种地方，女子教育一定不发达。

无论贫富，也应该有均等受教育的机会。前次社会组在草街乡调查失学儿

童，占学龄儿童百分之七十四，能来中心小学读书的儿童，大多是小地主的孩子，佃农恐怕很少。民主教育要使穷人也有受教育的机会。

无论老少，也应该受教育。生活教育很早就提出活到老，学到老。最近听说回教也是如此。生活教育运动中最老的学生为八十三岁之王老太太，她说："我也快进棺材了，还读什么书"？但经她的孙儿曾孙的鼓舞，她的热情也燃炽起来了，因为她的原故，她的媳妇也得读书了。

还有资格的问题：现在是有资格就能上进，没有资格就被赶出大门外。但民主教育是只问能力，不问资格的，本来资格是有能力的证明，既有直接的证明，又何须资格？只要证明是有能力的就可以上进。

民族教育现在也成一个问题。过去把少数民族取名为边民，不承认他们为民族。我们对于侗族、苗族等小民族的教育，强迫他们学汉文，还要用汉人教师去教他们。但民主教育是让他们学习他们自己的文字，没有文字的，就帮助他们创造文字，让他们自己办学校，训练各民族的人才来教育他们自己的人民。过去蒙古人受教育时，是雇人来上课的，这样教育又有什么用？

还有一点，无论什么阶级，都要有受教育的机会。受教育机会被剥夺最多的是农工及其子弟。农工阶级忙碌一天，还陷入吃不饱饿不死的状态，当然更谈不到受教育。民主教育是要力求农工劳苦阶级有机会受教育。

总结起来，"教育为公"就是机会均等：入学时求学的机会均等，长进的机会均等，离校时复学的机会均等，失学时补习的机会均等，而且老百姓有办学管学教育的机会。

五、民主的教育方法

民主的教育方法，要使学生自动，而且要启发学生使能自觉，要客观，要科学，不限于一种，要多种多样，因材施教，要生活与教育联系起来，并且在中国要会用穷办法，没钱买教科书，用尽种种办法来找代用品，招牌可以作课本，树枝可以作笔，桌面可以当纸张。×路军[①]行军时，带着一套文化工具，即

---

① 原文"八"被"×"替代。

是一支木笔，行军停下来时，就在地上画字认字。新民主主义既是要农工领导，就必须用穷办法使老百姓受教育。单是草街子如每人买一支铅笔，就要花去四十万元，因此只有不用铅笔另想穷办法，想出穷办法，才能做到教育为公。

另外还有一个办法，学生不能来上课的可以去上课，"来者不拒，不能来者送上门去"，看牛的送到牛背上去，拾柴的送到柴山上去，这样"教育为公"才有办法。最后我们必须重提要着重创造，让学生自动的时候，不是让他们乱动，而是要他们走上创造之路，手脑兼用，劳力上劳心。这需要六大解放：（一）解放眼前——不要带上封建的有色眼镜，使眼睛能看事实；（二）解放双手；（三）解放头脑——使头脑从迷信成见命定的法西斯细菌中解放出来；（四）解放嘴——儿童应当有言论自由，有话直接和先生说，并且高兴心甘情愿和先生说。首先让先生知道儿童们一切的痛苦；（五）解放空间——不要把学生关在笼中，但民主教育中的学校应当大得多，要把大自然大社会作他们的世界，空间放大了，才能各尽所需。扩大了空间，才能各教所知，扩大了空间，才能各尽所能。（六）解放时间——育才是以此标榜，然而并未完全做到，师生工友都应当有一点空闲的时间，可以从中消化所学，从容思考所学，并且干出较有意义的工作。

六、民主的教师

民主的教师，必须具有：（一）虚心；（二）宽容；（三）与学生共甘苦；（四）跟民众学习；（五）跟小孩子学习——这听来是很奇怪的，其实先生必须跟小孩子学，他才能了解小孩子的需要。和小孩子共甘苦，并不是说完全跟小孩子学，而是说只有跟小孩子学，才能完成做民主教师的资格，否则即是专制教师。现在民主国家的领袖，都是跟老百姓学，否则即成专制魔王；（六）消极方面，肃清形式、教条、先生、架子、师生的严格界限。

七、民主教育的教材

民主教育的教材应从丰富中求精华，教科书以外求课外的东西，并且要从学校以外到大自然，大社会中求得活的教材。

八、民主教育的课程

（一）内容。现在人民所以大部分在贫穷中过生活，因为贫富不均，所以了解社会是很重要的。另外科学不发达，不能造富，所以应该有科学的生产，科学的劳动。抗战如不能胜利，整个中国就完了！因此教育要拿出一切力量来争取胜利，要启发民众，用一切力量来为抗战为反攻而努力。

（二）课程组织，组织应敷成多轨，即普及与提高并重，让老百姓都能接受教育，并且有特殊才干的也能发挥。

（三）课程要有系统，但也要有弹性，要在课程上争取时间的解放。

九、民主教育的学制

民主教育的学制，包含三原则：单轨出发。学制在世界上各国分成几种，如德国的学制是双轨制，穷苦的人民受国民教育，再受职业教育，有钱的人则由中学而直升大学。民主教育开始是单轨，不分贫富以单轨出发，以后依才能分成多轨，各人所走路线虽不同，但都将力量贡献给抗战，贡献给国家，这叫多轨同归。并且还要换轨便利，让他们在才干改变时有调换轨道的便利。

旧时的学校，学生忙于赶考，赶考是缩小学生时间的一原因，并且使学生没有时间思考。民主教育也是要考的，但不要赶考，而是考成，也不鼓励个人的等第，只注重集体的成绩，而成绩也不以分数定高下。

民主也不是绝对的自由。民主有民主的纪律，与专制纪律不同，专制纪律是盲从。民主纪律是自觉的集体的，不但要人服从纪律，应要人懂得为什么。

此外应当普泛的设立托儿所，农村的，工厂的，公务员的，可以将妇女从家庭中解放出来。在大学里，要做到下列几点：（一）入学考试不应过分尊重文凭，应增加同等学力的录取比例；（二）研究学术自由，读书自由，讨论的自由；（三）增设实习大学及夜大学。这应该跟日本学，在日本夜大学很多。我们要帮助工厂里的技术工人，合作农场中的技术农人，得到受大学教育的机会。至于留学政策，凡是在中国可以学到的应在中国学，请外国教授来中国教。如设备不可能在中国设置的学科，才能派大学毕业有研究能力的研究生出外留学。

十、民主教育的行政

（一）鼓励人民办学校。当然人民自己所办的，并不能像美国私立学校那样宣传某种宗教的偏见，而是为民主服务。

（二）鼓励学生自己管自己的事。

（三）肃清官僚气的查案，以及资格的作风，视察员及督学有三个作用：（1）鼓励老百姓办学；（2）考察学校是否合乎民主道理；（3）不是去查案，而是积极指导学校如何办得好。老百姓的学校，大概粗糙简陋，所以视察员到时，不是带来恐怖，而是带来春风。

民主的校长，也有四种任务：（1）培养在职的教师，教师是从各处来的，校长应负有责任使教师进步；（2）通过教员使学生进步并且丰富的进步；（3）在学校中提拔为老百姓服务的人，如小先生之类；（4）应当将校门打开，运用社会的力量，使学校进步，动员学校的力量，帮助社会进步。他应当有社会即学校的观点，整个社会是学校，学校不过是一课堂，这样才能尽校长的责任。并且对于大的社会，才能有民主的贡献。而学校本身就可以成为民主的温床，培育出人才的幼苗。

十一、民主的民众教育

有人民的地方，就是民主教育到的地方。家庭、店铺、茶馆、轮船码头都是课堂。甚至防空洞中也可以进行教育。博物馆、图书馆、电影院都是进行有系统的教育的地方。应当请专家讲演，深入浅出。没有专家的地方，也应有好的办法，使老百姓无师自通。

十二、民主教育的文字

要老百姓认二千个字，好比要他们画二千幅画。有人说汉字太难，应当打倒，有人主张，不用拉丁化，而用注音字母。我主张汉字、新文字、注音字母三管齐下。（一）认得汉字的人，照估计有八千万人，假使最低估计有五百万人可能教汉字，这是一股很大的力量，我们不但不用推倒他，而要运用他。（二）

运用新文字教老百姓，我们在上海试过，教起来非常方便。一个月就可以使老百姓看懂信件。学过英文的人，三个钟头就可以教会。（三）醉心注音字母也好，就用注音字母来帮助老百姓。我希望文字也像政党似的来一个民主联合，汉字好比是板车木车，注音字母好比是汽车，新文字好比是飞机。各种文字的提倡人联合起来，做到多样的统一。

（文献选自《战时教育》，1940 年第 9 卷第 2 期，第 8—11 页）

五、战时社会建设

我总是希望大家继续为国家为公司努力
1938年10月10日
在纪念民生公司成立13周年大会上演讲

卢作孚

刚才听着各位的报告，知道了各位努力的状况，同时并证明民生公司是进步的。

中国历来都是帝王传统。直到前清宣统三年，这种帝王政治终被同盟会推翻。由此知道一件事情，只要去干，莫有不会成功的。二十七年前的今天，是革命同盟会推倒满清建立民国的纪念日。但是在当年的三月间，同盟会在广州起事失败，已经是第十八次了。那次参加的人，都是挑选出来的优秀分子，结果死去七十二人——就是黄花岗七十二烈士——仍是莫有成功。这在他人，恐已认为无望了，因为这七十二人之死，是革命党人最后一次的试验，也是最后一次的牺牲。同时又鉴于清廷所放的广州官吏，都是些青年，如广东的总督张鸣岐，年仅三十二岁，水师提督李准，四川人，也是个青年，于是感觉到在珠江流域举义的可能较少。这才决定改向长江流域发展。武昌起义，原定在旧历八月十五日。后来因为防卫过严，无法入手，延至八月十九日（即公历十月十日）晚间才发动。

孙总理为什么要把国家变为民主政治？简单的说，就是要使政治进步，当时世界上民主国家标榜的三个政策——民有民治民享——转用在中国，民有就

变为民族，因为中国不应被少数满族来管理，少数满族自不能代表中华民族。其次是民治，国家既为人民所有，管理国家的事情，自然是操之于人民。人民有管理国家的权利，所以叫做民权。再有的是民享。老百姓要吃饭，要求生存，要想法安定他们的生活，所以转用为民生。为了要实现上面三个政策，才决定了革命的方针。中国并不是少数满族所能管理的，况且因为传统的关系，无论贤不肖都不能由人民选择，这岂是法律所能容许？更因当时的法律，完全系出于少数人之手，自不能保全体的利益。因此种种，才决定改为民主。

后来民国成立，所有官吏，大多为腐败之徒，作的事情，并不能使人满意，当然不能使国家进步，以致当时中国有一个很好的进步机会，都把他放过了——这个机会，就是第一次世界大战。这就是由于那些官吏都是自私，只替自己想办法，另外还有要求其想办法的。有了这种障碍，就成了许许多多的小集团，这种集团就产生了以后若干的内战。最可恨的，就是这些官僚，占据了政府机关，使人民无法管理。虽然有若干次的会议，而人民总是莫有机会去表达他们的意思。

这几年始看见人民渐渐的在问政治。但是正因为这个缘故，就遭受了去年日本的侵略。一般人以为到了二十七年，还莫有把国家弄好，但竟忽略了这国家二十七年来仍是不断的在进步。只就老百姓的进步来讲，宣统年间的人，并不知道火车飞机是什么。乡间的人，到了民国时代，还在问现在是宣统几年。以那时的川江来说，只是洪水天有二三条轮船，到了枯水，一只也就莫有了。一·二八中日战争，中国只有飞机十二架，去年与日本开战以后，我们就有不断的飞机在敌人头上飞。现在的人民知道问政治，政府的事业，也是不断的在前进，这不算是国家的进步吗？再拿我的家乡——合川——来讲，宣统年间的读书人，县中并找不出多少，到了现在，无论城市和乡村，都是遍设学校，读书人也就增加得很多了。可是国家的进步，总不如时间之快。辛亥革命，成都保路会发生事变，距今已是二十七年了。欧洲各国进化，谁个不是经过了几百年？谁是短期成功的？但是也有例外。美洲进化，仅百余年。可是，他走了捷路，他把欧洲进化的方法搬去用了。日本进化仅六七十年，苏联仅二十一年，一切都超过人。德国在欧洲战后什么也没有了，余剩的商船不到一万吨。你看，现在仅隔二十年，德国那一年没有进步？世界的列强，谁个不去迁就他？再就本公司来说，去年南京兵工署迁动，有器材二千吨，我们以为是很特别，谁知去年终汉口又有一万四千吨，今年五月又是八万吨。因为各方都在进步，致进步的速度，竟为梦想所不及。现在前方战士，看起来虽在退却，其实仍是在进步。再看后方的各项事业，又那一样不是在进步呢？

民生公司初办的时候，总共只有几十吨的轮船，大家以为开玩笑。但是，公司里面的每一个人，都在要求进步。如各地，遂把上游的轮船化零为整，于是上游每天都有船开，旋即伸至下游，亦复如是。这种进步，当然是全公司的要求。如果每个人的心里，只是默想着薪给上甲乙丙丁，不去注意整个事业，那里能够得到这样好的效果？我常说，只要每个人都好好的努力，一切事情都会有办法的。刚才陈主任的报告，我们已把许多外国船都变成了中国船，这可证明大家仍是在不断的努力着。

民生公司成立纪念，本是在明天，不在今天，因为大家要求简便，所以提它为今天。记得十四年的十月十一日，民生公司创立的目的，不过是把渝合渝涪两航线加以整顿。后于十八年自己到了航务处①，知道重庆上游也要整顿，于是才想两个办法。第一是要求政府保护中国船，无论军人坐船或打差，都要出钱。第二是要把上下游轮船各设一个有力量的轮船公司来统制。谁知单靠政治的力量，并不能把他办到，嗣后我向刘甫澄②先生说，我要从经济上去想办法。十九年辞去航务处的事，回到民生公司，当时各轮船公司，就请我吃饭，要我继续的帮助他们。当然，我不能说不帮助。但是，从没有想到"无办法"加"无办法"又加"无办法"，得的结果还是"无办法"。再加"无办法"乘"无办法"又乘"无办法"得的结果仍是"无办法"。民生公司开始整顿上游航线的时候，有两家公司值得感谢，第一是福川公司，第二是九江公司。这两公司的经理，前者为连雅各，后者为邓华益。他们共有轮船十一条，都全部拿来加入民生公司。民生公司在十九年仅有轮船三只，到二十年就增至十四只了。当时发生一些误会，说民生公司是借二十一军的力量发展起来的，因此上游航线发生

---

① 1929年，卢作孚被委任为川江航务管理处处长。
② 指四川省政府主席刘湘，字甫澄。

了一些障碍，这种误会直至二三月前始告解决。同时要想对下游轮船加以处理，谁意本公司同事就迟疑起来，因为要接收下游轮船，需要的钱，至少也得超过民生公司资本的五倍。更以当时要收买的船，无论如何，我总是主张不要借钱，他要多少，我就给他多少。我的意思，是在轮船收买以后的利益，至少比没有收买的为多。可是，因为迟疑的关系，本来两三个月可以解决的，也拖至数年始解决下去。还有其他公司的川江船只，也曾愿意出售。后来因为看见川省各方面在进步，他们此种拟议，遂亦未能实现。否则现在川江航运，恐怕更不止如现在的情况。因为建筑成渝铁路，有十万吨材料运，我也有新造船只的计划，预算把十万吨材料三年运完。大家以为太危险，仍是迟疑，致新船只未能成功。若是做到，不但今年的八万吨无问题，就再加上八万吨也无问题的。

去年战事发生，民生公司的轮船集中在两个地方，一是芜湖，一是镇江。在芜湖的，是装运兵工器材，在镇江的，是装上海的迁厂机料。这些器材机料运送后方，都是为了加大抗战的力量。开始运一万四千吨时，轮船集中汉口，运八万吨时，集中宜昌。我们大部轮船行驶宜渝，不行宜汉，有人曾提出弹劾，同时中国最有力的《大公报》也批评民生公司的不当。但是，无法顾及，我们仍然走宜昌。到了明年的今天，大家就可以看出伟大的成绩来了。到那时，大家可以在后方各地看见以前装运的破铜烂铁，都在机器间里动作起来，那才是唯一安慰我们的成绩。大家要把它认清楚！

再，川江航运仍是在不断的进步。现在渝合线增加了民仁、民爱、民平等四轮，渝叙线增加了民昌、民光、民立等四轮。也许这些船只内的航壳机器，拆下安装后，可以加至十二只。同时，四川省政府又将巴渝长江两舰，拨卖与民生公司改建商船。这两条船，都是无法装货的，我们现在也许只能提用它的机器，船壳另作别用。将来全部造好，可以增至十六只，这些改建的船，有的二三月即可用，有的四五月或须半年者，但半年的时间，转眼即可到来，并非长久。

童经理昨天向我说一句很沉痛的话。他说："民生公司只要能替国家想得出的办法，都是要去做到的。"今年我到香港，张澍霖经理拿了一本新购得的英国Pando公司百年纪念册给我看。这个公司，曾经在两次大战里，替它的国家效过力的。中国抗战到了这个时候，最重要交通线只有两条，一是粤汉铁路，一是川江。川江运输，民生又占大半。我总是希望大家继续的为国家努力，为公司努力！

（文献选自《新世界》，1938年第13卷第2—4期，第10—12页）

科学的管理法
1939年8月13日在重庆中华职业教育社①讲

穆藕初②

在未讲到本题以前,我先说一个故事:从前有二个学生请假到外面去旅行,在旅途中,大的学生什么也不留心,因此在一座大树林里走着,什么也没有注意到。小的学生,却是什么都注意,这是松树呀!这是柏树呀!没有一根树木不为他所留意。因此引起那位大学生非常讨厌起来,他说:"今天来旅行,又不是来做研究工作。"后来两个学生回校了,先生问他们路上看见了什么?那大的学生的回答,除了看见一座大树林外,其余什么也不知道。可是小的学生呢,松树是怎样的,柏树是怎样的,他一一都能说得明白。后来,那大的学生一生默默无闻,而小的学生则为国家做了很大的功业。这就是说明一个人能到处留心,都是学问,这些学问,无往而不能帮助自己事业前途的。

黄任之③先生思想精密,三四十年来,努力不懈,他将在本月二十日演讲"治事一得",正如那个小的学生,一定有精彩的贡献。我自己虽也做了二十余年的工作,但如同那个大的学生一样,什么也不知道。今天不过随便谈谈,作

---

① 1938年5月,中华职业教育社部分同仁从上海迁抵重庆。1940年7月,中华职教社总社迁至重庆,开始在重庆广泛传播黄炎培的职业教育思想,发展职业教育理论,创办各类职业学校,参加抗日民族统一战线,在职教社历史上写下了辉煌的篇章。

② 穆藕初(1876—1943),字藕初,上海人。著名工商界爱国人士。

③ 指黄炎培。

为抛砖引玉而已。

一、科学管理的历史

不论处理什么事情，凡是有条理，有秩序的，都可以说是科学管理，科学管理可以说不是新的东西，但在二十余年前是一种新的学问。民国二年我在美国学农毕业后，又想学工，因此我到塔克赛斯[①]，在这里我初次看见戴乐尔先生[②]的科学管理法。过了一年我回国，我想把它译成中文，但是为尊重原著者意见起见，我写信给戴乐尔先生，说我对于他的著作很敬佩，可否允许我把它译成中文。这位老先生回信来了，他表示对于我把这本科学管理法译成中文，非常欢喜，同时，他说这本书已经翻译成三四十国的文字，这个理论已经散布到全世界各地。

我回国一方面翻译此书，一方面又要创办纱厂，事情很繁剧，仅译了三分之二，已经费了三四个月之久，后来请一个同事相帮才译完。译好后，全部译稿仅售了一百元，而且在这本书出版后的十年之中，只售出八百本，其中有一百本是我自己买来送人的。及至我在工商部做次长时候，这本书忽然走运，因此中华书局在短期间内卖去了三四千本，从此科学管理法为各方面注意起来。

二、科学管理的效用

戴乐尔先生对于科学管理有许多试验，兹就记忆所及，提出三种：第一种是一位工程师，他从事于煤矿工程，他因为每一个工人每天继续不断的采煤仅有二吨，至多五吨，已经非常疲倦。他就想法叫工人每次工作三十分钟，就休息五分钟，继续着每次的工作三十分钟，休息五分钟，结果每天能采煤四十吨，工作效率增加了几倍。

其次是试验钢珠，现在钢珠并不稀奇，可是在二十余年前则极少。一个轴轮上装有钢珠三十颗或四十颗，假使这些钢珠中有一颗是破裂或坏的，那其余

[①] 指美国得克萨斯农工专修学校（今为得克萨斯农工大学），穆藕初曾在此学习过。

[②] 指弗雷德里克·温斯洛·泰勒（Frederick Winslow Taylor, 1856—1915），美国著名管理学家，经济学家，代表作《科学管理原理》，被尊称为"科学管理之父"。

的钢珠皆失其效用，所以那时全凭工人用眼力去拣出破裂或坏的钢珠。但是拣久了，眼也花了，非但拣得慢而且拣得不清。因此戴乐尔老先生就叫拣若干分钟，休息若干分钟，继续着的拣二十分钟，休息十分钟，其结果，非但拣得多而且又拣得周到。

第三种试验是砌墙，这次试验者是一个泥水匠，是一个了不起的人，他认为一个工人的砌墙，要有二十四个动作，他就想把那些不必要的动作免除，据他说只有五个动作是必须的，因此砌墙工作效率无形增加了几倍。

由于这些实际效果的发现，已经没有人不知道这个科学管理法了。后来出了许多新书，原则都是一样。

三、怎样才是一个好经理

科学管理不论在工厂或公司，都是极大的关系和用处。一个工厂或公司的经理，他首先非懂得科学管理法不可。在我的眼光中，一百个经理中没有几个能具有做经理的资格，因为他自己不明了经理的作用在那里。从前我在郑州开办纱厂，有人也在邻近地方开办一纱厂，而且很明白表示，打倒我这个纱厂。我初听了倒有些不安，我派人调查他是怎样的一个人。后来调查明白，他每天在厂里，拾纱筒管，什么小事他都做。我听了我就说这个人不能与我竞争，因为他忘记了自己经理所具的职务，而对于细小事情，事必躬亲，就不配做经理，哪能使厂发达与人竞争？

"经理两个字，在英文中除了Manager以外，还有一个叫Overseer，把中国话来说，就是监管的意思，假使你是管理着四五十个人的人，那你就得对于每个人的个性能力和工作，都看得很明白，那办起事来，才有良好的效果。

还有一个英文Director，它的意思就是指挥者，所以做经理的人，只要指挥人家去办事，而不需凡事都自己去动手。有监督指挥人家的才干，才配做经理。"

四、八个要素

怎样才是一个良好经理，我这里特别指出八个要素：

（一）指挥能力。全部的科学管理，就是阐明指挥人的方法，做经理是指挥人的人，这种指挥人的工作，是需要一种天才的，虽然天才是先天的赋予，不能勉强，但是缺乏天才的人，如果能够尽心学习，也是可以成为一个极好的经理，要是这个人既有了天才，再能孜孜不倦去钻研，那这个人更加伟大了。

（二）遵守章程。对于自己公司或工厂的章程，经理必须是第一个遵守。这在办事效力上，能收得极大的效果。如果一个人对于自己的公司或工厂的章程，自定自违，那是不能再希望别个人来遵守这章程。要是别个人有慑于威势，有恋于饭碗而表面上来遵守章程，那在办事效力上必定是不会好的。往往一种人在做低级职员时，很能遵守章程，待一做到经理，他就以为自己地位高，不再去遵守。我认为一个经理如自己不遵守章程，而要人家去遵守章程，那简直是做梦呢！

（三）公平。公平是一件很难的事情，但是要是一个经理如拿他的亲疏喜怒做待人的标准，而发生不公平的状况，那必定大大的减少他人办事的效力。本来这种效力表面上是不容易看出的，因为一个人受到不公平的待遇，记在心里敢怒而不敢言，那工作效力会无形低减下来，但是如果一本公平来处理各事，那各人自然心悦诚服。

我办工厂的时候，厂里也有许多亲戚朋友，但是不论哪个亲戚朋友如做错了事情，我必首先处罚他，而且处罚得比别人来得重。如果亲戚朋友对我都不尽心，那我又怎样能管理别个人呢？

所以遇到什么问题，大家都应该平心想一想，不要说这个是我的人，这个不是我的人，那中国什么事都好办了。

（四）廉洁。又有一件事，也是做经理的要素，就是自己要廉洁，才能管理人，否则，自己不能廉洁，总有些把柄落在人手里，那你自己话也说不响了，对于那些明知道在公司里营私舞弊的人，亦只好视若无睹，所以大公司里对于舞弊营私的人，不能停职，可是说大都是由于这种原因。

（五）谦抑。这也是做经理的一种不可少的要素，大凡办理事业，必须集思广益，才能办理得好。所以一个经理必须虚怀若谷，尽量采取各方面的良好意见，在圆桌会议上发言的时候，一个良好的经理必然静听各人发表意见而后加以适当的决定。

（六）爱才。有一技之长的人才，都是可爱的，我们看社会上的人，必须尽量记着他们的长处。一旦有事，则某人有什么才，可做什么事，某人有什么才，可做什么事，某人有什么才，可做什么事，如数家珍，一一妥为任用，不论其本领大小，只要支配适当，事业没有办不好的。

（七）才有四种：

1.第一种是奴才。奴才的名称，是从前清产生。不论什么封疆大臣，满洲人对皇帝都自称奴才。废清二百六七十年，养成奴才甚多。他们把满清断送了，现在还是很多。什么是奴才？凡是奴才，人打他笑笑，人骂他充耳如不闻，像苍蝇一般，赶了又来，驱了又集，寡廉鲜耻，卑鄙龌龊，阴谋诡计，损人利己，这些都是奴才。

2.第二种是庸才。庸才就是平平常常的人，这样他也做，那样他也做，什么都不能做得十分好。敷衍塞责，因循了事，毫无创造奋斗和自动求进的心，这便是庸才。

3.第三种是废才。废才并不是说一定没有才，而是对于当时的环境没有用处的意思。譬如一个西瓜在大热天一元钱一个有人抢着买，然而天一凉爽，一角钱一个也没人买它，因此这西瓜就废而无用了，所以一个人思想落伍，不能适合时代需要，叫做废才。

4.真才。狭义的话，天下真才百无一二，所以"真才难得"古今同感。但我所谓真才，并不一定是通文达理的人。在工人里面，我曾发见许多的真才，这就是真才。要从广义的说，虽一字不识，但他对于某一件有用的工作能做得有成绩，便是真才。凡是一个人有自动精神，用不着怎样去耳提面命，他自己能用自己的方法，自己的脑力去做，而且做得很好，便是真才。

使用真才，要得其当，如果你要做一篇文章，去叫一位仅能办事的人来做，那就用不得其当了。而且一个有真才的人，他另有一种品格，和奴才完全不同。他只会把工作做得好，不会拍马屁，不肯受闲气，受了委曲，他就要辞职。古人说：君子难进而易退，小人易进而难退。这就是真才与奴才的分别。

（八）不浪费。归纳上面所说的七个要素，并成一句话，就是不浪费，然而我到处看来，各地都是浪费，这是很痛心的。

五、四种结果

因此我们学了科学管理，希望能得着四种结果，就是：

（一）无废才。因为量才录用，工作有方，人地相宜，人尽其力，故可以无废才。

（二）无废材。因为各种物质的使用，力求经济，减少浪费，故可以无废材。

（三）无废时。工作的时候工作，读书的时候读书，休息的时候休息，故可以无废时。

（四）无废力。就是不浪费精力的意思，我认为我自己就是一个最懒的人，最要舒服的人，我常说："有得椅子靠，为什么不靠它？有一小时的休息，为什么不靠它？有一小时的休息，为什么不去休息？"要知道一个人的精神，如能有机会节省，就应当节省，把它贮藏起来，一朝临大事，就把它提出来，专注全力以赴之。曾文正公说："精神愈用愈出"，这话虽然不错，但是有用的时候用，不用的时候，就可以节省。不然，不用的时候，也用起全副精神，岂不浪费？所以一个学科学管理的人，大事自己动手，小事叫人去做，他决不会浪费一些精力于无用或不适当的地方。

这无废才，无废材，无废时，无废力，也就是科学管理法的四大原则。

我们对于上面所述的八个要素，四个原则，应当做到一分是一分，因为做到一分，就有一分的效力。

六、不宜于科学管理的四种地方

（一）现时的公务机关。现时的公务机关，是不能讲科学管理的。单就用人一项而言，人浮于事，苦乐不均。有些人每月薪水几百元，优哉游哉，无所用心。有些人每天从早忙到晚，而且收入织微，时虑冻馁。这种情形，我不敢说每个机关都这样，但是可说总有几个机关是这样的。不但浪费公帑，而且埋没人才，这是一件值得注意的事。

又譬如我这次南行，在某某地方，看见国家费了几千万元购来的汽车，停

搁在这里,很久没动,因为装配汽车的工厂,事前毫无准备。所以一面急如星火的等汽车用,一面有了汽车而没有装配不能用。我想如果早些有准备,便可以很快的装配起来,就不致浪费时日了。

(二)非有全权经营的商业。商业机关没有经营全权的,是绝对不能讲科学管理。外国人讲一个经理来经营商业,必定以全权付之,而且经理的薪水非常大,有些经理的薪水,比大总统都高。在美国,一个公司经理人的薪水,比罗斯福总统的俸给高的是不少。你想一个经理为你竭尽心力,每年使商业上盈余几百万或几千万,那他每月赚你二三万元的薪水,又有什么稀奇?不过外国人有这种气派,而中国人则不行,中国人任用一个经理,薪水甚小,养廉不足,坏的人容易舞弊,而且股东张三李四,你荐人,我借款,使这位经理办事棘手。这样要讲科学管理就不易了。

(三)动文墨的人。一个动文墨的人,是不能用科学管理。因为写文章,全用脑力,如果叫他写出规定的字类,少了字就扣钱,这样写出来的决没有好文章。现在一般书买,规定一千字三元或四元,因此使一般倚赖卖文为活的人,把文章拼命拉长,虽没有一些意义,也多凑上几段不知所云的东西。所以现在那些书,读了徒令人耗费时间。

(四)人工多的国家。因为有许多现代国家人工少,生产要竞争,所以需要科学管理,以增加生产效率。可是在人工多的国家,则不宜于科学管理。当我二十年前办理第一个纱厂的时候,我曾经挑选了四十个精壮女工,试用科学管理。每一个女工的工资,都由四角提高到六角。先前二个人管一部车的,现在改为一个人管一部车。她们工作很好,而且出品数量和质量均和以前一样。可是三天以后,这些女工都向我来说再做下去要生病,所以不愿这样再做下去。一再另选,都是如此。经我调查后,才恍然大悟。原来其余四百女工不许她们做,因为假使这样从四个人管一部车而改为二个人管一部车,那其余的二百女工,势必失业。因此大家不许这四十女工做,如再做就得吃生活。

这一来,我就废了前项办法,改为每人加给工资,而命她们极力减少废花,以前每车出二磅废花的,隔了一个星期,每车仅出了一磅废花。工钱虽增加了,而废花少了,计算起来还是上算。

因此，我悟出一个真理来，就是人工多的国家，是不宜于科学管理，最要紧的，只要设法如何去减少废材。

七、不宜于科学管理的三种人

（一）自大。要讲科学管理就不能自大。一个人以为我是大好老，别人都比我小，别人都不如我，那这个人就根本不配讲科学管理。一个讲科学管理的人，应当虚怀若谷，到处接纳别人的意见，到处能请教人。过去，我常常到工厂里去征求工人的意见，以备做改良的参考，不要以为他是工人，比我小，比我无学识，我就看不起他。苏联斯泰哈诺夫运动，就是工人斯泰哈诺夫所发明的，对于苏联五年计划的煤矿生产，尽了很大的力量。所以讲科学管理，要听取人家的话，因为一个人总有许多为自己所不知道的事情，尤其是一个数千人的工厂，看不到的地方也很多，如果一味以大好老自居，何能求事业的改进。

（二）崇拜外人。崇拜外人的中国人，不配讲科学管理。有些中国人即使见了有学问经验的中国人也是看不起。看见外国人"好！好！"什么都好。所以请外国人，此人月薪三千，那人月薪五千，毫无吝惜，而外国人所做的成绩，并不一定比中国人好。所以对于聘用外国人，应当有分别，并不一定是每一个外国人都是值得崇拜的。

（三）忌才。忌才的人，也不配讲科学管理。科学管理是需要尽量善用人才，遇有真才实学的人，绝对应该用他的长处而不能妒忌他。所以讲科学管理，应不论是不是亲戚或朋友，只要他有才，就都应帮忙，都应一律援用。假使因为这个人有才，你就妒生于心，千方百计破坏他，那根本就办不好事业。

八、结论

科学管理的效果，简单的说，有四大特点，就是：

（一）无废才

（二）无废材

（三）无废时

（四）无废力

这些效果，原是看不出来，但对于各方面无形的反应力量，则极伟大。

最后，学做科学管理的人，往往失之太清，使人家见了害怕，本来我觉得一个人能看得清，是一件好事，但是处在现在的社会则反而不好，所以古人说："山至清无鸟，水至清无鱼，人至清无徒"①，我在这里说的"徒"字，是指跑跑腿的人，不是指朋友。

太清的补救办法，唯有宅心仁厚，若处处以太清待人，人就要怕，宅心不仁厚，则连犹太人见了也怕。所以一个讲科学管理的人，济之以宅心仁厚，则方能融通事业，以抵于成，有些人因为把人看得太清，而环境上又不许你太清，因此，抱屈大夫孤高抑郁之感，这也是不对。古人所谓"穷则独善其身，达则兼善天下"。将来时局好转，得到最后胜利，那时把科学管理应用在各种事业部门，国家民族，一定受福无穷。今天因时间匆促，不能多讲，请诸位原谅！

（文献选自《国讯》，1939年第212期，第8—9页，第213期，第9—10页；第214期，第7—8页）

---

① 语出《大戴礼记·子张问入官篇》，原文应为"水至清则无鱼，人至察则无徒"。

南洋华侨状况[1]
1940年3月30日在国民参政会参政员欢迎会演讲

陈嘉庚[2]

一、南洋各属华侨人数及待遇

第一项南洋华侨最多者在暹罗，约五百万人，占其全国人数三分之一强，此乃近顷驻新加坡暹罗总领事告余之实在数目。次为英属约四百万人，其中马来亚二百三十余万人，香港一百余万人，缅甸四十余万人，婆罗洲二十余万人。再次为荷印一百六十余万人，法属安南四十余万人，美属菲律宾十三四万人。合计南洋华侨全数约一千一百余万人。言待遇，则最宽者首推菲律宾，其次为英属，若法荷则相差无多，近年来待遇最辣者为暹罗，暹罗土产以米为大宗，米厂七八十家，华侨占八九成，余系洋人之业，暹人虽属地主，然性息无远志，不能与华侨竞争。数年来亲日派执政，歧视华侨，实行种种排斥之手段，华侨之实业教育被认为眼中钉。对华人之米厂，暹政府或租或买，已近三分之一，

---

[1] 1940年，陈嘉庚以南洋华侨主席身份，组织南洋华侨回国慰劳视察团。3月30日晚，国民参政会副会长张伯苓邀请在重庆的陈嘉庚报告"南洋华侨状况"，此讲演稿被收录进《陈嘉庚回忆录》中。标题为编者所加。

[2] 陈嘉庚（1874—1961），字科次，福建同安人，著名的爱国华侨领袖。1949年5月，应毛泽东的邀请回国参加中国人民政治协商会议筹备会议，后担任中国人民政治协商会议全国委员会副主席、全国人民代表大会常务委员会委员、中华全国归国华侨联合会主席等职，被毛泽东誉为"华侨旗帜、民族光辉"。

仍雇华侨任经理。以政府财力，华侨安能与竞争？故华侨商业日形退化。至于教育方面，所有华校初则限制取缔，近更变本加厉，尽行停止根绝。抗战后如爱国义捐，禁止活动，救国公债更不许劝售。然暹罗华侨虽多，因积年已久，缺乏祖国文化，大半读暹文，虽知为中国人，而思想已殊。在政界服务者，多属侨生，才干远胜于土人。我国因积弱，竟受此无名之国欺侮，至为可叹！

二、华侨之商业

商业，如缅甸、安南亦系产米区域，米厂大半为华侨经营，荷印近来产米足可自给，米厂几完全为华侨创办。南洋华侨虽掌握此米业，然均如散沙，无团结，到处自相竞争，非争买则争卖。又如马来亚之树胶厂、黄梨厂、椰油厂、锯木厂等，皆操在我华侨之手，而竞争剧烈，多至两败俱伤而后已，此为海外华侨最大缺点。其他贩卖日用品及收买土产，则处在仲介之间，无论大城小埠及内地，都是华侨经营，至日用品多来自日本，每逢抵制剧烈之时，难免遭受许多损失。若我国工业能发达，出品货价能与日本竞争，则华侨定必格外欢迎国货也。

三、华侨之经济及义捐

华侨资本家财产宏厚者多属侨生，非因彼等较善经营，彼等多系承受先人遗业，日久增殖，地方发达，产业涨价，故有达千万元以上者，数百万及数十万元者，则到处多有。若身自祖国来者，能成为资本家，存数十百万元者虽不少其人，若达千万元者则甚稀。我国此次抗战，关系民族存亡，而侨生似觉痛痒无关，加以暹罗华侨且被当局阻止，故南洋华侨经济力虽有可观，而对祖国抗战以来义捐甚少，除药物外逐月仅汇国币六七百万元而已。

四、华侨之教育

教育，若论南洋华侨教育，应比较祖国为重要。祖国儿童若失教育，至长大后亦自知为中国人，虽后代子孙亦不失为中国人。若南洋华侨则不然，幼时如未受祖国文化，则常被土人或欧人所化，并自身亦与祖国脱离关系，后代子孙更难挽回。幸自民国光复后，学校勃兴，马来亚现有一千多校，全南洋有三千多校，概用国语教授，故南洋到处国语可流通。至殖民地之教育，但培育一种人使可供役使而已，除医学外乏专门或大学以培养技术人才。此次抗战无可遣回帮助，只有多年熟练之驶汽车及修机等工人，去年应政府需要，南侨总会代为鼓励，招募并资助回国服务于滇缅路及他处者三千余人。余蒙张副会长厚意，略报告南洋华侨大概。

现有一事亦与南洋华侨略有关系，敢费诸君时间，略陈一二。昨日余往见教长陈立夫，渠云省政府前来函，要办一间福建大学。陈君覆函谓已经有厦门大学，在战争期间不宜增加大学。而省府再来函，谓既不许创办，请将厦门大学改为福建大学。本拟电余知悉，为余将来渝故中止。后余往见孔院长，孔君亦以此事见告，余均未回答可否。余不幸前遭世界商业不景气多年，致损失颇巨，不能维持厦大，十六年间费款四百余万元，结果无条件归政府接办。既不能尽国民天职，为善不终，抱愧无地。

今晚对诸君所不能已于言者，窃有三项怀疑：

（一）新加坡有一所病院，名曰陈笃生医院，系七十年前，华侨陈笃生捐资六千元创办，迨后由政府接收。因地方发达，规模扩大，每年政府开费至百余万元。距今约二十年，政府欲新办中央医院，有人提议将陈笃生医院改为中央医院，乃将此提案交新加坡议事会解决。该会议员二十余人，华侨仅占三人，结果否决，其理由为："陈笃生虽仅捐六千元，当时若非彼首倡义举，安有此医院？今日政府如欲创办中央医院，应另外设立，不宜埋没创办人名誉。"以殖民地洋人尚待华侨创办人如斯高风，我国素称礼仪之邦，反欲如是摧残，诚所不解，况厦门大学系地方名，与余姓名无丝毫关系也。

（二）我国科学落后，近来对农业已有注意，设大学农林科及实验场许多处，至于海洋生物尚多未及，若外国则山海并重。以我国海岸线之长，海产丰富，利源之大，不亚于诸富强国家。抗战前两三年，北平某大学提倡派员调查，可供研究之机关，乃招数大学组织委员会，议决须有三项资格，方合为海洋生物实验所：一，该大学或专门学校须临海；二，该处海产须丰富；三，须化学生物等仪器完备。委员会由天津至广东，沿海调查结果，认厦门大学为最合格，

故每年暑假两个月间，北平及他处大学，多有派员来厦大研究海洋生物者，已经两年。国内各大学或专门学校，如需用海产物标本，亦常由厦大供给。此为厦门大学与国内诸大学不同之点。兹如改为福建大学，当然移往他地，对于海洋生物无从实验，关系非轻。

（三）南洋华侨福建居半数，其家乡多在厦门附近一带，自厦门失陷，闽侨无家可归，痛苦哀情不言可喻，因厦门为闽侨唯一出入门户，盼望抗战早日胜利，俾得重睹家乡。兹政府无故将厦门大学改为福建大学，或难免海外闽侨，疑政府将步甲午故智，如台湾之放弃乎？此本免增加闽侨之悲痛，于抗战时筹赈及外汇之助力，难免有多少不利。以上三项疑问，与华侨略有关系，故并述之。

复有一事，应向本会诸君道谢，则前蒙通过余之提案是也。汪精卫与余相识已久，厦大倡办时，渠曾来函愿任校长，余亦接受，其妻陈璧君已来住鼓浪屿，其后粤军回粤，乃因从事政治无暇兼顾，来函告辞。自南京失陷后，在洋屡闻彼主张和平，余绝不敢置信，盖和平则亡国，虽孩提亦能知晓。乃广州、汉口相继沦陷，报载路透社记者，电传汪精卫发表和平谈话，余即发电查询是否有此误国主张，渠覆电承认，并道其理由。余再电极力驳斥其错误，并劝其回省，渠复来电力辩其主张，谓须和平乃能救亡，并劝余通告南洋华侨与表同情。余至此知无法挽回，一面复电极骂其为卖国奸贼，甚于秦桧，一面致长电此间某大报，请发表反对，然未覆可否。不得已乃发电向本会提案，谓"敌未出国土前，言和即汉奸"，虽未指何人，而目的则针对在汪身上，蒙诸君赞成通过。今晚得相聚会，特为此事敬致谢意！

（文献选自《陈嘉庚回忆录》，东方出版社 2010 年版，第 78—81 页）

华侨投资祖国问题[①]
1940年4月28日重庆大学礼堂演讲

陈嘉庚

南洋华侨一千多万人,资本家不少,财产富裕,颇有声誉,国内民众屡望彼等运资回国,开发实业,以益民生,而尤以闽粤及广西最为注意。华侨中亦有好夸诞之辈,答应筹措少者数百万,多者数千万元。远者勿论,就民国光复迄今近卅年,屡次有大规模投资祖国之宣传,其实都是空雷无雨,自欺欺人,使我国人失望。然至今中外同胞,尚多未能明白其缘故。以余个人见解,彼此均属错误。盖华侨资本家决不能投资祖国,其理由如下:

余按可称为资本家者,其财产至少有新加坡币五六十万元以上,至数百万元或千万元。然当分为两种,一种为侨生,一种为本身自祖国来者,而侨生资本家居多数,彼等非能较善经营,第久承先人遗业,并因后来产业涨价,增加其殷富。然侨生多不受祖国文化,常被土人或欧人所同化,几不复知有祖国,如此次眼见祖国抗战救亡之严重,尚多袖手不肯解囊,此种资本家虽日进万钟,于我何加焉?如欲望其投资祖国,无异缘木求鱼也。

其次,身由祖国来者,其能成为资本家,必历过多年艰难辛苦,饱尝风尘滋味,年龄已高,毛发半白,在洋已久,眷属安定。所存亦非现金,如非不动

[①] 标题为编者所加。

产，亦必为货物账目等项。我民族性又富于进取，欲望无厌，有资本一百万元，便欲经营至百余万元，势必侵支银行，或将不动产抵押，此为通常之事。兹欲望其舍弃家眷，变卖产业，运资回国，再张旗鼓，复踏入辛苦路径，更尝昔日风味，虽其人有心祖国，岂肯如斯冒险变动乎？试问在座诸君，以己度人，可想见一斑矣。其他交通是否便利，环境能否相安，政府能否保护，尚属次要问题。若云将款信托人办理，谈何容易！余故云希望华侨个人资本家投资祖国，不能实现也。

余上述华侨资本家不能投资祖国，未免使人悲观失望，若以余个人见解则不然。华侨确能投资祖国，但非资本家。余所谓非资本家之华侨，即是积资无多之人，如十万八万元，或仅数千元、或数百元、数十元等，华侨百人中彼等可占九十九人以上，若资本家则不及人。此大多数非资本家之华侨，每人如投资国币二千元，按新加坡币仅三百元，华侨中有此三百元之资格者约略言之可数十万人。每人投资国币二千元，一万人可二千万元，十万人可二万万元。以世界银行公例，有基金一元，可发出纸币四元，华侨外汇现金，若有二万万元，国内政府银行可发出八万万元流通纸币。其有益祖国事业诚非浅鲜。至非资本家多数人之投资二万万元，比较少数人资本家投资二千万元，更觉容易。以前空雷无雨之错误，实由不得其人耳。

至余所谓非资本家投资办法，系由国内政府或社会发起提倡，如铁路、矿产、电力、轮船或大工厂等，组织股份公司，托南洋各处商会或银行招股，每个公司资本可按募数千万元。然要达到此目的，必须国内政府信用甚孚，或社会组织健全可靠，能有可靠门径，复有获利希望，华侨在洋既略剩金钱，且动于爱国观念，定必争先恐后，加入投资，不患目的不达也。

然自民国光复以来，约三十年，闽粤省何尝不组织股份公司，往南洋招股，无如前经两次失败，华侨几如惊弓之鸟。清末时代约距光复数年前，福建将造一条铁路，首段由厦门至漳州百余里，预算二百万元。清政府派闽人陈阁学宝琛，到新加坡招股二百万元。开办二三年营私舞弊，不及半途，款已用尽，完全失败矣。约在同时期清政府许美商承办粤汉铁路，粤人争回自办，预算资本四千万元，五年完竣通车，以粤人财力及热诚，数月间招股四千五百万元，多系华侨投资者。收股截止后，股份由五元升至六元，风传该铁路大可获利。安知董事中发生意见及舞弊营私，五年后款已开尽，而工程遂半途停顿，亦如闽路之归于失败。南洋华侨闽粤居多，甫投资于此两个股份公司，便如此失败。华侨不能运资回国，无非以此为前车之鉴耳。光复之后，军阀劣绅、土豪盗匪欺凌抢劫，甚于满清，华侨几于视家乡为畏途，空身回省庐墓尚不自安，奚敢言及投资祖国哉？

余居南洋久，明悉侨情，敢将所知贡献贵学会及到会诸君。于抗战胜利后，希望政府社会注意改善，则华侨之热诚内向，投资祖国，确信必能实现，绝无疑义也。

（文献选自《陈嘉庚回忆录》，东方出版社 2010 年版，第 99—101 页）

人人应明了[①]交通设施之实况
1940年12月11日总理纪念周[②]演讲

卢作孚

抗战建国的过程中，交通建设是扫除一切障碍的先头部队，是整个国家战时体系中最重要的一环。在交通界服务的人员，对于发展交通，推进抗建的工作，更不可不有深切的体会，而全国国民对于交通建设的关系重要，尤其不可不有切实的认识和热烈的援助，在今天已受教育的每一个国民，都应该认识整个国家的交通状况。怎样去使他们认识呢？这就靠服务交通的人员来负责介绍。譬如我国的交通建设，现已进展到如何程度，铁路有多少公里，公路有多少公里，它对于整个国家民族的前途关系如何？先要自己认识清楚，然后将认识所得，去对外宣传。

第一，我们应认识交通线路和交通工具的历史和现状。记得在民国二十三年的时候，本人因为工作关系，时常往来上海南京之间，那时候正在同时兴筑

---

① 原文中为"明瞭"。
② 孙中山逝世后国民党在全国范围内开展孙中山崇拜运动。1926年国民党中央制定了《总理纪念周条例》，凡八条，要求国民党各级党部、国民政府所属各机关、各军队，由各级党部常务委员或该地最高长官主持，每一周举行总理纪念周仪式，以"永久纪念总理，且使同志皆受总理为全民奋斗而牺牲之精神，与智仁勇之人格所感召，以继续努力，贯彻主义"，正式确立了总理纪念周仪式在国民党体制内的法定地位。随着国民党逐渐掌握全国政权，这一仪式在全国推广开来，取得了国教仪式般的地位，渗透到党、政、军，乃至大中小学校等各个方面。

的，共有七条铁路：第一条是粤汉铁路的完成；第二条是陇海铁路展长到西安；第三条是玉萍铁路的建筑；第四条是沪杭甬铁路杭甬段的开工；第五条是江南铁路南京到芜湖段的建筑；第六条是山西省建筑的同蒲铁路；第七条是和同蒲平行的同成铁路。这些，都是本人从各方打听和接洽中偶然得到的消息。问起许多交通界的人，没有能详细知道的；新闻界的人，没有能详细知道的；教育界的人，也没有能详细知道的。这显然是宣传的不够，像这样重要的铁道建筑，国民都没有知道，不仅是国民不知道，连职司教育的教育界也不知道，从事宣传的新闻界也不知道，甚至切身有关的交通界也不知道。虽当时的铁道部本身固知道得很清楚，但是还得要把它介绍出来，让人人知道。

去年在汉口的时候，曾经看到敌人公布出来的情报，据他们统计，我们的十五条铁路，有十条又两段已经给他们占领了。其中北宁占多少公里，平绥占多少公里，正太占多少公里，同蒲占多少公里，津浦占多少公里，胶济占多少公里，京沪占多少公里，沪杭甬占多少公里，江南占多少公里，淮南占多少公里，以上是全占的。还有部分占领的，如平汉北段多少公里，陇海东段多少公里，他们都列了一个详细的表。像这些情形，都是我们极应该明了的，却不能够让敌人方面来宣传。我们截至今日为止，新的铁路完成了多少公里，旧的铁路还保持有多少公里，已经拆去的有多少公里，不仅是本部全体同人都应该知道，知道了还不够，应该把它介绍出去，使全体国民，都能了解，然后可以望他们来辅助我们解决交通上的种种问题。

关于运输的能力，也是大家应该知道的。本人在民国十九年的时候，到东三省去调查，经过大连，一个管理埠头的日本人谈起，民国十八年东北方面在大连的出口货是七百七十万吨，进口货是一百五十万吨，出口货中煤占三百六十万吨，大豆约占一百五十万吨，豆油十二万吨，豆饼九十余万吨，高粱约五十多万吨，以粮食燃料为大宗，从东北到大连，合作靠南满铁路来输送，由此可知南满铁路平均每天至少有二万吨的运输力量。试想这一类情形，敌人方面在事务机关里一个事务人员，尚且知道得很详细。

我们呢，抗战以后为了军事运输的重要，对于运输力量，才感到有留心和估计的必要。最重要的粤汉铁路，每天可往来多少列车，能装多少货物，然后

才知道每天的运输量最大不过二千几百吨,才感到问题的严重。还有在汉口撤退以后,我们才知道水运的力量,长江从汉口起到川江间的水运力量,自去年六月到今年五月总数,不过十万吨左右,其中本国轮船占八万几千吨,外关轮船占一万几千吨,每月平均不过八千吨,至于公路的运输力量,更是小,虽然正谋逐渐增加,但尚未到达水运的同等力量。

我国铁路建筑,大约可划分为三个时期,第一个时期是清季末年;第二个时期是张作霖在东北的时代;第三个时期是国民政府迄今。关于第二个时期的东北铁路建筑,我们特别要注意,要知道东北的人口,本来很少,荒地却是很多,其所以能开发繁荣,全靠铁路。每年春季,有一百多万的移民,均靠铁路运送,开辟荒地,在此一百万人中间,往往有四五十万就留在垦植①的地点了。上面所说的大量出口货物,就是因为东北的人数逐渐增多,荒地逐渐开发,生产逐渐增加的缘故,所以东北每年都是出超的。因为交通的便利,铁路沿线亦渐次繁荣。而中日不幸事件的发端,就为肇因铁路而起,一方面是为了我们在东北建筑了许多铁路,把南满铁路包围,沈海吉海在他东面,打通四洮在他的西面,使南满大受影响。而葫芦岛的建筑,更使大连商业上蒙受不利。因为我们北方的进出口货物,可以直接由葫芦岛进出,减省许多运费,普通铁路运输和海洋运输的运价比例大约是七比一,于是敌人在交通上受到极大威胁。再就敌人方面来说,就是安东、吉会,和南满干路。二港就是大连和清津。敌人要求吉会的建筑权,我们始终没有答应,敌人侵略的原因很多,这却是一个最大的主因。东北的开发繁荣,成功于铁路,敌人交涉上既然失败,所以用武力来争夺。我们要知道这次的战事,发动于九一八事变,而九一八的起因,是由于东北的交通。可见交通问题是何等样的重大!我们要把这些情形使各方面都知道,使全国国民都知道,然后才可以得到很大的人力,很大的财力来共同建设交通。抗战以来,交通建设的财源,时常发生困难,这也是因为大家并未明了过去种种情形。要是大家都知道,国难之起,由于交通,建国复兴,也将由于交通时,一定都肯出钱出力,以辅助交通建设的成就了。

---

① 同"垦殖"。

本人因为在乡间有些事情,每隔数星期总得往北碚去一次,从前坐汽车去的时候,过了小龙坎以后,就没有什么街市。自从渝市五三轰炸以后,确定了迁建区域,半年之中,重庆到小龙坎以迄新桥一带,沿途断续的都是新房子,差不多重庆的市场,一直延长到了新桥。而且山洞、歌乐山、金刚坡、赖家桥、陈家桥等处,也成了热闹的市镇,这为什么呢?我们可以看到每处都有一个汽车站,有邮局,有电话,有电报,交通工具都很完备,直接予人以种种方便,因此大家都乐于迁过去了。在那边开店的,不仅是本地人,差不多各地的人都有,这也是靠交通的利便。由此更坚信要繁荣市面,必需要交通。

本部对于交通上的种种设施,铁路,公路,电信,航空各方面的统计数目字,都应使大家知道,此外关于路线的变动,对于抗战的影响,亦应随时使人家明了注意。现时国际交通路线,大家也不大明了,美国大使为了要明了滇缅公路能否解决我们的战时交通问题,特地在这条路走了一趟,也是为要获取相当认识之故。总之,我们要取得各方面的同情,取得各方面的帮助,必须先使人家认识我们的实际情况,换言之,即交通建设的情况,我们不能怪人家不认识我们,只怪我们自己不介绍自己,不做宣传工作。

此次杨司长从桂林回来,据谓自南宁失守以后,运输方面,已经有八十列车,从衡阳输送到前方。像这一类的交通运输情形,应该让人家知道。因为过去有人对湘桂铁路的建筑,有些批评,现在可以明了,此项大量运输,便是湘桂铁路所发挥的功能。诸如此类,我们能够使各方面多明了一点,即能获得各方面多一点的赞助。今后交通建设,经纬万端,我人应如何将工作实际情形,随时可能的普遍介绍于社会各阶层,以唤起他们的注意,以博取他们的同情,使进行上先能得到一个彼此呼应的联系作用,然后才能共同向多难兴邦的大道迈进。

(文献选自《抗战与交通》,1940年第39期,第742—743页)

中国农民与民族健康
1942年11月9日
在中国农民银行大礼堂演讲

潘光旦[1]

主席，诸位先生：

今天本人觉得非常荣幸，能到贵行来与诸位见面。前晚承顾总经理的好意，约我今天讲话，因为时间匆促，我今天所讲的话，不敢说有准备，实在不像演讲，只是随便谈谈。今天我讲"中国农民与民族健康"这个问题，可以说在诸位面前"班门弄斧"，因为诸位在中国农民银行服务，很接近农民，对于农民认识很清楚。我自己家世离开农村已有三百年，一向住在小城市里，不像诸位为农民做工作，与农民生活息息相关，所以我觉得讲这个题目，可以说是说外行话。不过不久以前我曾经对某农学院同学讲过性质相近的一个题目，觉得以第三者——局外人——的资格说话，也有一得之愚，可以贡献，所以今天我大胆地提出这个题目和诸位谈一谈。

第一，农民的数量。我们知道中国农民在人口里占绝大的多数，有的说百分之八十，有的说百分之八十五，现在还没有正确的统计，而所有的调查比较

---

[1] 潘光旦（1899—1967），原名光亶，字仲昂，笔名光旦，江苏宝山人，中国社会学家、优生学家。1941年加入中国民主同盟，历任民盟第一、二届中央常委，第三届中央委员。新中国成立后，曾先后担任政务院文化教育委员会委员，全国政协第二、三、四届委员。

抽象，距全部调查正确的日子还早。惟其中一点值得我们注意的，就是农民在统计数字上不大更动，不像其他工商职业的人时有变动，虽然就是现在在美国农民的数量也一年比一年减少，但农民在整个世界民族健康的数字上讲，还占最大的数量。

第二，农民的品质。最近有几位先生提倡民族健康运动，在昆明或在重庆提倡的人很多，实际上他们所提倡的都是民族后天的健康，完全是表面的工作，事实上与民族健康问题没有发生密切的关系，只是公共卫生的问题，与本人十几年来所提倡的全不相同。他们所讲的民族健康，本质上是人胎生以后的问题，不在讨论民族健康的优生学范围之内，我所讲的是人得胎以前的健康，完全是讲先天，所以他们提倡民族健康，可说还没有了解这个问题，只是记一篇人民的流水账，或者可说是根据他们表面上所看到的，加以一点结论而已。

中国民族向来健康，年纪很轻并不老，说我们老大帝国则可，说我们老大民族则不可。几千年来因受种种影响，例如历史上不断发生的天灾兵役等，我们民族的确吃了许多的亏，农民在这过程之中，跟着也吃亏。我们民族由黄河流域迁徙而来，我们分析中国的一部文化史，可以体认文化力量时有起落的迹象。正如冯玉祥先生所说：抗战时已有很多人爬起来，却有一部分人跌下去。在这过程里，社会所发生的循环实在很多，凡有能力的人自然容易爬起来，否则只有跌下去。而在此循环之中，农民占便宜，士大夫反吃亏。我过去常说士大夫的科学头脑吃亏很多，我们只要看到近年来大学生或留学生尽管意志坚强，但入了大学或到了外国留学以后，往往转学的转学，改行的改行，不做原来所学的工作，运用其原有科学的头脑。但农民不受这个影响，不受这种淘汰。现在国内有许多科学家都是农民的子弟出身，我们需要这一部分人，我们需要农民出身的子弟，因为他们不像士大夫阶级那样受过一种特殊的文化淘汰。所以农民过去在品质方面相当的强。

在别方面我们也可以看得出，譬如一般的健康，我们在表面上看，城市里人似比乡下人健康，在城市里一个家庭之中，生了七八个孩子，其中至多牺牲一二个，而在乡下人家，生了一打小孩，或者完全死光，似乎乡下人不大健康。其实不然，城市里人完全是乡下人来的。在这里我们可看出乡下人入住在城市

三四代，因为城市生活吃人。往往在西洋社会里，一个乡下人住在城市三四代，乡下生活完全变掉，甚至断种绝代，而中国社会则无此情形，住在城市七八代的人，其子孙还能搬回乡间居住。所以城市里人一般的健康，都是乡下人的健康，城市里人的聪明，都由乡下人的聪明而来，因为城市能吸收乡下人过去，城市里人一般的健康遂发生循环的作用。我尝想出一个譬喻，城市里的人好比乡下人种花，把一盆一盆好花都搬到城里来供应公馆里的需要一样。乡间优秀分子不断往城市跑，久而淘汰，可是，城市里的人口还是这样多。

城市里的卫生比较讲究，表面上城市人比乡下人多占一点医药上的便宜，实际上如果乡下人也有此种卫生设备，我想乡下人决不会吃亏而不健康。特别在中国社会里，我们以行业来调查，常有十个人之中，有七八个人最初一代往往是农夫，或许到了第二代做自耕农，也许自耕农维持相当年代，内中出了几个人相当活泼，特别聪明，跑到城市做生意，或读书，以提高身份，而在前清时，考秀才，中进士，点翰林，做大官也说不定。在西洋社会无大变迁，在中国社会里的农家子弟，常有恃祖产优裕，骄奢淫佚而倾家荡产，不得不仍回老家种田为农夫。这种循环的可能性，表示农民的能力不差，只要有机会，或可做官，或为商人……当然不是全部的农民都是这样。我们知道在长江流域，一般农民品质较高，在黄河流域农民也许差一点，或许北方优秀的农民都跑到南方来住。

在西洋，农民品质比较不像中国农民复杂。这种材料我们多少已经搜集到一点。我注意过从前科举时代的考举人，中进士，点翰林，在北方时我搜得许多墨卷朱卷，中间包括这种科举人家的家谱，里边所讲的大约有一半是农民出身，证明农民以前可中科举，现在可成为科学家。至于其他方面，农民许多优点我们用不着说，不过中国农民的优点，我们都知道是勤劳刻苦，能够不靠别人帮忙，自找一条出路，而其优美的道德，就是能够忍耐，到了紧要关头能够挺身而出，见危授命，诚使我士大夫为之愧煞。在西洋农民，我们不感到兴趣，而在战时中国的农民，只要给予他们一点小小的机会，他们便可起来杀敌致果，为国尽力，尤为难能可贵！我这几年来因为疏散在乡间，比较与农民接近，我对此种情形看得很清楚，而在贵行的图书馆里，这种书籍典藏相当丰富，我们可以随便找出这种书籍来看。农民每日工作很忙，他们有耐性，有毅力，这里特点都是由于磨练而来。这是农民品质方面的情形。

第三，如何保持农民的健康品性。为农民本身计，为国家民族渊源计，都应该设法保持农民先天的健康。讲到这里，就要谈起农民政策这个问题。我们这几年光做一点表面工作——农民卫生，这是比较小的问题，我觉得较大的问题，就是保持农民质量的问题，不光在质的方面，而在量的方面，要同时注意不使我们的农民走上像西洋农民所走的路，把工业发展到畸形的状态，把农民都吸收到组织非常复杂，效率非常高的工商业化的都市方向去。我们知道都市是吃人的，吃人不光在礼教上，都市也可以吃人。在民族健康的观点上讲，我们不赞成农民无限制的往工商业的路上走。这个问题非常重要，因为如果我们不加控制，在大都市里便可以看出这种情形。比方前几年农民都往上海跑，上海的电影明星哪一个不是乡下来的？因为环境的关系，都愿到都市里来做明星，映到影幕上面，在个人讲是摩登，是出风头，但在民族健康方面看，至少是一个损失，糟蹋民族的美丽，不断吸收到都市里加以毁灭，这个政策我们应重新考虑。

我过去教书，曾经碰到许多好学生是农家出身。有一次一个学生毕业以后，我叫他不要在上海工作，住在亭子间里，跑上跑下。我知道他父亲卖田供给他读书，我说现在你毕业了，你的责任应该回到乡下去，运用你的智力建设乡村。他说我回到乡间去，人家要笑我的，所以不愿意回去。我们知道这几年来大家高唱"到民间去"的口号，但实际上并没有收到什么效果。我们的农民政策，我们的教育方针，应该注重民族健康，不要让农民不息的往都市里跑，这是很危险的现象。如果农民继续不断的往都市跑，将来农村非崩溃不可。我提出这个问题与诸位工作有相当关系，诸位做农民工作很有兴趣，诸位所做的工作，一半是都市里的工作，可是其他一半至少是乡村与都市各半的工作，在银行的立场上，是联络农民与工商业的工作。

这几年来，在西洋社会里要算德国最早开始回乡运动，美国在另一方面也开始这个运动。不过德、美不同的地方，就是德国鼓励城市里人回乡间工作，而美国则提倡乡村都市化运动，种树栽草，把乡间弄成小都市一样，这是很好

的运动。我想到这类运动,好像诸位现在所做的工作,是在农民中间使其与其他阶层发生联系。不过我希望诸位更进一步,在工作之中能够加上民族健康的观点,希望诸位做这些工作,要不光是为农民本身谋得种种便宜,使农民生活上得到各种方便,使其生活程度提高,得享受近代文明。希望诸位在经济的立场上,扶助农民生活改变,环境改变,进而提高整个民族的健康。

本人向来研究民族先天的健康,后天的健康,不在我研究范围之内,可是从调节选择立场上看,本人也很注意民族后天的环境,觉得也非想法加以控制不可。所以希望各方面出来大家努力,在教育方面要消除数典忘本的教育,而提倡乡村教育,这种现象总算这几年来比较好一点。在经济方面,希望诸位努力,好在农民银行有合作金库的机构,与农民较易接触,希望各位能把农民固有的健康,不但尽量保持,而且使之提高,使农村像吸水池样的人口水源可以永远保持,而不会无穷尽的流注到都市里去,这对于抗建前途也有莫大的好处。

(文献选自《本行通讯》,1942年第46期,第2—4页)

战时国际劳工概况
1942年10月2日第42次星五聚餐会演讲

朱学范[1]

本人离祖国已有一年，此一年中，居美十月，而居英仅为两月。今日所拟简单报告者，为（一）战后英国劳资之关系；（二）此次战事中世界劳工及资方之关系；及（三）将来中国劳工之方针。

英国之劳工动员。英国自一九三九年开战后，对于劳工之动员，其方法有三：（一）在原有工人中吸收一部分实业工人。（二）招募女工，英国目前许多轻便工作，几完全由女工担任，以余所亲见者，如电车收票员，火车脚伕，马路清道夫，军需工业之技术工人，多由女子担任。（三）动员一部分十六岁以下之童工。英国为一岛国，人口不多，在去年海口受敌人凶暴之轰炸时，其运输工人之调度，全赖非常迅速之调动，绝无劳力无形浪费之事。

英国之工人训练。英国对于工人之训练其方法有二：（一）将无技术之工人训练为有技术之工人。（二）将平时工业之技术，训练为战时工业之技术。

任何国家在作战之时，其人力之使用，有二出发点：（一）如何保存原有工

---

[1] 朱学范（1905—1996），字屏安，上海金山县人，中国工会领导人，杰出的爱国民主人士、政治活动家，民革主要创始人之一。1949年后，曾任邮电部部长，政务院财经委员会委员等职。民革第一、三、四届中央常委，第五届中央副主席，第六届中央副主席、主席，第七届中央主席，第八届中央名誉主席。第一至三届全国人大代表，第五至七届全国人大常委会副委员长。第二至四届全国政协常委。

人，同时发展战时工人。（二）抽壮丁从事兵役。在今日作战之国家，二点同时并进。故英国一方面使技术工人免役，一方面又使军队数量不因工业而受影响。此外又尽量利用休息时间，有许多劳力，尤其妇女，以种种关系，不能整天在工厂工作，乃每日抽三小时工作。用上述种种方法，英国生产较平时增加百分之一七点五。在种种调整办法之外，再有不济，则以新发明及新方法补救之。故英国人力虽非常薄弱；但其劳力则无丝毫之浪费。

英国之劳工工资。英国劳工工资，战后增加甚多。但英国在一九四○年五月邱吉尔未上台前，生活指数增加颇速。自一九三八年八九月之一五五，至十月即涨至一六五，至十二月更涨至一七三，但至一九四○年七月则仅至一七三涨至一八七，并无多大变动，此亦由于经济原则确定之故。政府既能注意及此，工人方面亦极了解，请愿之中，谓如生活指数并不上涨，彼等亦不过分要求在战时增加其特别工资。彼等亦深知工资之增加，将影响于英国战时之经济。

在作战开始之时，英国工会所要求者二点：（一）要求统制物价；（二）资方利润不能过高。此为英国工会最早之态度希望与表示，并非故意之要求。而英国工人在此状态之下，其工资既不能随物价上涨，则其生活标准是否受相当之影响？余在英国时，与工人工会团体作许多研究，而认为在生活标准之下，工人受相当之影响。但此非仅为工人如此，一般人民均无例外。其影响即为消费限制。余在英国时，一餐所费，不过五先令，菜甚简单。惟工人不能负担五先令者，仅能使其本身粮食限制券每天所准许消费之数量。至于富有之人，除每餐价格受限制外，可自由在饭馆饮食，至月底其粮食限制券仍旧存在。然对工人亦另有一补救办法，即工人满五十人，由粮食部开办一公共食堂，工人在食堂中饮食，可不需使用其本身之粮食限制券，所以英国工人虽薪水之增加不及生活指数之高涨；但人人有简单之生活，人人无饥饿之虞，所受影响甚微。

英国工人工作时间，在二十年前，每星期为二十小时；五六年前，按国际工人工作时间标准改为每星期四十小时。迨战事发动后，工人工作时间，改为十六岁以下者每星期四十八小时，十六岁至五十五岁者每星期工作五十五小时，此为最近修正之规定。战事初起时，本规定为每星期工作六十小时，所以又改为五十五小时者，因工人每星期工作六十小时之工作效率，与每星期工作五十五小时者，相关无几。然其修改之规定，仍有伸缩之余地，经商酌工会代表得劳工部所派检员之同意，亦可作额外工作。

英国战后之劳资关系。英国开战以后，劳工知有增加生产之必要，而资方为利润、为作战，亦以增加生产为目的。过去管理由厂方单独担任，战后则由工会代表参加；但参加管理之部门，仅限于研究讨论增加生产之部门。此种办法实行后，工人在工作之中，往往发现许多新方法，的确增加管理生产之效力。

英国劳资纠纷战时并未消灭，但工会方面态度，与过去不同。工会向政府担保，决不利用罢工或其他战时机会达到工人本身利益着想之目的。同时英国劳资纠纷，向有以劳资调解解决之习惯，战后又组织一委员会，专为接受工人对于资方之不满，与解决劳资之纠纷。委员会亦由劳资双方合作组织，但主席则由在社会上有地位而公正者担任。故英国战后劳资纠纷甚少，即有无利用罢工或不谅解甚至冲突之方法以谋解决者。

英国工会自一九三九年九月中战事开始后，其态度已有转变，一方与资方合作，一方拥护政府抗战之政策，故工会方面对于国家生产有极大之贡献。资方亦利用该组织获得多少协助。至于工会在战争中参加之工作甚多，颇能利用组织力量表现抗战精神，如征调壮丁也，平定物价也，及其他直接间接与战事有关之工作，均有工会代表参加其间。

国际之劳工趋势。过去劳工大会之组织，系为伸张社会之正义，简言之，即为谋工人利益，提高工人待遇。自最近战事发生后，工人感深切明了"皮之不存，毛将焉附"之义，而谋作战之胜利，务须加紧生产，共同努力。以世界局势之变动，工人之作风亦变。此次劳工大会所决定者，为如何动员全世界之劳力、资源以增加吾人反侵略之力量。故过去所讨论者为社会经济问题，而今日所讨论者国际政治问题。故此次劳工大会，亦可谓动员劳力资源会议，而会中对于中国在艰苦卓绝中建设战时工业之资本家与劳工，均表示其景仰之意。自珍珠港事件发生后，彼等且认为中国工业之努力，不仅为中国本身，亦且为世界之抗战。故在今日之劳工大会中，中国劳工之地位，已与英、美、苏联之劳工占有同等重要性。

中国劳工将来之方针。适闻谷部长①谓中国工人组织之发达，不仅为工人本身，亦为民族利益，此语诚然。过去中国工人组织，可谓完全系谋工人本身之利益，而余以为此次战后，中国工人之方针，与劳动大会并无二致。若无民族利益，工人亦不能生存，何况今日中国大部分工作，仍以民族利益为前提，以余所见，中国工人之前途，有数种展望：

（甲）工人之价值，受供求原则之支配。今日各工厂所以有挖工这事，亦以工人来源缺乏之故，余意战后工人必更为缺少。盖工人多来自乡间，在中国农村经济较佳之状态下，工人必相率返乡，非有特殊之待遇，不愿在城市工作。此种现象，发生于战后工业突飞猛进之时，则工人愈将供不应求，其地位价值自更为增高。

（乙）轻工业中工人可以随意开除，但将来轻工业转移至重工业之后，其所雇用之工人，须有长期间之训练，非轻易所能招募，亦非任意所能开除。各国工人之组织，均滥觞于此种技术工人，随工人知识之日渐普遍提高，则必为自身利益而奋斗，为工人自己之利益而团结。余深信中国工人之地位与其重要性，亦或将于该时愈为明显。故战时因势利导，开始为其组织，加以训练，加以领导。如工人有不平之处，用劳资合作办法，为其解决，则不仅对于工人本身利益甚多，即对于中国工业本身亦有裨益。工人有组织后，有推代表向资方要求之力量，但此为天然之事。如诸君认为天然这现象，则余深信吾人之力量可以集中，工人既有组织，其组织中之领导人负有一定之责任，不若无组织之群众中，可以胡乱发表不负责任之意见。工人中之领袖有其地位，彼为保持其地位，决不致发不负责之言论，而必能按一定之轨道与资方互相磋商，互相研究，互相讨论。

中国工人为二种问题必须予以组织：一为中国工业将来工业是否予以同时发展？二为中国工业是否与外国资本有所竞争？而此二项问题，均有赖于工人组织之力量。如同业均有工会，决不致有竞争，中国欲将整个工业扩大为规模之生产，则同业间不应再有冲突。即将来中国领事裁判权、租界等取消后，与

---

① 此指国民政府行政院社会部部长谷正纲。

外国资本及技术合作时，为避免外国资本竞争之压迫，为整个民族利益着想，亦须利用工人之组织力量，以限制外资势力之威胁。

　　工会改革，自以发展中国工业为出发点，中国今日之问题，为平均问题，为战后之建设及开发问题，而非支配问题，工人自亦应要求提高生活之标准；而在中国资源未开发前，无提高之可能，中国工人之目的，战时为增加抗战之力量，平时为开发资源提高人民生活标准，建设中国经济自由独立之地位。

　　至于如何防止劳资纠纷，支配利益，则今日因势利导，开诚布公，共同研究以谋解决，则决无若何困难。如不予组织，即以堤防水，堤必被水溃决而后已，余本身为一工人，自在工人立场发言，此为工人本身之政策，亦为战时之政策，更为平时之政策也。

　　（文献选自《西南实业通讯》，1942年第6卷第5期，第33—35页）

战时中国海外海员问题
1943年1月29日在国民党海外部[①]南洋问题讲座演讲

朱学范

关于战时海员问题，我们可把它分为以下几个项目来研究：

一、中国海员被雇到外轮服务之经过

二、外轮公司对我海员之待遇与态度

三、战事发生后中国海员之变动情形

四、同盟国对我海员所持之态度

五、中国海员之优劣点

六、海事会议

七、中国海员与英国战时运输、订约的经过

八、组织海员工会之意义

一、中国海员被雇到外轮服务之经过

中国海员服务海外差不多有八十年之历史，我们检讨过去，可说相安无事，惟自战事发生以后，问题发生。我们知道，中国一向是一个备受不平等条约压迫的国家，这我们不特在海外可以随时看到，随时体验到，即在国内外轮到处

---

① 全面抗战爆发后，为更好联系海外华侨、获得海外资源，国民党恢复了在1928年撤销的海外部，作为海外侨社的主要指挥机构。

可以停泊，到处可以航行，外轮公司到处招募我海员，那更为显著。诚然不平等条约给予外人很大的方便，但这种方便可以使他们看重与行之有效，而尤其是吸收我海员方面，这据我看约有几个主要的理由：第一是中国海员的工资低廉。我们知道在英轮上，中国海员的工资向例不能超过英国海员工资四分之一，其理由谓中国海员的能力仅能等于英人四分之一，这种待遇显失其平，这种看法显有偏见。诚然，中国的工人在体力上或不及外人，但在工作的效率上并不比外人差，英人这种看法根本不成理由。可是过去我们海员的工资仅等于他们四分之一，那当然为他们所乐意雇用。第二是中国的农民眩于城市繁荣的生活。一般中国的海员大部都是农民出身，尤其多是广东福建两省的农民，这种农民平时安居乡村里面，一切的生活非常简朴，尤其物质方面，今一旦有机会跑出外洋去，那正合乎他们的理想，所以他们的工资虽然定得很低，但也在所不惜。第三是中国的币值太低。海员到外轮去服务其所有的工资均以外币为准，譬如在香港签订合同，则以港币计算工资，在新加坡签订合同，则以星币计算。虽然他们的工资很低，但比起廉值的国币却相当可观，因此他们认为在外轮服务，终较国内为佳。第四是老年生活较有着落。我们知道有许多海员往往服务数十年，不无多少蓄积，同时亦可乘机在外经商，也是一个很好的发财机会，所以每个海员半老归休的时候，总可回家造其洋房，安居乐业，以度余年，这种生活在我们国内一般农民看来，不无羡慕之处。第五是包工头之引诱。中国农民向居乡间，实少与外人接触之机会，现在中国农民果然跑进外轮服务，其中当然有其媒介物以为两者之桥梁，此种媒介物则所谓包工头是也。他们受了外轮公司的利用，盖量招致国内的农民，国内的农民或因亲戚的关系，或因朋友同乡的关系，便一批一批的被招到外轮工作去。

二、外轮公司对我海员之待遇与态度

关于中国海员的待遇，我们可拿英国一两个船公司来作一个实例。在一九三七年以前英国有一个船公司名叫盎格诺塞逊，在它的船里面中国的海员可有两种薪额，一种是在欧洲方面每人每月可领二镑十五先令，一种在远东方面可领二镑十八先令四便士，但到了一九四〇年的时候，该船公司薪水全行改变，前者改为五镑十五先令，后者改为三镑十二先令六便士，同时此外还普遍给予战时津贴三镑。其他一个船公司名叫亚富力（Alfred Holt），以战前的薪水定为一镑十八先令九便士，战后增至四镑十四先令，同时到了一九四一年一月一日普遍每月给予五镑战时津贴。然而英国海员的待遇每人每月至少在十七镑十二先令以上，比起吾国海员足足高出百分之七十五左右。此外，我们谈到抚恤的问题。我们知道英国的洋轮如遇有不测，我海员因而伤亡，英国的轮船公司照例有一种抚恤金以为抚恤。惟英轮公司对我国中国海员的抚恤，一共定有四等，第一等为工程师医生买办等恤金由二千四百元至四千元港币，第二等为土木工匠恤金由二千元至三千元港币，第三等为厨子水手恤金由一千五至二千元港币，第四等为烧火烧茶工人恤金由一千至一千五百元港币。从这种规定看来，我们中国的海员根本就得不到第一等的抚恤，因为我们中国的海员到外轮工作，自始就没有工程师与医生之流，其最大多数还是第二第三等的人，而第四等亦为数不少。现在我们就以第四等的抚恤来做一个例，在这一等的中国海员如果因故死亡，依照他们的规定每人只能领一千元至一千五百元左右，但是英国人他虽然与中国人同样服务，处于同样的地位，而其每年可以拿中国海员第一等恤金之数目，这种待遇是多么不平！抑犹有进者，中国海员遭受的剥削是一种双重的剥削，他们除了受外人特别苛待之外，且遭受包工头的剥削。我们知道当一个海员被介绍到外轮工作的时候，他首先就得要将最初两三个月的薪水全数奉给包工头，以为介绍之酬劳金，此为开始之剥削，其后每月包工头还可在其薪水项下扣取百分之五，以为经常应受之礼物。记得当我在利物浦的时候，英国的船公司对我海员的伙食，交由他们的包工头包办，包工头每天每人扣去九便士，可是那些包工头都拿出很少的钱，把菜弄得很坏，菜弄得愈坏那海员就愈少食，海员愈少食那菜就愈少买，这样一来那包工头便可利用其由质而量的政策，把海员的伙食完全吞食。此外住的情形也是一样。既然，中国海员备受外人种种不平的待遇，同时又受包工头种种的剥削，自然生活之苦尽可想象。

三、战事发生后中国海员之变动情形

本来我们知道，在战前到外轮工作原是一件很理想的事，因为一方面可以

到海外各地去观观光，同时一方面生活又愉快。不过到了战事爆发以后，情形就不一样，盖此时所有船只均无固定船线，行驶范围扩大，同时德国之潜艇又非常厉害，随时随地都有生命之危险。我记得在不久以前有些海员告诉我，他说他们的危险程度约占百分之二十。这换句话说中国的海员一百人中总有二十人会有生命危险的，现在我们飘流海外的海员，为数共达二万余人，按此比率算来，现在已牺牲五百人。如此大量牺牲，试问谁不见而生畏？所以战后海员之招募，非常困难。此外香港、新加坡之沦陷，亦为影响海员变动的主要原因。盖我们知道，香港与新加坡向为中国海员之供应站，今两地相继沦陷，来源断绝，影响自然极大。其次谈到不平等的待遇。本来担负同样的工作，度着同样危险的生活，一切的待遇应以公平为是，可是事实上却并不然，因此我们中国海员，尤其在英轮服务者，往往有出走的情事，进而演成许许多多无谓而不幸的冲突。譬如我们中国的海员因不满英人之待遇，往往跑上美国去，愿为美轮服务，英人观此深感不快，乃多方设法防备，防备的方法就不许他们上岸，结果便引起中国海员之反感，进而发生冲突。

四、同盟国对我海员之态度

谈到同盟国对我海员的态度，可分几方面来说明：第一是把我们海员看为一般的劳力。我们知道外国人对于我们中国的海员自始向不以技术工人看待，一向看成一种苦力，这实在是很可痛心的事。第二是认为中国海员的国家观念太重。而对于同盟国家的工作不感兴奋。我有一次在英国的时候，有许多英国人士，他们常常问我，为什么你们中国的军队，食的不过一碗稀饭一碗青菜，而结果打仗打得这样英勇打得这样勤力？而在我们这样好的待遇之下，何以反而常常不努力，甚而什么都不愿干？随着他们也说："这我们可有一个办法，我们可以利用租借法案，将一个海轮租给中国，插上中国的国旗，改用中国的船主，那我相信他们什么地方都愿意去，什么都愿意干。"第三是认识不清。我记得在去年四月十四日的时候，我们中国的海员有十几个人在美国的纽约，因为一个英国的船主不让他们登岸，由是非常愤怒，互相冲突，结果内中一个海员被船主开枪击毙。后来美国纽约的《泰晤士报》，便大放厥词，说中国的海员造反。

这件事情影响很大，而尤其看出美国的舆论界太不了解我们海员的情形。当时我是一个工人的代表，目观这种情形，理应出来讲讲，借以祛除他们这种误会，因此当时我便找《泰晤士报》的记者，向他们解释说：我们这次的海员十二人在英轮，毫无理由的给英人压迫，过着一种困闭的生活，想你们美国人也必然受不了。这我们不能完全责备中国的海员，今天贵报所登消息，未免太不了解中国的海员。他们听了这个解释之后，态度便稍为改变过来。由以上三点看来，可见现时的同盟国对我们中国的海员还是认识不清楚，还是未有充分的了解。

五、中国海员之优劣点

中国海员的长处很多，但短处也不少。兹分别把它提出几点来，以明中国海员之长短。在长处方面，我认为有三点：第一是勇敢，这我们从英国的战时运输部的报告就可以见到。它们的报告说，中国海员在敌人飞机临头的时候，他们并不畏缩抛弃本身工作，同时还替船上的炮兵射击敌机。此足表现中国海员英勇之德性。第二是管理容易。中国海员向少反抗的精神，同时责任心很重，所以管理很容易。第三是富于国家观念。虽然中国海员知识程度很低，但由于生活环境的关系，国家观念非常浓厚。他们对于国家认识很清楚。其在短处方面我认为一共有五点：第一是知识缺乏。我们知道中国的海员均是农民出身，他们靠着包工头的关系始得以到外轮服务，所以一般的知识程度很低。结果对于他们应争的权利，无从去争，实在是一件很吃亏的事。第二是乡土观念太深。中国的海员向以广东、福建、上海、宁波、天津等地的人为多，除上海、宁波、天津等地的海员总称为上海人之外，广东福建仍分为两派，所以我们海外的中国海员，一向分成三个体团。既然乡土观念很重，因此很难团结。譬如在利物浦一埠，广东海员有广东海员同乡的组织，福建海员有福建海员同乡的组织，上海海员有上海海员同乡的组织，彼此不相为谋。第三是缺乏技术的修养。所谓海员本是一种技术的工人，可是中国的海员多从农村出来，那有技术可言？所以中国的海员，一般谋求多是从事一种最粗的工作，因此地位也比较低微。第四是缺乏工会的组织。过去海外的海员向无工会的组织，因此大凡有事情须与英人交涉的时候，完全假手于他们的包工头，同时英人有事须与海员商量的时候，也是一样。这样一来，海员的利害完全操纵在包工头的手上。所以为谋保障海员的利益起见，当前海员工会的组织，甚为需要。第五是包工头的挑拨离间。包工头居间剥削海员，是一件很明显的事情，本党政策向以打倒买办阶级为口号，理应将其打倒。我们知道，那些包工头为害海员至烈，他们一方面勾结外埠的无赖、外国当地的警察，一方面大量贷款海员，务使其终身负债，无法自拔为止。海员何人，安有不为所害？所以我们看海外的海员，终身负债而不自拔者，比比皆是。此等可怜的同胞，他们除了终身为人牛马之外，恐找不到一丝一毫是以自己为主的东西！

六、海事会议

海事会议是一个劳工专门问题的国际机构，在一九三六年时候，国际劳工大会曾经举行第二十一次会议，当时曾经提出一个专门讨论海事的问题。其时我国的代表为现任贵部专门委员的赵班斧先生，当即提出一个中国海员应该取得平等待遇的问题。其着重之点为亚洲海员应与其他各洲的海员处于平等的地位。其后到了一九四一年轮到兄弟出席国际劳工大会，在那次会议里而亦曾讨论海事的问题。不过在这我们要问，在国际劳工大会里面何以会讨论海事的问题？这很简单，因为现在正是战事进行的时候，战时的运输任务皆靠海员的努力与帮助。为谋增强我们的争斗力量，促进我们战时的运输，海员问题实甚重要，所以这次劳工大会同时也讨论海事的问题。现在兄弟且把这次海事会议的经过，略为报告一下。此次海事会议在伦敦开会，到有中、英、美、荷、加、挪、瑞等国的代表，他们一致通过下列几点：一、国际劳工大会所通过的公约须经各国政府批准。二、大凡超过三千吨的船只须具有药品等等的设备，以保障海员之安全。三、海员在船工作既苦而且枯燥，及其抵岸应让其吸吸岸上的空气，过过好的生活，所以在海事会议里面一致认为应普遍设立俱乐部，以为海员登岸消遣之用。四、中国海员应与其他各国海员平等待遇。

七、中国海员与英国战时运输部订约情形

最近顾大使①曾替我们的海员和英国战时运输部订了一个合约,这个合约我想一定比从前改良很多。不过我个人对这有点意见。在这次所订的合约里面,我们中国海员的薪水加了两镑,战时津贴改定为拾镑,此外额外的工作另行加薪。从这看来我们中国海员的收入无如平添了七镑,连同过去的收入可得十七镑十五先令。但是英国的海员过去就只有十七镑,现在却增至二十二镑,这比诸中国的海员尚还不见平等。

八、组织海员工会

最后谈到组织海员工会的问题。我以为组织海员工会意义非常重大,现在且把个人所想到的重点提出来说说:第一我认为海员工会的组织可以提高我海员的地位。我们知道,组织是一种力量,我们有了组织,然后我们的政策才能决定,才能实现。诚然我们现在有一个打倒买办阶级,消灭包工头的政策,可是我们的海员一向缺乏组织毫无中心的力量,对于该项政策之完成,显有困难。不然,我们的海员如果有一个中心的组织,那所谓包工头根本就没有存在的必要,甚且不打而自破。所以我们今后一方面为把海员从那包工头的高压下解放出来,一方面改善其过去不平等的待遇,惟有把他们组织起来,才能达到。第二可以提高我们海员的服务精神。我们现在是一个同盟的国家,我们的海员为友邦服务,无异就是为我们自己的国家服务,如果他们的服务精神不好,甚或时有逃走的事情,那对我们的影响很坏。现在我们如果把他们组织起来,使能取得平等的待遇,从而提高他们的服务精神,从事同盟国家战时的服务,这样我们一方面在远东担负战争的任务,同时一方面在欧洲替友邦从事战时运输的工作。这在我们将来在世界历史上是多么光荣多么值得夸耀的一页。就此二点来说,可见海员工会的组织实是一件很重要的事情。

以上所讲的,系仅就这个问题中个人认为比较重要的几点,其余没有讲到

---

① 此指抗战时期驻法、驻英大使顾维钧。

的地方，当然还很多，不过单就上面所讲的几点来看，亦足以看出这个问题的大概了。贵部是主管海外党部的机关，深望对这问题能够求一个妥善的解决。

（文献选自《华侨先锋》，1943年第5卷第2期，第43—47页）

战时妇女问题
1943年1月演讲[1]

李德全[2]

诸位同胞：

今天在这里，我要同大家谈一谈"战时妇女问题"。法西斯蒂到了没落的时期，不能够维持国内的统治，必须向国外发动疯狂的侵略，所以日本法西斯蒂侵略中国，正是它走向末路的最后挣扎。我们中国为了保卫祖国的自由独立，为了反对法西斯蒂野蛮的侵略战争，为了保卫世界和平，主持人类正义而坚决抗战。今天抗战已到了第六个年头，六年来我们许多的好地方都被日本鬼子强占了，我们快乐的家乡被日本鬼子毁坏了，财产也都被抢走了。我们的同胞，死的死，伤的伤，直到今天，千千万万前后方军民，都为争祖国的生存，在艰难困苦中支持和敌人的奋斗！六年来的奋斗中，不独男子为祖国付了相当的代价，就是我们妇女也同样为争取祖国的生存而付了相当的代价，不到我们祖国得到了自由独立，把吸我们的血、吃我们的肉的万恶法西斯蒂日本赶出去，我

---

[1] 本文由《福建妇女》转载中苏文化协会通讯稿，此演讲可能作于中苏文化协会。

[2] 李德全（1896—1972），河北通县人，中国妇女运动领导人，冯玉祥夫人。民革成立后当选民革中央执行委员。1949年9月参加中国人民政治协商会议第一届全体会议，被选为政协全国委员会委员，10月被任命为中央人民政府政务院文化教育委员会委员、中央人民政府卫生部部长。1950年8月任中国红十字总会会长。1952年6月当选为中华全国体育总会副主席，是第一、二、三届全国人民代表大会代表，第五届全国政协副主席。

们绝不停止我们的奋斗。但是抗战到今天,我们妇女并没有充分贡献出自己的力量,因为妇女还存在很多严重的问题。在这里,对于几个比较重要的问题,我把我个人的意见提出来。

第一是女子的教育问题,关于这个问题,我们要从两方面去说。一方面是量的问题,有知识的妇女,现在固然不少,但是以2500万的比例来说,还是差得太远。我们看一看苏联的妇女受教育的情形,据他们1938年的统计,女子受教育的占全国总数47.5%,就是说,已经差不多和男子平等了,他们扫除妇女文盲的工作,做得很普遍,很有成绩。举一个例:有一个女作家,在她60岁的时候,还是一个不认识字的集体农场的农妇,前年她81岁,苏联作家协会,特为她庆祝生辰哩!回顾我们中国,尤其是农妇女工,就提不上教育两字。女子教育在中国是一个很严重的问题,所以在抗战的今天,我国更应当扩大妇女的教育,才能接受新的知识,认识真理,发挥新的力量。我主张扫除妇女文(盲),首先必须全国普遍设立妇女识字班,各种技艺训练班和成人补习学校等,并主张各种专门学校和中等以上学校多收女生。另一方面是质的问题,女子教育不仅使她们识几个字,或者会说几句外国话就够了,一定使她做一个"人"。做甚么样子的人?要做一个能够为社会、为人类谋利益的人。要晓得,今天社会教育我们,使我们有这种特别机会受到教育,不只是为我个人的享受,教育的目的,是在使我们为社会做一番有利益的事,至少来说,我们不能妨碍社会的发展。现在有多少人讲,女子受教育有什么用处呢?固然是有一部分受教育的女子,她们的生活同抗建事业没有能够配合起来,但是曾有不少妇女已经参加到抗战建国的实际工作。所以对于女子教育,我主张应当注重切于实际,适合今天战时的需要,培养妇女的苦干精神,使她们无论在任何部门学习,都知道她们的学习是为着推进人类的文明,保卫祖国的生存!并且要使每一个妇女都有一种自觉,知道她同男子一样,是站在"人"的地位,不是"人"的奴隶,不是"人"的附属品。

第二是妇女职业问题,我说职业问题就是事业问题。在抗战的今天,我们只有一个事业,我们这个事业是甚么?就是保卫我们祖国的生存,把日本法西斯蒂赶出去。今天的抗战是动员全国人民的抗战,凡是中国的人民,都应当致力于保卫我们中华民族的伟大事业。哪一个人敢说不应当参加这种工作？除非他是丧心病狂的人，才会有这种主张。这个事业，就是我们每一个人的职业。在这种科学进步的时代，我们的工作技术也要配合着时代，只有我们的技术合宜不合宜，没有"人"合宜不合宜。所谓人的合宜不合宜，是指着体格与技能，不是指着性别，所以我主张在抗战的今天，要随着现实的需要，大量地动员妇女参加抗战的各部门事业。说起这种情形，不只是我们中国应该这样，我们的同盟国，尤其是苏联妇女，已经大量地参加到抗战事业的各个部门，无论是在教育、救护、生产、军事各方面，她们参加抗战事业的数目字是非常巨大的，所以说，没有一个妇女不是直接间接地参加抗战工作。因为她们早就大量地参加到了社会事业各部门，一到抗战的时候，很容易地动员起来了。据去年十月的统计，参加工业生产的妇女，就已经达到产业工人总数的百分之四十五。其中大部分是接替到前线去的战士的工作的。那时抗战还只有两三个月，现在已经过了一年多的时间，参加工业生产的妇女，当然人数更多了。她们所表现的成绩也不比男子差，从前都是男子做的工作，现在妇女也一样能够做了。她们不只是参加工业生产，她们还参加战时的救护，防空，还有许多直接参加前线军队，参加空军，参加游击队的。妇女们也有无数的神枪手，不久以前，出席美国国防学联的女代表，名叫巴甫利青科的，在一次战役中，她就打死了三百〇九个敌人。一个女游击队员，叫做丹娘的，黑夜里摸到敌人的后方，烧死敌人的马，烧死德国兵和烧毁敌人的军火库之后，她被敌人捉住了，但无论敌人怎么样野兽般残暴地拷问她，始终没有说出游击队的地方，最后被德国法西斯蒂野蛮地绞死了，这是苏联妇女参加抗战工作的大概情形。我们看看美国，据劳工统计局估计，到今年年底，参加战时生产的女工约有四百四十万，因为大批的男工被招募到军队中去，这大量的劳工力，就由妇女来补充。这些妇女劳工从专门学校和大学的学生及有相当工作经验的家庭妇女中招募。在今天没有国，一个安全的家就决不能存在的情形之下，我们妇女要保卫我们"大家"，就是说"祖国"，就必须参加抗战事业，谁也没有权力阻挡我们，禁止我们参加这样的事业。固然我们过去也有许多学生军、战时服务团参加战地工作，也有浙江妇女营偷渡钱塘江歼灭敌人的无数的英勇故事，也产生过阎蕙兰、唐桂林、李林等女英雄，最近报上又登载在敌后做组训工作的赵毓政女士和做文化宣传工作的黄君珏女士英勇牺牲的事迹。这些女子忠贞英烈，是非常值得我们景仰，并且可以做我们妇女的模范。但是我们更需要大量妇女参加到抗战的各个部门。在这里我们还有一个问题必须附带解决的，就是我们的保育儿童问题，这个问题我们需要政府的力量，同时需要社会人士尤其妇女自身的努力，才能得到一个合理的办法，使儿童在合理的教育之下生长起来，成为我们民族生命的继承者。所谓合理的办法，我的主张是全国应该普遍设立托儿童所和妇婴医院，还要训练一班专门从事保育工作的人员。

最后我要说的一个问题，就是关于节约的问题。在抗战的今天，生活这样的困难，这个问题可算是最值得我们注意的。由于日本法西斯蒂的侵略，多少地方已经沦陷，大量的收入被日本鬼子抢夺了，同时，我们增加了多少倍的军事消耗，国家和人民的负担到了最艰难的程度。固然我们一方面要努力增加生产，但是"节约"也是今天极重要的事情。一般的心理，一提起浪费两字来，总以为居多是妇女，事实上是不是妇女特别浪费，我们现在不谈，但是，我们妇女中确实是有不注意节约的，我希望我们妇女能够把妇女不节约或把妇女浪费这个印象从一般人的心理上扫除出去。如果我们妇女每一个人每一个月能够节约出一元钱，那我们一年可以节省出二十七万万元贡献给国家，这对于国家的经济将是一个多么大的帮助呀！然有很多穷苦女同胞没法子节约出钱来，但是有钱的，可以多节约一些奢侈的消耗，真正做到"有钱出钱"。要晓得，今天有我们的国家，我们还可以节约出钱来保卫我们的祖国，若等到祖国被侵略者掠夺去了，你就再后悔也没有用处了。明朝末年，正在国家已经到了非常危急的时候，许多有钱的王公贵族，谁也不肯拿出钱来捐献国家。等到满清人来了，所有家产都被抢夺了去，还要把全部钱财拿出来奉献给他，到了这个时候来后悔，已经是太迟了。读历史读到这些地方，常常令人可惜，长叹不已！现在英美各国的妇女都在积极地提倡节约，苏联的妇女也正在号召爱惜每一片小钢和节省每一件小东西，她们认为浪费就是犯罪，浪费一分，就是多消耗一分国家的力量，也就是减少一分抗战的力量，这些事实，都是值得我们警惕和值得我们去学习的。所以我主张不仅要节约金钱，日用百物都要力求省俭，尽量提倡使用土货，使用代用品。同时，在积极的一方面，我主张多开办合作社，公共食堂、小工厂，还有养鸡鸭，养猪羊，种菜等等，既可以解除妇女本身的负担，同时也增加了国家和社会的收入。

总之，这一切的问题，都要从抗战的意义上去把握它，去寻找它解决的办法，也就是说，这些问题都是目前急于要解决的，这些问题有了适当解决，妇女对于抗战的贡献也就有更大的保证。我们不仅需要政府的力量，同时更要求妇女大家的团结一致，共同互助，只有妇女大家集中力量，才能解决妇女本身的问题！

（文献选自《妇女工作》，1943年第5卷第1-2期，第42—44页）

战时学生与战后世界[1]
1943年11月17日在重庆广播演讲

张伯苓

在这一个纪念中,本人代表中国教育界,在重庆对世界学生在伦敦举行的集会广播讲演,感觉非常愉快,并致内心的敬意!学生具有活泼、冒险、勇敢,与追求学问与真理的渴望,这些理想,使青年学生成为各个国家的生命骨干。因此本人参加世界学生日纪念大会,至为快慰!

中国学生,常是站在历史的前面。在中国历史上,学生常是爱国主义的象征。一九一一年十月的中国革命,其第一个领导与设计的人物,是我们的国父孙中山先生,而这种伟大计划的开始,却是在其求学时代。最近的对日抗战,唤起民众与领导民众,特别是沦陷区的游击战斗,领导与奋斗的,都是青年学生。其未参加直接抗战之中国青年,却都在大后方经常不断的敌机轰炸之下,受尽最大的折磨与营养不良的痛苦,在各个地带,致力于其学问研究的工作。对于世界学生在战时的奋斗,本人不能不深致赞许!各国学生在战时热心于战时的服务,在战后即为建设的领导人物,因此本人今天特别选定广播的中心题

---

[1] 原期刊编者按:此文为我国老教育家张伯苓先生于世界学生日对英国伦敦世界学生日纪念大会广播全文,词意恳切,语重心长,不独代表中华民族数千年来爱好和平的教育思想,亦实给予世界青年以如何为和平而奋斗之正道。原文以"Youth and Security"标题刊载于十一月十九日重庆《自由西报》,特译出以献读者。译文如有与原意出入之处,概由编者负责。

目:"战时学生与战后世界。"

最后胜利之期为时不远,民主国家战胜轴心势力,已有确实保证。今天已至奋斗的最高点,行将见敌人的完全失败即在明年之间,而吾人前所渴望之和平,亦将实现。国际情势之优越,实在以目前为尤最。最近四强宣言对于国际安全的宣告,已重申有关国家对于世界和平与组织的一致的原则。此为这次战争最重要之文献,而可与《大西洋宪章》与"四项自由"同等并列,虽然此次宣言并未明白规定共同奋斗的细目,然其原则实认为国际的组织,将"基于一切爱好和平的国家的主权平等的原则,与夫维持国际和平与安全的大小国家的会员地位的公开"。该项宣言所述七点,皆我联合国的学生与人民所应竭诚拥戴。

以前学生在和平时代,不无自私之处。学生致力学问,多半为其个人利益,所求之专门知识,其目的只在于商业、法律或其他专门职业之获得,以图个人之温饱。其中只少数有为青年,对于社会科学与国际事务的热心。这次的大战,刺激了青年人的爱国思想,因而均愿牺牲生命,以捍卫其国家,这种情形,各个战争皆然。但是,爱国主义固然需要,然而终不能认为是我们生活的最后目的。必须有更崇高的国际思想,以指导忠诚的青年。如果青年学生在战时准备为其祖国与世界的和平而奋斗牺牲,则在平时,同样应当准备为其祖国与国际的友好而努力。所以一个好的爱国青年,必须为世界和平的国际组织而继续奋斗,如此,亦可增高其本国之幸福与利益。本人特别希望中英美苏签字国的青年学生联合一致拥护四国宣言。同时,世界和平组织的事业,亦赖各有关国家的通力合作,即令是失败国家的青年,亦不应当听其孤立在未来的和平圈外。假若我们要想避开其他世界的不幸之局,聪明与正确的步骤,必须注意所能发生于各个国家的冲突的原因的撤除。这种主要责任,不仅系于各国的政治家,亦系于各个国家的青年。世界青年应如何才能贡献其能力才智获得最后的和平?

第一,应致力于动员舆论,使一般人拥护真正的与有利于国际社会的国际组织的产生,以求得国际政治的安全,最低要做到为限制军备的国际协定而努力。

第二,青年学生应致力于本国的与国际的经济与社会两面的安全。假若我们要想维持国际和平的机构，必须如一九四二年正月联合国家的宣言与《大西洋宪章》的所示，而致力于国际经济的重建。去春国际粮食会议的召开，与目前正在美日举行的联合国家的救济会议与复员会议，可说是一种较好的开始。

第三，必须在心理上建立国际安全的基础。我敢断言，假若能很公开的为自身着想，一切青年学生均希望一种真正的政治与经济的民主。数千年中国社会的传统，即为一有力的引证。但是，即令在民主国家之中，假若对于文化沟通与国际友谊的任何障碍存在，仍足以增加其互相谅解的困难。文化知识的闭关主义，必须用国际教育的力量而予以消去。本人就个人能力所及，在中国从事于教育事业，将近五十年，我可以说，中国将欢迎各国学生，来华研究学术。从其历史、哲学、艺术与建筑方面，中国必可以对于国际的文化与学术，可能有所贡献。就自然科学与社会科学而言，中国实为一丰富的园地。即在过去，这种趋势已经非常显明。中国学生，已至各国吸收其实际知识，而为其祖国建设而努力。我希望战后，各国间交换学生制度的普遍，其规模要较以前还要扩大。

上周在中国国民参政会欢送中国赴英代表答访去岁英国国会访华团的欢送席上，我即特别强调中英友谊关系。我希望各个国家的互示友谊的访问团体，将逐渐增加与普遍。在战后时代，甚至可以交换教授、研究人员，以及社会上著名的领导人物。这种聘访工作，实为一种真正的教育。总之，世界学生在此次战争中实已负有很重大的任务，在战后亦须为合法与民主的政府而开始其无数的救济工作、复员工作、建设工作，与工人职业问题而致其最大的努力。为国际政治、经济、社会与文化的共同安全而工作，是各国青年学生分内的最大事业。假若能允许我说有任何一种的希望，那种希望便是希望我也能像你们一样的年轻，参加这种公共的事业。问题自然是多，但问题都是有办法解决。我们必须用望远镜瞭望远大的未来，而不要用显微镜仅仅注意到目前渺小的现在。各国的青年学生，应当运用你们的眼光、知识与忍耐，从事最多的贡献。

〈……〉

（文献选自《中国青年（重庆）》，1943年第9卷第6期，第7—8页）

苏联斯泰哈诺夫运动
1943年11月30日在国民党中央党部[1]大礼堂演讲

邵力子

各位先生、各位同志：

今天讲苏联斯泰哈诺夫运动，<……>斯泰哈诺夫是个煤矿工人，在一九三五年八月三十日晚上表现了惊人的工作成绩，苏联政府知道这件事，便用来提倡，使成为一种风气，所以称为斯泰哈诺夫运动。提倡以后，各地风起云涌，三个月以后，便有很好的效果，苏联政府把有惊人成绩的许多工人找到莫斯科去，在克里姆林宫开会，斯大林先生亲自出来讲话，莫洛托夫也在场。从此，凡是在工作上有惊人表现的，便冠以"斯泰哈诺夫"字样。

"斯泰哈诺夫运动"并不是突如其来的一件事，是有着深远的背景。一九一三年时，列宁曾说俄国是一个非常落后的国家，也就是贫穷和半野蛮的国家，按当时俄国所有的现代生产工具设备来说，比英国差四倍，比德国差五倍，比美国差十倍。十月革命以后，列宁看清楚如果工业不赶上先进国家，苏俄政权便会有灭亡的危险，所以在内战外患交迫之秋，已注意到苏联工业化的必要，同时便开始社会主义竞赛运动。一九一九年五月间，莫斯科到嘉桑的铁路上，布尔塞维克工人，发起每天加工作一小时，每礼拜六完工后再加工六小时，一

---

[1] 国民党中央党部于1938年迁重庆。

直到完全战胜反革命的高尔察克军队为止。这是布尔塞维克工人自动的,不要报酬,不辞劳苦,以增加生产来报效祖国,在苏联历史上可说是社会主义竞赛的种子,以后影响到全国各企业中,就称为共产主义礼拜六运动。不过当时一部分工人那样努力,大部分的农民和工人刚刚相反竟有着怠工的情绪。从十月革命至一九二〇年,苏俄所实行的是军事共产政策,这个政策在当时认为不能不采用,否则不能度过危险,尤其是征发余粮这一政策;但就生产上讲,实在是一落千丈,在那种情形之下,虽然已有社会主义竞赛的精神,却谈不上社会主义竞赛的实际。到了新经济政策实施,生产逐渐恢复,始能积极提倡社会主义竞赛,到第一个五年计划开始,各方面都有生产突击队的组织,社会主义竞赛也有了广大的规模。但是生产的真正大进步,也就是技术上的大进步,在那时也还谈不到。这一点可以从斯大林的话看出来,斯大林在斯泰哈诺夫运动发生以后,曾说:"斯泰哈诺夫运动在三年以前还是不能发生的",这话是一九三五年十一月第一次斯泰哈诺夫式工作者会议讲话时说的。所说三年以前,算起来是一九三二年十一月,那时第一个五年计划已经完成,可是斯大林还认为不能发生斯泰哈诺夫运动,必须在第二个五年计划进展以后始能发生,也可知斯泰哈诺夫运动实在是不容易的一件事。从共产主义礼拜六运动,社会主义竞赛突击运动以至斯泰哈诺夫运动,有着一定的历史背景,也有着一切必须具备的条件。

斯泰哈诺夫运动应具备的条件上,我以为有五个要素,是缺一不可的。

第一个要素要有远大的目标。前面所说三个运动,都是以社会主义竞赛为中心,苏联这个名词,远在斯泰哈诺夫运动发生以前,到现在这个名词还普遍应用着,尤其在这次战事发生以后,大家更是注意。所以社会主义可以说是苏联在生产工作中有个远大的目标。讲到竞赛,无论那一种,总有一个目标,不过目标有大有小,有远有近,目标的大小远近,便决定竞赛的有没有力量。社会主义的目标是远大的,所以社会主义竞赛比别的竞赛更有力量。

社会主义竞赛这个名词看起来似乎也很空泛。社会主义的定义,学者有许多不同的说法,苏联的解释是走向共产主义的必经之路。我觉得我们可以把社会主义这个名词的最终目的,用我中国的一句老话"国利民福"来讲,就是说社会主义是为国家谋利益，为民众谋幸福的主义，而实行社会主义也真可以达到国利民福的地步。苏联在生产竞赛的名词上面加上社会主义字样也就是这个意思，人民看到向这个目标前进，都知道增加生产，努力竞赛，便可以使国家富强，使人民生活不但有保障，而且很富裕，因此人民那么努力生产，来完成这一使命。我们都知道苏联完成三个五年计划，人民曾经很受一番苦，日常消费品很少，恶衣恶食，居住很挤。可是苏联人民能忍受这苦，经过很长的时间而不稍尤怨，何以故？就是苏联人民知道目前固然受苦，将来却有快乐的日子到来，唯一的希望就是社会主义成功。社会主义成功时，国家就是一个富强康乐之国，国外没有人敢欺侮，国内做到全体人民不论老幼残病都有保障，他们更深信，社会主义完成时，消费品很充足，衣食住也很优美，所以当他们在吃苦时候，理想中有个极乐国家这一个理想，使他们把一切痛苦都克服了。他们有了这一个目标，更用工作竞赛的方法来达到目的，工作时加倍努力，应当休息的时候也工作，再加以互相协助，工作的成绩自然更好。我在苏联时的观察，觉得苏联人民所有这种信仰，苏联政府也确能领导人民朝这个目标前进，我离开苏联时，战事发生已一年四个月，苏联人民的意志一点不消沉，情绪很紧张。何以能如此？就因他们心目中有着一个远大的目标。

第二个要素要有严密的组织；斯泰哈诺夫运动不是一个人创造出来的，就他的意义来说，也不能以个人努力创造的记录为满足。斯泰哈诺夫本人，能够发现挖煤的好方法，就靠着组织的力量，而推行这种运动，使成为全体工人的标准，更要靠组织的力量，我本来不预备多讲事实，不过为了明白起见，仍不妨说一说斯泰哈诺夫发现挖煤好方法的经过。苏联挖煤工人当时每天普通是挖七吨，斯泰哈诺夫工作很努力，每天能挖十四吨，已经增加到一倍，但这个煤矿（顿河区中央伊明诺煤矿）整个的产量，仍不足定额，斯泰哈诺夫很着急，他觉得单靠个人的努力终是不够，必须另想办法，后来他到挖煤时，上面掉下煤来要把煤挖开，弄好踏脚的地方再爬上去，撑柱子时，要放下汽钻，无形中消耗很多时间，因此他想出了一个办法，撑柱子的和清理踏脚地方的另外用两个人，三个人分工合作，这样，一天工作可以挖到一百零二吨，比定额超过五倍，这已是了不得了。斯泰哈诺夫更想到把挖煤的距离放宽，使彼此不相妨碍，结果又由一百零二吨增加到二百二十七吨的记录，斯泰哈诺夫的发明，无非是以组织的力量控制时间与空间。最重要的关键是，这种方法，不仅是他这一组人能用，整个的组所有的人都能用，凡是斯泰哈诺夫式工人的发明，在各种工业中都是供给全体工人使用。因此，我想到假使没有很好的组织，纵然有人发明了好方法，还是不能收到大效力的。

斯泰哈诺夫运动实在就是社会主义生产竞赛运动的最高表现。一般的竞赛，常是想把别人压下去只求自己好。苏联社会主义竞赛则不然，我固然要好，同时希望别人也好，所以斯泰哈诺夫的方法一经发明，全国煤矿便都起来采用，全国各部门工人都有斯泰哈诺夫式工人，并不是都照斯泰哈诺夫的方法去做，而是都有斯泰哈诺夫的精神。

我去年从苏联回国后，曾在中央银行经济研究处经济讲座，讲苏联战时经济概况，曾提到苏联工业的一个特色，是所有新的技术发明一经公开，便迅速而广泛地使用，不像资本主义国家一样，个人有所发明，便是个人专利。苏联工人有一种发明时，立刻经厂中技师工程师厂长审查，认为可获得极大效果的，便公开出来，供全国仿效。国家对于发明新技术的工人，当然有很好的奖励酬报，而发明者不自私的精神也是可以佩服的。不过一个新方法出来要能在很短期间传到全国去，不靠组织力量也是不成的。苏联全国职工联合会的组织，对于社会主义生产竞赛运动，常有极大的帮助，每一次特别竞赛，常由工会自动发起，每一种新技术发明，亦常由工会介绍到全国去。

上面所说严密的组织，就是组织的狭义而言，假使是广义的解释，那是可以包括下面三个要素的。

第三个要素是要有最新的科学。

第四个要素是有熟练的技术。

第五个要素是要有大量的人才。

第三个要素可以包括在组织之内，所以我想合并起来说明。苏联如果没有不断的科学上的进步，不会发生斯泰哈诺夫运动，更不会完成全国工业化。科学是技术的根本，没有最新的科学便不会有最新的技术，所以苏联建国以来，特别是科学的研究，而对于新的机器，新的技术，总是尽量采用。斯大林在一九三五年时，说三年前不会有斯泰哈诺夫运动发生，就是指三年前的技术还不够，人也就说不上。斯泰哈诺夫的发明，不能只看他所想出来的方法，在科学上讲，他所采用的方法是本于专门化与分工合作两个原则。用汽钻挖煤的专门挖煤，撑柱子的专撑柱子，做踏脚工作的专做踏脚工作，这是使工作专门化，因为一个人同时做几种工作，在第一种完了改做第二种工作或第二种工作完了改做第三种工作时，一定要换取工具多耗时间，专门化是可以节省时间的，但同时是极紧密的分工合作，并不是各个孤立的。斯泰哈诺夫运动出来以后，苏联工业最大的革新趋势是兼举化成为专业化，可是到第二个五年计划后半期第三个五年计划实施时，苏联工业又有新的趋势，是多架机床的操纵。专业化是一个人在同一时间内集中精力去做一种工作，可是运用组织的方法，以及精通技术的结果，有时一个人也可以管理多架机床，管理多架机床者成功完全是依赖于他们精通科学原理与技术，他们必须精通几个专门技术，有时两三个以上的精通数个专门技能的工人联合起来，共同管理许多机床。这在表面上看来似乎与专业化有冲突！实际上，正是相反相成，专业化固然很重要，有时候有能力而又有组织的人却可以兼做几种工作，我向来不很反对兼职，只要真有热情，真有能力，尽可以兼职，倘若目的在做官，那自然又当别论。工业上的知识和技能，实在是每个人具备得越多越好。专业化在生产上是能增加的，但是专业化最大缺点是一个人专做一项工作，在某一工业部门里只是占很小很小的一部分，做一双皮鞋在手工业里从开始到完成是一个人做的，专业化的工业里就不知分了多少人。打眼是一个人，敲钉子是一个人，这样的分工，做某一部分的工人，他只有这一点知识，而且也不曾感到兴趣，这是社会主义反对资本主义生产方式的一种意见。如果机械工业能够做到兼业化，每一个人对于每一机器程序都懂得，不但工作效率可以增加，而且也可以增加工作兴趣，苏联正朝这个方向前进。

苏联工人有一种趋势是分兼做必要工作。有一个有名的火车头工人叫尼可拉鲁宁，他创造了一种方式，后来就称尼可拉鲁宁式，这种方式很值得我们研究。苏联每一架火车头向来需要九个人管理，外国人常说这是不经济，因为苏联是严格实以八小时工作制的。每天二十四小时分成三班，每班三个人就需要九个人。鲁宁是九个人中的一个,平常火车头出了毛病,就要送到修理厂去修理,交通上很受影响,鲁宁这人对国家很有热情,觉得一个火车头有许多时间不能利用,这样太不经济,并且有时开到厂里去修理也只是一点小毛病,于是他发起了九个人都要学习修理火车头,而把火车头的修理工作分成三类,三个人一小组,每个人学会一种修理工作,这样火车头坏了,自己都可以随时随地修理,不必再开到厂里去。一九三九年末一九四〇年初,他的火车头在西伯利亚铁路上行驶,这是气候最冷的地方,别的火车都坏了四五十次,每次都送进厂里去,可是他的登记表上一次都没有写上送厂修理。我们想想这替国家省了多少钱,增加了多少运输力量!

以上所说的两种趋势,无论是一个人操纵多种机器或者兼做必要工作,都少不了组织的方法,尤其需要新的科学,新的技术,新的人力,又再加上远大的目标,这种力量如何伟大是不难想像的。

看了苏联的斯泰哈诺夫运动,有检讨一下本国情形的必要。我常常听人说,一个工作努力的人在我们的社会里,容易遭忌吃亏,这大概是实情。工作竞赛运动,本来不妨碍别人的,尤其是我好希望别人也好,应该没有什么困难,但是开始的时候还是免不了有困难的。别人休息我不休息,在我并没有把别人压下去的意思,但在别人看来可以认为我在那里显出他们的不努力,这就免不了遭忌,被人嘲笑,被人排挤。苏联社会主义生产竞赛施行了多年,这种现象渐渐减少,但还不能说完全没有。一九三五年十一月第一次斯泰哈诺夫式工作者会议时,斯大林说得很明白,斯泰哈诺夫在采取新的工作方法时,因为他创新立异而很遭受人的嘲笑和攻击,他不仅须防御某些工人,而且还须防御某些管理人员,由此可见斯泰哈诺夫所遭遇的困难了。还有一个例子,高尔基城莫洛托夫工厂一个有名的人叫布希金的,他在试验新的工作方法时,常常背着管理者的眼睛,他几乎被开除工作,幸有分厂主任苏科宁斯基出来帮助他,才得仍然留在厂里做工。苏联在第二个五年计划时,斯泰哈诺夫和布希金还遇着那样的困难甚且有被开除的危险,可知开始时候是如何困难了。值得我们注意的,是斯泰哈诺夫和布希金,非但没有被开除,反而用他们的名字来号召,做为社会主义生产竞赛运动的最高标识。这里我们可以看出苏联的当局和大多数人是很明白的，所以阻挠不了这一运动的发展。

还有一件事实，也是斯大林在那次会议中说的，苏联铁路人民委员部里有过若干教授及工程师和专家，其中也有共产党人，他们认为那货车的驶行速率不能超过每小时十三至十四公里，这是最高限度，超过了便是违背"营学业"。当时一部分实际工作人员认为在事情组织得相当正确时是可以扩大这个限度的，但那些专家们一定认为不可能，所以只好请他们离开铁路人民委员部，而在斯大林说话时，货车行驶速率已达到了每小时十八至十九公里了。这一事实，可以说明一种新的办法最初总有人反对，也可以知道为增加生产而努力的人是需要如何的毅力。苏联能克服那样的困难，我想我们也是不难克服的。

在我们的工作竞赛中，我看出一个特别的困难，今天我还想不出一个很好的方法可以迅速而有效地克服它。斯大林曾说，斯泰哈诺夫运动最重要的意义，是要消减智力劳动与体力劳动间的独立性，而要消灭智力劳动与体力劳动的对立性，必须把工人的文化技术水平提高到和工程师技师一样，事实上我们可以看到苏联的确在朝这个方向前进，而且已经差不多成功了。斯泰哈诺夫式工人大抵原来就受过相当的教育，不过他们仍然是体力劳动者，但因为他们在工作上有特殊的表现和努力，他们便都有变成工程师、大学毕业生和科学院研究员的可能。斯泰哈诺夫式工人在苏联，何止几十万几百万？这种出色工人，苏联政府或工会一定想法帮助他们去受高等教育，使他们成为专家。这点我想在中国特别困难。困难的并不是政府不热心或财力不够，我们政府一定也有熟练培植出色工人，财力不够也总有方法可以解决，苏联也是从极艰苦中完成那些事业的。我们所有的特殊困难，第一是中国文字科学，尤其是旧书本里许多文章难读，而现在沿用那种文体的地方也还不少，这可说是打破体力劳动与智力劳动界限的最大障碍。其次，过去的智识阶级，所谓士大夫这一类的人，往往看轻体力劳动，不愿意和工人在一起，现在的工程师技师也总觉得自己比工人高得多，工人受高等教育的机会和可能性实在太少了。斯泰哈诺夫式的工人假使在中国，试问有否送进大学和科学院去造就高深技术的可能？我想即使有，也是很少的，因为我们的文字实在太繁难了，不是在青年时代就耗费许多工夫去学习国文的，总是难与号称智识阶级的人在这方面竞赛了。所以我以为中国文字必须改革，这并非说要废弃汉字，但是必须尽力求它简易，尤其是文体必须尽力通俗，使得一般学习科学和工业的人，不必在这上面多费工夫，而把出色工人造就成为工程师和工业专家也比较容易。工程师与工人间的固定的界限必须打破，当然不是每个工人都可以成为工程师和工业专家。但一定要使每个工人有这样的机会，工人能相信自己只要在工作上努力，在技术上进步，便有上进的可能，他们工作的情绪一定更紧张，这也是苏联斯泰哈诺夫运动的一个最重要的关键，我们无论有如何困难，必须尽力克服，朝着这个方向前进才好。

<略>

（文献选自《工作竞赛月报》，1943年第1卷第2期，第43—48页）

大禹与黄河

1944年6月6日
在重庆沙坪坝中央工业专科学校演讲

郑肇经[①]

六月六日为大禹诞辰，亦即中国工程师节，盖以我国古有洪水之灾，赖禹之力，始克平治。孔子曾赞之曰，微禹吾其为鱼矣。而吾人之获以履践斯土迄于今日者，亦莫非受禹之赐，故大禹为我国最早之工程师，中国工程师学会于三十年年会中通过，以六月六日大禹诞辰为中国工程师节，乃所以追崇先哲而励来兹也。

大禹治绩，以水利为最著而办理水利之最艰困者，首称黄河，故今日特以大禹与黄河为题，内容分为四节：（一）大禹之治绩，（二）黄河之变迁（三）黄河之现况（四）黄河之善后。

一、大禹治绩

古代洪水为患，《尚书·尧典》纪其事曰："汤汤洪水方割，荡荡怀山里陵，浩浩滔天，下民其咨。"帝尧六十有一载（公元前二二九七），帝咨四岳，求能平治洪水者。四岳举鲧，帝乃封鲧为崇伯。便治之，鲧大兴徒役，作九仞之城，

[①] 郑肇经（1894—1989），字权伯，江苏省泰兴人，著名学者、水利学家、九三学社社员。中华人民共和国成立后，历任同济大学、华东水利学院（今河海大学）教授，南京市政协委员等职。

九载绩用勿臧，乃殛鲧于羽山，迨帝尧七十有二载（公元前二二八六），舜已居摄，命禹作司空，平水土。于是禹修鲧之功，顺水之性，因势疏导，历时八载，聿观厥成，而诸夏又安，功施于三代。其治绩可得而考者，厥唯禹贡。虽古代文字浑奥，纪载简略，然于大禹治水本末先后之序，得窥其涯涘焉。

当洪水泛滥之际，山川省尾不办。大禹乃先分划九州之封域，相度山川之形势，刊木通道，赋功属役，然后决九川以入于海，浚畎浍以入于川，故禹贡首载：

"禹敷土，随山刊木，奠高山大川。"

此大禹施工以前统筹全局之措施也。

鲧之治水，不能顺水之性，专事堤防，以致无功。禹则因水之性，相地之宜，以"疏""渝""决""排"为主，而导水入海，以顺其势，其治水之程序，则由下而上，所以先畅其流而后涤其源也。故禹首自冀而兖，以疏河之下游；自青而徐，以疏灌之下游；自扬而荆，以疏江汉之下游。然后自豫而梁，以浚伊洛之源；自梁而雍，以浚河渭之源，俾大者有所归，而小者有所泄，皆顺自然之情势而导之也。至于禹之治遍及九州，散见于《禹贡》经文九州各节之内，由大川而及于畎浍，其名不胜枚举，墨子有云：

"响埋洪水，决江河，通四夷，九州名川三百，支流三千，小者无数。"

然彼时九州之大川而切于利害者，曰弱水，曰黑水，曰河，曰汉、曰江、曰济、曰淮、曰清、曰洛。《禹贡》特详其原委，以纪禹之治续焉，兹节录如次：

一、导弱水……………………入于流沙。

二、导黑水……………………入于南海。

三、导河积石…………………入于海。

四、嶓冢导漾东流为汉………入于海。

五、岷山导江…………………入于海。

六、导沇水东流为济…………入于河溢为荥入于海。

七、导淮桐柏…………………入于海。

八、导渭………………………入于河。

九、导洛会伊……………………入于河。

　　按大川之能独流入海者，是谓之渎，渎之最著者，曰江淮河济，古称四渎，四渎安流入海，则水系不紊，水利自兴而害自祛，故大禹首决大川入海以畅其流，然后涤水源，浚畎浍，以治其本，此大禹疏导河流之概略也。

　　洪水之时，四方道路皆遏绝而不通，迨禹治九州之功毕，四方之贡赋，均能达于帝都。其时帝都在冀，冀频黄河，河乃为运道之中枢，而九州皆有达河之水道。达于河，即达于帝都。其不能径达于河之各州，或达于济，济河相通，亦即达于河，或沿于汪海，达于淮泗，时淮不通江，须沿江入海，自海入淮，由淮入泗，以达于荷，荷济相通，亦可达于河也，其二水不能相通，须合舟陆运而后能达者，则谓之逾。故禹贡曰：

　　一、冀州……………………夹右碣石入于河。

　　二、兖州……………………浮于济漯达于河。

　　三、青州……………………浮于汶达于济。

　　四、徐州……………………浮于淮泗达于荷。

　　五、扬州……………………沿于江海达于淮泗。

　　六、荆州……………………浮于江沱潜汉逾于洛至于南河。

　　七、豫州……………………浮于洛达于河。

　　八、梁州……………………浮于潜渝于沔入于渭乱于河。

　　九、雍州……………………浮于积石至于龙门西河会于渭渍。

　　由是观之，北自碣石，西自西倾，东南尽海之地，皆有通于帝都之运道，河为运道之主干，而济，漯，汶，泗，江，淮，潜，汉，洛，渭，皆其支派，降及三代，都邑虽迁，多滨于河，其转漕通运，莫不遵行禹迹，此大禹治水兼筹九州航运之伟绩也。

　　吾国自神农作耒耜，教民稼穑，黄帝经土设井，立步制亩，农事已兴。洪水泛滥以后，则沟洫填淤，非排积水，浚畎浍，无以播种。大禹乃于决川疏河以抑洪水而外，复滩畎浍以入于川，辨物土之宜，定贡赋之等，此大禹盘力乎沟洫以复兴农事而裕国计利民生也。

　　禹平水土别九州之后，四方之隩，皆可奠居，九州之山，槎木通道，旅祭告成。九州之川，泉源已涤，无有雍塞。九州之泽，均已陂障，使无决溢。四海之内，政化人和，万邦会同，故《禹贡》叙大禹之功曰：

"九州攸同，四隩既宅，九山刊旅，九川涤源，九泽既陂，四海会同。"

大禹治水之功，已略如上述，而大禹克勤克俭，不矜不伐，栉风沐雨，胼手胝足，八年于外，三过家门而不入，不重尺璧而惜寸阴，实有非常人所能几及于万一者。其能迅赴事功，八载奏绩，声教讫于四海，而终陟元后功垂万代，岂偶然哉？

二、黄河之变迁

黄河之患，在善淤，善决，善徙。而徙由于决，决由于淤，盖黄河挟沙之多，为世界各河流冠。挟沙淤积，河床召高，堤防偶决，则河流就下，往往全河夺流，势必迁徙改道矣，按太古之世，黄河变迁，史无可考，自禹治洪水之后，河复安流，世崇禹功，名曰禹河，禹河之迹，据《禹贡》所载：

"导河积石，据考在龙支县西南塞外一千二百余里，至于龙门，韩城县北五十里南至华阴，东至底柱，陕县东四十里黄河中。又东至于孟津，东过洛汭，洛入河处至于大伾，濬县东南二里，北过洚水，即漳河，至于大陆。大陆泽在巨鹿县北，又北播为九河，徒骇、太史、马颊、胡苏、简絜、钩盘、覆釜、鬲津、同为逆河入于海。"

帝尧八十载（公元前二二七八），大禹治河成功，至周定王五年（前六〇二）而河道初徙，禹河凡历一千六百七十六年之久，厥功伟矣！按大禹以后，黄河决溢迁徙，史不绝书。统计自帝尧八十载，迄民国二十七年（一九三八）于四千二百十六年间，黄河决溢达一千五百七十六次之多，而河道最大之迁徙凡六次，其小徙尚不计焉。兹分述如次：

（1）黄河初徙

周定王五年（前六〇二），河决宿胥合漳，（合口在今青县南二里）复归禹河故道至章武（今天津）入海，是为黄河大徙之一。盖以王政失修，诸侯自利，河水分泄，流弱沙停，以致河床淤垫，溃决难塞，实为河道初徙之主因也，计自周定王五年，凡历六百十三年而河道再徙。

（2）黄河再徙

新莽始建国三年（公元十一年），河决魏郡（今天名境）。从清河以东，经平原济南至千乘（今利津县）入海，是为黄河大徙之二。论者谓莽移汉祚，天下大乱，不暇修筑，河道乃徙，非无因也，计自新莽始建国三年，凡历一千零三十七年而河道三徙。

（3）黄河三徙

宋仁宗庆历八年（一〇四八），河决商胡（今濮阳县县北），北流合永济渠（即运河），东至劈地口（即天津）入于海，是为黄河大徙之三。彼时宋室衰微，外有契丹之患，内有夏王之变，水政不修，乃不复塞。计自宋仁宗庆历八年，凡历一百四十六年，而河道四徙。

（4）黄河四徙

金章宗明昌五年（一一九四），河决阳武而东至寿张，注梁山泺分为二派。北派由北清河（即太清河亦即今黄河）入海，南派由南清河（即泗水故道）入淮，是为黄河大徙之四。其时金人以邻为壑，故纵河南下，与北清河并行，是以河病敌，非治河也。计自金章宗明昌五年，凡历三百年而河五徙。

（5）黄河五徙

明代黄河常由涡由颍以入淮，且屡为运河患。迄孝宗弘治七年（一四九四），刘大厦筑太行堤以为屏蔽，不使北犯漕渠，于是黄河乃夺汴入泗合淮，遂以一淮，受全黄之水，河之一大变也，是为黄河大徙之五。计自明孝宗弘治七年，凡历三百六十一年而河六徙。

（6）黄河六徙

清文宗咸丰五年（一八五五），河大决兰封铜瓦厢，夺大清河至利津入海，是为黄河大徙之六。

纵观历代黄河之变迁，其入海之尾闾有三，大抵北流必与漳卫为缘，东流必与漯济为缘，南流必与淮泗为缘。每次改道以后，久则历千数百年，暂则仅一百余年，随即再度迁徙。当时修筑之优秀，固有影响，而与日后政治之良窳，国家之治乱，实有密切之关系。清咸丰五年六徙后，迄今已八十余年，而民国以来，河患日亟，已属岌岌可危，加以此次花园口之溃决，又当军兴之际，回念往事，不寒而栗，此乃筹议黄河善后者所宜孟省者也。

三、黄河之现况

民国二十七年六月二日，黄河决于中牟之赵口，但该处并非迎溜，不易过水。同月五日，又决于郑县之花园口，两口相距二十六公里。花园口口门迎溜，土壁被刷，逐渐扩展，水势遂奔放而无阻。

决口漫水随地势东南流，建瓴而下，漫经尉氏扶沟分为东西二股。东股沿太康鹿邑入涡河淝河，西股沿扶沟西华入贾鲁河、沙河、颍水，东西二流，汇注于淮，横溢洪泽高宝诸湖，经连河而达长江。

赵口地处花园口之下游，二十七年洪水降落后，即合淤塞，花园口口门宽度，至当年八月间，已扩大至四百余公尺。继经数年来之盛涨冲刷，口门增宽至千余公尺。近已完全夺流，正河干涸，而黄河旧河槽淤高已达三公尺以上，溃水含沙甚丰，泛滥所及，地面亦已淤高二三公尺不等，且泛区随水势大小，迁徙靡定。自决口以来，豫省之中牟、通计、尉氏、扶沟、太康、鹿邑、淮阳、西华、商水、沈邱等十县，皖省之亳县、太和、涡阳、阜阳、颍上、凤台、蒙城、怀远、寿县、凤阳等十县。或沉沦经年，或涤涨涤退，灾区之广，约达二万三千平方公里。

黄水入淮，偶遇盛涨，则里运河不能容纳，势必危及苏北里下河一带，二十七年运河水涨，乃开放归海坝，于是高邮、秦县、东台、盐城、兴化等五县泛滥成灾，其面积约达六千平方公里。二十八年夏季堵筑运堤排泄积水，里下河各县始能耕种，以迄于今。然苏省地处下游，黄河决口一日不塞，则随时有陆沉之祸也。

黄河溃水泛滥所及，其直接损失为农业生产，而豫东皖北苏北一带之各项建设事业，自花园口决口以后，莫不破坏。在最高水位时期，津浦陇海两铁路之交通，亦有间断之虞。战事底定以后，如不迅即堵复，则昔日水工基础，全盘废弃，江淮流域之其他建设，亦将无从着手，主要交通路线，亦受其威胁，一切善后救济，势必无从设施，影响之大，可以想见。

四、黄河之善后

黄河善后工程，应与战后水利复员及治黄导淮计划互相配合，第一步须恢复原有江淮河之行水系统，不相危害，同时力求黄河下游堤防之巩固，河槽之稳定，减少此堵彼决之危险，并整理泛区水道，恢复栽种地亩，所应举办之工程，主要者如次：

（1）黄河花园口堵口工程

堵口工程除须堵筑合龙外，其口门以下之旧河槽，应先开关引河，俾与堵口工事，互相配合，而促成合龙，估计两项土方约为四百二十万公方，石工约为二万八千公方。

（2）黄河下游复堤

自温县以下之黄河大堤，及所有干支流各干涸决口，须一律培修堵筑，以策安全计官民大堤全长一四八四公里，另修护原有各险段埽工坝工约共一六六公里。

（3）化除黄河下游险工

择最险工段，针对病源，局部化除险工，改正不规则之堤线。

（4）淮河干支流复堤淮河干支流堤防，因黄水灌注溃决，必须修复者计有（1）淮河干堤（2）颍河支堤（3）西淝河支堤（4）涡河支堤（5）浍河支堤（6）潼河支堤等，约共长一〇八四公里。

（5）整个黄淮泛滥

豫省泛区各河流，泥沙淤淀，原有水系完全破坏。花园口堵口以后，同时应疏滩贾鲁河、沙河、涡河诸水系，以恢复原有排水效能。至皖省泛滥之淤淀，虽属较轻，惟汜水经各支流汇淮之处，与淮互生倒灌作用，发生停淤，以致抬高水位，破决堤岸，应分别予以疏浚。

以上全部工程，预计须在战事平定以后十八个月内竣事，其仅先办理者为花园口堵口及黄河下游复堤暨化除险工工程，再次及于淮河干支复堤，整理豫皖泛区等工程，全部需要之技术员工估计约需三千人，工夫约四十余万人。照战前工料估算，所需工款约为七千万元。至于黄河治本问题尤属千年大计，于黄河善后工事赶办完成以后，即应继续进行。而有关治本参考资料与试验研究工作，应即着手准备，以为将来规划实施之依据。

今日举行现节并纪念大禹，回顾先民缔结之艰辛，宜如何发扬蹈厉以踵武前贤。若人人有大禹人溺己溺之精神，大公无私之态度，百折不挠之毅力，则治黄大业，必可早观厥成。今日在校诸君，均属将来可能参加大工之人，愿与诸君共勉之。

（文献选自《行政院水利委员会月刊》，1945年第2卷第2期，第11—15页）

战后十年公路建设政策
1944年在中国运输学会[①]上讲

赵祖康[②]

此次承中国运输学会再三催促,要兄弟来和诸位讲话,首先须得申明的,是兄弟全站在个人研究兴趣的立场上,发表个人观感,并非代表任何行政机构的主张。又兄弟年来致力于公路工程及监理工作,对于运输方面,不能多所发挥,要请各位原谅。

战后十年的公路建设,拟分为目标、政策、实施原则、方案要目、完成对象,和各位讨论。

陆上交通,大家都主张以铁路及水运为主,公路为辅,自有其经济的理由。但公路交通才是全面的交通,唯有广修公路,才能发展国家的全面交通,与铁路、水运、空运互相配合,故公路建设是有特殊性的,较之铁路、水运、空运,有更大的社会的、文化的和精神的价值。所以公路建设的目标,概括言之,是"发展全面交通,增进全民福利"。

[①] 中国运输学会是1943年8月15日在重庆成立的社会团体,以"集中运输人才,建设并改善运输事业而应抗建大业之需要"为宗旨。

[②] 赵祖康(1900—1995),上海人,曾任国民政府交通部公路总局副局长。中华人民共和国成立后,历任上海市人民政府委员、工务局长、市政建设委员会主任、规划建设管理局局长、副市长、市人大副主任、市政协主席等职。是第一至六届全国人大代表。1981年后,连续当选为民革第五、六届中央副主席。1988年当选为民革中央名誉副主席。

第一，目标政策——战后公路建设的政策，可分经济、政治、军事三方面讲。经济方面是利便农田屯垦，促进农产经济。我国以农立国，但农业生产力非常薄弱，以致衣食都不足以自给，这是何等严重的现象！其主要原因之一，是我们生产工具的落后，耕种效率太低，很多肥沃之地废置没有开垦的缘故。查美国一八八〇年以前，谷物用人工收割，每日每人仅能收割一英亩，改用马拖收割机后，每日每马十英亩。但收集及扎缚还要用工人，一八八〇年以后使用收割扎捆机（Reaper and binder），谷物的收割费用节省很多，及采用收割复式机（Combine Harvester）后，所节省的费用和劳力更多。即以二人使用此机械，每日每机可收获五十英亩的谷物，现在收割复式机大量使用的国家有美国，苏联，阿根廷，澳洲，加拿大等国。我国的各省农场，应该逐渐采用机械生产，以提高产量，尤其西北等边区省份，平原绵衍，旷土极多，更应该采用大机械，速行垦殖，那么这些废置的荒地都将变为可耕之土，以解决国计民生，促进农业经济。四通八达深入农村的公路，自为运用耕种机械的途径，故促进农业经济的前提，无疑的是广修公路。我国农民的总数，估计为一万万三千五百万人，采用机械生产后，约可腾出人工二三千万人，此项伟大的人力，便可以移作开辟道路，修治水利和开发其他富源之用。政治方面是协成地方自治，要推行地方自治，须先开发交通，尤其要有深入乡村的公路，以便进行调查户口，测量土地，办理警卫，普及教育，垦荒造林，修治水利和推行各项合作工作。战后政治上重要措施是实施宪政，地方自治是实施宪政的基础，而修治道路则为推行政方自治的工具。据去年统计，全国邮路里程为五十七万零七百九十五公里，而在公路上行驶的邮政汽车仅四百零辆。将来公路发展后，邮车交通于传播文化和旅客运输，可以尽很大的力量，其余协成地方自治收效必宏。军事方面是开辟边区交通，吾国西部各省，多崇山峻岭，铁路之建筑非一蹴可就。蒙古、新疆、青海、西藏各地，更要广筑公路，开发交通，加强中央与地方之联系，并以便利军事运输，巩固边防。英国在印度，北非等地修筑铁路之先，均预筑公路，以解决器材的运输问题。此项边区公路，除了军事的效用外，于将来铁路之建筑，也可给予很大便利。

第二，实施原则——实施原则分为政务即监理，工务即工程，和业务即运输三个原则。监理的职掌为行政管理、组织系统、法制、财政、交通管理、警卫、运量观测等。各路监理应统属于中央，以求统一化、法制化。盖统一化才能统筹全局，使各路行政互相关联，发挥最大的效力。法制化能使公路事业准确划一，受中央的管制，以适应战时与平时的需要。以前经委会办理公路工程时，运输由交通部管辖，现在则工程运输皆由交通部公路总局统辖，已趋向统一化、法制化的途径了。

工程的范围为新路建筑，旧路改善，养护及材料检验和测量等。办理公路工程，应分别路线的种类，由中央及地方分层负责，以求全面化、技术化。大道干道应该由中央直接负责建筑，次要路线则在中央监督指导之下，由各省及各县分别办理，这样可以尽量利用地方力量，由中央及地方分担人力、物力、财力。普遍同时进行筑路，各路工程务必求技术化，使标准划一，然后才能提高效率，和节省费用。民国二十一年经委会开始督造公路，即采中央地方通力合作的方针。就财政与技术方面，由该会予各省以协助，计自二十一年初至二十六年抗战的前夕，全国公路里程由六千余公里增加到十万九千余公里，平均每年约增一万公里，可见分层负责办理工程的成效。抗战以后到去年为止，新路里程因经费困难的关系，仅增加了一万多公里，但于旧路之改善，则有了长足的进步。运输的范围为运务，车辆保养，营业，汽车和燃料之制炼等。公路运输在战时，因汽车器材和油料等均很缺乏，应该由政府经营，以便集中编制调度和管理，但在平时则应该提倡民营，使之营业化、大众化。公路交通本来是大众化的工具，适合于短途客货运输，凡个人、家庭或商业机构，应便利本身运输，均可自置汽车行驶，铁路局为办理联运业务，也可以兼办汽车运输，故战后公路运输有着重民营的倾向。运输倘由民营，自可以增加效力，使办事手续趋于简捷，革除机关的散慢、敷衍的气习，为全体民众服务。

第三，方案要目——现在择其主要的，如组织、路线系统、法制、人事、财政、交通管理、工程标准、新路建筑、养护工程、器材制造、人材训练等，约略说明如下：

在中央交通或路政最高主管机关内，设一公路机构，外分区设立大道局，内分监理、工程、督察部门，办理各该区内的大道兴筑及保养事宜。干道和支道则在各省政府内设立公路机构,办理各省内干道支道的兴筑及保养事宜。将来各省公路机构,当是奉行中央命令和监督地方的机构。分区办法按照实业计划规定,全国分为十二区,即苏浙皖区、闽赣区、两广区、云贵区、两湖区、川康区、晋豫鲁区、冀察热区、陕甘宁区、辽吉黑区、蒙绥区、新青区。我国分区的办法,有陈楚雄君主张分全国为九区,沙学俊君主张分全国为六区,程孝刚君主张分全国为五区,自然都有各人的见地,究应如何分法,以配合今后各部门的建设,是值得我们研究的。

路线系统要力求简单,一九三四年万国道路会议也有此项决议。我国的公路路线应根据各路行车量,分为大道、干道、支道。若把这些路线称为国道、省道、县道,似乎容易引起国、省、县界限之分别,因误解而发生权限问题,不很妥当。大意与大道干道及铁路水运相衔接,发展各城镇与农村的交通。

战后我国公路人才,不敷甚巨。根据吴景超氏之估计,世界各国服务交通事业的人员,约占全国从业人员的百分之六,中国应有交通人员一千零八十万人,其中百分之十,即一百零八万人为初中以上毕业的干部人员。十年内公路部分所需的人员约二十万人,其中二十万人为初中以上毕业的干部人员,这批人才应设法加紧训练。

以后养路经费,应设法达到自给自足的地步。美国公路改善费和保养费的来源,全靠汽车牌照税和汽油捐,除了一切开支外,还有盈余,可见养路费要自给自足,并非难事。我国将来大道干道的养护费,可采用牌照税,以目前币值计,每年每公里养路费约一万元,假定每车牌照税每年为二万元,十年内全国平均行驶车辆估计为十五万辆,则一年可收牌照税三十万万元,足敷十年内所有大道干道养护之用。次要路线之养护,可施行汽油捐,十年后估计每月消耗汽油量约三千万加仑,每年为三亿六千万加仑,每加仑只要抽汽车捐三元,共可抽十亿八千万元,便足敷十年内各次要路线的养护之用。养路经费倘能自给自足,则一切公路工程问题自易于解决了。至于汽车及器材之制造,油矿之开发,所需财力当极巨大,战后大概要利用外资,才能解决。

公路与铁路的工程标准不同,铁路标准要适合数十年后的需要,而公路修成之后,可随运输的需要,作逐渐的改进。建筑新路可以用裁制新衣作比喻,新路的路线，坡度好像衣裳的大小及式样，是永久性的，新路的路面桥梁等犹如衣裳的纽扣，可以随时更换改进。故公路的路面坡度，弯道，桥涵，初建时可以用较低的标准。马克当氏倡议"不以运输适应道路，应以道路适应运输"便是这个意思。目前我国建筑公路，因财力和时间的限制，采用分级建筑（Stap Construction）及逐步改善（Progressive Improvement）的原则，以适合我们实际的情况。乐西公路和西南西北各公路新筑的时候，因期限紧迫，经费也成问题，不得不把标准降低，但这些路随着运输量的增加，经逐渐加以改善后，大家都认为满意，加以赞美，便是一个实例。

《中国之命运》规定十年内应筑新路二十五万三千公里，连同已成公路分别恢复及改善共为三十九万二千公里。欧美各国干道的里程平均占八分之一至十分之一，故新筑二十五万三千公里内，拟以五万三千公里为大道干道（约占总里程八分之一），二十万公里为支道。大道干道由中央负责兴筑，支道由地方负责兴筑。筑路的方法一方面要发动义务劳力，一方面要利用机械筑路。我国约计有两千个县，每县每年平均应筑的支道为十公里，每公里土石方所需工数以一万工人计，每县每年只须发动一万人每人服役十天，十年之后便可以完成二十万公里。故以县为单位可用简单的口号："一县一年一万工，十天十时（每天工作十时）十公里。"将来预备每县分配二架开山机，全国共二千县，共需四千架。干道五万三千公里中，每年应筑五千三百公里，每公里石方估计为三千方，每年需做一千五百九十万方，每架开山机每天可开一百方，每年估计三万方，故干道需开山机五千三百架，全国共需九千三百架，其他各种机械，亦拟逐渐采用。边区公路的建筑，因边区各省人口较少，征工不易，至好利用战后复员军人，实行军工筑路。战后我国编遣的军人，数目很大，用以修筑边区公路，既可以开辟边区交通，又可以解决这部分军人的职业问题，实是一举两得的办法。

第四，完成对象——新筑公路二十五万三千公里，连同沦陷区恢复及改善的里程，共为三十九万二千公里。新筑公路中，拟以二十万公里为支道，五万三千公里为大道干道。

车辆制造，初期五年造两吨车至三吨货车五万辆，后五年加造一吨、五吨客货车，和五吨半拖车，共完成四十五万辆。

车辆保养方面，全国各路共设大修厂三百三十四所，小修厂六百六十六所，保养场一千六百七十所，游动车一千一百一十四辆。

十年筑路计划需要土木工程师二万四千六百九十四人，工务员、监工、绘图员共四万一千六百七十人，会计、事务、材料员共四万七千六百四十四人人，机械工程人员二千六百五十人，化学人员一千零八十人，地质人员四十六人，医师二千人，报务员四千六百三十人，护士二千四百三十人人，司机八十万零五百九十人，技工一百三十三万四千三百二十人，初级技术人员一百零六万七千四百三十人，中级技术人员六万三千九百九十三人，高级技术人员四万二千七百四十四人。以上各项完成的对象，只要我们公路从业人员努力苦干，全国人士共起倡导和政府切实督促，要达到目的是一件容易的事。

（文献选自《运输研究》，1944年第1卷第4期，第49—52页）

重庆两江大桥
1946年1月25日在星五聚餐会演讲

茅以升[①]

主席、各位先生：

今天本人第一次参加星五聚餐会，同时报告重庆两江大桥初步计划，非常荣幸！重庆两江大桥之需要，尽人皆知，抗战八年中国民参政会及重庆市临时参议会均有提案。惟以抗战时期，时遭空袭，暂为缓议。去年八月战争胜利结束，市政府发起建筑两江大桥，并组织陪都两江大桥筹建委员会聘请工程师参与其事，研究桥梁计划。所有设计经费一千五百万元由市政府战时生产局、中国桥梁公司平均分担，桥梁设计工作由桥梁公司负担，兹将两桥初步计划，简单说明。

扬子江大桥拟建地点为打铜街陕西街间之东水门。嘉陵江大桥拟建地点有二，一为曾家岩，一为大溪沟。将来根据市政府干路计划，再行决定。两桥均依都市及公路需要而设计。扬子江大桥采用吊桥式，全长一千公尺，中孔为五百公尺，宽十二公尺，同时可行驶四辆汽车，将来并可行驶电路。桥面离水面高度为三十公尺。嘉陵江大桥，现时暂以曾家岩地址设计，全长为五百公尺，

[①] 茅以升（1896—1989），字唐臣，江苏镇江人，著名土木工程学家、桥梁专家、工程教育家，中国科学院院士、美国工程院院士、中央研究院院士。九三学社第五至七届中央副主席、第八届中央名誉主席，第六届全国政协副主席。

中孔为三百尺，其余一切均与扬子江大桥相同。两桥全部建筑费按现时工料计算需国币七十余亿元，美金二百七十余万元，需要水泥四万八千桶，钢铁一万七千吨，可谓国内比较巨大工程。现在桥梁设计在进行中，俟测量完竣，即开始钻探，然后依据详细计划，精密计算材料。

两桥初步计划，如上所述。此外尚有若干问题，顺便向各位说明。

一、桥梁地点是否适宜。扬子江大桥地点东水门外尚可选择其他二三地址，如储奇门等。嘉陵江大桥除现在选定两地以外是否另有适宜地点？就重庆地势说，可选择为桥梁地址的甚多，而实际需要实亦不止一桥，现在的选择，完全以经费经济一点着眼，就建筑费最轻中选定现在的东水门和曾家岩。

二、桥梁隧道何者适宜。任何国家建筑过江工程时首先讨论，桥梁与隧道两者比较究竟何者合算？重庆系山城，两岸地势甚高，建筑桥梁比较容易。且桥梁在突袭时遭受轰炸的损失，并不如预料之大，同时隧道亦并不能完全避免轰炸的损失。所以在重庆两江过江工程可采用桥梁。

三、费用如此浩大是否值得。从两桥初步计划，即知所需费用甚为浩大，总计国币美金共需百亿以上，究竟是否值得。这一个问题，我们可以分两方面来说明。一方面以每日经过大桥车辆及行人计算，以每日经过车千辆，行人一万五千人，前者每须收费五百元，后者每人收费三十元，三十年即可收得九十余亿元。另一方面，桥梁完成以后两岸土地以交通便利地价高涨，受益土地扬子江大桥两岸以五十四万方计算，嘉陵江大桥两岸以二十七万方计算，两桥两岸共计八十一万方，以每方征收一万元（事实上市民所得的决不止此），即得八十一亿元。这是说明在两江大桥建筑完成以后，各方受益情况，所以虽花如此巨大费用建筑两江大桥亦是值得。

四、现时建筑是否适宜。重庆在抗战时期为国家陪都，现在抗战胜利，政府即将还都，现时建筑是否适宜时机？我们以为都市的繁荣有政治性的有商业性的。纽约上海之繁荣，并不以其政治地位，是由商业发达。重庆是中国西部之重心，将来可为西部之上海，决不因政府还都而受影响。而且现时建筑两江大桥正所以巩固其经济都市的地位。

五、经费如何筹措。两江大桥既需如此巨大经费，如何筹措确是一个唯一待解决之问题。我们以为建桥经费要由中央与地方分担，政府与人民合作。最近市政府对于两桥的建筑非常注意，何北衡先生[①]也愿意促成此项工程，临时参议会亦一再讨论，将来新参议会亦必参加筹建委员会，一致推动。八年抗战重庆对国家贡献不谓不多，当政府即将还都之时，中央愿留此一点纪念，重庆市民亦应出力，以完成政府之宏愿。两江大桥非仅繁荣市区之必要工程，亦是西南交通之必需工程。七七抗战起自卢沟桥，现在也需要建筑两江大桥以纪念胜利。

（文献选自《西南实业通讯》，1946年第13卷第1/2期，第35—36页）

---

①何北衡（1986—1972），四川德阳人，民国时期曾任四川省建设厅厅长。

后记

历时四年的整理收集，《重庆抗战时期爱国民主人士演讲选集》（以下简称《演讲选集》）即将付梓。回顾编撰《演讲选集》的缘起和历程，不得不从王志昆先生说起。

2013年在重庆市政协学习及文史委员会召开的一次座谈会上，我有幸与王志昆先生结识。那时的我是一名刚进社院工作的新兵，而志昆先生已是重庆地方史和抗战史研究的专家和"大咖"。座谈会后不久，志昆先生因为欣赏我对民主党派历史研究的执着精神就找到我，向我建议可把"抗战时期爱国民主人士演讲文献的整理与研究"作为重要方向。随后几年我与志昆先生有过多次合作，他也一再对我阐明搞好"演讲集研究"的重要意义，并勉励我困难再多，也"要咬定青山不松口"。我非历史学研究科班出身，对文献整理也不甚了解，但志昆先生的一再鼓励，终于让我下定决心开始入手此项工作。

2018年，我通过各种渠道陆续收集到不少演讲文献，当我第一次系统地阅读这些演讲稿的时候，深深地被震撼了！这分明就是尘封在时代中的呐喊！这分明就是中华民族抗战精神最生动最直接的表达！习近平总书记说一代人有一代人的使命，作为一名年轻的统战历史研究者，我常常在想我的使命是什么，我该如何将我这一朵小小的浪花融入历史长河的滚滚洪流之中？这个问题曾经是如此的沉重，让我茫然不知所措。但是面对这些演讲稿的时候，我一下子就有了一种把它们整理出来"昭告天下"的神圣使命感，我要让氤氲在演讲稿中这份只为中国的"最清澈的爱"，最浓厚的家国情怀穿越时光砥砺后人。2019下半年起，《演讲选集》的编纂和整理工作正式步入正轨，工作也取得了突破性进展，初步形成了文稿整理的规模和体系。2020年初，新冠疫情突如其来，原有的生活节奏被打乱了，闭门不出的日子虽然短暂的失去了自由，但是对于潜心整理《演讲选集》来说却是绝佳的机会。30多万字的文稿体量，泰半不清的文稿内容，费时之巨，费眼之甚，超乎想象，真是辛苦倍尝。

如果说校对甚难，那么为《演讲选集》做序则让我感到更难，每每提笔，总无从下手。徐百柯先生在《民国那些人》里记载了不少故去的先贤，他们或迂或娟或痴或狂，但内在全不失风骨、风趣或风雅，底子上都有一个"士"字守着。对于这些大师，今人已感陌生。作者引用了一位年轻人对大师的看法："我们这些自由而无用的灵魂，不会感应到那些老先生的。"这一席话启发我，要写好序，也先必先"感应"爱国民主人士这一特殊的政治群体。复工后，我开始广泛阅读，逐个了解演讲词的背景和它的主人，这一晃就是三个月。当我对这些爱国民主人士的人生履历、精神品格，以及近代以来中国演讲的历史发展进程有了更深刻的了解后，写序的思路才逐渐清晰起来，这也算是我对抗战演讲研究的一个起步吧。建党百年前夕，书稿总算有了初稿，之后又经历了两年的打磨、修改、完善，终于把书稿推进到出版环节。

《演讲选集》在成稿过程中，得到了各方面的支持，正是这份厚重的支持，给了我更大的鼓舞。重庆市委统战部将本书纳入重庆统战文化建设"九个一"工程，王庆、李电两位原部领导对《演讲选集》提出了宝贵的建议；重庆社会主义学院党组书记夏晓华、原副院长何晓栋高度关注演讲集的编撰工作，将其列入学院2020年度重点出版项目；重庆图书馆研究咨询中心主任唐伯友和中国民主党派历史陈列馆研究馆员赵勇老师提供了珍贵的资料、从学术角度提出了修改意见，帮助良多；学院多党合作历史研究中心主任汪守军一直支持编撰工作，骆平、孙德魁、范浩琪等老师对文稿编校付出了大量心血。这本《演讲选集》凝结的是集体的智慧和劳力，在此，千言万语都无法表达我全部的谢意！

由于专业水平的限制，这本《演讲选集》还有很多不足之处，也难免有错漏之处，在此表示诚挚的歉意！

周巧生

2023年11月于重庆